继承与创新

——历史学人才培养模式的探索与实践

杨共乐／主　编　　耿向东　张荣强／副主编

北京师范大学出版集团
BEIJING NORMAL UNIVERSITY PUBLISHING GROUP
北京师范大学出版社

图书在版编目(CIP) 数据

继承与创新:历史学人才培养模式的探索与实践/杨共乐
主编.—北京:北京师范大学出版社,2012.1
ISBN 978-7-303-13518-9

Ⅰ.①继… Ⅱ.①杨… Ⅲ.①史学－人才培养－培养模
式－中国－文集 Ⅳ.① K0-53

中国版本图书馆 CIP 数据核字(2011)第 203643 号

营 销 中 心 电 话   010-58802181 58808006
北师大出版社高等教育分社网   http://gaojiao.bnup.com.cn
电 子 信 箱   beishida168@126.com

出版发行:北京师范大学出版社 www.bnup.com.cn
        北京新街口外大街 19 号
        邮政编码:100875
印   刷:北京联兴盛业印刷股份有限公司
经   销:全国新华书店
开   本:170 mm × 240 mm
印   张:24.25
字   数:364 千字
版   次:2012 年 1 月第 1 版
印   次:2012 年 1 月第 1 次印刷
定   价:45.00 元

策划编辑:刘东明   责任编辑:刘东明 张 宇
美术编辑:毛 佳   装帧设计:毛 佳
责任校对:李 菡   责任印制:李 啸

序　言

北京师范大学历史学院(系)历来重视本科教学工作。20世纪80年代白寿彝教授主持的历史课程结构改革,获得国家教学优秀成果奖,在教育界产生了重大影响。1994年历史学院(系)被批准为首批文科基础学科人才培养和科学研究基地,2001年评为全国优秀基地。进入新世纪以来,我们在调整课程结构、加强教材建设以及提升学生科研能力方面进行了一系列探索,也取得了显著成效。本书就是这些年教学改革成果的集中展现。

北京师范大学历史学科有着悠久的历史。该学科是北京师范大学最早形成的系科之一,由1902年创立的京师大学堂"第二类"分科演变而来。1912年称北京高师史地部,1928年单独设系;1952年院系调整,辅仁大学史学系并入北京师范大学历史系。2006年3月,在历史学系与史学研究所的基础上组建成立北京师范大学历史学院。在一百多年的历史发展中,一批享誉海内外的学者先后在此辛勤耕耘,为历史学科奠定了坚实的基础。经过几代人的不懈努力,今天的北京师范大学历史学院已成为国内历史教学和科研的重要基地。

本书由两方面内容组成。一部分主要收入2000年以来历史学院教师撰写的教学改革方面的论文,其中包括一些早年发表但对现在仍有启迪意义的重要文章,还有一些人才培养和课程建设的总结报告。另一部分选录了最近几年获得学院"白寿彝史学论著奖"一等奖的本科生论文。

这项竞赛我们已经举办了 14 年,这些论文作为我们培养本科生科研能力的阶段性成果,一并接受大家的检验。

编辑本书的目的一方面是对本科教学改革作一个梳理,另一方面是希望得到社会各界的批评指正,这样可以进一步提高我们的本科教学水平,提高教学质量,为国家培养更多高水平、高素质、适应社会主义和谐社会发展的综合型人才。由于时间关系和水平有限,编辑工作不可避免会有一些疏漏,敬请指正。

编　者

2011 年 3 月

目 录

关于历史学科教学、研究的几点意见

白寿彝

一　要改变文科课程设置的分割状态

文科课程的设置，大致是按照 50 年代初期规定的课程结构安排的。这个结构的特点，是安排了大量的专业课程。对于兄弟学科的课程，很难安排。对于专业基本训练注意得也很差。在教学思想上，重视知识的灌输，而不注意能力的培养。尽管这些年我们培养出了大量的学生，其中也有质量较好的学生，但多年来的事实证明，我们工作上的缺点是显著的。各个系互不通气，历史、中文、教育各系之间，根本不考虑课程的配合。因此，我们培养出来的学生，就大多数的情形来看，专业基础不扎实，视野比较窄，独立工作的能力不强。在这样的环境下，培养出来的中青年教师，在大学毕业多年以后，还难以胜任一门完整的课程。甚至于一个教师只能教一章一节的课程，一门课程要好几个人合教。一个系的专业课程，本来就只有不多的几门，中青年教师也缺乏锻炼的机会，日子久了，原来留校时的蓬勃朝气就逐渐消磨掉了。

我认为，应该提倡各系间的合作，组织有关各系互相之间的配合，逐渐改变目前课程设置上的分割状态，使学生能接触到更丰富的东西，得以更好地提高他们的专业水平。

古汉语和外语的训练，理论的学习，要认真地抓，这是文科各个专业最基础的课程，这也包括外语系在内。这样的基础打不好，这个专业的水平就很难上得去。

我们应该提倡认真读几本书，包含理论书和专业书，必须让他们掌握一些名著，哪怕是一两种也好。这是他们以后不断发展的基地。那种只依靠课堂讲授的办法是不够的。

文科的学生还应该学点自然科学，了解一点现在自然科学发展的形势。北京师范大学曾开设过自然科学概论，这个课程不好开，但应该坚持下去。文科和理、工、农、医各科，不能判若鸿沟。农、工、理各科也都应该把语文学好，把历史学好。不学好语文，他就没有办法表达他学习和研究的成果。不懂得历史，不会懂今天是怎样的时代，不懂得在这个时代做一个什么样的人。我们理、工、农、医各科，要培养人才，这些人才一定是有丰富的思想和一定高度的文化水平的人。单纯的技术观点，对于培养人才是有害的。

二　要改变两个"通史"的教学

我们历史系的课程，几十年来主要是开设了中国通史和世界通史两门课程，每一门课程都包含古代、中世纪、近代、现代，都教4年。我们把这两门课程叫做"八大块"，这"八大块"的设置，是从苏联学来的。我们授课时数，比苏联已经消减了不少，但分量还是很大，为开设别的课程留下的时间已经不多了。这两门课程，主要是靠课堂上讲，课堂下看讲义，很少有阅读参考书的机会。而且，一门课程搞了4年，要经过好多位教师去讲授。这个"通"字很难做到，可以说是"通史"不"通"。

这几年，我一直宣传把4年的大通史，改成一部小通史。中国通史、世界通史都改成一年的课程。这样的改变，是改变当年课程结构的很重要的一环。第一，这样改了，可以腾出好多时间，去开设别的课程。像专门史、断代史、国别史和名著研究，都可以有较多的时间来安排了，也可以腾出一些时间学外系的课。第二，通史的时间少了，就比较容易把纲领抓起来，就容易讲得"通"些。小通史的办法，在北京师范大学历史系开始施行，阻力相当大。不少教师的意见认为，那么多的钟点还教不好，一下去掉这些钟点，就更不好办了。他们认为小通史是大通史的浓缩。这种看法是不对的。小通史要讲得好，是要在轻重去取之间，在脉络贯通之间下工夫，这需要有较高水平的历史见识。钟点少了，要求却是高了，教师要有点"别识心裁"。当然有困难，但困难是可以解决的。如果把小通史当做大通史的浓缩，什么都讲了，什么都讲不透，这就不好了。这件事情，关系历史系课程改革，甚为重要，虽有困难，也应该努力克服。我们要工作，就不应当怕困难，而且在很多的情况下，困难都是会有的。

三　要抓"史学概论"和"史学史"

史学概论和史学史，都是历史系的基础课。很多学校急于开设这两门课，但苦于缺乏教材和教师。这两门课必须大力去抓，这是历史系学科建设的重点。

关于史学概论，我看到一本教材，题作《历史科学概论》。我的意思是不必这样作。成为科学的史学，我们要讲。成为科学以前的史学，我们也要讲。我们的史学概论。应该是包含古今中外的，从可能的条件来说，中国的要多讲些。外国的，一时讲不了许多，也可不必讲得过多。

我对于史学概论的内容，有个想法，可以包含这样的几个问题。一、史学工作的任务和重要性。二、历史观。三、历史文献学。四、历史编纂学。五、历史文学。六、历史学的姐妹学科。七、近代史学流派。八、60 年来马克思主义史学在中国的发展。九、办好历史教育。十、历史家的器识。这样的讲法，可以历史地讲出史学各个部分的发展情况，有助于学生对史学面貌的理解。这里讲了理论，讲了方法，讲了史学理论和史学方法的发展史，讲了历史教育的普及和提高，讲了一个历史家应该有的抱负和修养。这样讲，既不同于历史唯物主义的哲学课，也不同于解放前的历史研究法。这门课可以放在中级班去讲。在一年级讲，可能不大合适。

史学史的研究状况，很不正常。学哲学的人都知道，必须要学哲学史。

学文学的人也知道文学史很重要。但学历史的人，偏偏不重视史学史的研究。我们的史学工作，有大量的对史学遗产的批判继承问题，不讲究史学史，就不会懂得史学遗产的优良传统和缺点错误。这种情况，反映了我国史学工作水平之不足，也为史学的发展带来损失。北师大史学研究所出版了《史学史研究》(季刊)。从它的前身《史学史资料》创刊以来，到现在的《史学史研究》，已经有20年的历史。这是国内唯一的史学史专业刊物。在国外，这样的刊物也很少见。这个刊物对于联系本专业的有关同志，推动这个专业的发展，是起了作用的。但进行得很困难，缺钱缺人，工作难以迅速开展。我们希望按照教育部批准的编制，充实一点人力，根本办不到，因为别的单位超编了，要我们替他们担负超编的名额。我们想在报上登个广告，都很难办到。现在有人说这个刊物赔钱，不愿意给钱。希望教育部注意这类事情，这在高等学校里恐怕不是个别的现象。

我们希望这个学科能早日建立起来。打算在两三年内，把中国史学史教本写出来，大概要写上、中、下三册。字数不宜太多，大约在60万字左右。解放前的史学史和当前少数高校所开设的史学史，内容上同史部目录学差不多，偏重于作者生平和简单的内容介绍。这种讲法，可以给学生以关于历史著作的常识，但不能科学地评价史学遗产并阐述史学发展的规律。现在要学习运用马克思主义的基本原理，把这门学科建立起来，须付出相当大的劳动。

近来，一些兄弟单位希望派中青年教师到北师大学习史学史。我想在可能条件下，索性办一个讲习班，大家共同努力，把这门学科逐步建立起来。

以上说的，是中国史学史。外国史学史，各校开设的更少了。外国史学史，现在最迫切的还是西方史学史。看来须由翻译或编译入手，要经过一较长的时期，才能把这个学科建立起来。

四　师资和设备

高校的教改，最重要的当然是指导思想的问题。在具体工作中，最中心的问题是师资的问题，其次是设备的问题。

目前，合格的师资不多。师资工作，总的说来，不外是抢救老教师，提高中年教师，培养青年教师。对于老教师，要注意他的健康情况，设法提供一些较好的保健条件，让他们能多工作几年，这是一件很急迫的工作。在工作上，要用其所长。如何用其所长，都要具体分析。有些老教师，在提高中年教师的问题上，可以发挥很大的作用。这些教师，在提高学校的教学水平上，从长远来看，是很重要的。我们不一定要求他们在本科开课，也不一定要求他们写出很多的著作。还有一些教师，能做科学研究，但不一定能培养出来接班人。有的老教师，不一定能写出什么文章，也不一定在提高中年教师的业务水平上有兴趣，他们还喜欢在本科讲课。以上这些同志，年纪大了，各有长年积累下来的特点，对他们的要求不能一刀切。保护他们的健康，发挥他们的特长，这都属于抢救的工作。在青黄不接的今天，这个工作特别显得重要，也特别细致。也有这样的情况：有的老先生，甚至不知道他做什么更好，这还要帮助他去解决。

中年教师，是目前教学中骨干力量。由于各种原因，他们的业务底子薄、待遇低，家务负担重，有的人还有这样那样的行政工作、社会工作，这是师资工作中很不好解决的问题。但他们中间也还是有些优秀人物，能当教学工作、研究工作的带头人。我们在重视普遍提高中年教师的同时，应注意发挥这些优秀教师的带头作用。现行的教研室组织，还可以利用起来，使它成为提高中年教师的基地。在有条件的学校，要把老教师的工作同对中年教师的培养结合起来。一方面是老教师得到较好的助手，另一方面是中年教师得到较好的成长。近年，大学毕业生和研究生中，有质量较好的青年。要注意发现他们，继续培养他们。由于社会风气的影响。有些青年人确实不大好办，但多数青年是好的，是有造就前途的。甚至于在中学毕业生中，在待业青年中，也有可造就的人才。他们的可塑性强，如得到好的引导，他们的发展会更快一些。一般老年人中间流行的"后继无人"的想法，并不完全符合实际。

大力整顿教师队伍，大力抓教师的质量，是当前迫不及待的工作。我个人的感觉，我们教育系统，对教育事业在数字上的发展很强调，对质量上的提高是软弱无力的。

有了教师，还要有设备。有了好教师，没有设备，学校也是办不好的。文科最重要的设备，是书籍。学生不能只在堂上听讲，不能只在堂下看讲义。需要读较多的参考书，要学会用各种工具书。现在我们的班级大了，教师指定的参考书须有相当多的副本才够用。这个问题应该有一个统盘规划。有哪些古书，哪些近代出版的书，是学生们必须看的参考书，最好能开出一个单子来，交出版社有计划地印行。有哪些书是教学上迫切需要的而现在没有的，也要组织作者，给他们提供便利，以便尽快地写出来。1961年，我们曾经有过一个文科教材规划会议，后来出了些书，种类还不少。这个会议是有成绩的。我们应该总结经验，提出新的规划。

在设备方面，外文书是一个很急迫的问题。我们高等学校的外文图书，一般不多，有的可以说是奇缺。我们需要陆续进口一些外文专业书，但限于外汇，不可能进口许多，也不能对各校普遍供应。很多年前就有人建议，要影印一些外文书。这样，成本低些，可以让各校比较普遍地购置。我想旧话重提，组织一个文科外文图书的影印机构，影印一些各学科的代表作、各重要的学术杂志及近年来出版的重要著作。国内，各大图书馆和各大学的现存外文书，也可以先搞出来一个目录备用。工作都是由小到大，逐渐发展起来的。对一些必须做的工作，尽管有些困难，总也要开步走。关于教学工作的改革是千头万绪的。我只说几件大事。历史系的教学问题，可能是文科各系的缩影。对文科各系的改革，也许可以联系起来看。我就先说到这里吧，一定有不对的地方，请批评指教。

（原载《白寿彝史学论集》[上]，北京师范大学出版社，1994）

白寿彝先生历史教学改革思想初探

郑 师 渠

　　白寿彝先生是我国当代著名的历史学家，从事教育工作 60 年，长期担任北京师范大学历史系主任，具有丰富的历史教育思想。20 世纪 80 年代他曾主持北师大历史系教学改革，取得了重大成果，荣获国家级优秀奖。本文拟集中探讨白先生的历史教学改革思想，这对于推动当前高校历史系的教学改革，无疑具有积极的意义。

一　历史教学改革应当服务于历史教育总的目的

　　历史教育与历史教学是两个概念，后者包容于前者，因为历史教育在历史教学之外，还可以有各种方式。但是，无论历史教学或其他的教育方式，都是为历史教育总的目的服务，"离开了历史教育的目的任务，历史教学的目的任务是无从谈起的"①。所以，在白先生看来，明确历史教育总的目的，是保证高校历史教学改革沿着正确方向发展的基本前提。

　　历史教育总的目的是什么？白先生认为，就是培养学生的历史感、时代感，从而"学习做好一个社会主义新人"。他指出，这主要包括 3 个方面：一是"要讲做人的道理"。这并非要将历史简单地伦理化了，而是要在历史发展的过程中系统地阐述人的地位，包含群众的作用，个别历史人物的作

---

① 　白寿彝：《在历史教学研究会成立大会上的书面发言》，见《白寿彝史学论集》（上），209 页，北京，北京师范大学出版社，1994。

用以及人与自然界的关系等等。历史浪潮推动人们前进，人们也推动着历史浪潮的前进。历史发展是曲折的，但无可阻挡，逆历史潮流而动者，终不免于身败名裂。"我们要强调这样的内容来激励青少年，激发他们对历史的责任心，鼓舞他们推动历史前进"。二是"要讲历代治乱兴衰得失之故"。在中国历史上，朝代迭起，曾有多少皇冠落地，这引起了古人对历代治乱兴衰得失之故的不断探索，形成了我国强调"通古今之变"，注重总结历史经验的优良历史传统。白先生认为，党中央六中全会通过的《关于建国以来党的若干历史问题的决议》，就是对于几十年来党的工作和革命形势之"治乱兴衰"，作实事求是的总结。所以，历史教育重视探讨历代兴衰得失之故，"对于培养政治兴趣、政治见识，培养辩证唯物主义和历史唯物主义的思想水平有很大的好处"。三是"历史前途的教育"。这主要包括：(1)"国内民族团结的历史前途"。从历史上看，我国各民族有友好往来之时，也有矛盾冲突之日，但是从总体上看，尤其是近代以来，互相依存，相互团结，实是民族关系史上的主流，也是中国民族关系发展的前途。(2)"繁荣的经济文化的历史前途"。历史的事实足以证明中国人民是富有创造力的，只是明清以来中国社会才渐趋落后，尤其是近代更沦为半殖民地的悲惨境地。但是中国革命的胜利和新中国在各种曲折中前进，展示了中国历史的美好前景。所以应当坚信，"只要全国各族人民团结在党的领导下，一致奋斗，美好前景会提早实现的"。(3)"光明的社会主义历史前途"。中国的社会主义建设走过了曲折的道路，特别是十年"文化大革命"，创深痛巨，一些人的思想也难免产生某些困惑。但是我们毕竟已取得了前无古人的成就，因而并无悲观的理由。"我们坚持社会主义道路和前途的信心，努力工作，社会主义制度会结出更为丰硕壮大的果实"①。

上述白先生所强调的历史教育的总目的，换个角度也可以说即是讲历史的功能。自80年代以来，他在不同的场合曾反复加以阐述，虽然有时讲的并不止3点，但最核心的内容是这些。白先生的阐述，朴素无华，但意

---

① 白寿彝：《白寿彝史学论集》(上)，212页。

境深远，发人所未发。他强调要从历史上讲做人的道理，说到底，就是要培养青年人富有推动历史前进的自觉性和责任感，有没有此种历史感，在精神状态上是大不一样的。从这样的角度讲做人的道理，较以往单纯强调培养群众观点和劳动观点要来得深刻。而这也并未忽略对历史发展规律的阐述，相反，它充实了阐述的内容；同样，讲历史前途的教育，也可以说是爱国的教育，但比较一般所说爱国主义教育实际上更显丰满。

1981 年 7 月，白先生在历史教学研究会成立大会上的书面发言中，第一次提出上述思想。他讲这是自己经过多年思考才得到的体会。事实上，他后来对历史教育的总目的又作了进一步概括。1989 年 8 月白先生在《说"为人师表"——佳节感言》一文中说：20 多年前教育部领导在北师大指出，师范大学培养出来的学生，就是"要能为人师表。师范，师范，这才叫师范"。自己听了很受震动。当时自己在高校任教已近 30 年，从未自觉地这样想过，总以为课教好了，让同学得到正确的知识，就是个好教师。现在看不完全正确。"'为人师表'，当然也要教好课程，但更重要的还在于他的思想感情和某些实践活动能启发下一代人，引导他们前进，加强他们前进的力量"①。这便是进一步强调了教书育人的宗旨。去年白先生曾与笔者谈到，古人云"尊师重道"、"师者，所以传道、授业、解惑也"，这种提法好。所谓"道"，是第一位的，在今天就是指马克思主义的指导与社会主义的方向。这与上述他强调历史教育要让学生"学习做好一个社会主义新人"，一脉相承，但其思想主张显然是更加系统与深化了。进入 80 年代后期，受滚滚商潮的影响，社会上出现了轻视历史学的倾向，以至于有人提出了学习历史究竟有何用处的问题。白先生很重视这个问题，以为许多人包括从事历史教育几十年的自己在内，对于历史学在教育上的重要作用都估计不足，而轻视历史作用的观点更是有害的。历史有没有用处？这个问题不难回答，也必须理直气壮地加以回答。他指出，马克思主义本身就是总结历史经验的产物，这能说历史的功用不大？20 世纪 30 年代中国理论界曾进行过一场

---

① 白寿彝：《说"为人师表"——佳节感言》，见《白寿彝史学论集》（上），301～302 页。

社会性质大论战，其结果使国人认识到了当时的中国社会是半殖民地半封建的社会性质，这就指明了当时的历史任务是反帝反封建，从而影响了中国整个历史的进程。这能说历史的功用不大？同样，党的十三大提出了我国当前是处于社会主义初级阶段，现在有不少人认识不一致，但是从中国历史发展的特殊性上足以证明这一论断的科学性，从而助益人们同心同德建设四个现代化，这能说明历史的功用不大？他还指出，现代化光有物质文明不行，还需有精神文明，引进许多先进的机器设备，如果没有先进思想的人去掌握，还是不能发挥真正的效益。所谓先进的思想，就是具有历史感、时代感，因而富有责任心和创造的精神，这便离不开历史教育。白先生实际上是在表述这样的思想：人是生产力中首要的因素，包括历史在内的社会科学可以提高人的素质，从而促进生产力的发展，从这个意义上说，历史等社会科学也是生产力。所以他说："如果说经济功能是指提高社会生产力，历史工作也不能说完全没有份。"总之，白先生认为，历史的"用"如果是指物质生产的直接需要，是说不上有什么用，但是，如果是指对国家前途的观察，对国策的制定，对人的素质和社会风气的改善，那就功莫大焉。"我们学习历史，就是要认识时代，增加人们的智慧，让人们更自觉地认识历史，看清整个社会前进的方向。这种认识，集中起来是巨大的物质力量，其社会效益是不可估计的。"①毋庸讳言，直到今天，仍有不少人对历史的重要性缺乏足够的认识，故白先生对历史的重要性作如此理直气壮的阐扬，在商潮滔滔的当年固属难能可贵，即在今日也仍然是十分有意义的。

应当说，上述关于历史教育总目的的认识，是白先生历史教学改革构想的思想指导，也是其逻辑的起点。所以，他进而提出了教学改革的任务："如果按照这样的目的任务来要求，我们的历史教学法是否也应该内容上有所提高和改革，很值得认真地研究。"②

---

① 白寿彝：《在史学史助教进修班座谈会上的讲话》，见《白寿彝史学论集》(上)，295页。

② 白寿彝：《在历史教学研究会成立大会上的书面发言》，见《白寿彝史学论集》(上)，213页。

二 "这件事情，关系历史系课程改革，甚为重要"

白先生高校历史系教学改革思想的核心，是"注意能力的培养"。

1981 年白先生明确指出，目前高校文科存在的主要弊端是："在教学思想上，重视知识的灌输，而不注意能力的培养。"①同年，他在北京师范大学历史系本科毕业生大会上讲话又指出，毕业生出去后光会教现有的课本，不算本事，重要的是要具备"独立思考能力"和"相当的水平"，能够适应学科发展的需要。按现在的话说，就是北师大培养的学生不应是教书匠，而应是具有很强适应性的创造型人才。高校教学是着重能力的培养还是着重知识的传授，这是教育观念上带根本性的原则分歧。进入 90 年代中期后，经国家教委的肯定与提倡，重视能力培养的正确教育观念，始渐彰显。白先生在 80 年代初即已明确提出了这一观念，固属可贵，但实际上早在 20 世纪 60 年代初，他就已经在力图实践这一点了。

1961 年 9 月，白先生发表长文《历史学科基本训练有关的几个问题》，这是他早期提倡全面加强学生的能力培养最为系统，也是最具代表性的一篇重要著作。在文中，他提出要抓住课堂教学、阅读指导和写作指导 3 个主要环节，切实加强学生的基本训练，以提高教学质量。这里所谓的"基本训练"，实际就是能力培养。他指出，课堂教学好的效果应当是，既可以使学生得到基本的历史知识，同时还可以使之学习具体分析问题的科学方法，"培养学生分析历史问题的能力"。为何要重视指导学生读书？他认为，道理很简单，"历史学家不是听出来的"。"过去我们对阅读指导注意不够，有些学生对基本知识掌握得不巩固，知识面太窄，对治学不知道门径，这都跟他们不能很好地阅读有很大关系"。这就是说，通过指导学生广泛阅读，可以扩大他们的视野，加深理解已有的知识，并从中体会治学的方法。这是一种培养自学能力的有效途径。比较起来，白先生更强调学生写作能力

---

① 白寿彝：《关于历史学科教学、研究的几点意见》，见《白寿彝史学论集》（上），202 页。

的训练。他认为，大学生必须具备科学研究能力，而他所达到的程度当依写出来的文章来衡量。但是，"对于学习写作的人来说，经过必要的指导跟没有经过指导，有时不只是学习上有迟速难易之别，并且有入门跟不入门之别"。指导写作是一种综合的能力训练，这至少包括：(1)语文的训练。一方面要有阅读能力。要读懂古今各体文章，包括现代白话文、古代散文骈文和诗赋词曲。要学会一种外文，能阅读专业书刊。还当懂得利用工具书去解决阅读中的疑难问题。"如果没有这样的能力，在进行科学研究时，就会受到资料上的限制，不要说不易发现资料，即使发现了也难于理解。资料问题不能解决，科学研究是很难进行的"。另一方面是要有文字表达能力，能写出文理清楚，结构完整的学术论文来。"表达能力的训练是必须通过写作来进行的"。(2)搜集资料的训练。要教会学生懂得各种资料的检索、积累和分类方法。此种指导固然在各门课程中都可以进行，"而结合学术论文的写作来进行，是更为有效的方法"。(3)掌握学术情况的训练。要使学生懂得了解已有的研究成就、学术动态和把握学科前沿。(4)理论的训练。要培养学生具有运用马克思主义的立场、观点与方法分析历史问题的能力。

白先生强调课堂教学、阅读指导和写作指导，三者应形成有机整体。他引孟子的话"羿之教人射，必志于彀"，说："彀"，是要把弓拉满，不能拉满，就不能说是把射学好了。"目前，我们对学生的基本训练，也应该'必志于彀'。必须把这三个部分都搞好了，才可以说达到了'彀'的要求。"①将本科生的基本训练比做"志于彀"，形象而有力地说明了注意学生能力的培养，是怎样地在白先生的教学改革的思想中居于核心的地位。

白先生关于从课堂、读书、写作3个环节入手，加强学生基本训练与能力培养的主张，直到晚年仍不断地加以提倡。例如，1983年他在《要发挥历史教育应有的作用》中说："最主要的还是指导学生们读书、分析问题、做文章。在校期间，如能指导学生读些书，培养他们的阅读能力和写作能

---

① 白寿彝：《历史学科基本训练有关的几个问题》，见《白寿彝史学论集》(上)，179页。

力，他们出校后就可以独立工作，不断前进。"①白先生在这方面的论说，不仅十分全面系统，而且见解精辟，可操作性强。这可以说是他多年教学实践经验的总结。但是，需要注意的是，60年代初白先生即指出，要进一步加强学生的能力培养，其间尚"有很多的学问可以研究"。遗憾的是，1963年后中国政治环境再次趋向极左，并最终导致了"文化大革命"十年的大劫难。白先生教学改革的研究被迫中断了，但是他并没有停止对问题的思考。故党的十一届三中全会后，他刚回到历史系系主任的岗位上来，便以高昂的热情投入到教学改革之中，并高屋建瓴，推出了富有力度的全新改革方案，不仅使北师大历史系的教学面目一新，而且也使自己以培养学生的能力为核心的教学改革思想，大为深化了：这就是他提出了改革历史系课程结构和教学内容的大胆设想。

从1978年开始，白先生通过发表文章、讲演等方式，多次尖锐地批评高校文科"在教学思想上，重视知识的灌输，而不注重能力的培养"。在这种教学思想的指导下，课程设置十分不合理，专业课程安排太多，不仅文理之间就是文科各系之间的课程，也互不通气，彼此隔绝。他说："尽管这些年我们培养出了大量的学生，其中也有质量较好的学生，但多年来的事实证明，我们工作上的缺点是显著的。各个系互不通气，历史、中文、教育各系之间，根本不考虑课程的配合。因此，我们培养出来的学生，就大多数的情形来看，专业基础不扎实，视野比较窄，独立工作的能力不强。"②他对于历史系课程设置的批评，则更加尖锐：

> 我们高等学校的历史教学计划很害人，到今还是很害人。五十年代，我们请苏联专家帮助我们制订了历史系的教学计划，主要是"八大块"，实际是中外各"四大块"：古代、中世纪、近代、现代。这"八大块"把老师和学生放进入了狭窄谷道里，上不见天，下不见地，看看四周也不行。教师搞得没有发展余地，老是讲那些；同学不能接受不同

---

① 白寿彝：《白寿彝史学论集》（上），278页。
② 白寿彝：《关于历史学科教学、研究的几点意见》，见《白寿彝史学论集》（上），202页。

学科的知识，就知道这个"八大块"。这怎么行！……这个局面一定得变，不能这样搞。历史系不学文学、不学哲学不行，没有点自然科学也是不行的。不能这么狭隘。学点文学，还叫什么"历史文选"，还得加"历史"两字！不是历史就不学。这种指导思想太狭隘了。把自己锁在一个很小的小笼子里，怎么能成为一个好的历史工作者呢？这必须彻底地改变，不变不行。①

白先生的批评切中积弊。在其时，能如此大声疾呼的学者并不多见。他强调，"培养人才，是个大问题"，"目前这方面最主要的问题，是高校历史系的教学改革"。② 但是，改革从何入手？白先生指出，"改变当年的课程结构"是"很重要的一环"，即强调当从课程结构与教学内容的改革入手。这里包含两个层面：一是改变文科课程设置的分割状态。要提倡和组织各系间的合作，互相开课，"使学生能接触到更丰富的东西，得以更好地提高他们的专业水平"。古汉语、外语和理论课应是文科最基础的课程。"文科的学生还应该学点自然科学，了解一点现在自然科学发展的形势"。文科和理、工、农、医各科，不能判若鸿沟。理工各科也应学习好语文、历史。"我们理、工、农、医各科，要培养人才，这些人才一定是有丰富的思想和一定高度的文化水平的人。单纯的技术观点，对于培养人才是有害的。"③这里强调文理渗透，扩大学生的视野和提高素质，实已超出文科改革的范围。就历史系而言，适当压缩专业课以容纳中文、哲学、教育等系的课程，还要适当开设一些有关自然科学史或概论方面的课程；二是改造历史系的两门通史课，以改变历史系专业课程结构。白先生的着力点在后一层面。

白先生认为，历史系的课程学习苏联，几十年来主要开设中国通史和世界通史两门课程。所以"八大块"讲 4 年，用以开设其他课程的时间已所剩无余。且主要靠课堂上讲，课堂下看讲义，学生很少有阅读参考书的机

① 白寿彝：《关于史学工作的几个问题》，见《白寿彝史学论集》（上），331 页。
② 白寿彝：《要发挥历史教育应有的作用》，见《白寿彝史学论集》（上），277 页。
③ 白寿彝：《关于历史学科教学、研究的几点意见》，见《白寿彝史学论集》（上），203 页。

会。加之一门课讲4年，要经过好几个教师去讲授，"这个'通'字很难做到，可以说是'通史'不'通'"。他主张将中外大通史各改成一年课程的小通史，以为这是牵一发动全身，打破历史系旧的课程结构，促进教学改革的关键一环：其一，可以腾出大量课时，开设断代史、专门史、国别史以及名著研究和外系的课程等，从而大大展拓学生的知识面；其二，通史的课时少了，就比较容易提纲挈领，讲得"通"些。其时，教师的意见不一，阻力甚大。一些教师担心，那么多的钟点还教不好，一下去掉这么多钟点，就更不好办了。他们是将小通史理解成了大通史的浓缩，故唯恐课时不够。这正反映了传统观念束缚之不易打破。白先生不为所动，坚持甚力。他说：

> 小通史要讲得好，是要在轻重去取之间，在脉络贯通之间下工夫，这需要有较高水平的历史见识。钟点少了，要求却是高了，教师要有点"别识心裁"。当然有困难，但困难是可以解决的。如果把小通史当做大通史的浓缩，什么都讲了，什么都讲不透，这就不好了。这件事情，关系历史系课程改革，甚为重要，虽有困难，也应该努力克服。我们要工作，就不应当怕困难，而且在很多的情况下，困难都是会有的。①

这段话不仅反映先生主张改革立场之坚定，而且说明其思想充满辩证法，识见高远。

当然白先生强调课程结构与教学内容改革是关键性的一环，并不意味着忽略了他自己早在60年代就提出的基本训练的重要性，只是认为此种基本训练必须建立在一个得到了优化的课程结构和教学内容新的基点之上，才能发挥自己的功能。这不仅与我们常说的"不打破旧的落后生产关系便无法促进生产力的发展"，事不同而理同；而且还包含着对结构与功能关系的思辨：优化学生的知识结构（主要是由课程结构与教学内容决定的）是培养与提高学生能力的前提。所以，我们说，白先生提出课程结构与教学内容改革的问题，本身即反映了其教学改革思想大为深化了。

---

① 白寿彝：《关于历史学科教学、研究的几点意见》，见《白寿彝史学论集》（上），204页。

从 1980 年起，作为系主任的白先生开始在北师大历史系进行以课程结构改革为中心的教学改革，经全体教师多年的努力，取得了重要成果：两门通史由分别讲授 4 年压缩到了分别讲授一年半，大通史改造成了小通史，变得"通"些了；先后开设了包括断代史、国别史、专题史在内的近百门选修课，白先生认为是"历史系最要紧的课程"的史学概论与史学史也进入了课堂。由是，原先两门通史上 4 年的传统教学体制被打破了，形成了一年级、二年级以基础课为主，三年级、四年级以选修课为主的新的教学格局。此次改革的影响是深远的：其一，课程结构和教学内容改革提高了教学质量，优化了学生的知识构成；其二，由于选修课多是在教师科学研究的基础上开设的，故改革有力地促进了全系科研的发展，初步形成了教、研互动和出成果、出人才的良好机制。可以这样说，此次课程改革是北师大历史系发展史上的一个里程碑，使本系实现了由原先单纯以教学为中心发展为教学、科研两个中心的转变。同时，此项改革开全国高师历史系教改的先河，在全国也产生了积极的影响。所以，它获得 1989 年国家级优秀教学成果奖的殊荣，绝非偶然。

三 讲究教学方法和加强师资队伍建设

白先生不仅重视教改的指导思想、教育观念的更新等宏观的问题，同时也十分重视具体的教学方法改革和师资队伍的建设等问题。

他很重视教师的课堂教学，说："课堂教学是教学活动中最富创造性的部分，教师要在这里能创造出一种气氛，把学生带进气氛中来，不只使他们得到知识，而且使他们得到感染，鼓舞他们学习正确的治学精神和治学方法。"但是，怎样才能达到这样的效果呢？他提出当处理好 3 种关系：其一，史与论的关系。他认为，有两种倾向都是片面的，一种是讲课满足于罗列史实，不能说明事件在历史发展中的意义，学生听了仍不知历史是怎么回事。这可叫有史无论，即不能以马克思主义理论为指导，揭示历史发展的实际过程。另一种是满足于简单搬用马克思主义的词句，将历史概念化了，可以叫有论无史或叫"穿靴戴帽"。正确的做法应是史论的统一，如毛泽东所说："详细地占有材料，在马克思列宁主义一般原理的指导下，从这些材料中引出正确的结论。"①但具体讲授却并无统一的模式，必须结合教材的情况，"可以有史有论，可以寓论于史，可以特别叙述或说明史事，也可以是专作理论分析，在不同的课时内是尽可以有不同的讲授方法的。"白先生认为，司马迁《史记》中的《项羽本纪》、《封禅书》等，可谓是寓论于叙事的典范；而《游侠列传》和《货殖列传》，则可视为夹叙夹议的典范。司马迁的《史记》所创造的史论结合的多样化形式，也值得我们借鉴。其二，系统讲授与重点讲授的关系。白先生以为二者各有长短，重要在于使之有机结合，"一方面防止以点代面，把重点变成孤立的点，一方面防止过于注重教材各部分之形式上的平衡，而限制了在某些大问题上应有的深入的了解"。同时，还要将学生的自学与听讲、教材的内容与讲授、平时的学习与考试等环节彼此联系起来，统筹安排，互补整合，系统讲授与重点讲授间的矛盾便可以得到解决。"这样做，在知识传授的广度和深度上，既会有助于学生学习的提高，也帮助了学生在处理问题的时候如何看全面，如何看重点"。其三，课堂教学与教材的关系。白先生反对教师照本宣科，但也明确表示不赞成教师全然抛开教材，另讲一套。因为他认为教材毕竟反映了学术界的水平，帮助学生熟悉和理解教材，是他们掌握基本知识的一条捷径。他主张二者要互相为用，相辅相成，具体的课堂教学可考虑：(1)说明该课程的学习目的与方法。(2)评述主要的历史文献、已有的研究成就及其不同的论点。(3)主要讲授教材中的重点与难点。至于课外辅导，更应当形式多样，生动活泼。他说："辅导本身是大有天地可以创造的。要把一问一答的呆板形式改变为生动活泼的教学活动，从而增进师生间的互相了解，体现教学相长，这不只可以扩大教学效果，补助课堂讲授的不足，并且可以成为随时进行基本训练的一种方式。"

同样，对于指导学生阅读，白先生也提出了许多独到的见解。例如，

---

① 《毛泽东选集》，2版，第3卷，801页，北京，人民出版社，1991。

就精与博的关系问题，他就提出了自己的看法，以为无论是学生还是青年教师，都要以专精为主，先打好基础，循序渐进，不是不要博，而是不要急于求成，务多贪得。有了这个基础，博览群书，就有破竹之势。他说："请问大家：是打眼井好，还是开条水沟好？水沟几丈长，但水只有几寸深，太阳出来一晒就干了；井虽小，但有几丈深，水是今天有、明天有、早上有、晚上也有。开条长沟虽然好看，但是没有水有什么用呢？先开沟，不开井，就会吃亏。这就是治学的道理。所以，要先开井、后开沟，要以井水浇沟水。学习应当以精读为主，博览为辅。不要见异思迁，搞一大堆，结果都看了，都不知道。"①比喻生动，发人深省。

白先生关于教学方法的思想，丰富而系统，是经验之谈，又蕴涵哲理。除上述之外，诸如主张通史要通，断代史不必全开，也不必讲得全；学生须有自学的时间，"没有自学的时间，一切都是空的"；要学好语文，必须下工夫背诵几十篇古文；精读，首先要精读教材；要把博览当做一种休息；写文章，"最主要的要有思想"；学生的科研能力，当依写出来的文章衡量；指导学生进行科学研究，是实现因材施教的好方式。如此等等，都不同凡响。平心而论，今天我们的教学方法，在许多方面未达到白先生所提到的那些要求，而且有的还未必意识到，遑论如先生所希望的"好学深思，心知其意"，"神而明之，存乎其人"②了。

白先生指出，"高校的教改，最重要的当然是指导思想的问题。在具体工作中，最中心的问题是师资问题，其次是设备的问题"。因十年动乱的影响，20世纪80年代初教师队伍青黄不接的现象十分严重，所以他也高度重视师资队伍的建设问题，认为"大力整顿教师队伍，大力抓教师的质量，是当前迫不及待的工作"③。白先生主张老中青教师要分别对待：对老教师要具体分析，用其所长，如有的在提高中年教师素质的问题上可以发挥很大

① 白寿彝：《关于历史学习的三个问题》，见《白寿彝史学论集》(上)，187页。

② 白寿彝：《说"为人师表"》，见《白寿彝史学论集》(上)，301页。

③ 白寿彝：《关于历史学科教学、研究的几点意见》，见《白寿彝史学论集》(上)，207页。

的作用，不一定要求他们在本科教学，也不一定要求写出很多的著作；有的长于科学研究，但不一定能培养出接班人来；有的于科研与培养中年教师均非所长，但喜欢在本科上课。故不要一刀切，要保护他们的健康，发挥他们的特长。中年教师的情况较复杂，由于各种原因，其中一些人业务底薄、待遇低、负担重，但他们中的优秀者能成为学科的带头人。因此，在重视普遍提高中年教师素质的同时，应注意发挥这些优秀教师的骨干作用。青年教师的培养自然是最重要的，应当一手抓学位研究生的培养，一手抓青年教师的培训。这种分层次抓教师队伍建设的对策，完全符合其时的实际状况。

此外，白先生在师资队伍建设问题上还提出两种重要见解，尤具深意：一是强调敬业精神。在他看来，教师的敬业精神，说到底就是"为人师表"，这应包含 3 个方面：政治方向、治学态度和教学态度。20 世纪 80 年代后期资产阶级自由化思潮盛行一时，白先生强调指出，"不能不反思政治方向对教育工作的严重意义"，作为教师必须坚持党的四项基本原则；治学态度是指学风。他强调作为教师治学要严谨认真，批评一些人学风浮躁，为评职称弄虚作假，甚至不惜剽窃他人的研究成果："有的人是为了应付学位和学衔而努力，学位或学衔到手了，就不干了。他们忽视了课堂教学水平是需要不断提高。教师不研究学术问题，在教学质量上就不能得到提高。没有研究学问的兴趣，没有在研究上下工夫，那种求职称求虚名的企图也许暂时能达到目的，但终究是徒劳的"；教学态度是指教风。他引《学记》中的一段话："善问者如攻坚木，先其易者，后其节目，及其久也，相说以解；不善问者反此。善待问者如撞钟，叩之小者则小鸣，叩之以大者则大鸣，待其从容，然后尽其声；不善答问者反此。"他认为这是讲师生间处理问答的方法。善问者要先易而后难，先观其大体而后详其节目，抓住关键地方和难点，这也可以说是教师引导学生如何提问题的方法。而善待问者，应就学生提出的问题作相应的答复。等学生把话听进去了，再详细解说。这说的是教学方法问题，实际上也是教学态度问题，教师在这里要求自己能够认真地给学生解决问题。"我看，诚恳是教学态度的首要问题"①。所谓诚恳，就是全心全意。所以，循循善诱，具备良好的教风，更是教师所应有的敬业精神。二是强调教师的团结与合作。白先生认为，教师队伍的所谓梯队建设，光讲老中青年龄结构或教授、副教授、讲师职称的有形搭配是不够的，因为它没有注意到"智力结构问题"。譬如偌大的一个录音机，缺了个小配件就不起作用了，而安上它便就成活的了，有用的了。"这可用来说明智力结构问题。现在我们考虑一个系、一个教研室的人员配备的时候，要注意思想和工作上的配合配套。总要挑人家的尖子来，这个想法不现实，也不完全对头。要考虑配好一套人。配好一套人，工作效率会比较大。如果配套合适了，两三个人出的成果就不是一加一等于二，一加一不止是二，它可以是二十，有时候可以更多。如果配套配得不适合，尽管有高明的成员，一加一有时还会等于零"②。白先生所讲的"智力结构"或叫"配合配套合适"，实际上已超出了单纯的智力组合问题，更主要是强调教师队伍的团结与合作精神之重要。经动乱之后，教师队伍不够团结，内耗为害甚烈。白先生以录音机与小配件的关系为例，形象而生动地说明了梯队的建设不是光靠外在的职称配套，也不是简单地从外单位挖来一个尖子便可大功告成的，还需重视思想的建设，这是很有针对性的意见，同时也是十分深刻的见解。

自然，白先生也呼吁为推进教学改革，有关部门应增加教育经费的投入，以改善办学条件和教师的待遇。

四 结束语

从总体上看，白先生关于高校历史系教学改革思想的发展过程，与中国政治环境的变迁相适应，明显地分成了3个阶段。第一阶段是20世纪50年代初。新中国成立初期高校历史系破旧立新，意气风发，不仅确立了马

---

① 白寿彝：《说"为人师表"》，见《白寿彝史学论集》（上），301页。

② 白寿彝：《关于建设有中国民族特点的马克思主义史学的几个问题》，见《白寿彝史学论集》（上），320页。

克思主义历史唯物论的理论指导，而且学习苏联，规范课程结构和教学计划，设立教研室，实行集体备课，一举改变了旧中国史学系教学散漫随意的格局，建立起了一种崭新的教学模式。在苏联专家的主持下，白先生参与了北师大课程教学计划文科部分的改革。他不仅积极学习马克思主义，而且在历史系推广教研室的教学组织，实行集体备课。他还提倡实习教育、直观教育、课堂讨论和历史晚会等各种教学形式。并组成中国通史教学小组，亲自指导青年教师编写教材和讲课。白先生教学热情很高，也取得了良好的教学效果。他充分肯定新的教学模式较旧中国是很大的进步，但是在实践中也初步感觉到了它的不足。他发表文章，指出集体活动太多，上课太多，学生缺少自学的时间，呼吁应减少教师的授课时间，减少必修课程和学分数。尽管这还仅是指出师生课程负担过重的问题，但它毕竟成为白先生在新中国提供的新的教学模式基础上，思考高校历史系教学改革的起点。其后因政治形势日趋于"左"，尤其是"反右"后，知识分子噤若寒蝉，白先生自然也不能再发表关于教改的文章了。第二阶段是 20 世纪 60 年代初。是时党中央开始纠正"大跃进"中"左"的倾向，决定实行"调整、巩固、充实、提高"的方针。与此相应，邓小平同志主持并通过了教育部制定的"高教 60 条"，在总结经验教训的基础上，规定了高校必须提高教学质量，重视科学研究，正确执行党的知识分子政策和百家争鸣、百花齐放的方针等等。由是政治环境趋于宽松，高校知识分子教学与科研的热情也开始复苏。1961 年 9 月，也就是"高教 60 条"正式发布实行的当月，白先生即发表了长文《历史学科基本训练有关的几个问题》。紧接着，1962 年 1 月，复发表《关于历史学习的三个问题》另一长文。两文一脉相通，将自己多年的思考，一吐为快，生动地反映了当时知识分子对中央新政策的热烈响应。但遗憾的是，1963 年后中国政治环境再次趋向极左，最终导致"文化大革命"，白先生关于教改的思路也再次被打断了。第三阶段是 1978 年党的十一届三中全会确定改革开放的政策至今。如上所述，白先生的教学改革思想在此期得到了进一步的丰富与发展。由此可见，白先生关于历史教学改革的思路虽然时常被打断，但他从未停止过思考，故一有可能便要热情的呼号改革，且思想见解愈趋深刻。这生动地反映了白先生思想之活跃、于改革之执著和对于历史教育高度的责任感。

白先生的历史教学改革思想可作如下概括：在社会主义教育总目的的指导下，加强教师队伍的建设，抓住课程结构和教学内容改革这一中心环节，讲究教学方法，注重学生的能力培养，努力提高办学质量。其中，以下3点，尤其值得我们重视：

其一，注重整体性思想。这不仅是指白先生的教学改革思想涉及了课程结构、教学内容与方法广泛的范围，更主要的是指，他将课堂教学、课下辅导、指导学生读书与写作等教学的各个环节，作为一个整体与过程加以精心设计，突出了方法论和可操作性。

其二，强调科学研究的训练。在白先生看来，学生能力的培养固然是全部教学活动的目的，但是科学研究的训练又是达此目的的重要环节，因为借此可以实现教与学、课内与课外、理论与实践、读书与写作、教师与学生等的进一步结合，从而实现综合能力的训练和因材施教。

其三，强调以教师为核心，调动师生两方面的积极性。白先生所提出的各个教学环节上的改革要求，无疑皆是以教师为核心，所以他强调教师对学生要"诚恳"和悉心"指导"；但他同时注意调动学生的积极性，所以他一再强调不能满足于教师讲学生听的单一模式，要减少课时，保证学生有足够的自学时间，否则，一切都是空的。

1995年国家教委推出了"面向21世纪高校历史学科课程结构和教学内容改革"的重大举措，尽管它所提出的某些具体要求已包含了更多的内容，但究其指导思想，实与10多年前白先生的主张是相通的。今天，面向21世纪，高校历史系的教学改革任重道远。认真研究白先生丰富的历史教学改革的思想与实践，无疑将对我们正在进行的新的探索产生积极的影响。

（原载《史学史研究》1998年第2期）

机遇与发展

——白寿彝先生对北京师范大学历史学科发展作出的贡献

杨共乐

1978 年 12 月，党的十一届三中全会吹响了改革开放的号角，给中国的发展带来了巨大的动力。全国民众在中国共产党的领导下以前所未有的热情投身于人类历史上少有的伟大改革运动。北京师范大学历史学科也随着全国形势的变化，迎来了千载难逢的发展机遇，全体师生在白寿彝等先生的带领下，大胆探索，奋发向上，不但在教育改革、学术发展上，而且在学科布局上都作了许多前瞻性的部署，从而为历史学科的未来发展奠定了扎实的基础。

高等学校的首要任务是培养人才，教书育人是学校的本职工作。十一届三中全会以后，党的改革开放政策给时任北京师范大学历史系系主任的白寿彝先生提供了革除教学弊端、改革历史学课程结构的大好时机。白寿彝先生充分地把握了这一时机，从课程体系改革入手，对北京师范大学历史系的教学进行了全面的改革，从而确立了以教改促科研、以科研促教育的良好发展模式。

1949 年以来的 30 年间，北京师范大学历史系的课程体系基本上是由苏联专家帮助制订的。大学 4 年主要开设两门通史课，即：中国通史和世界通史。每一课程又各分古代、中世纪、近代和现代 4 部分，俗称"二条线八大块"。与解放以前相比，这种课程设置有了较大的进步。这种进步主要体现在课程的计划性和内容的完整性、系统性方面。但随着教学实践的不断深化，人们越来越发现这"八大块"培养模式严重地束缚了教师和学生创造性能力的发挥。1978 年 10 月，白寿彝先生就一针见血地指出了这种课程设置的弊端，他说："我们高等学校的历史教学计划很害人，到今还是很害人。50 年代，我们请苏联专家帮我们制订了历史系的教学计划，主要是'八大块'，实际上是中外各'四块'：古代、中世纪、近代、现代。这'八大块'把老师和学生放进了狭窄谷道里。……教师搞得没有发展余地，老是讲那些；同学不能接受不同学科的知识，就知道这'八大块'。"①1981 年，白先生更进一步提到这种设置的局限性，指出这种局限性主要表现在：(1)大大地压缩了学生阅读参考书的时间。(2)一门课程搞了 4 年，是经过好多位教师去讲授。"这个'通'字很难做到，可以说是'通史'不'通'。"②

从 1981 年开始，北师大历史系在白寿彝先生等的领导下，率先对高师历史学课程设置进行改革，"把原先四年的大通史，改成一部小通史"，用一至两年的时间将其讲完。这样改革的好处是："第一，这样改了可以腾出好多时间，去开设别的课程。像专门史、断代史、国别史和名著研究，都可以有较多的时间来安排了，也可以腾出一些时间学外系的课。第二，通史的时间少了，就比较容易把纲领抓起来，就容易讲得通些。"③这次改革取得很大成功，荣获了国家级优秀教学成果奖，各兄弟师范院校都纷纷效仿。

白寿彝先生选择课程体系作为其改革的突破点是非常睿智的。因为课程体系是各学科培养学生的核心，涉及教育哲学等深层次的理论问题。过去的历史学课程结构是建立在传授知识这一理念基础上的，而现在的结构则是建立在传授知识与培养能力相结合这一理论的基础之上，而且传授的也必须是教师本人或学界的新知识、新成果和新发现，所以这种结构对教师提出了更高的要求，他必须随时关注学界的动态和学术的发展。讲通史课的教师必须具备"通"的意识，真正在"通"字上做文章，在轻重去取之间、

① 白寿彝：《白寿彝史学论集》(上)，331 页。

② 同上书，203 页。

③ 同上书，203 页。

在脉络贯通之间下工夫。而开设选修课更需要教师去掌握该学科或方向的核心材料，该学科或方向已有的研究基础、学科的前沿信息以及学科的发展前景，在独立思考和解决问题上做文章，在"新"字上下工夫。当然，课程体系的改革也给教师带来了更大的发展空间，更广的研究领域，使教师有更多的时间在自己感兴趣的学术研究领域施展才能。课程改革以前，历史学科的教师和学生只能在"八大块"里转。教师只有知识记忆，缺少开挖新知识的能力，不易出成果。课程改革后，历史学科积极鼓励教师突破"八大块"的局限，在讲好通史课的基础上，努力开设选修课，以提升教师自身的科学研究和教学能力。

课程结构改革对于学生来说则显得更为重要，因为它直接关系到历史系学生专业知识结构和综合素质的形成。白寿彝先生领导的课程体系改革对学生的最大影响是：(1)理论基础得到加强。学生们除了学习哲学、政治经济学以外，还要学习马克思主义经典著作、马克思主义史学理论等。通过这些理论方面的学习，学生阅读马恩原著的能力以及学生自身的理论水平都有了明显的提高。(2)专业知识更加扎实。学生通过两年通史课程的学习，基本上掌握了中外历史的概貌和发展线索，了解了历史的连续性和各地区历史发展的不平衡性，对历史上发生的重大事件和重要人物也有了一定的认识。而选修课的大量开设，又大大地开阔了学生的视野，提高了学生的学习积极性和主动性。学生们可以根据自己的条件和爱好来选择课程，确定研究领域，从而为其以后的深入钻研打下基础。

应该说，发轫于北师大历史系的历史学课程改革为全国高等师范院校历史系课程体系的顺利改革开创了先例，同时更为北京师范大学历史学科的发展创造了条件。可以肯定地说，以后北师大历史学科所取得的众多成绩，如1994年北师大历史学系被教育部批准为首批文科基础学科人才培养和科学研究基地，2001年又被教育部评为优秀基地等，都与白寿彝先生领导的这次改革有密切的关系。

二

科学研究是学科立足的基础，是学科持续发展的保证。白寿彝先生十分重视科学研究在学科建设中的作用，不但自己带头钻研，而且还带领大家共同探索。多卷本《中国通史》的编纂就是白先生带领国内众多学者共同攻关的最好例证。

多卷本《中国通史》是白寿彝先生在改革开放初期决定上马的重大科研项目，内容上起远古时代，下至中华人民共和国成立，编写工作历时 20 余年，于 1999 年全部完成。《中国通史》共 12 卷，22 册，总计 1400 万字，是 20 世纪规模最大的通史著作之一，代表了 20 世纪中国通史研究的最高水平，被誉为"20 世纪中国史学的压轴之作"。这部巨著出版后，得到了江泽民等党和国家领导人及史学界专家学者的高度评价和赞誉。它是马克思主义中国化在《中国通史》研究领域取得的重大成就。

《中国通史》的完成不但推动了中国历史研究的深入，而且也带动了中国古代史和中国近现代史两个学科的发展。在白寿彝先生的领导下，参与编纂的 500 余位专家学者，潜心钻研，同心协力，既收获了成就，又收获了友谊，更创造了协作攻关的成功范例。许多中青年学者在白寿彝先生的精心指导下迅速成长，很快成为中国历史学界的骨干力量，其中尤以北京师范大学历史学科受益最大。

《中国通史》的完成给北京师范大学历史学科留下了众多精神遗产，其中主要的有：（1）自强不息的奋斗精神。白先生开始主编《中国通史》的时候，已经是 70 高龄的老人了。当时，史学界有许多人都对这一工程持怀疑态度，"认为工程太大，白寿彝教授能否在有生之年完成尚有疑问；如何组织众多学者协作编写，许多学术难题如何解决，文字体例如何统一，都是问题。搞得不好，这部大通史就可能失败"①。白先生勇敢地挑战自我，并始终视学术为生命，生命不息，奋斗不止，用自己坚强的毅力完成了这部

---

① 李希泌：《深切悼念白寿彝教授》，载《史学史研究》，2000(3)，20 页。

"体大思精"的巨著的编撰工作。其言其行一直是北师大历史学科全体师生奋发努力的动力。(2)把握正确的治学方向。白先生反复强调：用马克思主义观点研究中国历史，撰写中国历史，这是一种责任，既是对中华民族的责任，也是对世界各国人民的责任。① 历史学要研究大问题，应走创新之路，"一个史学工作者应出其所学，为社会进步服务，为历史发展服务"，这是白先生对自己的要求，也是白先生留给后学的巨大财富。

三

一个单位的发展与国家的政策有密切的关系，同时也与单位主要领导的眼光、判断力与责任心密切相关。

改革开放初期，百废待兴，白寿彝先生以其敏锐的眼光，洞察到历史学春天即将来临。1980年，在白寿彝等先生的推动下，经教育部批准，北京师范大学成立了史学研究所，白先生出任所长。史学研究所的成立为加强学术研究、学术交流和培养专业人才创造了重要条件。史学研究所在白先生的领导下先后召开了全国第一次史学史学术讨论会，举办了《史学概论》讲习班、史学史助教进修班等，恢复了停刊多年的《史学史资料》，不久更名为《史学史研究》，招收了史学史专业的硕士生、博士生和高级访问学者，承担了国家"六五"、"七五"、"八五"等一大批重大科研项目，出版了一系列很有影响的学术论文和专著。后来被教育部批准的普通高等学校人文社会科学重点研究基地：北京师范大学史学理论与史学史研究中心以及国家级重点学科史学理论与史学史都是依托于这一研究所成立起来的。

1981年4月，陈云同志就整理出版古籍工作提出重要意见。他说："整理古籍，把祖国宝贵的文化遗产继承下来，是一项关系到子孙后代的重要工作。""古籍整理工作，可以依托于高等院校。""整理古籍是一件大事，得搞上百年。"②

---

① 北京师范大学历史系、北京师范大学史学研究所：《深切怀念白寿彝先生》，载《史学史研究》，2000(2)，3页。

② 《陈云文选》，第3卷，289～291页，北京，人民出版社，1995。

根据陈云同志的建议，1981 年 9 月 17 号，中共中央发出了《关于整理我国古籍的指示》，恢复了古籍整理出版规划小组，制定了 1982 年至 1990 年《古籍整理出版九年规划》。北京师范大学在白寿彝、启功等先生的努力下，于 1981 年成立了古籍研究所。这是全国高校中第一个以研究和整理古籍为对象的研究机构。建所以后，古籍所依靠全所研究力量，先后出版了两部大书：一部是《文史英华》，一部是《全元文》。白寿彝先生说："《文史英华》是供高校学生、中学教师和机关干部诵读的选本，它的编辑意图是博而精。所谓博，是指上下两三千年文史名著俱备。所谓精，是指所选作品，文、情、道、义必有所当，读者可以提高阅读水平。""《全元文》是比《文史英华》更大的一部书，在功力和见识方面，所需要的供给不知要高多少倍。更加以元史素称专门之学，对语言、地理、疆域、民族及其他有关的文献知识所需甚广，很不容易掌握。"①两书出版后，颇得佳誉，分别获得北京市和教育部大奖。刚刚成立的北京师范大学古籍整理和传统文化学院就是在古籍研究所的基础上建立起来的。

成立史学研究所和古籍研究所两个机构，组织相应的研究人员对史学和古籍进行深入系统的研究，同时培养一批合格的年轻学者，这些都是功业千秋的壮举。它既解决这两个学科后继乏人的现象，又为这两个学科未来的发展铺搭了重要的平台。北师大史学理论与史学史学科以及历史文献学和古典文献学学科在中国学界现今的地位都与这两个研究所的建立有很大的关系。

众所周知，白寿彝先生是我国著名的史学家、教育家和社会活动家，他为我国历史学科的发展付出了毕生的精力，作出了重大的贡献，为后人留下了丰厚的遗产。这些遗产得益于白寿彝先生敏锐的眼光、正确的判断、杰出的领导组织才能和深厚的学术功底，更得益于党的改革开放政策。从白寿彝先生的身上，我们既可以看到党的政策的伟大，也可以看到老一辈知识分子在贯彻执行党的政策方面所发挥的创造性作用。白寿彝的贡献属于北师大历史学科，但更属于中国学术界。

---

① 李修生：《全元文·弁言》，南京，江苏古籍出版社，1997。

罗伯特·J·杜林教授谈科学研究与职业道德

杨共乐

2010 年 1 月 12 日，英国《自然》杂志网站在线版头条刊文《中国科研，发表还是灭亡》，称中国买卖论文等造假行为的市场在 2009 年达到近 10 亿元人民币。文章说，行政官僚干预学术活动以及急功近利的文化是造成其科研腐败的重要原因；对造假者缺乏严厉的制裁，也助长了学术欺诈的蔓延。2010 年 1 月 13 日，《光明日报》发表名为《科研腐败更让人心忧》的时评，称 2005 年至 2009 年北京市海淀区检察院反贪局共立案侦查发生在海淀区科研院所的职务犯罪案件多达 12 件。一向被人们看做是圣洁无瑕的"象牙塔"已成滋生腐败的新领域，"科学研究"和"职业道德"的关系问题开始受到公众的关注。

近日，美国马里兰大学助理副校长、认知科学研究所的负责人、心理学院教授罗伯特·J·杜林教授与我们共同探讨了这一问题。这或许对我们的学科建设有所帮助。

一 "科研行为准则"——马里兰大学的一门必修课

"我们为什么要强调科研准则？"

马里兰大学的罗伯特·J·杜林教授提出了这样一个问题，随后指出：因为科学研究越来越复杂，科研成果与利益之间的关系也越来越密切，这要求科研者能遵守诚信的准则。同时，出资机构也会给研究者施加压力，希望能用有效的措施来制止腐败的产生。在马里兰大学，《科研与道德》是一门专门讲授科研行为准则的课程。罗伯特·J·杜林教授指出:"任何拿到国家基金的人,都要到我们这里来接受教育"。

2006 年,韩国"克隆之父"黄禹锡的造假风波闹得满城风雨,其 2004 年在美国《科学》杂志上刊载的论文,捏造了有关干细胞数量、干细胞 DNA 分析结果、畸胎瘤的形成、类胚胎体的形成和适应性免疫结果等数据,并使用了其他干细胞照片蒙蔽读者。在骗取国民信任后,黄禹锡进一步夸大其干细胞技术的效率和转向实用的可能性,从不同民间机构骗取研究经费,并大量挪用新产业战略研究院提供的公款,欺诈、贪污的款项总数巨大。①最终,韩国首尔地方检察厅发表了黄禹锡干细胞造假事件的调查结果,决定以欺诈罪、挪用公款罪以及违反《生命伦理法》的罪名起诉黄禹锡。韩国的"人民英雄"黄禹锡自此声名扫地。

在《科研与道德》课上,罗伯特·J·杜林教授常常会把黄禹锡这样的有关科研腐败的案例教授给学生们,让其引以为戒。他认为,现在公众对科学腐败越来越关注,连华盛顿邮报都在 6 月份发表了题为《众多科学家承认自己有过科研腐败》的文章,深刻剖析美国学术界的腐败问题。所有这一切都促使人们去思考科学研究的道德要求。如何确定科研行为不端与如何看待"科研行为不端"也就成了知识界必须回答的重要问题。

二 定义"科研行为不端"——"人的主观意愿"是关键

罗伯特·J·杜林教授指出,"科研不端行为"(research misconduct)包括:编造、提供错误信息、剽窃等 3 个方面,但不包括因诚实而导致的错误。这是美国科技政策办公室在 2000 年为"科研不端行为"所下的定义。不过,这一看似简单的定义,在世界各国却有十分不同的解释。

德国马普学会于 1997 年通过、2000 年修订的《关于处理涉嫌学术不端行为的规定》中列出了"被视为学术不端行为的内容",指出,"如果在重大

---

① 《黄禹锡正式被诉三宗罪 检方 10 韩元都不放过》,载《新京报》,2006-05-13。参见:http://tech.sina.com.cn/d/2006-05-13/0855935873.shtml。

的科研领域内有意或因大意作出错误的陈述、损害他人的著作权或者以其他某种方式妨碍他人的研究活动，即可认为是学术不端"。

北欧四国对学术不端行为的定义也各不相同。瑞典的定义是："有意捏造数据来修改研究进程的行为；剽窃其他研究者的原稿、申请书、出版物、数据、正文、猜想假说、方法等行为；用以上方法之外的方法修改研究进程的行为。"丹麦的定义为："修改、捏造科学数据的行为；纵容不端行为的行为。"挪威将学术不端定义为："在进行科学研究的申请、实行、报告时，明显违反现行伦理规范的行为。"芬兰则规定："有违科学研究良心，发表捏造、篡改或不正确处理研究结果的论文发表行为"，即被视为学术不端行为。①

1989年，美国公共卫生服务局(PHS)对"科研行为不端"的定义中，规定"在设计、完成或报告科研项目时伪造、弄虚作假、剽窃或其他严重背离科学界常规的做法"为科研行为不端，但强调不包括"诚实的错误或者在资料解释或判断上的诚实的分歧"。1995年，美国科研道德建设办公室(ORI)组建的科研道德建设委员会又作出界定，认为："科研不端行为是指盗取他人的知识产权或成果、故意阻碍科研进展或者不顾有损科研记录或危及科研诚信的风险等严重的不轨行为。这种行为在设计、完成或报告科研项目，或评审他人的科研计划和报告时，是不道德的和不能容忍的。"到2000年，白宫科技政策办公室(OSTP)又做了一个"标准的定义"，它保留了美国公共卫生服务局1989年定义中的"伪造"、"篡改"和"剽窃"这三要素②，删除了"其他"的内容。

总之，欧洲各国虽然对学术不端行为表述各异，但在对构成学术不端行为的"伪造"、"篡改"、"剽窃"等要素的认识方面，均已取得基本共识，这也是罗伯特·J·杜林教授提出前述定义的基础。

罗伯特·J·杜林教授特别指出："如果作者主观上愿这样做，就属于

---

① ［日］山崎茂明：《科学家的不端行为——捏造·篡改·剽窃》，杨舰、程远远、严凌纳译，100页，北京，清华大学出版社，2005。

② 伪造(Fabrication)、篡改(Falsification)和剽窃(Plagiarism)行为，简称为FFP。

不端。不过，应掌握大量事实根据后，才能起诉。"也就是说，在立项、实施、评审或报告研究结果等活动中是否存在"伪造、篡改或剽窃"行为，其判断的关键在于行为主体（人）的主观意愿。

三 如何对待"不端"——制度建设是根本

在马里兰大学，科研行为不端，除了"伪造"、"篡改"、"剽窃"3 种情况外，还包括泄露机密、故意提供错误信息、挪用或乱用研究经费等行为。

对待"不端行为"，我们能做的除了谴责并呼吁重振科研道德规范以外，更应该着力于建立相关的处理学术投诉的制度。

在马里兰大学，学术投诉制度已经相对健全：任何人一旦发现"科研行为不端"，即可首先向教务长（Provost）进行检举；校方会组成由 3 名教授参加的委员会（调查委员中必须有一名是本领域内著名的教授和一名副教授）进行调查，审核受到检举的"不端行为"；在有必要的情况下，全国性的委员会①也将参与调查。如果最终证实受检者的确有"科研不端行为"，那么该受检者将接受开除或数年内禁止从事科研工作的处分。而且最终的调查结果将由教务长上报国家管理办公室，并在网上公布，接受公众监督。

四 科研伦理的首要原则——尊重实验对象

罗伯特·J·杜林教授在《科研与道德》课上，曾给学生讲过美国科学界的丑闻——"塔斯基吉事件"。所谓"塔斯基吉事件"，就是 1932—1969 年由美国公众健康服务部的医生和科学家主持进行的"美国黑人梅毒病患者实验"。该实验的性质存在伦理争议，因为在该实验中，399 名梅毒病患者在对自身所患疾病并不知情的情况下，受到了长达 40 年的病情检测，而且即

---

① IRB、IACUL、RS、BCH 等委员会负责对研究者在相关领域申报的基金的使用情况进行审理。

便 1946 年后梅毒已经可以治愈，实验方也没有对实验对象进行相应的治疗。

其实，早在"塔斯基吉事件"之前，科学家已经充分了解了梅毒病所可能造成的破坏性症状，但美国公众健康服务部的医生却认为，梅毒病在黑人身上可能造成的效果与白人不同，因为在他们看来，与白人相比，黑人的神经系统是粗制滥造的产物。为了验证这一观点，就需要在黑人身上对梅毒病实验进行重复。因此，这一实验本身有明显的种族歧视色彩。

同时，实验对象被剥夺了知情权，尤其是 1942 年后，实验者甚至主动阻止实验对象获取治疗。

作为对"塔斯基吉事件"的反思，人们开始关注"以人为实验对象"的实验调查的伦理准则问题（联合国世界卫生组织就先后出台了各类生命伦理准则）。美国国家健康研究所下属的人类研究保护办公室，也组织 20 多个成员对每一个相关的实验进行讨论，判断并裁定实验是否合理。

罗伯特·J·杜林教授特别指出：以人体为对象的实验，其第一个原则，就是必须征得研究对象本人的同意。此外，在实验技术的操作上，也应该将被实验群体受到的危害降到最低程度，并确保实验风险能够与收益相挂钩。

据罗伯特·J·杜林教授的描述，目前在马里兰大学，拿动物做实验也要接受委员会的管理，甚至有时候"动物比人还要受到尊重"。

五　权益冲突的平衡应对——马里兰大学的透明、公正、客观与监督

关于科研所获的权益与冲突，这主要涉及知识产权和科研成果的所有权问题。当一位大学生从高校毕业的时候，其研究获得的成果、数据的所有权究竟应该属于谁？在马里兰大学，毕业生的数据所有者很可能是大学或美国联邦当局。当然，如果接受他人资助而进行的相关研究，那么其数据则应该属于作者自己。

我们不禁好奇，为什么要这么做，其原因是什么？

在研究成果的占有问题上，资助者和研究者存在权益上的冲突与平衡。如果研究由联邦提供资金，那么不仅研究者应占有成果，而且大学也应该拥有研究成果的知识产权。这样研究者或发明者就可与有意利用成果盈利的公司法人进行谈判，而大学也可在签订合同时拥有部分收益的分享权。如此一来，便可简化专利制度，消除不必要的成本，减少创新过程中的不确定性，从而推动科研创新。由此可见，美国知识产权政策的最大特点，在于鼓励创新。

在具体落实政策的时候，马里兰大学坚持对权益者权益的尊重和平衡。据罗伯特·J·杜林教授称，在马里兰大学，大学与研究者同时拥有知识产权。但如果研究是政府授权，学校请人进行的，那么产权要归学校、政府拥有；如果研究者没有利用校方经费、没有利用学校资源（只使用通用的手段与资源，如计算机、图书等），那么产权要归研究者。

除了学校与研究者在知识产权方面的权益冲突需要平衡外，研究者往往还要面对许多其他的利益冲突，例如研究者在研究时间量性规定方面，往往会与管理者发生冲突。在马里兰大学，大学基金要求教师保证日程上有10%的时间从事科学研究。但教授毕竟各不相同，很难具体量化他们的科研时间并进行比较，其绩效考核制度也就因此存在不公平之处。

罗伯特·J·杜林教授指出："利益冲突往往与钱有关，许多大学都发生过教授利用资源、地位为亲属谋利的事件。当然，也有某些冲突与研究者的伦理观念有关，比如一个研究者如果反对'人流'，那么他就难免会对生物实验室里用卵子进行实验心存不满。"

因此，"如何处理冲突非常重要！"

在罗伯特·J·杜林教授看来，处理冲突至少应该坚持"透明、公正、客观、监督"的态度："如果我在研究第一线，同时占有一家公司的股票，而我的学生、家属在该公司里分享公司利益，那么我的研究就需要监督机制，以免故意为该公司谋利。所以，我们通常会让另一个教授主持研究工作，这是马里兰大学特有的处理方法。"

作为美国著名的公立研究型大学之一，马里兰大学有志于建立全美学术研究的中心，并要求所有教师通过学术研究获取国际声誉。其在科学研究和职业道德问题上的思考及其制度成果，在科学研究迅速发展的当下，无疑值得国人思考、借鉴。

（在写作此文的过程中，谢辰同学做了部分基础性的工作，特作谢忱！）

谈谈历史课堂中的教与学

——对基础教育历史课程改革中一个问题的思辨

马卫东

我国基础教育历史课程改革如果从义务教育历史课程进入实验算起的话，已经走过了 10 个年头。其间，我们遇到了种种坎坷。关于历史课堂中的各种问题，一线老师经常遇到，并饱受其困扰，而这些问题又大都受课堂中教与学制约。因此，本文仅就历史课堂中的教与学问题阐述些许看法，以供批判之用。

本文概念所涉及范围的界定

历史课堂上的教与学既是一个复杂的理论问题，也是一个很有操作难度的实践问题。首先，它涉及一系列有关教学的概念，如教学、教学论、教授、学习等。对这些概念的界定，由于诠释者的视角不同、出发点不同、对已有经验的感受不同，出现了迥然不同的观点。其次，它在实践中遭遇到了来自各方面因素的困扰，如师生关系的确定、教学资源的质与量、课堂环境的好与坏、课堂教学的评价标准等。本文主要从狭义的角度，探讨当上课的铃声响起，教师和学生在教室这一特定的空间里，将通过怎样的活动，度过 45 分钟的时间。这里涉及的教与学，与前面提及的概念虽然密不可分，但其是更为狭义的两个概念，即在学校里特定的空间和特定的时间，所进行的师生实现教育目标的活动。

一 谈谈历史课堂教学的境遇

课堂教学是班级教学制的具体运行方式，其产生有着深厚的时代和教育发展背景。它的出现与人类的进步和教育的发展密切相连，是近代教育、近代学校的产物。从实践上来看，班级教学制最初产生于16世纪的欧洲一些地区，到18世纪末19世纪初在欧美各国推行，进入20世纪以后，在世界各地推广开来。从理论发展来看，该组织形式经过夸美纽斯、赫尔巴特到凯洛夫基本形成了一个比较完整的理论体系。

到目前为止，在我国的中学历史教学中，课堂教学是主要的教学组织形式。关于班级教学的优点和局限，很多教学论方面的著作已有论述。我们在这里着重探讨的是，就历史科目而言，课堂教学应受到何种程度的关注？面对不断变革的历史课程，课堂教学的生命力是否削弱？今后历史课堂教学应该向什么方向发展？

从20世纪90年代以来，历史课堂教学备受人们的关注，成为历史教学的热点话题之一。有人认为，随着基础教育改革和历史教学的变化，历史课堂教学的弊端不断显露，如课堂封闭、僵化，教学内容陈旧，教学方法单一、教师满堂灌等，在很多方面已不能适应教学发展的需要。有人则认为，历史课堂教学没有过时，可以通过改革消除其弊端和局限，在实践中，出现了把课堂挪移到遗址、遗迹现场去上的历史课，在45分钟的历史课上学生满堂活动。很多地方规定，历史课堂上教师的讲不能超过20分钟、25分钟等等。这些做法都被冠以改革。因此，有必要对课堂教学的由来与发展作一简要回顾。

如前所述，现代意义的课堂教学是班级教学制的具体运行方式。从时间上看，它是伴随着人类进入近代社会的步伐而产生的；从当时的社会状况来看，它是资本主义发生和发展的产物。它的产生标志着生产力水平的提高及其对教育的迫切需求。它是新形势下，教育普及趋势和教学规模扩大影响下的教学组织形式的一次极为有意义的变革。需要引起人们关注的是，教学组织形式不是也不能够独立存在，它还与课程类型密不可分，什么样的课程类型必然导致与其相适应的教学组织形式。如学科课程是与课堂教学紧密相连的，活动课程则需要开放性的教学环境下的活动"教学"（即学生体验、获取直接经验的教学活动。下同）。历史课程是学科课程的一个基础性科目，它的主要内容是由人类探寻历史发展轨迹方面所获得的认识，即历史学研究的成果所构成的，它是奠定儿童文明素养的共同基础。它的主要运行方式必然是课堂教学。因此历史课堂教学应该是学校历史课程实施过程中，需要人们长期关注的重要环节之一。

在相当长的时间以来，历史课堂教学受到了种种质疑。其中之一，就是课堂是封闭的，课堂教学僵化。课堂是封闭的，这是一个不争的事实，问题是在教学中是不是封闭必然不好？课堂是不是必然导致教学的僵化？前面已经谈过，课堂教学是由课程类型决定的。那么课程类型又是由什么制约和决定的呢？不论在何种教育体系中，对教育本质的认识都直接制约着课程类型，"教育是人类已有知识和经验的传递"导致了学科课程的出现，"教育即成长、教育即生活"则导致了活动课程的出现。由此可见，教学组织形式的选择与教育的内容的类别有直接的关联，或可以说，教育内容中知识的类型决定着教学组织形式的选择和运用。以间接知识、间接经验的传递为主的教育运行，课堂教学是主要的组织形式；以直接知识、直接经验的获得为主的教育运行，则不能脱离活动"教学"为主。因此，在学科课程的教学中，教学环境的封闭不是必然不好，这就与在活动课程的教学中，教学环境的开放不是必然不好同理。关键问题在于，教学组织形式的选择和运用，是受到知识的类型制约的。课堂教学这样一种相对封闭的环境，适合间接知识、间接经验的传递；活动"教学"这样一种相对开放的环境，适合直接知识、直接经验的获得。离开了制约教学组织形式生成的基础和条件，孤立地谈论教学以及教学环境的封闭与开放将会把我们对这一问题的研究引入歧途。这是当前在理论探讨和实验的实践中需要予以注意的。接着我们探讨课堂是否必然导致教学的僵化问题。其实任何一种教学形式都可能或是僵化的或是灵活的，其在于在教学中用何种观念指导、具体设计怎样的活动路线、如何选择组合手段和方法、教学中是否形成师生之间的良性互动、学生在学习中能否自主展开思维等。在这诸多因素中，缺一即有可能导致不同程度的教学僵化。可以说，长期以来，在上述几个环节上我们都存在着明显的问题。如：教学中真正起指导作用的教学观念便是教会学生应对考试，由此导致了教学活动路线实际上是围绕着学生学会考试设计的；在教学中，教学手段、教学方法单一，是因为为了考试的需要单一；教学中师生关系始终摆脱不了一方主动、一方被动的矛盾局面，因而师生在教学活动中的良性互动也就不能出现。这样一来，学生在课堂上的自主思维就成为了一句空话。由于历史课堂教学中师生谁都不能直面教学对象，上述问题表现尤为明显，其对教学的干扰也更大。如此展开对问题的认识，我们就可以对现实中的一些做法展开讨论。

首先，就整个历史课程实施的过程来看，把历史课堂搬到遗址、遗迹或其它"历史"现场，几乎是不可能做到的，其受到来自各个方面的各种苛刻条件的影响和制约。如果是偶尔做一次的话，其实际意义并不大，而且相对于历史课程而言，这样的开放可能无益而有害。

其次，为了改变历史课堂上教师满堂灌，有教师不惜加大学生的活动，以致形成了满堂活动。在这里我们遇到了两个需要澄清的问题：一是满堂活动是否真正能改变满堂灌；二是课堂上的活动与活动课程之间能否画等号。

要解决第一个问题，需要了解和认识满堂灌的症结究竟在哪里。对此可以说是仁者见仁，智者见智。为了弄清问题，需要分层次作一扼要剖析。第一层，需要把涉及的关键概念，如满堂灌、灌输式、语言讲授、活动等分理清楚。长期以来人们把满堂灌和灌输式等同起来，其实这两者之间是有很大差别的。满堂灌是一种现象，灌输式是一种教学模式或教学思想，其与启发式相对应。语言讲授是教学的重要形式；它是运用语言工具形成的方法的一种教学活动形式。活动是运用如动手、讨论、回答问题等一些特定方式、方法的教学活动形式。二者各自独立、各有所用，但是在教学中需要相互合理配合，才能发挥最大效用。第二层，需要厘清对满堂灌的错觉。历史课堂上出现的满堂灌并不是某一种特定的手段或方法运用的结果，可以说运用任何手段或方法都可能出现满堂灌的现象，如满堂讲的满堂灌、满堂活动的满堂灌等等。灌输式运用不当可以导致满堂灌，活动式（有人将活动等同于启发式）运用不当也可以导致满堂灌，即无目的的满堂活动不过是满堂灌的另一种表现形式。因此，以满堂活动替代满堂讲不是课堂教学的进步和未来方向。第三层，满堂灌所造成的真正问题是什么。其实，满堂灌最大的问题在于整个教学中给学生造成从始至终的被动，而学生被动的最大问题在于始终不能主动展开自主思维。在历史教学中，我们强调能力培养重要已经很多年了，然而在这一领域我们至今没有取得明显的、实质性的进展，究其原因当然有很多，但是其中很重要的一个直接原因，就是我们的历史课堂始终不能成为学生的一个宽敞的学习平台，始终不能为学生提供一个宽松、民主的学习氛围，始终不能让学生在课堂上真正实现自主思维，因而也就不能在课堂上真正扭转学生被动局面。第四层，目前迫切需要实现教学观念的转变，然后从认识和实践两个方面着手解决问题。其实，无论任何一门学科课程的教学，都需要遵循、贯彻启发式思想和原则（从方法论的角度来看，发现法与启发式同属）。但是，根据学科课程的特点，在教学中适当运用灌输式作为一种补充是完全必要的。因为灌输式是诸多教学方式的一种，它在实现间接知识和间接经验传递的过程中，可以发挥特定的作用。然而，任何一种手段、方式都不能绝对化，在教学过程中只能在需要的时候运用。特别是在教学中，长时间固定使用一种手段、方式，既不符合学生学习的心理特征，也不能适应不同种类的知识和技能对手段和方式的需求。以讲为表现形态的灌输式如此，以活动为表现形态的灌输式亦如此。

解决第二个问题，需要从理论上进行相关的一些探讨。在历史课堂教学实践中，许多人对活动课给予了格外的关注，其原因在于对课程类型认识上的一个误区所致，即把活动课等同于了活动课程。有了这样一个前提，活动课的地位和重要性自然就有了很大的提高。因此，回顾课程论的相关原理，辨析活动课程与活动课的区别，对课堂教学中正确运用活动，有着十分重要的意义。活动课程产生于19世纪后半期。美国人杜威在对传统教育理论和实践的批判中，创建进步教育理论，提出了"教育即成长、教育即生活"的思想，与之相适应，他设计了活动课程的类型。因此，我们在了解和认识活动课程时，必须把握几个要点：一是活动课程具有明确的服务对象，即直接经验和直接知识；二是活动课程中的活动是内容，即构成直接经验和直接知识的生活活动，组合成为了活动课程的内容；三是活动课程理想的学习方式主要是动手体验。活动课程的上述几个特点，正是活动课程区别于学科课程的直接标志。活动课则不然，它是学科课程教学中，为了改善学习氛围、学习途径和学习方式的一种课堂教学运行方式。活动课中的活动与听讲同属一个级别，是一种具体的课堂学习方式。我们在认识它时，亦需要把握几个要点：一是活动课的活动，直接为课堂教学服务，是学习间接知识、间接经验的重要"手段"；二是作为具体学习方式的活动，可以为学科课程下的学习服务，也可以为活动课程下的学习服务；三是在课堂教学中，活动课只能是辅助教学运行的一种方式，发挥辅助的作用。

再次，规定历史课堂上教师的讲不能超过20分钟、25分钟，给历史教师的课堂教学造成了不必要的混乱和困惑。语言讲授本来就是教学的重要手段和重要方式，历史课堂上教师运用讲是一种教学行为，应当由教师自主设计、自主决定。其一，历史知识的特点决定了历史学习过程中，学生始终不能面对学习对象，要完成了解系统的历史线索和脉络、形成完整的历史认识，十分困难。因此教师运用语言讲授尤为重要。其二，语言只是一种教学手段，语言讲授也不过是一种教学方式而已，在课堂上如何运用是需要教师探究和决定的事，即便使用中出现问题，也只能是由教师自己认识、自己解决，而不能简单运用和行使行政规定方式和权力。其三，历史新课程的单元专题式结构，给课堂教学预留了一定的教师和学生通过互动实现自主创造空间，教师根据课程标准的设计和要求可以对学习内容进行必要、适度的调整与组合，打破传统的以一节课为一个基本教学单位，即一课时完成一个内容教学的结构，以一个单元为一个基本教学单位，从内容出发，将几个课时连通使用，充分体现专题的完整性和学习要求。这样，作为教学基本单位的一课时就成为了单元这一基本教学单位，即总课时的一个组成部分。这不仅大大地拓展了手段和方式运用的空间，同时还大大地改变了传统的一课时为一个教学单位的模式给手段和方式运用带来的种种限制。在这样的教学环境中，教师既可以依据学习要求充分讲授，又可以依据学习要求运用其他手段和方式，还可以依据学习要求将讲与其他方式结合使用。其四，历史课程内容的特点决定了学生历史学习的活动主要是思维的活动，在历史课堂学习中能否实现学生自主思维，教师的讲具有不可替代的引领、示范和传递、解惑作用。

总之，作为历史课程运行的重要组织形式之一的历史课堂教学，至今仍无法被替代。在今后的理论和实践中，如何根据基础教育历史课程发展新形势的需要对其加以改造，以更好地为历史课程运行和发展服务，是一个需要不断研讨的教学课题。

二 如何认识历史课堂教与学的基本关系

教师的教与学生的学构成了课堂上教学活动的主体，可以说没有教与学的活动就没有历史课堂。但是，长期以来，在我国历史课堂上教与学的关系没有理顺到和谐的状态，或强调教，或强调学，强调教的时候，往往学就被忽略了，而强调学的时候，教又往往被削弱。这样的现实所导致的局面，就是课堂上师生关系紧张，师生良性互动不能形成。在这样的课堂情境中，无论是教师的教，还是学生的学都受到严重干扰，因而历史课堂教学目标的落实受到很大的冲击和影响。要想改变这种现状，我们必须从不同层面深入剖析课堂上教与学，全面揭示历史课堂上教与学的关系。

1. 教与学是历史课堂上各自相对独立的两个不同活动系统。

教与学是历史课堂上的两个各自独立的活动系统，这是需要我们探究的第一层意思。

长期以来，我们对历史课堂教学的关注不可谓少，但是对课堂上的教和学分别加以研究和揭示却远远不够。这是导致二者之间关系始终处理不好的直接原因之一。

首先，我们来研究历史课堂上的教。在现实中，我们经常听到"授之以鱼，不如授之以渔"。对这句话的理解虽然有各种歧异，但是无论授之鱼，还是授之渔，都离不开"授"。现代教学论强调"学会学习"，然而离开了教，恐怕"学会"只是一句空话，可以说"教会学"是"学会学"的重要条件和基础。如果教非常重要，我们就要对其进行研究，特别是揭示教的具体过程和环节。

一般来说，在历史课堂上教师的教具有这样几个主要环节：一是教引导学的走向，制约学的发展程度；二是教主导、调控课堂的状态；三是教决定课堂使用的手段、方法；四是由教实施对学习的评价。据此，我们可以大致勾勒出历史课堂上教的基本过程：课前，教要完成整个课堂活动的设计和准备；课堂上，教通过必要的传递和引领帮助学生获得必要的材料，不断设疑、解惑，引导学生展开历史思维，这同时又是组织教学内容的过程、运用手段方法的过程、评价的过程；课后，总结，为下一节课做出间接准备。

作为独立的活动系统，历史课堂上的教既具有一般性又具有特殊性。其一般性即是说与其它科目课堂上的教的具有共同性。如在一节课上课之前，教师已经开始教，即设计课堂上的行进路线，并为其实施做好充分的准备。此时教的过程虽然还没有正式启动，但是这个过程可能已在教师的观念中经过反复运行了。课堂上教师要运用各种手段和方法，传递、引领学生获取材料、展开思维，其间还要不断解惑，以推动学习走向深入。其特殊性即是说与其他科目课堂上的教的差异性。如在科学课的课堂上，在很多情境下，教师和学生可以直面教学对象，教师通过引导学生实验和观察可以再现某些现象、直接证明思维判断的准确度和合理性；在历史课堂上，教师和学生在绝大多数的情况下，不能直面教学对象，教师只能引导学生依据历史遗留下来的痕迹，通过分析、推理形成间接历史认识。

其次，我们来研究历史课堂上的学。在教学中，受教育者是教育活动即认识客体的核心主体，因而对这一活动结果的评价，是由活动中受教育者的状态而不是由教育者的状态所决定的。历史课堂上学生的历史学习，简括地说是一个由不知到知的过程，从操作的角度看，大致包括这样几个环节：获取相关的信息和史料；通过解疑、分析、推理，展开历史思维；自觉检验和改进自己的学习，为下一节课做必要的间接准备。

作为一个独立的活动系统，历史课堂上的学也具有一般性和特殊性。其一般性即是说与其他科目课堂上的学具有共同性。如在一节课上学生要通过各种手段和方法获取信息和材料，要通过解疑、分析、推理展开思维，学习中要自觉检验和改进自身的学习状态等等。其特殊性即是说与其他科目课堂上的学的差异性。如在科学课的课堂上，在很多情境下，学生可以直面教学对象，通过实验和观察再现某些现象、直接证明思维判断的准确度和合理性；在历史课堂上，学生在绝大多数的情况下，不能直面教学对象，只能依据历史遗留下来的痕迹，通过分析、推理形成间接历史认识。这样，无论从客观上还是主观上都加大了历史学习的难度。

从历史课堂上教与学演进的表面程序来看，有很多环节相似或大致相同。但是，从教与学的特质差异来看，教的核心主要是实现"外化"，即教师通过教将历史教育内容转化到学生身上，促进学生的成长；学的核心主要是实现"内化"，即学生通过学将历史教育内容向自身转化。教师如何顺利实现"外化"与学生如何实现"内化"，二者不能相互替代，随着历史课程的发展与进步，历史课堂上的教和学亦需要不断深化。

2. 教与学的有机结合才能使历史课堂教学顺利行进。

教与学虽然是历史课堂上的两个各自独立的活动系统，但是在实践中二者又很难分割开来，这是需要我们探究的第二层意思。

我们说历史课堂上的教与学具有不可分割性，是因为从事物过程的角度来看，课堂是一个整体，课堂活动只能是一个过程而不能是同时并存的几个过程。如教师的教与学生的学必然是交织、融合在一起，在一个课堂时间单位里完成，而不能是教师的教是一回事、有一个过程，学生的学又是一回事、又有一个过程。以下从不同角度具体探讨历史课堂上教与学的不可分割性。

其一，要说明历史课堂上的教与学相互依存。"皮之不存，毛将焉附？"如果没有了教，学就不存在了；反之，如果没有了学，教何能存在？因此，实现相互依存就是要在课堂的各个环节中抓住教与学的共同点，不断解决矛盾，实现教与学的统一，使其相辅相成，融合一体。

其二，要揭示教与学在历史课堂中的地位与作用。在历史课堂上教与学孰轻孰重始终是人们关注并探究的课题之一。探讨这一问题，需要正确认识教与学的载体即教师和学生的地位问题。长期以来，我们始终是在"教师主导、学生主体"这样的认识支配下处理教与学关系的。这一表述固然有其合理的一面，但是其缺陷又尤为明显。缺陷之一，以作用对应地位，这是逻辑上的混乱；缺陷之二，教师没地位、有作用，学生有地位、没作用，导致师生关系中矛盾的加重。在我国主要表现为教师主动、学生被动，其实其这一矛盾的表现还可以有第二种形态，即教师被动、学生主动。这种认识和状况是怎样产生的呢？这又与我们的另一个认识，即对教育活动的认识的缺失有直接的关联。我们对教育活动研究的缺失，至少表现在两个方面：一是对教育要素关系的研究，主要集中在教师和学生的关系上，围绕教师和学生谁是教育主体争论不休，观点各异。有人认为教育者是主体，有人认为受教育者是主体，还有人认为教育者和受教育者互为主体，等等。二是在相关研究中教育活动被不断窄化、弱化了，好像教育活动就剩下教育者和受教育者的关系了。综合来说，教育者和受教育者的关系只是教育活动中各种关系的一个侧面，这种关系再重要，也不能将其等同于或用其替代教育活动。因此，我们探讨教育活动中的主客体问题，一定要从活动本身为起点，而不能从活动延伸的某个侧面谈起。教育活动中的主客体问题既有一般性又具有特殊性。其一般性在于教育活动具有其他实践活动和认识活动有许多相同的地方，其最重要的一点是这一活动的主体是人，客体是学习、认识的对象。但是，其又具有特殊性，即作为学习、认识主体的人，除学生之外，还有教师。这是因为整个教育活动，是由教师和学生的互动构成的，离开了教师，学生无法独立从事活动、达到活动的目标。

就教育活动而言，主客体问题主要是明确学习、认识的主体人与客体学习、认识对象的关系。教师和学生的关系是整个教育活动主客体关系下一位的问题，不能用它取代教育活动的主客体关系；教师和学生关系，是受教育活动主客体关系制约、影响的一个环节，其有许多具体而复杂的内容，应当具体研究、具体阐释，而不能简单套用主客体的表述来替代。

3. 历史课堂上的教与学是教师和学生共同完成的一个创造活动。

如何实现教与学的互动，从而实现历史课堂上师生共同创造，这是需要我们探究的第三层意思。

以上，对课堂上教与学的研讨，是为了在加深认识的基础上，实现高水平的师生互动，全面改善历史课堂的质量。

什么是高水平的师生互动？即实现创造。这涉及学生的学习问题。学习是什么？学习的作用如何？对这些问题，人们有不同的见解和观点，载于各种教育学、教学论和学习论的书刊之中。简括来说，学习是学生实现成长的活动，学习的作用是有目的、有组织、有计划的促进学生的成长。这里的成长即成熟，而成熟又意味着变化，变化又意味着发展。我们是否也就可以说，成长亦即一种创造。简言之，在历史教学中，每一个教师自身的状况不同，其面对的学生的状况亦不同，教师的任务是要通过自身一系列教的活动，引领、推动学生通过一系列学习活动提升自身的历史素养，这就是历史课堂的创造。在历史课堂上，要实现师生共同创造，首先需要实现师生良好的互动。其实，在教学中，只要有师生同时存在，互动也就存在，只不过是互动的形式如何？结果如何？如在灌输式的课堂中，以教师为中心，学生也要与教师互动，只不过是教师主动学生被动，其结果可想而知了；反之，以学生为中心的课堂，在满堂活动过程中师生之间也有互动，只不过这种互动仍然表现为一方主动一方被动，其结果也就可想而知了。师生之间的良好互动关系的生成，除了上述需要解决的教与学之间的种种问题之外，就涉及在互动过程中，师生对历史的感悟问题了。

历史感悟是历史课堂师生实现共同创造的重要基础和条件。在教学的技术化水平加速提高的今天，历史教学的技术化不断增强。一些历史教师在课堂上越来越青睐于技术手段和技术的教学方式，对学生过于注重学习的技术层面指导和引领；许多学生的历史学习也就"异化"成为追求高分，并且能够取得高分的技术、技能的运用和学习了。这样的结果导致了历史教学水平实际下降，学生历史素养不断缺失。要改变这种状况，增强历史学习中的感悟显得尤为重要。

如前所引，历史是人类社会发展的进程，"是人类生活的行程，是人类生活的连续，是人类生活的传演，是有生命的东西，是活的东西"。对于这样的学习内容，单纯地靠简单记忆、抽象推理、技术分析，是学不好的，需要学习者带着丰富的情感，深刻体验人类历程的艰辛与成就、感悟人类文明恢弘和精神力量的伟大。

在历史课堂上如何实现学生对历史的感悟呢？首先，教师要引领学生共同创设历史情境。通过历史情境的创设和进入历史情境，使学生了解，过去了的历史是一个充满活力、充满生气的地方，其中蕴藏无数传奇的故事。它虽然远离我们但仍以各种形式经常出现在我们周围，影响着我们今天的生活，因而渐生身临其境之感。其次，教师要引领学生在课堂上通过丰富的史料和历史信息，"还原"历史的情节、人物的活动、事件的过程，通过分析、推理，逐步理解和认识历史留给我们的经验和教训，体会历史的伟大意义，启迪学生运用历史思维对人类社会发展的未来展开畅想。

历史课程改革中的教学方法问题

郑　林

2001年公布的全日制义务教育《历史课程标准（实验稿）》提出："历史课程改革应有利于学生学习方式的转变，倡导学生积极主动的参与教学过程，勇于提出问题，学习分析问题和解决问题的方法，改变学生死记硬背和被动接受知识的学习方式。历史课程改革要有利于教师教学方式的转变，树立以学生为主体的教学观念，鼓励教师创造性地探索新的教学途径，改进教学方法和教学手段，组织丰富多彩的教学实践活动，为学生学习营造一个兴趣盎然的良好环境，激发学生学习历史的兴趣。"①

为了贯彻历史课程标准的这一教学理念，历史教师们积极探索，创造出很多有效的、以学生活动为主的历史课堂教学方法、教学模式。例如，历史研究性学习，历史活动探究课等等。历史教学方法上的创新提高了学生学习历史的兴趣，增强了学生学习历史的主动性、创造性，给中学历史教学带来了生机和活力。但是在创新过程中也出现了忽视传统教学方法——讲述法的情况。一提讲述法，就与教师满堂灌，学生死记硬背相联系，似乎应该被淘汰。讲述法果真像人们现在想象的那么呆板吗？在新一轮历史课程改革中，讲述法还有没有价值？讲述法在历史课堂教学中应该占有怎样的地位？

记得在历史课程标准研制过程中，历史课程标准研制核心组成员曾经请北京大学和北京师范大学的历史学专家座谈，征询他们对历史课程标准

---

① 《历史课程标准（实验稿）》，2页，北京，北京师范大学出版社，2001。

的意见。笔者印象最深的是这些专家对改变历史学习方式、提倡研究性学习的看法。这些看法对我们正确认识讲述法的价值也有所启发。专家们认为，在中学，尤其是初中阶段，不宜过多搞研究性学习。据他们介绍，目前大学生能搞历史研究性学习的都不多，中学历史教师绝大多数也没有搞历史研究的经历，我们怎能要求中学生做历史研究性学习呢？按照刘家和先生的说法，中学历史课最好像讲故事一样，由老师讲给学生听。因为历史距离现实生活遥远，而绝大多数学生对于同现实生活无关的历史内容是没有兴趣的。只有生动具体的故事能够吸引学生。在每一个历史时期选几个有代表性的故事，通过故事把这段历史时期的主要内容联系起来，这样才有吸引力。如果让学生直接面对史料，不要说中学生，即便成年人也未必有兴趣。其他专家们表示认同。其中有人提到，《三国志》和《三国演义》就是很好的例子。人们对于三国时期人物和事件的了解，主要是通过《三国演义》这部历史小说，而不是《三国志》这部历史著作。当然，《三国演义》是小说，有虚构的成分，人们通过这部小说所获得的历史知识有不真实的成分。举这个例子只是说明人们对有生动故事情节的内容很感兴趣。历史能不能讲得生动具体，跌宕起伏，引人入胜呢？答案是肯定的。司马迁的《史记》就是典型，它既是一部杰出的历史著作，又是一部优秀的文学作品。其中对历史人物、历史事件的描绘就非常生动。而在实际的中学历史教学中，也确实有一些教师的历史课讲得生动有趣，引人入胜。只是这样的老师太少，不能满足广大学生的需要。

当时在座的各位都觉得历史学专家们讲得有道理。笔者自己也深有体会：如果不是为了写论文，是不太愿意看史料的。即便是看史料，也没有耐心去看太长的时间。而看小说就不一样了，由于故事情节的吸引，往往能废寝忘食。由于中学历史课的目的不是为了培养历史学家，而是为了通过历史培养学生的人文素养，我们不能强制学生花大量时间去钻研历史，只能通过适当方式引导学生来学习。而绝大多数学生的志趣并不在历史，不可能主动地学习历史。要让历史课变得有意思，能够吸引学生来学习，最好是选择一些具体生动、有代表性的历史内容，通过教师生动具体的讲述来吸引学生。同样的内容，教师绘声绘色的讲述比让学生自己看书上呆板的方块字更具有吸引力。有人担心这样讲课学生得不到系统的历史知识。其实，如果不是为了培养历史学家，根本没有必要把整个历史学科体系的知识和技能全传授给学生。当然，我们并不排除中学生当中也有一小部分学生从小就对历史感兴趣，他们不满足于历史教师课堂上的讲授和历史教科书中的知识，在课外涉猎了很多历史书籍。在这部分学生中开展研究性学习，无疑会满足他们的求知欲、拓展他们的历史思维能力。但是这类学生在一个班级中毕竟只占极少数。而在历史课程标准的基本理念中，第一段就是："历史课程应突出体现义务教育的普及性、基础性和发展性，应面向全体学生。"①

因此，我们在选择教学方法的时候，应该以全体学生为依据，而不应该以部分优秀学生甚至是个别历史特长生为依据。尽管最能体现课程改革新理念的教学方法是学生主动探究的研究性学习，但是这种方法在中国目前的情况下，对于绝大多数学校、绝大多数学生可能并不完全适用。

也许有人会问：如果不采用研究性学习，历史教学如何体现课程改革的新理念？其实，新教育理念不一定非要用新教学方法才能体现。传统教学方法运用得好，同样能体现新的教育理念。

一提传统的教学方法，很多人就联想到教师满堂灌，学生死记硬背。这是对传统教学方法的误解。笔者以为，不论采用那种教学方法，教学效果的好坏关键在于教师的水平，与方法本身无关，与方法的新旧无关。换言之，教学方法本身没有好坏之分，有差别的只是教师灵活运用各种教学方法的能力以及教师的学术水平。其实，在本次课程改革以前，早就有一批历史教师的课非常具有吸引力，而他们所用的基本方法就是讲述法。

笔者1990年听过北京三中特级教师朱尔澄老师的课，她用的是旧教材、传统的讲述法讲课。印象中朱老师讲的是中国边疆地区的新危机那一课。当时，不仅那些初中学生听得津津有味，我们这些大学三年级的学生

---

① 《历史课程标准（实验稿）》，2 页。

也被她的课深深吸引。朱老师讲课声情并茂，在讲述过程中，她会在恰当的时机提出问题，引发学生们思考。全体学生整堂课都全神贯注，跟着她讲课的思路走、沿着她提出的问题思考。在她的历史课上，虽然发言的同学并不多，但是听课者的思想却始终在活动、在思考。在讲课过程中，虽然她从没有明确向学生说：你们要爱国。但是，随着她那激动人心的历史情节的叙述，听众内心自然生成强烈的爱国激情。下课铃声响了，我们的兴致未尽，还想继续听下去。听完课后，我感慨道：真是三百六十行，行行出状元。原先以为做中学历史教师很平庸，如今看来未必。能达到朱老师那种水平，做一名中学历史教师我会觉得很光荣。

参加工作以后，笔者还曾经遇到一位北京工业大学的毕业生，学自动化专业的。一听说我是学历史的，马上来了兴趣，说自己上中学时最喜欢的就是历史课，教他们历史的时宗本老师，讲历史就像讲故事一样，全班同学都喜欢上他的历史课，以至于许多学生立志将来要做一名像时宗本老师那样的中学历史教师。尽管后来出于多种因素的考虑，同学们都选择了理工科，但是中学时代的课程中，没有哪门课能像历史课那样给他们留下深深的印象。笔者没见过时老师，但是听人介绍说，时老师是燕京大学历史系的高才生，毕业时他的老师挽留他在燕京大学历史系任教，但是时老师毅然选择了去中学教历史，后来成为全国第一位中学历史特级教师，其历史学功底不亚于大学的历史学教授，而其教学艺术则可能是大学教授所不能比的。

由此可见，历史课能不能引起学生的兴趣，能不能启发学生的思维，能不能培养学生的情感、态度、价值观，关键并不在于以教师讲述为主、还是以学生自主探索为主，起决定作用的是历史教师的综合素质，是教师选择教学方法的能力。同样是讲述法，有些教师讲得枯燥无味，学生毫无兴趣。有些教师却讲得生动有趣，引人入胜。同样是研究性学习，有些教师应用得好，有些教师应用得不好。之所以会有这种差别，问题恐怕不在方法本身，而在教师的学术功底和教学水平。讲述法是一种传统的教学方法，也是历史课堂教学中运用最广泛的教学方法。我们不能因为要创新，而忽视这种传统方法。

当然，中学历史课的讲述法，并不是教师在课堂上一讲到底，没有学生思考和活动的余地。历史课上教师的讲授，往往是综合运用了多种教学方法，包括讲述法、讲解法、谈话法、讲读法、图解法、讨论法等多种历史课堂教学基本方法。其中的一些所谓新方法，在本次课程改革以前早已经存在。例如，北京师范大学、天津师范大学和北京师范学院的历史教学法教研室合编，1988年出版的《中学历史教学法概论》中，就提到，谈话法也叫"问答法"。"这种教学方法古已有之，孔子的教学多是采用谈话法，《论语》一书便是孔子与学生的谈话集"。① 而在王铎全主编的《历史教育学》中，就已经提到历史学科的问题探究教学模式。② 这种模式的教学目标，是让学生掌握认识历史的方法，使学生形成自己对历史的认识，提高对历史及社会问题进行分析的能力。其教学程序是：提出问题—展示材料—分析讨论—形成假设—解释问题—总结。可以说，师生之间的对话与交流、问题探究教学模式等等，并不是本次课程改革中创造的新方法，而是以前就存在的。只是在课程改革以后，对这些方法、模式更加重视罢了。至于在历史教学中到底运用哪些方法效果最好，关键在教师。

笔者认为，历史课程改革中的教学方法问题不是创新问题，而是选择问题。也就是如何根据不同的教学内容，学生的心理发展水平、知识积累程度，教师的学术水平、性格、能力，以及学校的教学条件等因素，选择不同的教学方法或教学方法组合，以达到最佳教学效果的问题。在决定教学方法选择的诸多因素中，教师的水平是起决定作用的。教学方法本身不宜分优劣，只能说某种方法适合某些内容、某类学生、某类教师。至于选择哪种方法最合适，主要取决于教师。所谓历史课讲得好，除了教师的历史学术功底外，很大程度上是由于教师选择了合适的教学方法，最大限度地发挥出自己的长处。如果不顾客观条件，盲目求新，现在流行哪种教学

---

① 北京师范大学历史教学法教研室等编著：《中学历史教学法概论》，157页，北京，北京师范大学出版社，1988。

② 王铎全主编：《历史教育学》，上海，上海教育出版社，1996。

法，教师就采用哪种教学法，结果会事与愿违。

俗话说，教无定法。有些教师语言表达能力强，能够把复杂深奥的历史知识用生动活泼的语言呈现出来，但是自己并不擅长从事历史研究。这类历史教师用讲述法可能会取得很好的教学效果，但是如果让他用探索法教学，指导学生自主探究历史问题，则有可能达不到本来的教学目标，因为要指导学生研究历史问题，教师自己必须会研究、做过历史研究。如果自己都不会，怎么指导学生呢？有些历史教师喜欢研究、分析历史问题，但是不擅长语言表达。他们可能会写出质量很高的历史学术论文，但是站在讲台上讲课学生却不爱听。这类教师如果换一种教学方法，自己少讲，多设计一些历史问题指导学生自主探索，可能取得良好的教学效果。

多媒体教学是本次历史课程改革大力提倡的。有些历史教学内容，用讲述法会枯燥无味，用研究法又无法操作，而用多媒体却能引起学生强烈的兴趣。例如讲艺术史的时候，某个历史时期的音乐、绘画作品，让学生亲自听一遍，亲眼看一下，比单纯用语言描述效果要好得多。对某些历史场景的再现，用图片、录像等也比用语言描述效果好。但是如果过分依赖多媒体，也会适得其反。有些教师在教学中大量运用历史图片、音像资料，一堂课中的大部分时间用来向学生展示，却很少有教师的讲解，结果，学生虽然看到很多生动形象的历史资料，却并不知道要从中得到些什么，使多媒体教学失去了历史教育的意义。因此，即便在多媒体教学中，也离不开教师的讲述。

综上所述，历史课程改革需要创新，也需要继承。教学方法改革不是废除旧方法，凭空创造出新方法，而是在原有基础上增加教学方法的多样性，给教师创造更多的选择机会。

（原载《历史教学问题》2006 年第 3 期）

本科历史学创新型人才培养模式的探索与实践

杨共乐　张荣强　李　帆　梅雪芹　郑　林

北京师范大学历史学院(系)历来重视本科教学工作。20 世纪 80 年代白寿彝教授主持的历史课程结构改革，获得国家教学优秀成果奖，在教育界产生重大影响。1994 年历史学院(系)被批准为教育部首批文科基础学科人才培养和科学研究基地，2001 年被评为优秀基地。2004 年以来，我们在已有成就的基础上，进一步拓宽视野，深化改革，尤其在本科教材建设、课堂教学的手段与内容改革以及本科生创新能力的培养上狠下工夫，走出了一条本科教学改革的新路。

一　建设的基本思路与主要措施

我们的基本建设思路是：拓宽知识领域，夯实专业基础，注重能力训练，培养世界眼光，融道德教育于专业教学之中，走系统培养与全面发展之路。

在上述基本思路的指导下，我们采取了以下措施，以确保本科历史学创新型人才培养的建设落到实处：

(一)夯实专业基础

我们在调整课程体系的基础上，加强 10 门专业课的教学，扩大选修课的范围，更新教材内容，强化学生基础理论、基础知识和基本技能的训练，突出学生文献阅读、理解和运用的能力。

强化教材建设，更新教学内容，使学生全面系统地接受最新的学术信息。学院根据历史学科快速发展的实际情况，专门组建基础课教材编纂委员会，对原有的一整套基础课教材进行及时修订、补充和完善。截止到2007年，新修订的12部历史学科基础课教材全部出版；与之相配套的12卷本《教学资料汇编》和《历史研究范文选》也在陆续出版。新世纪历史学基础课系列教材的修订和编纂引入了新的教科书编写理念，吸纳众多学术前沿成果，在引导学生全面了解最新学术成就方面成效明显。

完善"古文实习室"和古汉语过关考试，夯实学生文献基础。我们在全国率先创立古文实习室，使学生直接接触线装古籍，掌握目录学、版本学等重要的古典"小学"知识；训练学生利用《说文解字》等古典工具书，从文字、音韵、训诂入手深入剖析汉字的结构与内涵，加深其对历史文献的理解。与此同时，我们又创立"古文过关考试"，巩固和强化学生所学的古文知识。

实行开放式办学，吸纳优质的教师资源，开拓学生的视野。我们在继续加强与原有科研机构合作的基础上，新近又和北京市文物局、中国国家博物馆合作办学，共同培养社会需要的优秀人才。与此同时，我们又面向本科生开设"历史学学术前沿讲座"，每周聘请一位在国内外学术界卓有影响的学者前来讲学，并以此为依托先后组织"敦煌学与中古社会"、"中华文明探源工程"、"环境史研究"等系列专题报告，展示最新学术成果，开阔学生视野。

(二)注重能力训练

注重知识与能力的协调发展，在强调科研能力培养的同时，推动学生综合素养的全面提升。

以"白寿彝史学论著奖·本科生奖"为突破点，强化训练学生的写作动手能力。学生在专门教师的指导下，通过参加史学论文写作比赛，使学生受到全方位的训练，其中包括阅读文献、确定选题、搜集史料以及梳理思路、提炼观点、凝练文字等，从而为其日后独立从事科学研究打下良好基础。

加强双语课教学，提高学生的外语实际运用能力。开设"西方政治思想史"、"英国史"、"现代中外关系史"等双语课程，通过文献查考和专题研究、有代表性的文献阅读和翻译等环节，培养学生追踪学术前沿信息、运用外文资料并恰当地进行语言转换的能力，加深学生对客观历史过程的理解。

拓宽专业实习领域，强化学生的实践能力。组织学生对北京地区周边文物古迹、首都各中小博物馆等进行深入调查，在掌握北京及其周边地区文物保护现状第一手资料的基础上，撰写出有学术含量与社会效益的调查报告，强化学生运用所学专业知识解决社会现实问题的能力。同时，搭建文化活动和社会实践平台，组织学生创办春秋学社、《春秋人文报》，创立"北京师范大学历史文化节"，培养学生集体合作、组织协调、人际沟通等多方面能力，提升学生的综合素质。

（三）加强公民意识和道德素质的培养

培养德才兼备、有世界眼光的创新人才是我们办学的主要目标，道德教育更是大学教育灵魂之所在。为此，我们在充分发挥专业优势的基础上，深入挖掘课堂内外教育资源，融公民教育、道德教育于专业教育和思想教育之中。

树榜样、立标杆，为学生树立优秀人才的参照系。通过成立"马克思主义经典作品研读会"，引导学生读经典，学做人，从经典中汲取营养，从思想中接受教育，既提高学生的理论水平，又培养学生的社会责任感。

拓宽思想教育的渠道，加强社会实践，从实践中提升学生的公民意识和道德素质。通过共建爱国主义教育实践基地，组织学生赴贫困地区开展社会实践活动，成立文博讲解队赴京各博物馆义务讲解，指导学生党支部与大学生"村官"结对，加强学生参与社会、服务社会的意识，提高他们的道德素质。

二 建设内容与具体成效

由于思路得当，措施到位，这几年我们在本科历史学创新型人才培养方面取得了一定成绩，主要表现在以下几个方面：

第一，教材建设取得较大突破，已出版的教材得到学界同行的认可和学生的欢迎。

此次新世纪历史学基础教材的编撰有 3 个突出特点：（1）一整套新世纪历史学基础课教材全部出齐。（2）与之相配套的《教学资料汇编》、《历史研究范文选》全面铺开。（3）编撰过程中，注重引入新的教科书编写理念，同时大量采纳最新的学术前沿成果。《中国古代史》、《中国近代史》、《中国现代史》、《中国当代史》、《世界上古史》、《世界中古史》、《世界近代史》、《世界现当代史》、《历史学理论与方法》、《中国史学史》、《西方史学史》等 12 部教材陆续修订出版，在学界产生了非常好的反响，学生也十分欢迎，现已被全国数十所知名大学的历史院系采用为基础课教材。2007 年，《世界上古史》、《中国古代史》、《中国现代史》、《中国史学史》等获得"北京高校精品教材"。

在大学基础课程教材之外，我院教师编著的《社会史研究导论》、《环境史研究导论》、《中国近代史》、《中国现代史》、《中国当代史》、《中国史学史》、《西方史学史》、《世界上古史》、《中国史学思想史》等一批立足学术前沿、拓展新领域的教材获得教育部"十五"、"十一五"教材立项。

第二，作为实践教学的新模式，"古文实习室"和"古汉语过关考试"受到专家学者的高度评价。

正确理解与阅读古典文献是历史研究的基础。对历史学专业的学生而言，它是必备的专业素质。历史学院多年来重视古汉语教学，有意识地强化学生的古汉语学习。在课堂教学方面，增加古汉语课时，并对古文教学内容做了调整，强化学生背诵及理解古文的能力。在教学模式上，历史学院 1994 年在全国率先创立了古文实习室，开始时仅进行工具书实习，以后逐渐加入了"小学"内容，大大提高了学生的古文阅读、理解能力。在课堂教学实践的基础上，我们探索出"古汉语过关考试"，成为提高学生古汉语水平的有效方式。通过这些活动，学生在夯实文献基础的同时，进一步了解和吸纳了中国优秀的传统文化，科研论文尤其是中国古代史方向的论文质量也有了很大提升。这一做法得到了国内专家们的高度评价和一致肯定。中国人民大学原校长李文海指出，"古汉语实习室与古汉语过关考试有示范推广意义";山东大学原校长曾繁仁认为,古文实习室"把学生的知识、素质、能力有机地衔接起来,并落实到基本功上做得非常成功;古文过关考试有创意,对于在全球化语境下,保持传统文化的根基有很好的作用,应该推广"。

第三,"白寿彝史学论著奖·本科生奖"近几年取得较大突破,对培养本科学生创新能力发挥了巨大作用。

我们在调整课程设置、改革教学方法的基础上,于1997年在本科生中设立"白寿彝史学论著奖"。以白寿彝先生的名字来命名这项史学论著奖项,旨在激励同学们继承我院的优良学术传统和白先生严谨、勤奋的治学精神,刻苦学习,努力钻研,勇于攀登史学新高峰,使北京师范大学历史学科能够不断涌现优秀的史学人才。此项工作是我们本科人才建设中一项极富创造性的工作。学生通过参加"白寿彝史学论著奖",从确定选题、搜集史料到提炼观点、凝练文字整个过程中,培养了独立从事科学研究的能力。从这几年实施的情况看,我们的本科生越来越认识到该奖项对提高自己各方面综合能力的重要作用,参与热情越来越高,每年报名参赛的人数都呈上升之势,而且由于学生参与论文比赛的态度认真和指导老师的认真负责,论文整体质量越来越高,论文选题颇有新意。近四年来,前后四届本科同学200余人参与角逐竞争,百余篇论文分获一、二、三等奖和鼓励奖;部分同学的论文被推荐到全国基地生论文大赛上,获"全国史学新秀奖"。如在2004年举办的"全国史学新秀奖"评选中,我院(系)所推荐的获"白寿彝史学论著奖"一等奖的4篇论文全部获奖,其中两篇获"全国史学新秀奖"二等奖,两篇获三等奖,占全部获奖论文(共15篇)的近1/3;2006年的"史学新秀奖"上,我院推荐3篇论文,一篇获一等奖,一篇获三等奖;2008年推荐的3篇论文全部获奖,在全国高校历史系中产生了非常好的反响,得到很多史学专家和教育家的赞赏。目前部分获奖论文已在《世界历史》、《北京师范大学学报》、《北方论丛》、《辽宁师范大学学报》等国家核心刊物上发表,有的文章被《新华文摘》转载,产生良好的社会效应。如今,参加过"白寿彝史学论著奖"论文竞赛活动的同学大都在攻读研究生学位,不少同学已有论著发表，学术水准令人瞩目。可见，通过这种方式培养学生的科研能力和创新能力是相当有效的。

第四，通过与重点科研院所合作培养人才，举办"历史学学术前沿讲座"，走出了一条具有自身特色的人才培养之路。

我们在对内挖掘潜力，引入竞争机制，实行滚动式培养，探索教学管理体制改革的同时，积极对外开拓，实行开放式办学。经多方努力，我们与中国社会科学院世界历史研究所达成共识，签订了合作办学协议，决定在互助合作、资源共享、繁荣学术、共育人才的宗旨下，实现系所共建，以期利用世界史所丰厚的学术与资料优势，提高我们在世界史研究领域的教学与科研水平；同时以我们历史学基地为依托，为世界史所源源不断地输送科研后备力量。这是一条科研机构与教学单位协作交流的新途径，在学术界和高校教学改革中具有开创意义。在此基础上，我们又先后与中央编译局、北京市文物局进行了广泛合作，共育人才。通过与重点科研院所合作办学，把最新的科研成果引入到我们的本科教学中，开阔了学生的视野。

利用北京优越的学术环境，我们在学校的支持下，从 2000 年 9 月开设了面向本科生的"历史学学术前沿讲座"，介绍最新学术动态，展示学术前沿信息。经过这些年的建设，这一课程已经正式纳入学院本科课程体系，每周聘请一位在国内外学术界卓有影响的学者前来讲学；其间组织的"敦煌学与古代社会"、"中华文明探源工程"等系列专题报告，深得全校师生的高度评价。此外，我们还不定期地邀请国外著名学者来学院举办讲座，沟通世界各国学术界最新研究信息。这样的讲座，使学生了解最新学术动态，开拓学生视野，也培养了他们勤于思考、勇于创新的意识，加快了学生的成才过程。

第五，在开展实践教学和培养学生综合素养方面，摸索出了一套符合学科特点、行之有效的方法。

在本科历史学人才培养中，实践教学是理论与实际相联系、历史与现实相结合、学习与应用相协调的必要途径。以这样的思想认识为主导，近几年来历史学院开展了范围广泛、形式多样、内容丰富的活动。

我们在北京、南京、西安、曲阜等地建立了完善的专业实习基地。学生通过专业实习，进一步了解了古代的文化风貌，掌握了考古调查的基本规程、技能和方法，增强了对课堂教授内容的感性认识。实习结束后，我们要求每一位学生要在教师的指导下，对考察获得的资料进行整理、分析和归纳，编写出专业实习报告，作为考核实习成绩的重要依据。经过多年的专业实习建设，学生撰写的实习报告质量有显著提高。学生在对北京地区周边文物古迹、首都各中小博物馆等深入调查的基础上，撰写出了多篇有分量的调查报告，获得了良好的社会反响。特别提及的是，我院学生组成的承乾考察队，从 2005 年起对北京周边的清代王爷坟进行了深入调查，其报告《清代王爷坟保护状况调查》刊登于《中国青年报》，引起了教育部、北京市文物局等领导的高度关注，《新民晚报》、新浪网等各大报纸、媒介给予了纵深报道。

我们成功举办了丰富多彩的学生活动，如"奥运冠军许海峰与北师大学子共话百年奥运"、"纪念周恩来诞辰 110 周年——著名表演艺术家王铁成与师大学子见面会"等，展现出历史学院学生较强的组织策划能力、人际交往能力，以及社会责任感和集体意识，受到学校领导、老师和兄弟院系学生的好评。《春秋人文报》经过几年努力，已经成为在全校乃至北京高校有影响的学生报纸；在此基础上，学院成功举办了"北京师范大学首届学生刊物展"、"首都高校学生刊物联展"。"形势与政策"小组开展的时政宣传教育活动引起社会关注，2007 年 11 月，中央电视台《新闻联播》栏目和《中国教育报》对此均给予重点报导。学院通过开展双语教学、聘请外国专家前来讲座等方式，在培养学生的世界眼光、国际视野方面也卓有成效。2007 年 11 月，法国总统萨科齐到清华大学演讲，我院学生用流利的法语提问，得到法国总统的赞许，受到了国内外媒体的广泛关注。2008 年 4 月，北京师范大学在接受教育部本科教学评估的过程中，专家组副组长马敏对我院学生的教学技能给予了高度评价，认为"历史学院同学的讲课和点评表现出了非常高的综合素质，在国内高校同类测评中十分突出"。

学院通过组织各种社会实践，有效提升了学生的社会责任感和公民道德素养。2005 年，组织学生赴山西长治沁源，开展"访抗日革命老区，支老区教育发展"为主题的暑期实践活动；2006 年，赴贵州省安顺市紫云县，调查"新课标"在贫困边区的实施情况；2007 年赴甘肃榆中县，调查"大地之爱·母亲水窖"项目，为支援西部地区的建设贡献力量。此外，我院还组织学生到打工子弟同心实验小学进行志愿服务，到后海大凤翔街道为社区的退休老人讲授奥运英语；学院还和中国人民抗日战争纪念馆合作，共建爱国主义教育实践基地。2008 年 5 月，四川汶川地震发生后，我院学生率先在全校发起募捐活动。这些活动无不体现了历史学院学生参与社会、服务社会的良好公民意识和道德素质。

三 总体社会反响

通过多方面的努力，我们在本科历史学创新性人才培养上取得了长足的进步，形成了自身的特色。2004—2007 年，学院先后有 9 人次荣获北京市"三好学生"或"优秀学生干部"称号，5 个班集体荣获北京市"优秀班集体"、"先锋杯团支部"称号。春秋学社 2007 年度被评为"首都高校优秀学生社团"；"形势与政策小组"因工作成绩突出，中央电视台《新闻联播》、《中国教育报》分别给予了深入报道。社会也给了我们极高评价。根据中国管理科学研究院大学评价课题组"中国大学排行榜"，我校历史学科 2005 年、2006 年、2007 年及 2008 年连续排名第一。2008 年 4 月在教育部组织的本科教学评估工作中，评估专家组副组长、华中师范大学校长马敏教授高度评价了我院的本科办学思路、人才培养模式以及学生的综合素质，表示"到北师大历史学院学到好多东西，回去后一定要加强同北师大历史学科的交流"。11 月 1 日新加坡《海峡时报》这样评价我们的本科生：他们代表了"一个更自信的中国"，脑海中关注的是"和平、合作和友谊这些公益，而不是个人成功。他们有一种社会意识：个人理想通过集体价值观和集体目标来表达"。

（北京师范大学历史学院 2008 年申报教改成果的总结材料，

成果获北京市"教育教学成果二等奖"）

历史学院特色专业建设汇报

张荣强

北京师范大学历史学科是全国首批文科基础学科人才培养和科学研究基地(1994)，后被评为全国优秀基地(2001)，是"211"工程、"985"工程国家重点建设单位，一级学科北京市重点学科。它是全国高校中最早设立博士后流动站和最早获得历史学一级学科授予权的单位之一，现有7个博士点，8个硕士点，2个国家级重点学科(中国古代史、史学理论及史学史)，1个教育部人文社会科学重点研究基地(史学理论与史学史研究中心)。

一 建设理念

本专业的建设理念是：以本科教学为基础，以人才培养为中心，利用学科齐全、科研实力突出的优势，发挥科研在教学中的渗透作用，培养出有社会正义感、开拓能力强、专业知识精、敢担责任、乐于奉献的新世纪杰出人才。具体包括3个方面：

(1)夯实基础。针对当前大学生中文表达能力退化、母语写作水平下降的现实，本专业在强化基础课的同时，通过开设史学写作课、实行古文过关考试等途径，狠抓本科生的专业基本知识、基本方法和基本技能的学习和训练。

(2)提升能力。开设"历史学学术前沿讲座"课程，定期邀请国内外一流学者前来讲学，使学生了解国内外最新学术进展；设立"白寿彝史学论著奖",有组织、有计划地对本科生进行史学研究训练,培养学生的创新意识和科研能力。

(3)注重全面发展。本专业建设的最终目标是,更新教育技术手段,深化教学改革,着力学生素质、知识和能力的协调发展,特别重视道德教育,培养适应新世纪我国社会发展需要的、德才兼备的一流人才。

二 教学团队

本专业长期将师资队伍建设作为工作的重点,采取有力措施,优化教师队伍。

(1)充分发挥老教师的传、帮、带作用。老教师是本专业的宝贵财富,我们拥有如何兹全、龚书铎、刘家和等德高望重的老先生,他们一直奋斗在教学科研的第一线,为中青年教师树立了榜样。

(2)充分发挥博士后流动站的优势,吸引了一大批国内高校优秀人才;从法国巴黎高师、英国剑桥大学、德国奥格斯堡大学、日本新泻大学等国外名校引进了多名博士、博士后,充实教学与研究队伍;鼓励年轻教师利用出国进修等形式,前往美国哈佛大学,加州大学伯克利分校、洛杉矶分校、英国牛津大学,剑桥大学等著名大学进行访问交流或合作研究,提高业务水平。

(3)多方争取经费,落实专款资助教师出国访学、参加学术会议、出版学术专著和教材。特别是邀请国内外著名学者前来进行学术交流,给教师和学生开设专题讲座,在全国历史学界受到高度评价。

通过以上措施,学科人才梯队建设已见显著成效。目前本专业在职教授 33 人,博士生导师 29 名,在聘"985"项目教授 11 人,副教授 15 人,讲师 11 人。其中国家百千万人才工程入选者 1 人,教育部教学指导委员会委员 2 人,教育部跨新世纪人才 5 人,国务院学位委员会学科评议组成员 1 人。中青年教师 90% 以上具有博士学位,多数教师具有在国外著名大学与科学研究机构访学、研究的经历。

三 教学改革

我们在已有成就的基础上，进一步拓宽视野，深化改革，尤其在本科教材建设、课堂教学的手段与内容改革以及本科生创新能力的培养上狠下工夫。改革措施主要有：

第一，夯实专业基础。

完善"古文实习室"和"古汉语过关考试"，夯实学生文献基础。我们在全国率先创立了古文实习室，开始时仅进行工具书实习，以后逐渐加入了"小学"内容。在课堂教学实践的基础上，创立"古汉语过关考试"，成为推进学生古汉语水平的有效方式。通过这些活动，学生在夯实文献基础的同时，进一步了解和吸纳了中国优秀的传统文化，科研论文尤其是中国古代史方向的论文质量也有了很大提升。这一做法得到了国内专家们的高度评价和一致肯定。

加强双语课教学，提升学生的外语实际运用能力。资助、开设"西方政治思想史"、"英国史"、"现代中外关系史"等双语课程，让学生在提升外语阅读和理解能力的同时，进一步了解相关学科知识。目前，我们已有3门双语课获得学校立项，课程建设已取得非常明显的效果，不仅使学生接触到这些领域的国际学术前沿，外语的实际运用能力也得到极大的提高。

第二，注重能力训练。

以"白寿彝史学论著奖·本科生奖"为突破点，带动学生科研能力的全面提升。我们于1997年在本科生中设立"白寿彝史学论著奖"，目前已经成功举办了12届。我们的本科生越来越认识到该奖项对提高自己各方面综合能力的重要作用，参与热情越来越高，每年报名参赛的人数都呈上升之势，论文整体质量越来越高，论文选题颇有新意。在两年一度的全国基地生论文大赛上，我们的学生多次荣获"全国史学新秀奖"。获此奖项和"白寿彝史学论著奖"的部分论文已在《世界历史》、《北京师范大学学报》等国家核心刊物上发表，有的文章被《新华文摘》转载，产生了良好的社会效应。

拓宽专业实习领域，强化学生的实践能力。组织学生对北京及周边地区文物古迹、首都各中小博物馆等深入调查，在此基础上，指导学生撰写调查报告，强化学生运用所学专业知识解决社会现实问题的能力。诸如《北京奥运工程中的文物保护现状调查》、《北京自然博物馆儿童观众学习行为调查研究》等一大批课题获得学校本科生基金立项，《清代王爷坟保护状况调查》刊登于《中国青年报》，引起了社会各界的高度关注。

构筑文化活动和社会实践平台，提升学生的综合素养。组织学生创办了每月一期的《春秋人文报》，创立"北京师范大学历史文化节"，培养学生独立的组织协调能力和集体合作精神，使学生的综合能力在实践中得到加强。

第三，拓宽知识视野。

强化教材建设，更新教学内容，培养学生具备全面系统的知识，接受最新学术成果。专门组建了历史学科基础课教材编撰委员会，对原有的一整套基础课教材进行修订和完善。目前，新修订的 12 部历史学科基础课教材全部出版，与之相配套的 12 卷本《教学资料汇编》和《历史研究范文选》已交付出版社陆续出版。新世纪历史学基础课系列教材的修订和编撰引入了新的教科书编写理念，吸纳了众多学术前沿成果，在帮助学生全面了解最新学术成就方面成效明显，已被全国数十所知名大学的历史院系采纳为基础课教材。

实行开放式办学，吸纳优秀的教师资源，开拓学生的视野。几年来，我们先后与中国社会科学院世界历史研究所、中央编译局和北京市文物局、国家博物馆进行了广泛合作，发挥各自优势，共同培养高素质复合型人才。通过与重点科研院所合作办学，把最新的科研成果引入到我们的本科教学，开阔了学生的视野。

我们利用北京优越的学术环境，开设了面向本科生的"历史学学术前沿讲座"，每周聘请一位在国内外学术界卓有影响的学者前来讲学，介绍最新学术动态，展示学术前沿信息，既开拓了学生视野，也培养了他们勤于思考、勇于创新的意识，加快了学生的成才过程。

第四，培养世界眼光。

利用课上开设双语课教学、邀请外国专家讲学，课下组织"环球风云论坛"等方式，注重从中外历史比较的角度，增强学生的分析能力，培养学生的世界眼光。2008 年 11 月 1 日新加坡《海峡时报》这样评价我们的本科生：他们代表了"一个更自信的中国"，脑海中关注的是"和平、合作和友谊这些公益，而不是个人成功。他们有一种社会意识：个人理想通过集体价值观和集体目标来表达"。

四　人才培养

配合北京师范大学建设"综合性、有特色、研究型世界知名高水平大学"的战略目标，本专业认真贯彻学校"加强基础，拓宽口径，因材施教，体现特色"的教学改革总体思想，积极转变人才培养模式，改变原来着重于知识传授的老办法，注重知识传授与科研实践相结合，重视学生素质、知识和能力的协调发展，培养适应新世纪我国社会发展需要的一流人才。

具体地说，我们培养的目标是：

(1)培养基础知识扎实、科研能力突出、实践能力强的创新人才。

(2)培养具有世界眼光、善于汲取人类优秀文明成果、适应新世纪社会发展需要的杰出人才。

根据这一目标，我们进一步完善了人才培养方案，新的培养方案由以下 3 个课程模块组成：

学校平台课程：包括政治、外语、体育、人文与社会教育课程，约占 31％。

学院平台课程：包括相关学科基础课、历史专业基础课等，约占 42％。

专业平台课程：包括历史专业选修课、历史学前沿讲座、历史专业考察系列课程、毕业论文等，约占 27％。

在专业基础课的教学中，我们强化了 10 门通史课的教学。针对以往高级职称教师主要讲选修课，承担基础课偏少的现象，我们规定基础课的主讲教师必须是有高级职称的教师。新的课程设置方案表现在：压缩学时，减少学分，减轻学生的课业负担；扩大选修课的范围，给学生更大的自主选择空间；着重引导学生读书、写作；加强文科院系之间的合作，强调通识教育。

五　实践教学

探索符合学科特点的实践教学体系，把实践教学贯穿于 4 年本科教学的全过程。主要包括社会实践、社会调查、专业考察、田野调查、科研立项、白寿彝史学论文竞赛、毕业论文等。实践教学与课堂教学相辅相成，共同构成一个完整的教学体系，使学生通过实践教学，内化所学知识及价值理念，弥补课堂教学的不足，扩展视野，增长才干，提高各方面的能力。

我们的实践教学模式主要包括：

(1)随课实践或考察。如我们为了强化学生的古汉语学习，在课堂教学实践的基础上，在全国高校中率先进行"古汉语过关考试"、"古文实习"的探索；在讲授"中国古代史"课程时，配合课堂内容，组织"先秦秦汉历史文化"、"明清政治与宫廷文化"等为主题的实践考察。

(2)外地专业实习与就近田野调查。专业实习重点是通过考察博物馆、考古工地，使同学们初步了解田野考古的工作步骤，增强对课堂教授内容的感性认识，促使学生把课堂上讲授的相关理论知识和实际紧密地联系起来，为以后专业理论课程的学习特别是毕业论文的设计奠定必要的实践基础。就近田野调查则是利用北京地区丰富的历史文化资源，组织学生对北京及周边地区文物古迹、首都各中小博物馆等进行深入调查，在掌握北京及其周边地区文物保护现状第一手资料的基础上，撰写出有学术含量与社会效益的调查报告，强化学生运用所学专业知识解决社会现实问题的能力。

(3)课外实践活动。我们积极搭建文化活动和社会实践平台，组织学生创办春秋学社、《春秋人文报》，创立"北京师范大学历史文化节"；组建国家博物馆、恭王府义务讲解团；和中国人民抗日战争纪念馆合作，共建爱国主义教育实践基地。

（4）科研训练。设立"白寿彝史学论著奖·本科生奖"、本科生科研基金、大学生创新计划等指导学生开展课题研究和撰写学术论文，提高学生独立思考、动手解决问题的能力。尤其值得一提的是，我们设立的"白寿彝史学论著奖"，至今已实行了 12 年。此项工作是我们本科人才建设中一项极富创造性的工作，在全国各个历史学基础学科人才培养和科学研究基地中，我们是唯一实行本科生科研奖励竞赛的单位，多次受到兄弟单位的好评。

通过多方面的努力，我们在专业建设上取得了长足的进步，形成了自身的鲜明特色。社会也给了我们极高评价。根据中国管理科学研究院大学评价课题组"中国大学排行榜"，我校历史学科 2005 年、2006 年、2007 年及 2008 年连续排名第一。这既是对我们已有成绩的肯定，也是对我们未来工作的鞭策。

历史学院师范生培养工作汇报

李志英

今天，我非常荣幸的代表历史学院师生汇报我们的免费师范生培养工作。

作为国家首批免费师范生政策的实施校，我们觉得这是国家对我们的信任。我们必须出色完成任务。为此，我校专门制订了免费师范生培养计划。历史学院也根据学校的计划对师范生培养工作进行了认真的研究，制订了周密的培养方案。

一年前，国家正式出台了免费师范生政策，我和我的同仁都十分兴奋，举双手赞成拥护。国家这项政策适应了时代发展的要求，适应了国情的需要。当今的世界，经济全球化日益深化，国家之间的竞争越来越激烈，知识、人才越来越成为提高综合国力的战略性资源，而这一切离开教育都是不可能实现的。我们只有培养出更多更好的教师，才能适应时代发展的需要，才能为中华民族的伟大复兴奠定坚实基础。

发展教育，特别是发展免费师范教育，又是国家建设和谐社会、促进教育公平的重要举措。温家宝总理去年视察我校时曾经指出："要让所有贫困家庭的子女都能上学，真正享有受教育的权利。"我们是教师，我们都看过贫困地区孩子渴望上学的眼睛。望着孩子的眼睛，我们心里难受。听着总理的嘱托，我们觉得肩头的责任重大。师范生免费教育政策是国家战略。国家首先在我们这几所师范院校试点免费师范生工作，是对我们的信任。我们必须好好工作，出色完成任务。

2007年，我们学院共招收免费师范生43名，占当年招收学生的46%。

在 43 名师范生中，少数民族学生 11 名，占 26％。也就是说，我们招收免费师范生，一是注重了对贫困地区的照顾；另外就是注重了为少数民族地区培养优秀教师，为将来少数民族地区的发展奠定基础。

历史学院对师范生免费教育工作非常重视，对师范生培养工作进行了认真的研究。为了做好免费师范生的培养，为了为国家最需要的地区培养最优秀的教师人才，我们学院制订了周密的培养计划。

从学识、学养培养的角度讲，主要有以下几点：

1. 为了最大限度地有利于免费师范生的身心成长，我们采取了非师范生混合编班模式。在基础通识教育阶段，让免费师范生和非免费师范生共同上课，尽量消除因身份不同带来的某些负面影响。

2. 我们学院根据学校师范生培养方案，专门调整了教学计划，一方面将我院多年来积累的在人才培养方面的行之有效的做法固化在培养计划中，另一方面又注重适应师范生的情况。（1）如注重古汉语基础训练，强化"白寿彝史学论著奖·本科生奖"，加强对学生科研能力的培养。（2）设立"陈垣教师综合素质奖·师范生奖"，鼓励师范生提升综合素质。我们的目标是，培养有高水平学术修养、有广阔的学术眼光，以及很强的研究能力和自我提升能力的基础教育的教师，为适应未来社会进步、知识不断更新奠定基础。这样，即使在他们回到家乡后，也能自觉地不断提升自己，带动当地教育的进步。

3. 除常规课堂教学外，历史学院为免费师范生提供了广阔的实践教学平台，促使他们在实践中陶冶情操、增长才干。

我们聘请中学特级教师作为师范生的导师，在立志从教、教学实践方面给予更多的指导。2008 年 7 月，我们还专门聘请北京市特级教师、人大附中的李晓风老师作了《教学技能》讲座，同学们听了报告获益匪浅。为了提高学生的教师素养，我们专门请中国书法收藏家协会秘书长任彤作《书法入门》讲座，专门举办免费师范生板书大赛，帮助同学们不断提高书写水平，为将来的板书做准备。我则为同学们作《社会调查研究》讲座，希望同学们从现在起就注重了解社会、了解国情，脚踏实地地从一点一滴做起。

我们还先后举办了论文写作经验交流会、励耘班同学讲课展示等，让同学们学习高年级同学的成功学习经验，让同学们在展示自己中提高自信，以积极乐观的态度面对未来的学习和生活。

从立德树人的角度讲，我们坚决贯彻胡锦涛总书记关于"要坚持育人为本，德育为先"的要求，主要从以下几个方面入手：

1. 以党建为核心开展思想政治教育，带动学生政治思想素质的提高。

我们学院历来十分注重学生党建工作，多年来积累了丰富的经验。我们的经验表明，学生党建是带动学生德育工作、不断提高学生思想素质的最好抓手。在免费师范生入校后不久，我们就举办了学院二级党校 2007 年度培训班，请著名德育专家、我校原党委书记周之良教授作了《坚定社会主义理想信念》的报告；12 月 5 日由我主讲《怎样争取入党》。此外，还通过分组讨论、与教师党员座谈等形式交流思想，坚定同学们的理性信念。党校教育取得了良好的效果，同学们积极向党组织靠拢。目前，2007 级本科生已有 9 名党员，25 名同学被确定为培养对象。我们还按照高低年级搭配的原则组建学生党支部，由高年级学生党员带动低年级学生党员尽快成长，不断提高党员的党性观念，在学生中发挥模范作用，形成良性的思想导向。

2. 开展多种的活动，培养学生的仁爱美德和团结协作精神，全面提高学生的思想品德水平，为学生成为有大爱之心的人师打基础。例如，我们开展了和谐宿舍展示活动，采取演讲结合、幻灯片展示等多媒体方式对主讲人所在宿舍的每一个人进行生动的讲述，充分展示宿舍的和谐与温馨，加强宿舍之间交流和同学之间的相互理解。还开展了对少数民族学生的帮扶活动、学习互助活动，等等。

3. 开展社会实践，增强社会责任感。

历史学院成立志愿讲解队，与中国人民抗日战争纪念馆、恭王府、团城演武厅等单位签订协议，安排讲解队成员定期去做讲解。目前讲解队共有成员 25 人。奥运会期间，我院共派出志愿者 70 人，其中师范生志愿者有 9 人。

4. 定期让师范生写思想汇报，了解他们的思想动态，把握教育成效，有针对性地采取措施。

我是一名多年担任班主任工作的教师，在我从教的生涯中，有一半的时间是在做班主任。我这样做的原因是我喜欢这项工作，我觉得做好任何一项工作的前提都是热爱。只有热爱工作才能勇敢面对工作带来的挑战。我认为，学生工作是高校工作中最富挑战性的工作之一，因为我们面对的是活生生的人，是思想活跃的年轻人，我们必须不断面对变化的情况，不断研究新问题，不断以新的举措去解决问题。免费师范生工作是一项新工作，必须用心去观察、琢磨、思考。他们有一般高校本科生的共性特征，又有独特的烦恼，如果不去研究、琢磨，工作是做不好的。这样的工作态度缺乏了对工作的热爱是无法想象的。

要做好学生工作还要有爱心，要爱学生，要急他们之所急，帮他们之所需，做他们的朋友，倾听他们的呼声，这样才能帮助他们尽快成长。例如免费师范生刚刚走进校门时都有未来发展的困惑，虽然将来做教师是明确的，但成为一名什么样的教师他们并不清楚。有的同学以为有知识、能够传授知识是合格教师的标准，满足于上课听课。我告诉他们，我们的国家要实现伟大的复兴，需要大量创新型人才，要培养创新型人才，教师自己首先要有创新意识、有创新能力，否则是无法培养出有创新能力的学生的。许多免费师范生因此明确了自己的努力目标，注重研究性学习，注重研究能力的培养，不断生长创新意识，进而培养创新能力。

作为首届免费师范生的班主任，我深感责任重大，但也十分欣喜，因为经过一年的努力，我们的工作已初见成效。

以下是一些同学在思想汇报中的话：

> 作为一名免费师范生，可以说很幸运，虽然毕业后就有工作，但是决不能放松自己，必须明确责任，既然选择了就必须坚定地走下去，并把这条路走好走扎实。

> 作为一名师范生，将来要做一名合格的人民教师，必须从现在做起。尤其是作为一名免费师范生，只有充分利用这个有利条件，将来造福于社会，造福于人民，才不会辜负国家、学校对我们的培育，也

不会后悔自己当初的选择。

因为是师范生，对自己的要求要更高一些，平时要多接触一些教育类的书籍，多听一些有关教育的报道讲座，而且要定一个长期的练习计划。

......

从同学们的汇报来看，大部分同学的思想是积极向上、立志愿意通过学习和个人的努力成为合格的人民教师。

免费师范生的工作才刚刚开始，今后还会有更多问题需要我们去面对、去研究、去努力，我们历史学院会始终如一地以饱满的工作热情去工作，去为实现国家的战略决策去奋斗。

我的汇报完了。谢谢领导！谢谢大家！

高校历史实践教学与影视技术的融合

敖雪峰　杨共乐　刘林海　吴　琼

一　引言

　　在目前大力倡导的历史教学改革中，学者们纷纷尝试引用国际先进教育理论对国内高校历史教学进行指导，如研究性教学①和非指导性教学②等理论。纵观这些理论，均与源自 20 世纪 50 年代的皮亚杰的发生认识论③的建构主义理论有相同的本质，即认为知识是由学习者积极进行构建获得的，而不是从外界被动地接受而获取。④ 建构主义理论发展至今，已经对自然科学⑤和社会科学⑥领域内的诸多学科教育产生巨大的指导意义，它提

---

　　①　郭学信：《研究性学习与高校历史教学改革》，载《历史教学》(高校版)，2008(16)，90～93 页。

　　②　侯竹青：《非指导性教学和高校历史教学改革》，载《理论观察》，2010(1)，98～99 页。

　　③　[瑞士]皮亚杰：《发生认识论原理》，王宪钿、张梅玲等译，北京，商务印书馆，1997；桑新民：《建构主义的历史、哲学、文化与教育解读》，载《全球教育展望》，2005(4)，50～55 页。

　　④　Svein Sjoberg, Constructivism and Learning, in *International Encyclopaedia of Education*, Oxford：Elsevier, 2007.

　　⑤　聂守丰：《建构主义对数学教学的启示》，载《科技信息》，2010(12)，179 页；周波、田源、聂喻梅、高洪明：《基于建构主义理论的设计性物理实验》，载《实验技术与管理》，2006(7)，98～101 页。

　　⑥　王和平：《建构主义理论下的政治课教学模式》，载《甘肃教育》，2005(Z1)，65～66页；柳有权：《建构主义学习理论在历史教学中的运用》，载《安庆师范学院学报》(社会科学版)，2002(3)，96～97 页；黄慧：《建构主义视角下的大学英语语法教学研究》，上海外国语大学博士学位论文，2007。

出在知识进行构建的过程中，离不开"情境"、"协作"、"会话"和"意义建构"这四大要素，① 历史学科有能力也有必要通过为学生创造这些环境要素，从而取得历史教学改革的巨大成就。北京师范大学历史学院正是基于建构主义学习理论，着力于"历史文化影像化工程"教学实践项目，通过学生在教师的指导下，积极主动参与历史课程影视片和历史主题纪录片的制作过程，从而达到自主建构历史知识的目的。在该教学实践过程中，学生在教师的协作下创造历史情境并积极融入情境之中，以小组形式进行协作，积极主动与小组成员会话，最终达到建构历史知识意义的目的。与此同时，学生的工程操作能力得到极大提升。

二 历史题材影视作品对于高校历史专业本科生学习的重要意义

好的影视作品以其生动细腻的表现形式给观众带来感官和心灵的双重感动，这是单纯的口头表达和文字描述所无法逾越的。致力于探究影视资源对历史教学的意义的学者大都认为，合理地利用影视作品能够激发学生兴趣，增进学生理解历史。② 而国外学者詹姆斯也认为，在影视传媒技术高度发展的当代，历史题材相关影视作品对学生理解历史具有较大的推动作用。③

在课程节段影视片的制作过程中，制作人员首先观看并审阅相关知识点的影像作品，接着从这些影视作品中筛选了部分史料价值高、与教师传授内容最为契合的作品，最后从筛选过的作品中再截取最有利于学生理解讲授内容的片段。影视制作人员通过向课程影视片中适时穿插剪辑这些片

---

① 何克抗：《建构主义——革新传统教学的理论基础》，载《科学课》，2003(12)，22～23 页。

② 马永波：《关于历史教学中运用影视资料的几点思考》，载《历史教学》，2007(11)，40～41 页；王恩妹、许序雅：《浅谈影视资源在高中历史课堂教学中的运用》，载《历史教学问题》，2006(4)，106～107 页。

③ 王恩妹、许序雅：《浅谈影视资源在高中历史课堂教学中的运用》，载《历史教学问题》，2006(4)，106～107 页。

第 32 题考查第一次世界大战对中国的影响，往届生的平均分是 17.08，应届生的平均分是 18.20。得分情况是 4 道简答题中最好的。第一次世界大战时中国远离欧洲战场，国内的资本主义由此得到了极大的发展，无产阶级和资产阶级得到了壮大，为第一次世界大战后的中国国内的政治运动奠定了阶级基础。战后中国外交的失利导致了影响深远的五四运动的爆发，民族运动空前高涨，整个中国开始觉醒。这些内容从中学到大学、从电影到电视，学生从多种渠道都有比较深入的了解，因此得分比较容易。

第 33 题考查亚历山大东征及其影响，往届生的平均分是 13.10，应届生的平均分是 14.97，是 4 道简答题中得分最低的。这道题要求回答两方面的内容。首先是亚历山大东征的背景、经过，其次是东征的影响。此题考查的是学生对一个历史事件的完整经历的叙述能力。这种叙述能力包括对历史史实的记忆力，对关键史实的鉴别、选择能力，对史实的提炼概括能力，以及文字表述能力。当然前提仍然是要对这段史实非常了解。得分不高的主要原因应该是对内容不太熟悉。

第 34 题考查的是 20 世纪初一直到 1939 年美国历届政府经济职能演化的过程，往届生的平均分是 15.70，应届生的平均分是 16.46。这道题涉及的内容比较多，考生在把握的时候会有一些困难，但是如果抓住了它的主干，也就是从 20 世纪初的自由主义经济发展到罗斯福的新政这个关键的线索，围绕这个线索来组织答案，将历届美国政府基本和主要的经济政策作一个归类，就可以得到比较圆满的解答。这道题的难度与得分情况基本相符。

五　小结

根据统计分析，报考北京地区院校的学生的试卷样本平均分为 160.4，标准差 48.12，基本呈正态分布。这说明 2007 年历史学研究生入学统考试卷的命题基本上符合选拔性考试的要求。试卷内容涵盖了中国古代史、中国近现代史、世界古代史和世界近现代史，符合大纲规定的考查范围。从考查目标上来说，侧重于学生对历史基础知识的掌握。试卷能够比较全面地考查学生掌握基础史实，了解中外历史发展的主要过程、基本线索和阶段特征方面的情况。在考查学生了解历史研究的基本史料，以科学的理论和方法分析解读、辨析史料的价值、篇幅、局限，并获得有效信息的能力方面也有一定效果。试卷中的主观题能够测试出学生的论述是否论据确凿、论证严谨，是否能够逻辑合理、准确地进行表述。当然，在考查学生掌握基本理论，正确运用辩证和历史唯物主义的观点评价重要的历史事件和人物方面还有进一步加强的可能。

通过对试卷样本的分析可以看出，学生对一些重要历史史实并没有全面准确地掌握，这说明大学本科阶段在历史学基础知识方面尚有进一步加强的地方。至于考生在历史研究能力方面的水平，试卷似乎无法测量出来。我们不能排除有些学生研究能力较强，但是考试成绩不一定很好；有些学生考试成绩很好，却不会做历史研究。要考查学生这方面的情况，还需要各个招生单位根据自己的需要通过专业课笔试和面试来考查。

关于利用网络资源提高世界古代史学习与
研究效率的几点体会

刘林海

世界古代史在中国是一个较年轻的学科，受主客观条件的限制，在资料的获得和使用等方面长期是一个弱项，制约了整体水平的发展。20 世纪末以来，随着互联网技术的发展，大量的学术资源电子化，这在很大程度上弥补了中国学术界在资料占有方面的不足，使得研究的平台更加坚实，对于缩短中国与世界研究水平的差距具有十分重要的意义。但是，互联网的飞速发展也带来一些问题，面对浩瀚的虚拟资料世界，该从何处入手，又该如何有效利用网络资源，提高学习效率，为教学与研究服务。这对于教师和从事专业学习的学生来说，都是非常重要的。据笔者了解，虽然目前国内很多高校都购买了不少数字资源，图书馆也开设了相关使用培训活动，但仍有许多同学不能够充分利用甚至不知道如何使用这些资源。这不但造成资源的浪费，也妨害了效率的提高。这里仅以世界古代史专业（包括上古史和中古史，主要涉及欧洲部分）为例，结合笔者个人的实践，对这个问题谈几点不成熟的体会。

要高效地利用网络资源，以下几点是比较有益的：

首先，要熟悉各种数据库，建立基本的电子目录知识，为专业学习和研究打基础。目录对于学习和研究是非常重要的，它可以帮助从业者在短时间内找到需要的信息，并从众多的同类信息中找出最重要的，尽快进入学习和研究状态。要实现这个目标，就要对不同的数据库尤其是学校图书馆购买的数据库有详细的了解，包括所属类别、收录文献的内容，尤其是与历史专业有关的图书和期刊等。一般说来，每个数据库都有基本的情况介绍，同时有收录文献的名录。因此，在初次查找或登录一个数据库时，一定要先对它进行较为详细的了解，熟悉其基本情况。这个过程可能会占用一定的时间，但从长远来说是有益处的。经过一段时间的积累，就会慢慢地了解图书馆的有关数据库信息，一旦需要查找，就自然知道该从哪里入手了，效率自然就高了。数据资源可以分为以下几类：

1. 大型原始文献丛书及其电子版本。

要了解本领域的大型文献丛书，熟悉每种丛书的特点。目前网络上的许多大型数据库都是根据 19 世纪以来西方整理出版的各种大型文丛制成的。这些纸质本的文献是学习和研究的基础和原始材料，以往大都在国内找不到。这些文丛（部分）的电子化，在很大程度上弥补了资料上的不足。大致说来，影响较大的主要有：《劳易卜古典丛书》（*Loeb Classical Library*）、《希腊铭文集成》（*Corpus Inscriptionum Graecarum*）、《拉丁铭文集成》（*Corpus Inscriptionum Latinarum*）、《东方圣典》（*Sacred Books of the East*）、《东方圣典及早期文学丛书》（*The Sacred Books and Early Literature of the East*）、《教父全集》（*Patrologiae Cursus Completus*，分为《拉丁教父文集》（*Patrologia Latina*）和《希腊教父文集》（*Patrologiae Graecae Cursus Completus*）两编）、《基督教文库》（*Corpus Christianorum*，分为希腊编（*Patristic Greek Series*）、拉丁编（*Patristic Latin Series*）、中世纪拉丁续编（*Medieval Latin Series*）和次经文献编（*Apocryphal Texts Series*））、《早期教父文集》（*Early Church Fathers*，分为《前尼西亚教父文集》（*Ante-Nicene Fathers*）和《尼西亚及后尼西亚教父文集》（*Nicene and Post-Nicene Fathers*）两部分）、《教会教父文丛》（*The Fathers of the Church*）、《拜占庭历史著作文库》（*Corpus Scriptorum Historiae Byzantinae*）、《拜占庭史料集成》（*Corpus Fontium Historiae Byzantinae*）、《圣徒传》（*Acta Sanctorum*）、《德意志历史集成》（*Mounmenta Germaniae Historica*）、埃塔蒂文艺复兴丛书（I Tatti Renaissance Library）、宗教改革文库（Corpus Reformatorum）、天主教改革文库（Corpus Catholicorum）、经典新教文献数字图书馆

（The Digital Library of Classic Protestant Text）、天主教宗教改革数字图书馆（Digital Library of the Catholic Reformation）、魏玛版《路德文集》（*D. Martin Luthers Werke*，*Weimarer Ausgabe*）、英文版《路德文集》（*Luther's Works*）。

2. 近现代研究文献。

除了一手的原始文献外，近现代的研究成果对于专业的学习和研究也是不可或缺的。在互联网大规模普及之前，国内在这方面的信息应该说是非常少的。过去的 10 多年间，随着大型电子数据库的建设，在这个方面有了巨大的改观。目前国内外的数据库非常多，而且很多是综合性的多功能数据库，尤其是一些大的国际知名公司如 Proquest、Gale、OCLC（联机计算机图书馆中心，Online Computer Library Center）、EBSCO、Thomson 等，都研制开发了系列数据库，可以综合检索，供学习研究使用。一般说来，这些数据库从内容上又可以分为以下几种：

（1）参考工具类数据库。主要有：Credo 全球工具书大全（Credo Reference）、历史资源中心（History Resource Center）、历史文献中心（History Reference Center）、网络版不列颠百科全书（Encyclopedia Britannica Online）、Web of Science（ISI Web of Knowledge）、历史文摘（Historical Abstracts)和美国：历史和生活摘要（America：History and Life）、Worldcat 联机目录库 。

（2）电子全文数据库。电子全文数据库可以分为电子图书和期刊全文数据库。图书类数据库较多。一般来说，随着互联网技术的发展，西方比较著名的出版公司和大学出版社都建立了自己的电子图书和期刊数据库，在出版纸质本的同时，也出版电子版，如 Blackwell-Wiley、Sage、Springlink、牛津、剑桥、斯坦福（HighWire Press）、芝加哥、密歇根、哈佛等，可以根据情况使用。常用的有：网络图书馆（Netlibrary）、我的网络图书馆（Myilibrary）、早期英文图书在线（Early English Books Online，EEBO）、18 世纪文献在线（Eighteenth Century Collections Online，ECCO）、高等学校中英文图书数字化国际合作计划（China-US Million Book Digital Library

Project)、ProQuest 系列数据库（包括学术研究图书馆［Academic Research Library］和硕博论文数据库［Dissertations & Theses Database］等）、OCLC（Online Computer Library Center, Inc.）系列数据库（Academic Source Premier，EBSCO）、布莱克威尔综合数据库（Blackwell Synergy，现并入 Wiley InterScience）、西文过刊文库（JSTOR）、期刊档案在线（Periodicals Archive Online）等。这些数据库提供的杂志期刊全文阅览和下载服务，对于研究工作的开展至关重要。

（3）免费数据库资源。大多数数据库资源都是需要付费的。互联网上的各种免费资源也很多，尤其是一些专业学者或业余爱好者创建的专门网站，对于学习和研究也有重要的参考价值。这些免费资源则要由从业者根据自己的研究方向在实践中摸索与积累。从世界古代史专业的角度来说，最常用有 Google 图书和学术搜索（http：//books.google.com；http：//scholar.google.com）及互联网档案馆（The Internet Archive）。谷歌图书项目提供 3 种类型的服务，一是全文阅览下载（没有版权的）；二是部分预览（部分版权期未满的著作和近 10 多年来出版的新书）；三是简单片断阅览（大部分版权期未满的图书）。谷歌学术搜索可以检索到各种学术期刊刊登的文章信息，包括作者、引用率、文献名称、出处、文献链接（通过无缝链接在学校图书馆查找原文）等。谷歌的图书和学术搜索功能是学习和研究必不可少的工具，除了其强大的功能外，该公司还与 Blackboard 教学管理平台（Blackboard Learning System）合作，为教学工作服务。该教学平台内设有图书和学术搜索的链接，可以把查找到的资料介入教学平台，极大地方便了教学工作。互联网档案馆这是一个大型的数字图书馆。目前，该图书馆收藏文本、声音、影像、软件及互联网页档案等内容。该图书馆所收的文献都是在各加盟图书馆和公立图书馆的基础上建立起来，其中包括谷歌图书计划，都是全文阅览，并提供各种形式的下载。该图书馆对学习和研究的价值极高，尤其对于中国的世界史专业的师生。绝大部分没有版权的各种西方语言的书籍都可以在此免费下载，是专业学习的首选。该档案馆的网址为：www.archive.org。此外，宾夕法尼亚大学的数字图书馆也是非常有用的免费数据库(http：//digital. library. upenn. edu/)。

其次，要掌握基本的互联网应用技术，提高查找数据库的效率。了解每个数据库的特点只是第一步，更为重要的是在数据库中尽快找出自己需要的东西，这就需要掌握数据库使用的一般技术了。经过近20年的发展，数据库的使用与检索技术已经非常成熟了，对于一般的读者来说也很方便。一般说来，每个数据库都有"简单检索"、"高级检索"等检索方式，也可通过文献名录浏览检索。一般而言，作者、题名、关键词、学科分类等是最常用的检索方式，尤其是在不知道文献的具体信息的情况下，这是非常有效的。除了单个的数据库检索外，还有多个数据库检索和全部资源检索两种方式。由于很多公司制作的是系列数据库，如 OCLC、Proquest 等，这些数据库大都设有内部的链接可以交叉检索。例如北师大图书馆就购进了 OCLC 的 12 个数据库，可以通过一个界面同时检索，检索结果会列出每个数据库的相关信息，在每个数据库里面则进一步显示信息的种类。为了有效利用资源，提高效率，一般图书馆都设有针对所有电子资源的综合检索系统，可以同时检索所有的电子数据库乃至全部馆藏目录。因为不同的图书馆使用的系统不尽相同，所以综合检索的方式也不尽相同，简繁程度不同。北师大图书馆的跨库检索要两个步骤，同时需要选择数据库，使用起来不是非常方便。

需要注意的是，每一种检索方式都有优缺点。单个库检索的结果相对较少，容易浏览，但在广度上稍弱；多库或跨库检索的面广，但量大，浏览起来较费时。不过，许多数据库的某些设置，可以提高效率，如有相关度显示，也可以在检索时对选择项作选择，使检索目标更精确。选择哪种方式要根据所检索的内容和自己的习惯确定。对于知道精确信息的文献，则可以通过查找期刊和原文项直接查找，然后根据显示的馆藏数据库收录的页面进一步获得原文。对于不精确的信息，则可以通过自己习惯的方式进行检索。

再次，勤于动手，多方位查找，注意鉴别。互联网的资料虽然非常多，但有时要快速找到自己需要的资料，也不容易。这一方面因为自己需要的资料确实没有进入到互联网资源领域，但大多数时候是由于检索或查找的方法不得当。虽然很多资源尤其是免费资源很容易查找，但并非所有的资源都可以通过一般的搜索引擎找到，往往是费了很大的工夫却没有找到自己需要的东西。在这种情况下，就需要多方位查找。一般说来，谷歌的网页搜索最便捷，一般的信息可以先在这上面搜一下，然后根据检索到的信息进一步追踪，或者查阅谷歌学术和图书搜索。通过这几个步骤基本都能找到信息。谷歌图书和学术搜索的信息后面都有一个无缝链接，为检索者提示可以在检索者所在机构的图书馆进一步查找，非常便捷。（无缝链接SFX 非常有用，只要在所属机构或图书馆的局域网内检索，各种数据库和谷歌图书和学术搜索都有这个功能）如果找不到，可以查阅图书馆购进的数据库。对于一些没有版权或出版年代较早的图书，则直接上网络档案馆（The Internet Archive）查找。网络档案馆收录的很多图书都是谷歌图书里面的，其中很大的一步分在谷歌上无法下载全文，但这里可以下载。如果这些还解决不了，则可以上亚马逊网或 www. questia. com。前者在图书栏里面可以看到前几页或后几页内容，后者是一个付费阅读的网站，近几十年出版的英文书籍大部分都能找得到，每本书可以看前边的部分内容。总之，只要耐心，并多方位寻找，总会在一定程度上解决自己遇到的难题。

互联网资源量大且容易获得，但很多信息是个人发布的，很多是辗转粘贴形成的，在准确性方面并不一定可靠。这就要求在使用时一定注意鉴别，注意资料的来源和出处，切忌盲从。一般说来，各种以纸质本为底本的电子版本准确度较高。在实际的操作中，最好通过多渠道的方法进行比对鉴别，参考权威的工具书或纸质本为主要依据。

最后，要善于利用各种数据库的读者账户功能，建立自己的小型资料室。一般说来，每个网站或数据库都有为读者设立的账户功能。读者可以注册并建立自己的网络资料室，以储存检索到的信息或下载的文档。随着电子资源的迅速膨胀，各种网络资源的管理也越来越重要。所以，也有必要根据自己的习惯对找到资料进行管理。这类资源管理软件比较多，除了可以通过各数据库的账户外，NotEexpress 是比较好的专业文献检索与管保持注意要求高度地紧张，导致十分疲倦。"①因此在教学中，教师就应有意识地在50分钟内安排2～3个兴奋点，这样每隔10几分钟出现一个兴奋点，学生的神经在整节课就可以达到很高的兴奋度，从而取得上佳的教学效果。

一般课程中我安排的"兴奋点"有几项内容，其中最主要的是常用词系列。对常用词，我当初的做法是随文讲解，结果既不突出，也毫无周期性可言，很难引起学生的充分注意。后来则对常用词追本溯源，重点讲授。具体做法如下：

第一步是选出要讲的课文中的常用词。如《尚书·盘庚》篇，我选的第一个词是"既爰宅于兹"的"既"，这是个出现频率很高的常用词，在中学已学过。但当我提出"它的字形与字义有什么关系"这个问题时，却从未有学生能回答出来。而它的甲骨文字形却可以解开这个谜——其字形为一个人坐在装着食物的器具前，但这人的嘴却朝着相反的方向：古人用这个图形来表示抽象的意思："吃完了"。因而它的本义就是"吃完了"。当这个字形出现在黑板上时，所有学生立刻都睁大了眼睛，并将它描画在笔记本上。

教育心理学强调：教学中应调动起学生的眼、耳、手，并使其都参与其中，才能取得最佳效果，而"长时间地通过听觉集中注意较之通过视觉集中注意的困难要大得多"②。上述的一问、一看、一画，恰恰遵循了教育心理学的这一原理，"既"字的本义也在学生脑海里留下了深深的印记。这是第二步，即讲解这个词的本义。

第三步是讲解引申义。"既"的第二个义项"完了"，显然是从"吃完了"这个义项中抽象出来的；其第三义项"已经"，与第二义项的引申关系也较易理解。写出这3个义项的例句后，我再强调："既"在古汉语中，基本上就是后两种用法，所以一般不必考虑它会有其他意思。这样学生今后在读原始材料时，难懂的句子中若有"既"字，就可将它作为已知项，而将注意

① ［苏联］A·B·彼得罗夫斯基：《普通心理学》，262页，北京，人民教育出版社，1991。

② ［苏联］A·B·彼得罗夫斯基：《普通心理学》，263页。

力完全放在别的词上。

又如《左传》中的《宫之奇谏假道》，课文虽不长，却是个难点。这篇课文我安排的兴奋点之一就是常用词"荐"。"荐"的甲骨文字形是在4棵小草之中，有一形状怪诞的兽。这个字形一出现在黑板上，学生同样是都睁圆了眼睛，课堂气氛也立刻活跃起来。因为从简体"荐"字，他们完全想不到它的甲骨文字形会是如此复杂和有趣：这里又符合了另一条心理学原理——"某些刺激偏离……人的预期效果，便会造成差异，使人有新颖感、复杂感、惊奇感或独特感"①，从而给人的印象也特别鲜明和深刻。

"荐"的义项，在《辞源》中共有6个，文选课上既无必要也不大可能都讲，这时就要选取3个左右讲授。其中第一义项为"兽所食的草"，而"荐"的甲骨文字形就是由小草和兽组成的，且其他5个义项与草、兽的关系显然要远一些，因此这个义项应是"荐"的本义或最接近本义的，即以其为第一义项。

《辞源》中的第二义项是"席，草垫"，第三是"频，一再"，均不常见，故不选。第四义项为"献，进"，颇为常见，选作第二义项；王力先生的解释为"向鬼神进献物品"②。但这一义项与第一义项的引申关系并不明显，遇到这种情况，就据实而言，说明这两个词之间的引申关系不甚明确。

《辞源》中的第五个义项是"推举"，颇常见，与"进献"的引申关系也比较明确，即选为第三义项。

像这样讲解常用词，一个学期可讲几十个，我又将它们编上号。这样做，首先，引起学生的充分注意；其次，要求学生将常用字的笔记专门记在一处，以便经常复习。我又将所讲的常用词作为作业，下次上课时检查，并作为期末考试的内容之一。这样做就符合了心理学关于记忆、遗忘规律的论述：只有反复记忆，才可达到长期记忆的目的；③ 而且这种记忆是建筑在理解基础之上的："机械学习的材料表现出迅速的遗忘"，而"真正理解

---

① 邵瑞珍：《学与教的心理学》，36 页，上海，华东师范大学出版社，1990。

② 王力：《古代汉语》，上册第 1 分册，50 页，北京，中华书局，1962。

③ ［日］小田晋：《记忆力的科学》，33～34 页，北京，华夏出版社，2001。

了的概念或原理则不容易遗忘"。① 如此一个学期下来，学生不但牢牢掌握了这几十个词的本义、引申义，更为重要的是，学会了如何从甲骨文字形分析其本义的方法，以及区分某个汉字的本义、引申义、再引申义的方法，这样在今后的自学中，就会很自觉地运用这些方法去分析难懂的汉字，从而更为准确地把握其含义；其自学能力也就有了明显的提高——正如一位著名史学家所指出的：这种方法教给学生的不只是一杯水、一桶水，而是长流水的水源。

设置兴奋点的第二类内容是故事和趣闻，但它们一定要与课文有关，即对理解课文有帮助。如讲《秦始皇本纪》时，我就在适当的时机讲述秦兵马俑的制作是何等精微——新兵俑不但面庞稚嫩，而且鞋底上的每一个针脚都很清晰；老兵的则磨平了，但脚心部位的针脚仍在。这个小小的例子不但出人意料，且更可使学生认识到兵马俑不只是数量庞大，其工艺又是如此精妙，从而对中国第一皇帝的气魄、当时的生产力状况、人俑的制作工艺等诸多方面都增加了印象深刻的感性认识。

又如讲《周易》时，可引出有关周文王的传奇故事，使学生了解举世闻名的《周易》的产生，经历了相当长的时间。

我国有几千年高度发达的文明史，类似的趣闻、故事可谓俯拾即是，教学中安排得当，则效果极佳。

有些古代的典章制度亦可成为兴奋点。如在讲《唐大诏令集》中的《戒厚葬诏》时，就可向学生介绍北京郊区大葆台汉墓的丧葬制度——黄肠题凑：汉代高官下葬时，要用数千株非常珍贵的黄柏树的木心、垒筑成一间教室大小的"房子"，里面再放棺椁——黄柏木心即为"黄肠"，将它们的一头都朝里就是"题凑"。以前学生只知道古代随葬品常常颇为丰厚，当他们听到修建一个墓室就要用几千株生长期很长的黄柏树时，古代丧葬时墓室本身的奢靡也给他们留下深刻的印象。由此例还可引出汉字的部首"页"就是"头"，有此部首的字，如"题凑"的题，及颠、颐、顾、颡等等，其本义皆与头有关。这些内容

---

① 邵瑞珍：《学与教的心理学》，36 页。

学生们同样听得津津有味，同时又掌握了一个汉字部首。

这类有趣而生动的古代典制的例子亦颇多，只要安排得巧妙，对理解课文、活跃课堂气氛、帮助记忆等，都能收到很好的效果。正如陶行知先生所讲："学生有了兴味，就肯用全副精神去做事，学与乐不可分。"①

设置兴奋点的方法还有许多，限于篇幅，这里就不一一列举了。如果这2～3个兴奋点设计得好，安排的时间也得当，那么整节课就会张弛有度、声情并茂，对学生来讲，听课就成为一种层次很高的精神享受。

还应指出的是：许多课文讲解本身就是兴奋点，如《史记》的列传，大都是很富戏剧性的精彩篇章；《周易》、《老子》、《中庸》等篇蕴涵的高妙哲理，对学生的吸引力亦不逊于曲折跌宕的故事情节。严格地讲，《历史文选》教材中的每一篇选文，都是历经千百年时间的淘汰，又经过编者精心筛选的名篇，因此每一篇皆有若干光彩照人之处，这些也都是教学中的兴奋点。然本文讨论的主要是如何设置兴奋点，而上述内容无须设置，故本文未加详论。在实际教学中，上述设置的兴奋点与这些"天然"的兴奋点交替出现，整节课高潮迭起，教师与学生的情绪都极为兴奋，在这种心理状态下，教学效果必然是极佳的。

第二是每个单元的周期的安排。这里所谓的单元，由3～4节课组成，一般可按照课文的进度，即每讲一篇课文，算做一个单元，过短的课文可以两篇为一单元，过长的则可分作两个单元。

单元中周期的安排，主要是讲古汉语知识，如介绍常见工具书、古汉语语法等。这些内容，"历史文选"课中如不讲，则不利于提高学生的能力；若讲得太多，又会喧宾夺主、影响讲解课文的进度。而恰当、巧妙地安排，则可形成周期，达到事半功倍的效果。具体做法是：每讲完一篇课文，就可安排讲解一项知识。工具书分为2～3次介绍，即讲解《辞海》、《辞源》、《说文解字》等常见工具书的特点、用途和查阅方法等，其中又以四角号码查字法为必讲内容，因为这种方法在历史工具书中大量运用，如《四库全书

———————————

① 陶行知：《新教育》，见《陶行知全集》，第1卷，228页，长沙，湖南教育出版社，1985。

总目》、《二十四史纪传人名索引》、《历代职官表》、《中国人名大辞典》等等，若不掌握这种方法，则对许多工具书就只能是束手无策，无法运用。

在介绍工具书时，为便于学生掌握，我又将其特点编成简短的口诀，如将《辞源》的优点归纳为："借阅方便；查法简单；网罗周全；成效明显。"而《四角号码新词典》为："携带方便；速度非凡；举一反三；词量突变。"。这些压韵的短句同样引起学生的兴趣，吸引他们去查阅工具书来验证这些特点。

语法部分也可分为4～5次讲解。语法是对古汉语许多语言现象的规律性总结，掌握古汉语的特殊语法，对提高学生分析语句的能力，从而对理解困难句子乃至全文，都大有裨益。

对古汉语语法，我重点讲解"词类活用"部分，因为这部分在古汉语中出现得最频繁。在教学过程中，我尽量选取生动有趣的例句。如在讲解"名词的意动用法"时，选用的是一副名联："师卧龙、友子龙，龙师龙友；弟翼德、兄玄德，德弟德兄。"对联写出后，先让学生猜这副对联是歌颂谁的。看过《三国演义》的学生，很快就会发现卧龙是诸葛亮，子龙是赵云，翼德是张飞，玄德是刘备，从而猜出对联歌颂的是"桃园三结义"的关羽，同时也很容易就记住了对联中"师、友、弟、兄"4个名词的意动用法。

在讲"形容词的意动用法"时，则引用"孔子登东山而小鲁，登泰山而小天下"及"明君贵五谷而贱金玉"这类学生较为熟悉的名句，以引起其心理上的亲切感，从而利于记忆。

第三是一个学期的周期性安排，主要安排实习与练习。"历史文选"是语言工具课，因此许多内容都带有很强的实践性，如上文讲到的常用工具书的使用，若只靠教师在课堂上讲，学生很难真正掌握，只有通过实习，才能真正学会。练习对学习古汉语的作用亦十分明显。

由于我系为历史文选课专门设置了"古文实习室"，室内不但有多种常见的工具书，而且有线装的二十四史、《资治通鉴》等常见史书，因此实习颇为方便。在一个学期里，一般安排2～3次实习。实习可以有多种类型，如四角号码查字法的实习，查《辞源》、《辞海》的实习，以及用线装书作当场标点、翻译的实习等等。这些实习学生做起来同样是兴趣盎然。如线装书，大部分学生以前从未见过，一见到就很有新鲜感，对书的版式、书中的避讳字、各种行文格式等都很好奇，常常提出许多问题。教师当场加以解答，学生即可增长不少有关古籍的知识，为今后阅读古籍扫清一些障碍。

总之，实习是课堂教学必不可少的补充，许多在课堂上很难讲清的问题(如四角号码查字法等)，到实习室一看、一操作，立刻就明白了。

近年来，我们还把实习扩展到校外，如带领学生到石刻博物馆、孔庙等处进行实地考察，让学生当场为一些碑文加标点。这种"实战演习"同样激起他们浓厚的兴趣。这类实习不但丰富了授课方法，满足了教育心理学所强调的"必须采用多式多样的教学形式与方法"①的要求，把课堂扩展到社会上，而且开拓了学生的眼界，使他们真切认识到：要想读懂在祖国大地随处可见的石刻文字，就必须学好"历史文选"课，从而大大激发了学生对本课的学习热情。

做练习其实也是一种实习，而且在课堂内就可以完成。练习的内容同样要注意选取较为有趣的。例如我一般在每学期第一次课结束之前就安排做一个加标点符号和翻译的练习，所选的是语言大师赵元任先生的一篇戏作：《施氏食狮史》，其内容为："石室诗士施氏嗜食狮誓食十狮氏时时适市视狮十时适十狮适市……食时始识是十狮尸实十石狮尸试释是事"。这篇只有百字的短文，完全由"是"的同音字组成，每次都是在抄写的过程中，学生一边念、一边笑，在笑的过程中，则体会到中国文字真是奥妙无穷——古汉语原来是很有意思的！

心理学认为：人们在接触某一事物(或人)时，第一印象是极为重要的，如果第一印象不佳，以后想改变则相当困难。教学过程也是如此。上述短文练习，使学生在学期之初就对这门课产生了兴趣，同时也对任课教师建立了信心。这些对以后的教学都是大有裨益的。

第四是更长时段的周期。如我们在三年级第二学期设立"古汉语过关考

---

① ［苏联］A·B·彼得罗夫斯基：《普通心理学》，263 页。

试"，不过关者不授予学士学位。这样在过关考试前共有 5 个学期，第一、二学期就是历史文选课，后 3 个学期则由系里安排一些相关课程，如"汉书研读"、"左传研读"、"资治通鉴研读"等。这些课程重点虽不是古汉语，但都有这方面的内容。这样在后 3 个学期里，古汉语仍然周期性地出现，同样满足了心理学对于长期记忆的要求，很好起到了复习、巩固乃至进一步提高的作用。

上述 4 种周期中，每节课的安排最为重要，因为它是教学的基本单位，一个学期就是由 60 或 80 节课组成的。所以只有把每一节课上得精彩，整个学期的教学才能生动、吸引人。这也正像是一砖一石与整座大厦的关系——每块砖石的高质量，再加上高水平的建筑结构，落成的大厦才能是质量上乘的，否则就只能是"豆腐渣工程"了。而后 3 种周期的安排，恰恰起到"建筑结构"的作用。

二

为什么在教学中周期性地安排教学内容就可以取得更好的效果？这种做法有无更深层的依据？古代先哲为探索宇宙的奥秘，曾"仰则观象于天，俯则观法于地，观鸟兽之文与地之宜，近取诸身，远取诸物"①。为回答上述问题，让我们也从"仰观"、"俯察"开始。

人们稍加观察便可发现，大自然中充满了各种周期性变化。如以日为周期的，有太阳的东升西落，月亮、星辰的昼隐夜现，潮汐的涨落等；以月为周期的，有月相的盈亏变化；以年为周期的，则为春夏秋冬的周而复始；更长周期的，有太阳黑子的爆发，某一彗星的出现等等。

中华睿智的先哲们更注意到许多不易觉察的节奏，如群经之首的《周易》中就有这样的记载："'先甲三日，后甲三日'，终则有始，天行也"②。

高亨先生解释道：卦辞说的"先甲三日，后甲三日"，是以天道为依据

---

① 高亨：《周易大传今注》，419 页，济南，齐鲁书社，1998。
② 同上书，154 页。

的，因为从甲日的前三天（辛日）到甲日后的三天（丁日），一共是七天，"天道运行始于一而复于七，终则又始，往复循环。"而《象传》认为的天道至七而往复循环，应该是以天道的四时为根据的——古代气候学认为：春夏两季是阳气统治时期，共六个月；秋冬两季是阴气统治时期，也是六个月。因此阴阳二气都是到第七个月交替，"终则又始，循环不已"，这也正是《象传》所讲的"终则有始，天行也。"①

《周易·复》卦的卦辞中也指出："反复其道，七日来复"，而《象传》同样以"天行也"来解释，意为："至七而复，乃天道运行循环之数。"②与《蛊》卦的解释相仿。

高亨先生又指出："《周易》卦之爻数亦至七而复：每卦六爻，初、二、三、四、五、上，依次数之，数至第七，则复于原爻，正是至七而复。然则《易传》认为《易》卦之爻数至七而复，乃代表天道。"③

综上，《周易》的作者认为，天道运行的规律就是"至七而复"，或说，是以"六"为周期的。

在我国古代的医学宝典《黄帝内经》中，更以数"篇"的篇幅，总结出天地间的许多种节奏，如："日行一周，天气始于一刻；日行再周，天气始于二十六刻……终而复始。"又如："甲子之岁，初之气，天数始于水下一刻，终于八十七刻半；二之气，始于八十七刻六分，终于七十五刻……常如是无已，周而复始。"④这两段讲的都是"气"的运行，有不同的"终而复始"的周期性变化。

上述这些都是先哲们对天地间各种周期性变化的观察与总结，而总结最为彻底的则是老子，他提出："有物混成，先天地生……周行不殆……吾

---

① 高亨：《周易大传今注》，154 页。

② 同上书，182 页。

③ 同上书，154 页。

④ 敖清田等译：《黄帝内经：白话全译》，97～98 页，成都，四川科学技术出版社，1995。

强为之名曰□。□□逝，逝曰远，远曰返。"①"周行不殆"意为周而复始、无休止地运行，因此全句可以解释为：先于天地的道，"自身循环运行，而不停息"。我勉强给它一个称号叫做道，说它是大的，说它是运行的，说它是永远运行的，说它是循环运行的。②

老子认为："先天地生"的"道"本身就是循环运行的，而世间万物都是"道"所产生出来的，即"道生一，一生二，二生三，三生万物"③，所以世间万物与道一样，也是循环运行的。老子所讲的"周行不殆"、"远曰返"，或曰"循环运行"，正是本文所讲的周期性变化。因此，老子所总结的并不是某一种或几种周期，而是大自然运行的总规律。

西方先哲同样注意到这一规律。如所周知，著名的德国哲学家黑格尔(1770—1831)提出了"否定的否定"的思想，即："运动就是从一个否定的否定的过程到另一个否定的否定的过程。每一个否定的否定形成一个圆圈，黑格尔的整个哲学体系，就是由许多大小圆圈构成的。"④这里所讲的"圆圈"，正是本文所论的周期。

马克思主义是人类智慧的结晶，其辩证唯物主义哲学全面继承和发展了以往西方哲学家的思想，它对宇宙变化总结出三大规律，其中的"否定之否定规律"即为："一般地说，在事物发展的总过程中，经过两次否定……即否定之否定，事物的运动就表现为一个周期"。"否定之否定是自然界、社会和思维发展的普遍规律。"⑤

更为有趣的是：艾思奇先生在解释这一规律时，就引述了《易经》和《道德经》："《易经·爻辞》中讲：'无平不陂，无往不复。'老子说：'大曰逝，逝曰远，远曰返。'这都包含着事物经过否定而达到周期性变化的思想。"⑥

---

① 朱谦之：《老子校释》，100～102 页，北京，中华书局，1984。
② 王宁主编：《评析本白话道家名著》，22 页，北京，北京广播学院出版社，1992。
③ 朱谦之：《老子校释》，174 页。
④ 张澄清：《黑格尔的唯心辩证法》，167 页，福州，福建人民出版社，1984。
⑤ 艾思奇：《辩证唯物主义　历史唯物主义》，118 页，北京，人民出版社，1978。
⑥ 同上书，118 页。

由此可见，东西方的贤哲尽管表述方法不同，然在对宇宙总规律的认识上，却是惊人的一致！而我们在教学中周期性地安排内容，就正是遵循了这一总规律，因此才能取得更佳效果。

三

要在教学中周期性地安排内容，须基于两方面的研究：一为对教学内容的深入剖析，将其中最重要的内容作周期性安排。具体做法已见于前述，此不赘；一为对教学对象——人的心理特点的把握。

人类是万物之灵，是大自然最精妙的结晶，因此人体内部的运行也如自然界一般，充满了各种节奏：有周期很短的，如呼吸、脉搏；也有较长的，如白天工作，夜晚休息；还有更长的，如近年的科学研究发现，人的情绪、智能、体力状况，各有 30 天左右不等的周期性变化。

正因为人类在身体的功能方面充满各种周期，所以在物质需求方面也呈现出种种周期。如昼起夜伏，一日三餐，五天工作、两天休息等。

在精神需求方面亦不例外。如看电影、电视剧，现在已成为人们娱乐的重要方式，而人们精神需求的特点在此时也表现得最为鲜明——情节发展的节奏太慢，观众就会哈欠连天；而情节过于紧张，又会使观众目不暇接。高明的导演深刻了解观众的心理需求，让紧张、刺激的情节与舒缓、抒情的画面有节奏地交替出现，从而使观众的情绪如波浪般忽高忽低，最终被推向巅峰。

教学同样是精神活动，因此学生在课堂上的心理反应与看电影有不少相似之处，其中对周期性变化的需求即是明显一例——教学内容进展太缓慢，学生同样要打哈欠；而教学内容讲授得过快，学生也会应接不暇，难以接受。

学生在教学活动中对周期性的要求，究其原因则在于学生在课堂上的心理活动同样是"周行不殆"的，即也是遵循周而复始的运行规律，时而高度兴奋，时而相对抑制，正所谓"一张一弛，文武之道"也。教师若不能主动地把握这个特点，而让学生的神经自发地兴奋和抑制，那么学生就很有可能选错教学内容的重点，错失最关键的环节。因此，优秀的教师也应像高明的导演一般，在教学中始终把握住学生对周期性的心理需求，并据此来恰当安排各种教学内容。

古人常曰："学无止境。"笔者则发现："教"亦无止境——学生与教学内容都在随着时代的发展而变化，身为教师者也必须与时俱进，研究不断出现的新问题。只有这样，才能保证高质量的教学。

王桧林对中国现代史研究和学科建设的贡献

——王桧林先生去世一周年纪念

张　皓

王桧林先生，著名历史学家、北京师范大学历史学院教授、博士生导师、中国现代史学会名誉会长，2009 年 9 月 21 日去世，享年 84 岁。先生多年来一直从事中国现代史、中国现代政治思想史和抗日战争史的教学和研究。他较早地主编了高校历史专业教材《中国现代史》。该教材由北京师范大学出版社出版，曾经获得国家文科优秀教材二等奖，已发行 30 多万套。20 世纪 90 年代，他主编了大型《抗日战争史丛书》，这是有关抗战史各项专门研究的总汇。他与人合著、1984 年出版的《中国现代政治思想史》，是国内第一部这方面的专著。他 2003 年出版了《中国现代史：事与势》，对中国现代史演变规律作了独到的研究。此外，他在《历史研究》、《近代史研究》、《中共党史研究》、《抗日战争研究》、《史学史研究》等刊物上发表数篇论文，对系列问题作了精辟的分析与探讨。在先生去世周年之际，笔者特撰写此文以为纪念。

一　淡名利，去蔽障，写信史

先生的学术成就非常显著。他之所以有如此的成就，主要原因之一是注意史家修养，淡名利，去蔽障，写信史。

淡名利，可从批评学术腐败和学术不正之风谈起。以下几种情况，是先生经常向笔者指出，要求引以为戒的。①

其一，"枪手"现象。先生指出，当今的学术腐败花样不断翻新，从抄袭、"著名"人物自己不写东西而叫手下人或他人捉刀等现象，已经发展到有专门"枪手"从事论文代写买卖的严重地步。先生专门收集了一篇报道，指出此种"枪手"现象。这篇报道说"比起替别人考试的枪手来说，论文枪手显得高深和隐秘：他们追究的是'豪华'服务——一字一元的专业论文写作。从本科毕业论文到硕士论文、博士论文，甚至大学著名教授的专业学术论文，他们无所不做"。② 先生强调，这种现象今天很普遍，很不利于学术的健康发展。

其二，文章重复、学术水平降低问题。虽然报刊每年登载的某一"学术"领域的文章数以万计，但大多数属于低水平重复。先生感叹地指出：扎扎实实做学问的人实在太少了！

其三，官员们的"学术造诣"问题。先生向笔者展示了中国社科院研究员陈铁健所写的一篇文章，其中指出："有官衔的'学者'，因为有权势在手，不管他有学问没有学问，也有办法令出版社为自己出文集、文选。"③ 先生感叹地指出：这种"长"字号官员不但追求步步高升，还标榜自己的"学术造诣"很深，这种现象严重地影响了学术研究的健康发展。

其四，看风向、跟潮流问题。这类问题非常普遍，不胜枚举。先生特别强调在看风向、跟潮流下，有的研究者故意迎合，有的人云亦云。

先生还分别了出现上述现象的原因。他指出，从个人方面来说主要是名利问题带来的。评职称需要论文，在数量上和级别上都有要求；报课题需要论文，以表明申请者有所"研究"；当官的要表明自己是凭"学术水平"而非钻营才当上去的。一旦如愿，不但有名也有利，正如"枪手"所说："他

---

① 2006年10月至12月，笔者为记录先生关于《中国现代史》教材体系的建设思想，带着一些研究生，两周一次在先生家中采访先生。本篇文章的主要内容就是先生阐述的。

② 杜丁：《一个字开价至少一元博士论文枪手只有高中学历》，载《北京娱乐信报》。2002-06-12。

③ 陈铁健：《我赞成季羡老的高论》，载《北京日报》，2002-06-03。

们会拿着我写的东西去有关部门申请课题，那都是几百万几百万的。"①先生就此警言，中国人常常讲，利令智昏，名权也能使人智昏。

先生很早就注意个人的史德修养。他认为，学者道德水平低下，不但会影响学术环境，而且会影响学术研究本身。一个人为名利写文章是写不出好文章的。先生指出：中国自古以来就提倡史家必须注意"史德"。刘知幾认为史家应具备"才"、"学"、"识"三长，章学诚更明确提出了史德问题。如果一个人的思想境界得不到提高，是不可能有认真、客观的态度的，是不可能写出有利于世道人心的文章的。从这点出发，先生特别强调两点，一是"淡泊明志，宁静致远"，强调"净化心灵"，摆脱名利的引诱，潜心做学问；二是坚持真理，坚持客观、科学、严谨的研究态度，不能被利禄熏心，不能趋炎附势。

不过，要想做好学问，只靠淡泊明志不够，还须去蔽障，即解放思想。先生指出，中国思想家、史学家自古以来就非常注意此问题。他引用荀子的话指出"蔽"是多方面的："欲为蔽，恶为蔽，始为蔽，终为蔽，远为蔽，近为蔽，博为蔽，浅为蔽，古为蔽，今为蔽。"这些何以为蔽呢？如果只看到问题的一面而看不到另一面，就会产生"蔽"。先生强调：不解蔽，个人的学术成就就会受到很大限制；不解放思想，中国的学术文化就得不到长足发展。

既然去蔽障如此重要，如何才能解蔽呢？先生认为可从两方面来解决：

其一，学习哲学以提高思维能力和认识水平。先生引用恩格斯的话指出：理论思维能力"需要发展和培养，而为了进行这种培养，除了学习以往的哲学，直到现在还没有别的办法"②。先生认为，学习哲学一则可以使人考虑到无限远、无限大，使人的眼光更开阔，想象力更丰富；二则可以使人深入细致地深入观察事物的本质，因为哲学上的命题、范畴、概念往往是"至大无外"，"至小无内"。程颢所讲的"道通于天地有形外，思入风云变态中"，可以作为我们学习哲学的最高要求。

---

① 杜丁：《一个字开价至少一元博士论文枪手只有高中学历》，载《北京娱乐信报》，2002-06-12。

② 《马克思恩格斯选集》，2版，第4卷，284页，北京，人民出版社，1995。

其二，强调辩证思维，解决随时出现的新事物新问题。先生专门列举了辩证思维需要掌握5个基本观念：（1）承认马克思主义以外的其他学说具有一定的合理性，也"是人类社会中极复杂的事物的一种真实反映"。这样，"我们就能够打破思想上的自我封闭状态，吸收人类社会中一切有益的思想成果，使我们视野更开阔，思想更活跃"①。（2）树立唯物辩证法的宇宙观和认识论。毛泽东指出："客观现实世界的变化运动永远没有完结，人们在实践中对于真理的认识也就永远没有完结。马克思列宁主义并没有结束真理，而是在实践中不断地开辟认识真理的道路。"②先生据此指出，"任何一种学说，任何一种思想体系，都不可能对宇宙总体及其中的一切事物、一切事物的内涵，作出全面而无微不至的反映"，都须随着时代发展而发展。（3）站在历史发展前沿，不断审视已有的结论、原理、原则、理论。作为学术研究者，"要有时代感，要随时代前进而前进，根据现实检验理论，根据现实修正理论，根据现实发展理论，根据现实创造理论，使我们的思想永不僵化，永远富有青春活力"。（4）批判地吸收和继承一切优秀文化。先生引用列宁在《共青团的任务》一文中所阐述的一句话强调，"只有用人类创造的一切财富的知识来丰富自己的头脑，才能成为共产主义者。"（5）"相灭相生"、"相反相成"是学术思想发展中的辩证法。在人类社会中，存在着多种思想、多种学说，"它们之间有的相克相灭，有的相生相长、互促互补，而斗争的形式是多种多样的，'相生''相成'的机缘、'相生''相成'的形式也是多种多样的"。以这5个基本观念看待学术问题，"我们的思想就可以大大地丰富起来"。③

除了注意淡名利、去蔽障外，先生还注意写信史，注意发挥史学的功能。由于对史学的重要性认识不够，有人疑问历史有何用，这极不利于中国文化事业的发展。为了纠正这些现象，他呼吁全社会注意历史的重要性：

① 王桧林：《在纪念毛泽东诞辰100周年及学习〈邓小平文选〉第三卷学术讨论会上的闭幕词》（1993年11月13日），见《毛泽东邓小平与现代中国》，345页，北京，当代世界出版社，1994。

② 《毛泽东选集》，2版，第1卷，296页，北京，人民出版社，1991。

③ 王桧林：《在纪念毛泽东诞辰100周年及学习〈邓小平文选〉第三卷学术讨论会上的闭幕词》（1993年11月13日），见《毛泽东邓小平与现代中国》，355页。

其一，历史是人类社会发展必不可少的文化事业。世界上没有任何一个国家没有史学和史学家。任何一个重大事物都需要从历史也需要从现实性上去说明它的来历，证明它存在的必然性必要性。其二，历史可以"鉴往知来"。叙述历史过程是为了揭示它的意义，说明为人类提供了什么经验教训。历史研究必须探讨人类社会的发展趋向、道路、前途，以及怎样去实现它。因此，探讨人类的前途、社会的发展离不开历史。历史研究必须把好的东西、正确的东西提供给人们，使社会避免走歪路，引导社会顺着正确道路发展。

为了发挥史学的重要性，先生注意写信史，并因此对学生指出要注意到几点：其一，写什么样的历史，给人的效果是不一样的。历史可以教人行善，也可以教人作恶；观史者可以从中学善，也可以从中学恶。只有真实的历史，不溢美，不掩恶，更不假造历史歪曲历史，才能给人正确的启示，才能发挥历史正义的教育功能。写这样的历史是史学家的责任。其二，史学要为人民服务，不能为少数人的私利服务，更不能为邪恶做辩护。史家要具有真切而又严肃的使命感，要本着公心，为人类前途为世界发展而撰述。其三，历史学家司马迁那"究天人之际，通古今之变，成一家之言"的境界，虽然要达到很困难，但是要努力为之。

先生不仅是这样说的，也是这样努力去做的。他1959年就曾经因为向党组织实事求是地反映浮夸风和饿死人现象而被批判为"右倾"，1964年搞"四清"运动时又因在教学中叙述抗日战争中的正面战场而被冠以"吹捧蒋介石"、"反对毛泽东思想"的罪名。但是，先生并未因此而挫伤对国家民族命运的关心。宋朝大思想家张载说："为天地立心，为生民立命，为往圣继绝学，为万世开太平。"这是有良知有正义感的学人的座右铭。先生常常自省："我这个人太渺小了，做的事太少了。我又觉得我是一个理想主义者、一个淑世主义者，总想为国家为社会为人类做点儿好事，对张载的要求虽不能至但心向往之！"①

---

① 王桧林为张皓《中国现代政治制度史》作的序，北京，北京师范大学出版社，2004。

二 认真学习历史唯物主义的史学理论，推动中国史研究的深入发展

如何认真学习历史唯物主义的史学理论，推动中国史研究的深入发展，是一个重要问题。许多学者在写文章时往往强调是以历史唯物主义为指导的。先生指出："历史唯物主义作为一种史学理论，它对社会整体结构的观察，对其各个组成部分的区别观察和综合观察，及对它们相互关系的观察，是深刻的和周到的。这是其他史学理论所不及的。"①在中国史学史上，运用这一史学理论来指导研究后，开拓了前所未有的研究领域，取得了前所未有的成果。但是，如果将马克思主义原理教条化，就会禁锢思想，思想僵化，不利于中国史研究的深入和发展。对此，先生特别以中国哲学史的研究来说明。

首先，他指出：一些研究者以物质和意识孰先孰后来机械地界定中国哲学史上的唯物主义和唯心主义，认为凡是主张由内到外，就是唯心的，反之就是唯物的。只要被定为唯物主义，就被肯定被赞扬；只要被定为唯心主义，就被贬抑。这种划分不符合实际情况。中国历史上许多思想家均主张"内外之合"，即知识是人的认识官能同外界相接触产生的，无论是被认为是唯物主义者的后期墨家、荀子、张载、王夫之，还是所谓的唯心主义者庄子，都是如此认识的。同物质决定意识理论相比，"内外之合"更能解释问题。有些浅显的道理，按照存在决定意识来解释，是解释不了的。比如，山与石能认识到"我存在"吗？狗有知觉，知道什么东西能吃，谁是它的主人，但是狗同人一样面对着世界，为什么狗没有人那样的认识呢？可见认识的主体在起决定作用。无生物没有感觉，低级动物有一定的感觉和感情，但是没有意识形态，没有哲学和政治理论。虽然没有外界事物形成不了认识，但是没有认识的主体，也形成不了认识，所以中国哲学家讲

---

① 王桧林：《中国现代史研究入门》，561页，郑州，河南人民出版社，1994。

"内外之合"。张载说:"人谓已有知,由耳目有受也。""人之有受,由内外之合也。"①可见,以西方哲学为方法来认识中国哲学是可以的,但如果一定用"由内到外"、"由外到内"来划分中国哲学是唯心还是唯物,则不但不符合实际,而且不能揭示中国哲学的认识论的特点和优越性。

先生接着指出,把某个思想家按照固定模式划分为唯心主义者或唯物主义者,值得推敲。以王夫之而言,许多人都认为他是唯物主义大哲学家,主要论据是:在道、器关系上,王夫之认为道在器中;这符合物质决定意识的唯物主义理论。在能、所关系上,他认为能即人的本能,即眼睛能看,舌头能辨;所指对象,即所见所闻;这符合唯物主义的认识论。在理、势问题上,认为他所说的"'势'是指历史发展的趋势,'理'是指历史发展中的规律性"②;这符合唯物主义的规律。但是,王夫之还有大量的唯心主义的言论。比如,关于天和心,他说:"心者,天之具体也。"③这是讲天的具体是心。他又说:"天下之物相感而可通者,吾心皆有其理。"还说:"在天而为象,在物而为数,在人心而为理。"这是说理在心中。他接着说:"天下之物皆用也,吾心之理其体也。"④这是讲物为用,心之理为体,这明显不符合唯物主义的体用说,其"心学意味,尤其浓厚"。不仅如此,他还将天人格化,说"天其假手武氏(即武则天)以正纲常于万世与"。贺麟就此指出:他"所谓'天',虽仍不外是理,是民之所同然的心或意,但却颇有富于人格的有神论意味,甚接近黑格尔所谓上帝或天意"⑤。这类言论还很多,能认为王夫之是唯心主义大哲学家吗?

由于不恰当地划分唯心、唯物,不但出现了诸如曲解王夫之哲学思想的后果,还出现了:(1)唯心主义哲学关于人的心灵的发展的学说本来有一定的道理,但是在一味推崇唯物主义之下不仅遭到贬低、批判,而且被作

---

① 张载:《张子正蒙·大心篇》。
② 王夫之:《读通鉴论·前言》,北京,中华书局,1975。
③ 王夫之:《思问录·俟解》,1页,北京,中华书局,1959。
④ 王夫之:《张子正蒙注》,121页,北京,中华书局,1975。
⑤ 贺麟:《文化与人生》,121、125页,上海,商务印书馆,1947。

为一种"敌对思想"遭到批判。有人就说唯心主义是"蛆虫哲学",认为"在还没有人类以前,世界是由蛆虫创造出来的。他们的哲学就是这种东西"。①(2)强调斗争,否认各家思想在融合中发展。在中国哲学史上,互相对立、批评是有的,但是在互相讨论、斗争中发展,互相融合。以儒佛斗争而言,韩愈批佛时出现了极端,声称要"人其人,火其书,庐其居"。这不但没有把佛批倒,儒学反而吸收了佛学的哲学思想,比如,朱熹吸收了华严宗的"理"、"事"思想,陆九渊、王阳明吸收了禅宗思想。这种情况更丰富了宋儒哲学,比先前的哲学大大前进了一步。

在作了上面的分析后,先生以唯物史观为例,就如何认真学习历史唯物主义以推动中国史研究的深入发展作了说明。这个原理的基本内容是:"人们在自己生活的社会生产中发生一定的、必然的、不以他们的意志为转移的关系,即同他们的物质生产力的一定发展阶段相适合的生产关系。这些生产关系的总和构成社会的经济结构,即有法律的和政治的上层建筑竖立其上并有一定的社会意识形式与之相适应的现实基础。物质生活的生产方式制约着整个社会生活、政治生活和精神生活的过程。不是人们的意识决定人们的存在,相反,是人们的社会存在决定人们的意识。社会的物质生产力发展到一定阶段,便同它们一直在其中活动的现存生产关系或财产关系(这只是生产关系的法律用语)发生矛盾。于是这些关系便由生产力的发展形式变成生产力的桎梏。那时社会革命的时代就到来了。随着经济基础的变更,全部庞大的上层建筑也或慢或快地发生变革。"②

先生认为,这段原理虽然论述了生产力和生产关系之间关系,但其中一些论断在今天看来过于简单,也未将问题讲清楚:(1)马克思所讲的生产关系本身并不清楚,生产过程中人与人的关系只提经济关系,没有把社会结构中种种因素之间的相互关系、人与人的关系说清楚。(2)生产力、生产关系属于经济基础,制度属于上层建筑,但经济制度是经济基础还是上层建筑,未说清楚。(3)注意到经济基础对上层建筑的作用,而忽视了反作

① 杨献珍:《什么是唯物主义》,76 页,中共中央高级党校,1956。

② 《马克思恩格斯选集》,2 版,第 2 卷,32~33 页,北京,人民出版社,1995。

用。由此看来，史学研究不应仅仅是围绕着生产力和生产关系、经济基础和上层建筑之间关系而进行，还须把人类社会的方方面面都纳入进去。

先生进而指出须在3个方面认真学习历史唯物主义以指导中国史的研究：

其一，斗争的绝对性和统一的相对性的关系。

斗争虽然有绝对性、普遍性的一面，但也有相对性、特殊性的一面。统一既有相对性、特殊性的一面，也有绝对性、普遍性的一面。人类社会各要素之间有区别、差异、矛盾的一面，也有统一的一面。矛盾只有在统一体里才能表现出来，才能起作用。因此，中国传统哲学，特别是儒学，非常强调中庸、融合，强调矛盾统一、互相依存的一面，反对走极端。"天人合一"中的"合一"，就是二合一，是以天人有别、有矛盾为前提的。必须是非一，才能讲合一，才有讲合一的可能和必要。

先生强调，如果只看到斗争，不讲统一，就会出现问题。斯大林就是如此。他在1938年认为辩证法有4个特征：（1）"自然界的任何一种现象，如果被孤立地、同周围现象没有联系地拿来看，那就无法理解，因为自然界的任何领域中的任何现象，如果把它看做是同周围条件没有联系、与它们隔离的现象，那就会成为毫无意义的东西；反之，任何一种现象，如果把它看做是同周围现象有着不可分割的联系、是受周围现象所制约的现象，那就可以理解、可以论证了。"（2）"最重要的不是现时似乎坚固，但已经开始衰亡的东西，而是正在产生、正在发展的东西，哪怕它现时似乎还不坚固，因为在辩证方法看来，只有正在产生、正在发展的东西，才是不可战胜的。"（3）"不应该把发展过程了解为循环式的运动，了解为过去事物的简单重复，而应该把它了解为前进的运动，了解为上升的运动，了解为从旧质态到新质态的转化，了解为从简单到复杂、从低级到高级的发展。"（4）"从低级到高级的发展过程不是通过现象和谐的开展，而是通过对象、现象本身固有矛盾的揭露，通过在这些矛盾基础上活动的对立趋势的'斗争'进行的。"先生于此指出：斯大林环环紧扣，强调斗争的绝对性，把斗争说成是绝对的、普遍的，把发展说成是对立面的斗争，认为"既然发展是通过内在矛盾的揭露，通过基于这些矛盾的对立势力的冲突来克服这些矛盾而进行的，那就很明显，无产阶级的阶级斗争是完全自然的和必不可免的现象"①。这一论述忽视了事物的统一性，没有正确处理好与斗争性之间关系。如果以此指导中国史的研究，必然会把中国现代史描述成一部斗争史，不能充分揭示其全貌。

其二，五种社会经济形态与历史演变的关系。

斯大林认为人类社会的历史是直线发展的，说"历史上有五种基本类型的生产关系：原始公社制的、奴隶占有制的、封建制的、资本主义的和共产主义的"②。毛泽东以此分析中国历史，于 1939 年 12 月发表《中国革命和中国共产党》一文，明确认为中国历史自原始公社崩溃进入阶级社会后大约有 4000 年之久，在经历了奴隶社会、封建社会后，进入了半殖民地半封建社会，并指出其中的封建社会自周秦以来一直延续了 3000 年左右。这段论述是从强调反帝反封建的民族民主革命来讲的，是从论述中国新民主主义革命的演变规律、特点及前途来讲的，当然是必要的，正确的。

但是，如果将此段原理教条化，就会禁锢研究者的思想。斯大林的论述是否完全适用于研究世界各国的历史和中国的历史，须要推敲。先生认为，马克思、恩格斯没有明确指出人类社会是按照这个直线来演变。恩格斯论述古代社会时，所运用的材料主要是美洲印第安人的，同时补充了有关日耳曼人和早期希腊的材料；论述奴隶社会时，主要是运用希腊城邦和罗马的材料。这种研究方法值得思考。西罗马帝国灭亡时，日耳曼人还处于部落时期。日耳曼人在罗马的废墟上建立的是封建社会，没有经历过奴隶社会，而西罗马原来的历史中断了。以文明古国埃及、巴比伦、印度而言，在被他国征服后，其原来的历史演变也中断了。日本进入资本主义社会，是外力影响的结果，而非自身演变的。

---

① 联共(布)中央特设委员会编、中共中央马克思恩格斯列宁斯大林著作编译局译：《联共(布)党史简明教程》，116～121、123 页，北京，人民出版社，1975。

② 同上书，137 页。

先生进而指出，五种社会形态是否适用于中国，更值得怀疑。就奴隶社会而言，是否存在，很难断定。因为，中国历史文献缺少奴隶是劳动生产的主体的记载；大规模的考古发掘，也未能提供奴隶制存在的有力证据。既然如此，为何有人认为中国经历过奴隶社会？他们所用的证据只是"千耦其耘"、"吕不韦家童万人"之类词句。以封建社会而言，中国历史上的"封建"，指"封邦建国"。西周分封，层层封下去；这同欧洲的封建制相似。西周以后，封建制为郡县制所取代。今天所用"封建"一词，已经赋予了新的含义，已不是指封邦建国了。中国从何时进入新含义上的封建社会，更是众说纷纭，主要有西周说、春秋战国之际说、秦汉说、魏晋说等等。中国历史从夏朝开始，才有 4000 多年，而这些起源说相差 1000 多年。这种情况本身就说明了各种说法难以成立。

先生作出结论，没有哪一个国家和民族完全是按照五种社会形态来直线演变的。如果严格地以这个公式套，自然会失去各国家各民族的历史的本色。以此指导中国史研究，就会出差错。

其三，社会调控和国家职能的关系。

先生认为，从社会和国家的产生来说，社会在先，国家在后。从两者之间的职能范围来说，社会的远远大于国家的，国家职能是社会职能的一部分。恩格斯在论述人类社会的发展趋势时指出，在阶级分裂以前，是没有国家的；国家消亡以后，社会还存在，它是一种"在生产者自由平等的联合体的基础上按新方式来组织生产的社会"。他又指出，国家的职能不只是专政或镇压，还有调节，它使各阶级"彼此保持平衡"。① 在国家"自行消亡"的过程中，国家的专政职能越来越小直至消亡，对社会调控的作用日益扩大直至人类"完全自觉地自己创造自己的历史"。②

先生进而论述了社会调控的作用。他指出，任何一个社会的存在，同人自身一样，离不开其自我运转、自我调控、自我新陈代谢。从整个社会来看，国家是社会的一部分。国家虽然居于社会之上并支配社会，但其职

---

① 《马克思恩格斯选集》，2 版，第 4 卷，174、172 页，北京，人民出版社，1995。
② 《马克思恩格斯选集》，2 版，第 3 卷，634 页，北京，人民出版社，1995。

能绝不能完全控制到人类社会生活的每一角落，也不能完全代替社会的调控作用。国家政治力量管不到的地方，还得依靠社会的自我调控。在今天自然环境遭到极大破坏的情况下，人们更加强调社会的自我调控，达到平衡；否则就会出现同许多古代城市毁灭一样的后果。从这种角度和今天的情况来说，国家的主要职能就应是维持社会秩序和协调社会发展，利用政治力量使社会正常运转。出现了危机、病态和动乱，国家应该设法解决。但是在人类社会划分为阶级、阶层的情况下，统治阶级在调节社会矛盾、维持社会运转时，往往是从维持其地位和利益出发的。而在社会出现动乱、社会协调遭到破坏时，政府往往成为众矢之的，统治者因自己地位和利益遭到挑战，往往又采取镇压的手段。这样，国家的暴力职能就掩盖了它调节社会正常运转的职能。因为如此，国家未能正确处理好暴力职能和调节社会正常运转职能两者之间的关系，认为国家"是一个阶级压迫另一个阶级的机器，是迫使一切从属的阶级服从于一个阶级的机器"①。

先生作出结论，如果单纯强调阶级斗争、政治斗争，把阶级斗争分析方法扩大到非阶级领域，是不全面的。在阶级分析方法之外，还应从社会自身发展角度进行研究，并把对政治和政权的研究放在整个社会发展中进行，推动中国史研究的深入发展。

三 关于中国现代史学科的建设和中国现代史演变规律的阐述

一提到先生，大家都承认他关于《中国现代史》教材的编写作出了巨大的贡献。尽管笔者曾经撰文专门论述过，这里还是简明扼要地提一提。

中国现代史（1919—1949）的学科是1949年以后才建立的。20世纪50年代，李新、陈旭麓等史学家主持编著《中国新民主主义革命时期通史》，这是建立中国现代史学科体系的最早探索。从1959年第一卷出版到1962年第四卷出版，这部通史全部完成。他们指出，新民主主义革命时期历史

---

① 《列宁选集》，3版，第4卷，33页，北京，人民出版社，1995。

"应该以中国共产党领导的中国人民大众反对帝国主义、封建主义、官僚资本主义的革命斗争为中心，同时还要反映这一历史时期的全国经济、政治和文化思想的全貌"，但由于"目前要编写这样的通史是很困难的"，本书是过渡性的，"迫切地希望各方面的专家，及早写成各种专史，然后再由对这一时期的历史富有研究的同志在各种专史的基础上编出质量较高的通史来"。①

为什么编写这样的通史很困难？先生当时参加了这部通史的编著，此后又设法编写中国现代史，对此颇有了解。他指出：当时一般认为中国现代史"还未成为历史而是时事"，中共党史、中国现代革命史等课程是作为政治课而开设的，"讲课要和中共中央文件、党报党刊社论、重要领导人的讲话'对口径'"；"过去长期盛行的'大批判'之风，这也使学术界的某些学人自觉不自觉地养成盲从的习气"。这就难以根据马克思主义实事求是的原则去研究中国现代史，要"在中国现代史研究中提出有创见的意见、发掘与现在结论不合的论断，是很困难的，有时甚至是不允许的"②，因此到1979年《中国新民主主义革命时期通史》再次重印时，李新等史学家为"过渡的任务"还未完成而感到遗憾。

1978年中共十一届三中全会召开后，中国发生了重大变化，确定了解放思想实事求是的思想路线，这就"决定性地影响了中国学术的实质和面貌"③。在短短的几年里，相继有4种中国现代史的著作出版，除先生主编的《中国现代史》（北京师范大学出版社1983年版）外，魏宏运主编的《中国现代史稿》（黑龙江人民出版社1980年版）、黄元起主编的《中国现代史》（河南人民出版社1982年版）和王维礼主编的《中国现代史》（辽宁人民出版社1984年版）。在这些著作中，先生主编的在学术界教育界引起强烈反响。

① 李新等：《中国新民主主义革命时期通史》，第1卷，北京，人民出版社，1962年版、1980年第二次印刷，前言、重印说明。

② 王桧林：《中国现代史：事与势》，1～2页自序，兰州，兰州大学出版社，2003。

③ 同上书，2～3页。

兰州大学历史系 1987 年研究生入学考试的中国现代史试题有两大道，其中之一即"评北京师大版《中国现代史》"。国家教育委员会在"高等学校历史专业教材编选计划（1985—1990 年）"中，把该书定为历史类中国现代史专业教学用书。1988 年 1 月荣获国家教育委员会高等学校优秀教材二等奖。2001 年被列为"普通高等教育'十五'国家级规划教材"之一。

何以有如此良好的反响呢？著名史学家白寿彝指出该书有两大特点，一是力求贯彻实事求是的原则，"在可能的条件下尽量写信史"；二是"作者注意到在实事求是基础上的创新，在全书的体系上，在具体史实的分析和结论上，都有不少新的处理和看法"。① 著名学者曾景忠认为该书对中国现代史学科体系的建设作了有益的探索：长期以来，中国现代史实际等于中共党史和革命史，通史的特点不太显著，"除经济史、文化史内容极为薄弱外，单就政治史而言，也着重于叙述中国共产党的活动，并集中称颂个别领袖人物的思想功绩，不仅统治阶级（北洋军阀、国民党政府）只作为陪衬或数笔掠过，连中间阶级中间党派的活动、主张也不敢多所触及。这种情况很不利于建立这段历史的科学体系"。该书的编写者"立意要改变以中共党史革命史为主体而只稍作补充即为'现代史'的做法，力求按照通史的要求撰述"，这一主旨"在书中得到了一定的体现"。②

这些评价很有道理。在十一届三中全会召开后，先生就主持一批学者辛勤努力，1980 年 1 月就出了《中国现代史》内部铅印 4 卷本。当时印刷了 1 万多本，很快就被抢购完。鉴于此种情况，白寿彝先生建议公开出版。本来，该书可以立即正式出版，但先生等编著者并不满意，作了几次比较全面的修改。先生认为，虽然史学的研究范围包括人类社会的方方面面，但是由于历史非常复杂，不可能把什么都叙述出来。因此，如何研究历史，如何编著教材，给学生和社会什么样的历史观去认识历史，就值得考虑。由于史学的功能是资治、教育和察往知来，应该结合

① 王桧林主编：《中国现代史》，上册，序，北京，北京师范大学出版社，1991。
② 曾景忠：《对建立"中国现代史"体系的有益探索——北京师范大学编〈中国现代史〉读后》，载《社会科学评论》，1985(11)，58～59 页。

这些功能而进行取舍。中国现代史作为通史的一部分，应把"敌"、"我"、"友"三方面的情况都实事求是地反映出来，不能把"敌"、"友"只是作为"我"的陪衬来叙述；同时，不仅仅包括政治史、党史，还应包括经济、军事、文化等方面的历史。中国现代史就是"三条路线"（大地主大资产阶级专政的路线、资产阶级共和国路线和新民主主义共和国路线）、"两种斗争"（中共的政治路线和另外两条路线的斗争）、"一个结局"（新民主主义革命的胜利）演变的历史，是"三条道路、三种国家命运经过激烈斗争，而由人民共和国道路取得最后胜利的历史"。① 先生主编《中国现代史》，就是以此为中心，"力求科学地反映1919至1949年间中国的政治、经济、军事、外交、民族关系和思想文化等历史的演变发展，特别对国民党反动统治的建立、发展、腐朽崩溃过程和共产党领导的人民力量从无到有、从发展壮大到中华人民共和国成立的过程，作了历史主义的考察，鲜明地体现了辩证发展观点"②。

这是不是可以说中国现代史学科体系完全建立起来了呢？不能这么说，这部《中国现代史》"中共党史革命史的内容相对还是大了些，味道还比较浓厚"③，因此先生努力设法加以改进。他一方面主持多次修改，一方面围绕中国现代史的演变规律对系列具体问题作了认真探讨，出版了《中国现代史：事与势》。仅仅是书名，就反映出他努力从各种大事中去研究中国现代史的演变规律，推进中国现代史学科的建设和发展。

在"三条路线、两种斗争、一个结局"的演变轨迹下，先生提出了现代化的基本问题。他指出："因为落后，中国接二连三地被资本帝国主义列强打败，变成了半殖民地。但封建统治仍然持续着。由于人民革命斗争的一再失败，帝国主义封建主义的压迫剥削越来越厉害。中国人民强烈地要求改变这种状况，赶上世界先进的思想潮流和生产水平，使中国成为一个富

---

① 王桧林主编：《中国现代史》，下册，863页。

② 王桧林主编：《中国现代史》，上册，内容提要。

③ 曾景忠：《对建立"中国现代史"体系的有益探索——北京师范大学编〈中国现代史〉读后》，载《社会科学评论》，1985(11)，61页。

强康乐的国家。中国社会发展的要求，中国人民的历史任务，用一句话来概括，就是现代化。""这个现代化可分为三个方面，即经济的现代化、政治的现代化和思想的现代化。换句话说，中国近代以来的总任务就是经济的发展、政治的革命和国民精神的改造。"他强调"发展经济、革新政治、改造国民精神同反对这种发展、革新、改造的斗争"，① 构成了中国现代史的基本内容，这是中国现代史的发展趋势。

先生这样考察中国现代史的发展趋势，是有充分道理的。20 世纪 30 年代，《申报》月刊发起了中国如何才能现代化的讨论，许多人主张三大救国论，即实业救国、教育救国、科学救国。不可否认，从鸦片战争以来，实业、教育、科学一直在发展进步中。但是从国家整体来说，这种发展进步是自发的；从个人来说，是有识之士自觉进行从事的。即是说，发展实业、教育和科学，不是旧中国政府的中心任务，不是国家政策的大目标，因而不可能用国家的力量来推行。因此，扫除现代化的障碍，进行民主革命是完全必要和正确的。只有清除了政治社会思想障碍，现代化才能作为国家奋斗的整体目标、全民的任务去实现。这样考察中国现代史，就把中华民族的民主革命同现代化的奋斗目标结合起来了。

如何扫除现代化的障碍，各政党和政治派别作出不同的回答，新民主主义理论"就是被历史选中、被政治生活选中的一种政治理论"。先生在考察马克思恩格斯的不断革命论、列宁的不断革命论、陈独秀的"二次革命论"、瞿秋白的"一次革命论"、毛泽东的不断革命论和革命发展阶段论之后，指出中共关于新民主主义革命的思想体系，关于社会主义革命和民主主义革命相互之间既有区别又有联系的学说，"关于半殖民地半封建国家（或社会）和社会主义国家（或社会）之间有一个过渡期的学说，被全党和全国革命人民所接受，成为共产党领导中国革命的重要指导思想，成为建立新的国家政权和经济结构的指导原则"。没有这个理论，"就没有新民主主义的革命运动，就没有新民主主义国家的建立"。② 这是中国现代史发展的必然规律。

---

① 王桧林：《中国现代史：事与势》，92、35、36 页。
② 同上书，2～3、87、7 页。

围绕中国现代史的发展趋势和演变规律，先生对中国现代史各个时期的演变轨迹作了考察。在五四新文化运动时期，中国人民之所以高举民主和科学这两大旗帜，是因为它们"集中地体现了中国历史发展的要求和中国人民必须完成的任务"。这一时期历史发展的主流是："民主思想的发展是由资产阶级民主到社会主义民主和人民民主，科学思想的发展是由非马克思主义反马克思主义到马克思主义。"①此后，中国共产党的成立、国民革命的开展，是顺理成章的。而国民党出于维护自己的阶级本质，反对进一步革新政治、改造国民精神，必然导致中国现代史的发展发生转折，国共两党必然产生对抗。

九一八事变爆发后，"中国历史主要发展趋势和中国所要完成的主要任务是：(1)集中国内各民族和阶级力量打败日本帝国主义。(2)在打败日本帝国主义的过程中，为建立独立、自由、民主、富强的新中国创造条件"。在这个大趋势面前，当时中国的各种政派采取了不同的态度，要么背向，要么旁向，要么面向。"直到1935年下半年，中共和国民党开始转变各自的方针政策，这种状况才发生了转变。"②

对于全面抗战时期中国历史的演变，先生强调两点：其一，"一个战争"(抗日战争)、"两个战场"(解放区战场和正面战场)、"三种政权"(国民党统治区政权、解放区政权和沦陷区政权)，"综合在一起，可以从整体上概括抗日战争时期的中国现实，可以从整体上概括全部抗日战争时期的中国历史"。这个特点，对一系列问题作了解答，即：(1)抗日战争时期蒋介石集团是不是包括在"人民"之内？在抗战胜利中有没有他们的一份功劳？(2)武汉失守以后，中国的主要矛盾是中日矛盾还是国内阶级矛盾？(3)抗日战争中中国存在着一个战场还是两个战场？其二，抗日战争时期不仅是中国的复兴时期，还是"国共两党所代表的政治力量消长的关键。在这个关键时期，国民党自己为南京政权的覆灭准备了条件，而共产党则为取得新

①　王桧林：《中国现代史：事与势》，91、111 页。
②　同上书，198、212 页。

民主主义革命彻底胜利奠定了基础"。① 这两点将抗日战争时期历史演变的实质深刻揭示出来了。

解放战争时期，是旧中国历史终结的时期。先生指出："抗日战争胜利后的中国已不是以前的中国。用坚持独裁发动内战的办法维护和巩固国民党的统治是不可能的了。""这时召开的政治协商会议，从某种意义上说，是国民党由独裁转向民主的一个机会"，但国民党顽固派"拒不接受这样的机会，这样就使国民党即将失败的命运无法避免"。新中国的成立，标志着"三条路线"斗争的终结，标志着新民主主义革命过程的终结，中国"进入了人民成为国家主人，进行社会主义改造和社会主义建设的新时期"。②

以上 3 个方面，是先生生前经常对笔者阐述的，这说明先生对这些问题的重视，因此笔者就论述这 3 个方面以纪念先生。当然，这 3 个方面并非先生史学思想的全部，关于先生对中国现代政治思想史的研究，对抗日战争史的研究，由于篇幅有限，这里就不再论述了。

（原载《史学史研究》2010 年第 3 期）

---

① 王桧林：《中国现代史：事与势》，244、258 页。
② 同上书，264、374 页。

以研究推动"历史文选"教学改革不断深化

汝企和

近年来，高等院校的教学改革在全国蓬勃开展，如何深化教学改革已成为许多教师思考的问题。中国科学院路甬祥院长指出："教育不仅应坚持教育内容的科学性，而且应遵循认知的规律，研究和遵循教育的规律，追求教育思想、教育内容和教育方法的科学性。"①教学改革也应对教学的各个环节加以研究，以达到最终实现这些科学性的目的。

我国高校教学改革的全面成功，有赖于每一门课程教改的突破。我们"中国历史文选"课在这方面作了一些探索，诚望这些探索能成为其他课程改革的铺路砖石。

一 教改新思路的提出

"中国历史文选"是我国各院校历史系的专业基础课和语言工具课，多年来我们一直努力探索改革与建设的途径。1994年我系被批准成为国家教委"文科基础学科人才培养和科学研究基地"之后，我们加大了改革力度。

教学改革首先要有明确的改革思路，舍此则很难有科学、系统、深入的课程内容与课程体系改革。为此，笔者在以往教改的基础上，又进行了四项调查研究与思考。

一是对本课程目的的思考。对此问题，"历史文选"学界历来看法不一，

---

① 路甬祥：《时代、科学与教育的未来》，载《中国大学教学》，1999(5)。

这些分歧意见大致可分为两类：一类认为这门课"作为语言课，教学目的是单一的，即集中力量培养和提高学生阅读古代历史文献的能力"①。另一类则认为这门课应承担多项任务，如："要系统地给培训对象以中国历史要籍方面的基础知识，使培训对象能系统地掌握中国历史要籍发生、发展的基本情况，并具有阅读一般古代史籍运用马列主义观点分析文言史料的能力。"②据笔者考察，这些分歧主要源于各院校历史系所设课程的不同：有些历史系未开设史学史、历史名著研读等课程，这样其"历史文选"课就不得不负担"向学生介绍一些有关中国史料学和中国史学发展概况的基本知识"③的任务；而有些历史系开设了多种与之相关的课程，上述各项任务可由这些课程分担，这样"历史文选"课自然可以目的单一了。北师大的情况属于后者，因此多年来这门课一直被定位为历史系的语言工具课，其教学目的也是单一的，即"要提高读者的古书阅读能力"④。

二是对课程内容的分析与思考。既已将本课定位为历史系的语言工具课，古汉语学习就成为其主要内容。

无论学习何种语言，最基本因素皆为字词和语法，古汉语亦不例外。古汉语语法与现代汉语有着千丝万缕的联系，而许多古汉语语言现象又非语法所能涵盖，因此与语法问题相比，古汉语字词问题就显得格外突出。以往的教学实践充分表明：对于古汉语特有的语法规律，学生掌握起来比较容易，短时间内就能有较大提高，而字词方面若想有明显进步，则需长时间积累。正如语言大师王力先生所指出的："我们在研读古代汉语的时候……语法方面固然很重要，但是由于语法是比较稳固的，古今差别不大，只消知道几个粗线条，再学习一些古代虚词，也就差不多了。至于词汇，它是变化比较快的……所以先抓词汇方面是对的。"⑤

---

① 张衍田：《中国历史文选》，自序，北京，北京大学出版社，1996。

② 赵淡元：《中国历史要籍介绍及选读》，前言，北京，高等教育出版社，1988。

③ 吕志毅等：《中国历史要籍介绍与选读》，前言，石家庄，河北大学出版社，1996。

④ 白寿彝：《中国古代历史文选》，序，北京，北京师范大学出版社，1986。

⑤ 王力：《古代汉语的学习和教学》，见《文言文教学论集》，天津，新蕾出版社，1987。

要掌握字词，不外乎形、音、义3个方面。众所周知，古人对汉字的形、音、义，千百年来已作了极为深入的研究，其成果集中反映于文字学、音韵学、训诂学中。这3项专门之学(古代合称为"小学")作为本科生课程，一向由中文系开设，历史系则很少设置。然而作为历史系的语言工具课——历史文选的教学，适当引入"小学"的实用部分却完全必要。学生掌握了这"三学"的实用部分，就可对每个汉字有非常深刻的理解，从而不但可准确把握每个字的各种含义，而且还可举一反三，即在离开教师之后仍能运用这些知识不断提高古汉语水平。这种方法给予学生的不只是一杯水或一桶水，而是给了他们长流水的水源。

三是对以往教学实践的调研与思考。实践是检验真理的唯一标准，以往的实践表明，引入"小学"知识确为解决历史文选教学难点的有效手段。如陈虹教授就曾以数则精彩例证，说明运用音韵学知识可使教学中的疑难迎刃而解，并总结道："音韵学这把钥匙，就这样为同学们打开了众多的知识大门。"①在1997年全国历史文选教学研讨会上提交的论文中，她更进一步总结出运用"小学"内容进行教学的方法。②

孙绍华先生则明确提出了要"从汉字的实际出发，充分发挥文字、音韵、训诂之学的功用"的观点。③ 在1997年的研讨会上，梅显懋先生亦指出："教师恰到好处地运用文字、音韵、训诂……等知识来疏通文义，学生往往会表现出浓厚的兴趣。"④此外，论及在教学中运用"小学"知识的，还有刘启林先生的《中国历史文选教学法摭言》⑤等文章。我们教研室的几位教师，近年来也都不同程度地将"小学"知识运用于教学，效果皆颇佳。总

---

① 陈虹：《历史文选与古代汉语》，见杨燕起等：《中国历史文选教学研究》，第1集，北京，北京师范大学出版社，1989。

② 陈虹：《历史系古代汉语教学之我见》，见杨燕起等：《中国历史文选教学研究》，第3集，兰州，甘肃文化出版社，1998。

③ 孙绍华：《历史文选教学中的辩证法》，见杨燕起等：《中国历史文选教学研究》，第2集，北京，高等教育出版社，1993。

④ 梅显懋：《中国历史文选教学运用启发式之我见》，见杨燕起等：《中国历史文选教学研究》，第3集。

⑤ 杨燕起等：《中国历史文选教学研究》，第2集。

之，以往的大量实践雄辩证明：将"小学"知识引入课堂，不但完全可能，且已取得非常好的效果。

四是对中学文言文教学状况的调研与思考。古汉语在中学称为文言文，其教学状况与大学教学密切相关。近年来中学文言文课水平不断提高，已发生很大变化。对于这些变化，有人进行了深入研究与精确统计，并编纂成《中学文言文索引词典》，其编纂动机，就是因发现"十年间（大学古代汉语的）教学效果之所以愈来愈不能尽如人意，关键在于我们对中学文言文教学的实际情况不明，教学的立足点与出发点偏低了"①。这部词典"把选入初、高中语文课本的192篇诗文所出现的全部词语和句子收揽无余"，而且对"中学语文课文言课文的词汇蕴涵量"进行了"精确统计"，并将这些数字与迄今影响最大的古汉语课本——王力先生的《古代汉语》进行比较，其结果为："在《古代汉语》所选的261篇诗文中，有32篇已为中学语文课本所选，占12.3％。"更重要的是，"《古代汉语》所要求学生注意掌握的1123个常用词，只有75个不见于中学课本，仅为其6.8％。"由此得出的结论是："以上几点足以说明，中学语文的文言文部分比重大大增加，教学相当深入，已经和前些年不可同日而语了。""根据中学文言文教学的深化，（大学）古代汉语教学的立足点、出发点必须相应提高这个实际情况，我们认为现行的古代汉语教材是需要更新的。"②此言虽为中文系教师所发，但他对中学有关情况的统计与分析，对历史文选课同样具有深刻意义，因为两系学生在中学的文言文基础是完全相同的。

从该书的统计还可看出，中学文言文教学的发展，主要体现在量的方面，如书中"揭示"了"几个常用文言虚词在中学课本中出现的次数"："之，2250次；其，768次；者，716次……"这些数字生动表明：中学教学已为学生提供了比10年前丰富得多的感性知识，而大学古汉语教学的提高则主要应表现于质的方面，即更加着力于将学生丰富的感性认识上升到理性高

---

① 韩峥嵘：《古汉语文献导读》，前言，长春，吉林大学出版社，1994。
② 同上书，前言。

度，而"小学"知识恰是对汉字形音义的理论升华。因此，如果说十几年前将"小学"内容引入历史文选教学尚为时过早的话，那么十几年后的今天，引入"小学"内容已变得日益迫切了！

通过上述 4 方面的调研，并吸收了多位专家的意见，教改的新思路终于产生：即以"小学"的内容（主要是实用部分）统领历史文选教学，以达到切实提高学生素质与能力的目的。

二 新教材的编纂

为深化教学改革，我们按照新思路编纂了新教材，从 4 个方面突出"小学"内容：

1. 知识介绍。将"小学"的实用内容深入浅出地摘编为短文，置于每册书之首，并精选历代名家关于"小学"的论述若干篇，附于短文之后。讲课时，将上述内容适当穿插于各篇课文之间进行讲解（其中易懂者则作为练习让学生翻译）。这样安排，首先是将"小学"知识摆在课本最突出位置，以引起学生充分重视；而更为重要的是切实以这些知识贯穿全部教学始终，以使学生逐步加深理解，从而最终达到能独立运用这些知识来解决疑难问题的目的。

2. 选篇。(1)精选"小学"篇章（见上）。(2)所选课文，多为先秦、两汉之作，如多种经书、诸子书、《史记》、《汉书》等，这些名篇恰为中国历史上被后世学者注释最多的篇章。如《周易》一书，几千年来对其诠释、研究之书竟达 3000 余种，堪称世界之最；对其他名篇的注释也往往超过原文几倍、几十倍。这些注释是"小学"资料的渊薮，且具有一定的权威性。因此选这些篇章，非常便于教师展开讲授"小学"内容。

3. 注释。新教材注释中也注意引入"小学"方法。如《尚书·牧誓》的第一句即："时甲子昧爽"，其中"昧"为"暗"，学生容易理解，而"爽"为"明"则不易懂。新教材注："爽，会意字，字形像古代窗棂，其空白处表示透进的光。"与仅仅注"爽"为"明"相比，这样注释显然可使学生对字义的理解深刻得多。又如《书教下》引《易·系辞》的"(易)穷则变"一句，"穷"很容易被误解为"贫穷"，因此注释中指出："窮，身弓于穴，表示无出路之意。"这样从字形中分析字义，生动形象，可给学生留下深刻印象。

4. 首创实习系列。《中共中央国务院关于深化教育改革全面推进素质教育的决定》中指出：教育改革要"加强课程的综合性和实践性，重视实验课教学，培养学生实际操作能力"①。创设实习系列，即是达到这一要求的有力措施。

以往教科书中，未见有安排实习者。我室于1994年设立文献实习室，故此次新编教材，增设实习系列。该系列前两单元为实习如何使用工具书，后几单元则是实习如何从"小学"的角度剖析与理解汉字。

笔者认为：大学学生在4年内能学会使用多少种工具书，是其学术水平高下的重要标志之一。多掌握一种工具书，其自学能力便增长一分，这对古汉语学习尤为重要。要想真正掌握"小学"知识，有些工具书(如《辞源》、《说文解字》、《古文字类编》等)必须学会使用。以前课堂上也向学生介绍工具书，但由于没有教师指导下的实习，对一些较复杂工具书的使用，学生课上似乎学会了，但课后仍不会查。近年来在实习室内带领学生查找工具书，在查找过程中出现的问题，教师当堂即予以解决。这样学生很快便可掌握。

文字学、音韵学、训诂学本身即为实践性较强的学科，白兆麟先生指出："显然，综合性和实用性是这门学科(指训诂学)的两大特征。"②我们向学生介绍时，又偏重于其实用部分，因此要掌握这些内容，实习就显得格外重要。这次新编教材，制订出围绕"小学"知识的实习系列，并按照文字学、音韵学、训诂学的次序分置于3册之中。

除上述外，笔者在历史文选的选篇方面还进行了其他研究，故而新教材又具备如下特点：

1. 在全国近30种《历史文选》中，首次选入"小学"篇章(详见上文)。

---

① 参见《中国高教研究》，1999(4)。

② 白兆麟：《简明训诂学》，导论，杭州，浙江教育出版社，1984。

2. 首次遍选四书五经。以往的 20 多种教材，无一例外都选了经书，但对群经之首的《周易》却很少有人问津；选《论》、《孟》者甚多，而选取《大学》、《中庸》者亦鲜有闻。这次我们不但选入《周易》，且全文载入《大学》和《中庸》，从而成为遍选四书五经的第一种《历史文选》。这样做是基于如下考虑：

自汉武帝独尊儒术以来，五经就成为历代选官取仕的必考内容。两千年来中华大地上每一位知识分子，特别是管理者与各方面杰出人物，无不自幼苦读经书，将其内容烂熟于胸。中国封建社会国家机器的各层管理者——从天子到大臣，乃至县乡官吏，亦无不尊奉经书作为其统治的最高指南。至于四书，南宋大理学家朱熹所作的《四书章句集注》也成为后世知识分子必读之书。元皇庆二年(1313)十一月，元仁宗下诏定考试科目曰："考试程式……《大学》、《论语》、《孟子》、《中庸》内出题，并用朱氏《章句集注》……"①自此后考试皆在四书范围内出题，明清数百年间一仍此例。故四书对中国封建社会后期 600 年的影响，亦为其他任何文献所无法比拟。从这一事实得出的必然结论是：五经(后期包括四书)是对中国封建社会历史发展影响最为深刻的文献，因此也应是我们《历史文选》应首先考虑选入的篇章。

历史文选课的早期开拓者一直在考虑如何使这门课更好地为学生学习历史服务，但其效果正如白寿彝先生所指出的："最初是强调跟中国古代史相配合。作了一个时期，大家都感觉到这个办法行不通。文选的一篇文章，往往需讲上一两个星期，古代史的几百年过程有时一两个小时就可以讲完，这两门课说什么也配合不上。"②笔者以为，选学四书五经，就是将《历史文选》与中国古代史真正配合的方法。这是一种高层次的配合，有了这种配合，才能对千百年来中国各级统治者共同尊奉的指导思想有较全面的了解，从而也才能对其间的社会变化获得更深层次的理解。

3. 首次选入佛经、道藏。佛教自东汉传入华夏大地，近两千年来对中

---

① 宋濂等：《元史·选举志》，北京，中华书局，1976。
② 见白寿彝先生为北京师范大学历史系历史文献教研室编《中国古代历史文选》所写的序，北京，北京师范大学出版社，1986。

国社会产生了极为深刻的影响，从最高统治者到庶民百姓，或多或少都受到其直接、间接的种种影响（笔者认为，对反宗教者来讲，宗教同样对他们产生了很大影响，只是影响的性质不同而已）。道教是中国土生土长的宗教，中国古代统治思想、伦理学乃至养生学等，无不带有其印记，历史上以道教为旗号的大规模农民起义也为人所共知。人们常以儒、释、道三者并举，就说明在中国历史上，这三者皆起过不容忽视的重大作用。因此要想真正理解中国社会的发展变化，亦须对释、道有所了解。

近代以来，不少史学巨匠已将研究触角深入宗教领域。如陈垣先生"对于火祆教、摩尼教、一赐乐业教、佛教、基督教、伊斯兰教等外来宗教在中国的流传及其盛衰都有专门的论述。对于道教也写有专书"①。当代著名史学家何兹全先生、刘家和先生等也都对释教有所研究。历史文选课不可能全面介绍释、道二教，然而让学生了解佛经、道藏亦为重要史料，却十分必要。新教材选入佛经、道藏，正是基于这种考虑。

新编教材从整体思路到全书结构、选篇等，每一项改革措施都是在研究的基础上产生的，因此它成为全国近 30 种《历史文选》教材中唯一被批准成为国家教委立项项目者。该教材于 1999 年 6 月出版，已成为教育部"面向 21 世纪课程教材"。

三　教学方法与考试的重大改革

在教学方法方面，我们也作了多项改革，主要如下：

1. 在全国首创实习室与实习内容的不断深化。实习的重要性已如上述。1994 年，在系领导的支持下，我们在全国首创历史文选课的实习室，开始时仅进行工具书实习。自 1997 年确立了教改的新思路后，实习中逐渐增入"小学"内容，这是上述研究的又一成果（具体做法见上）。这些实习消

---

① 白寿彝：《纪念陈援庵先生诞辰一百一十周年》，见纪念陈垣校长诞生 110 周年筹委会：《纪念陈垣校长诞生 110 周年学术论文集》，北京，北京师范大学出版社，1990。

除了学生对大部头工具书、线装古书的陌生感和畏惧感，切实提高了学生的动手能力，为其今后的自学铺平了道路。

历史文选课是陈垣先生在20世纪20年代初创设的。为把历史文选教学搞得更好，笔者自1999年起，对陈老当年创设此课及其教学情况进行了考察研究，并发现：陈老为此课设立实习室绝非偶然，这是他"强调实践在教育中的作用"的一贯思想的结晶。这一教育思想对今天的教改仍具启迪意义，它使我们进一步确认：这门课的最大特点之一即实践性强；建立实习室就是满足这一特点的最佳手段。由此我们在实习室条件暂时很差的情况下仍坚持实习，而且还将实习范围扩展到校外，带领学生到石刻博物馆、孔庙等处进行实地考察。这些实习开拓了学生的眼界，使他们真切认识到：要想读懂在祖国大地随处可见的石刻文字，就必须学好"历史文选"课，从而大大激发了学生对本课的兴趣。

2. 在全国首创"古汉语过关考试"。各院校迄今为止只有英语设过关考试，对历史系至关重要的古汉语却未设。我们首次在大学三年级中期安排古汉语过关考试，不能过关者则不授予学士学位，因此其意义远胜于一般考试。特别是我系已被教育部确立为文科人才培养基地，过关考试也成为培养高层次史学人才的有效手段。自1998年始，我们已成功组织了3次过关考试，每次考毕都要求教师写出"考试分析"，及时总结出题方面的得失，以便使之逐渐完善，最终建立起一套科学、完整的古汉语检测题库。1999年6月30日又专门召开了"《历史文选》过关考试专家研讨会"。专家们对如何建立过关考试题库以及对本课程各方面改革的许多珍贵意见，已对教改起到重大推动作用。

3. 近年对其他教学方法改革的新研究与新实践。几年前我们就运用教育心理学原理对大学一年级学生进行了分析，认识到兴趣在大一学生认知内趋力中所占比重要比高年级远为突出这一特点，并以此为指导来安排教学。笔者还发表了论文《以教育心理学的原理指导历史文选教学》，将这一认识上升到理性高度。

近年对陈老的研究，总结出其6点教育思想和14条教学方法。这项研究对今天和未来的教改都具有直接的指导意义。如陈老"重视基础教育"的思想和当年创设"历史文选"课的实践，使我们进一步认识到这门课在历史系具有独特的重要性，削减本课学分则不利于历史系学生的基础教育，因此我们一直在为恢复本课学分而不懈努力着。

陈老"重视能力培养"的思想，使我们对突出"小学"内容的思路有了更加明确的理性认识，而且有了新措施——王力先生《古代汉语》中，已设常用词一项。我们在此基础上，又作了 4 项突出"小学"内容的改革：一为引入甲骨文；二为介绍文字学知识；三为引入音韵学常识；四为讲解一些训诂学方法。从而将学生对字词的感性认识提高到理性高度。

又如四角号码在许多历史学工具书中广泛运用，为此我们专门向学生讲授了这种查字法，去年还组织全班学生进行了用四角号码查繁体字的比赛，优胜者给予奖励。这项措施对提高学生查找工具书的能力非常见效。

陈老"将科研与教学紧密结合"的思想，对教改亦有启迪：教研室的 4 位教师，学术各有专长。在这次研究之后，我们明确要求每位教师将自己的学术专长体现于历史文选教学之中，这样在基础知识传授方面大体一致的前提下，又可形成每位教师的特色与风格。这是使教学向高层次迈进的有效手段。

总之，这次对陈老教学的研究，实际上也成为对我们教学的一次全面总结，使我们将以往的教改实践上升到理论高度来认识，从而使今后的方向更为明确，措施更具科学性。

四　改革的效果与反馈

上述诸项措施均已取得明显效果，突出表现于：

第一，最具说服力的是过关考试成绩。三届过关考试与以往历届考试截然不同之处在于：历年试题均以课本为主，而过关试题则以从未讲过的篇章为主，完全是水平测试，其难度远远超过历届试题。而三次过关考试的结果为：70％以上的同学都获得了 80 分以上的好成绩，而无一不及格者。这些数字雄辩证明：几年来我们的教改又上了一个新台阶，学生的古汉语水平确实有了明显提高。

第二，教改的项目与获奖情况。历史文选课的教学改革于 1996 年被批准为国家教委"高等人文社会科学教育面向 21 世纪教学内容和课程体系改革计划"之第一批立项项目，1999 年已提前结项，受到教育部的通报嘉奖；于 1998 年被批准为北京师范大学"面向 21 世纪教学改革"立项项目，1999 年已结项。

这项教改的成果于 1996 年获北师大优秀教学成果奖，1997 年获北京市市级教学成果奖二等奖，2000 年获北师大教育教学成果奖一等奖，2001 年获北京市高等教育教学成果奖一等奖。

第三，专家的评价。新教材出版后，至少有 4 位专家主动打来电话，对教材给予肯定和赞扬（最长的电话达 20 余分钟）。他们说："突出'小学'内容是从未有过的特色，为学生今后的深造打下了坚实基础。""全书结构很新颖。""'小学'选篇选得精当。""遍选四书五经对学生的历史学习有导向性的作用。""选取佛经道藏很有新意，也很必要。""实习系列是一项独创，对培养学生能力大有裨益。"如此等等。本系许多教授亦当面加以赞许。北师大古籍所的曾贻芬博导为新教材撰写了 2000 余字的评论，她总结到："这部教材在体例、选篇方面有不少创意，就'历史文选'教材而言，上了一个新台阶，确实是一部好教材。"

此外，在 1997 年全国性历史文选教学研讨会上，与会者对过关考试极感兴趣，他们说："这项措施第一次将历史文选课的地位提到与英语相同的高度；可以大大提高各校的系领导和学生对这门课的重视程度，是一项有利教学的重大措施，应尽快向全国推广。"

第四，教师的反映。用过新教材的两位教师一致反映："新教材特别便于展开讲授'小学'内容，对提高学生能力和素质非常见效。"

第五，学生的反馈。多数学生在对本课的评议中都写下类似话语："这门课使我学到了许多掌握古汉语的技巧和方法。""过去我觉得文言文课很难学，现在才发现这门课很有意思。""我知道今后应该怎样继续学习古汉语了。""这门课是我上大学以后最爱听的一门课。"如此等等。

五 几点思考

从上述教改过程不难看出，要想科学地进行一门课程的教学改革，就必须进行多方面的研究。

第一，要制定教改的新思路，至少要进行 4 项研究，即：(1)明确本课程目的，以及本课程在全系课程中的定位。(2)对本课程内容的深入探研，寻觅出内容中最重要、最关键的部分，从而研究出最为有效的突破方案。(3)研究以往的教学经验，不仅是本校的，更应研究全国各院校的，以便从纵横两方面吸取经验教训。(4)本课程在中学的状况，尤其是近年来的发展，以便与之很好地"接轨"。

第二，如编纂新教材，又需对本课程涵盖的知识范围进行研究，从而才能真正选取其中最具代表性、最能体现教改新思路的内容；编写文科教材，则应考察这门课与灿烂的中华文化间深层次的联系，这样才能发现应拓展的新内容；同时应对全国的教材（包括相关学科的）进行研究，使新教材广泛吸取经验教训，"站在巨人的肩膀上"。

第三，若该课程历史悠久，则应对其历史发展状况进行研究。这项研究不仅有助于吸收先辈们的经验教训，进一步明确教改方向，更有可能发现教改的新突破点。

第四，及时总结甚为必要。不但要经常总结教学过程中的经验教训，更要及时总结各方面的研究成果，这样才能够将改革进程中的点滴体会和感性认识上升到理性高度，从而指导下一步的改革。笔者在 1993 年就曾撰写《以教育心理学的原理指导历史文选教学》，对当时的教学心得加以总结；在编纂新教材的过程中，又发表了《对建国以来〈中国历史文选〉教材的回顾与思考》及《对〈中国历史文选〉教材编写的思考与探索》；1999 年在研究陈垣先生的教学的过程中，又撰写了《陈垣先生的教育成就与教学方法初探》和《论陈垣先生对历史教学的一大贡献——管窥陈老的教育思想与教学特点》。这些研究与较为及时的总结，推动教学改革不断深化，也从根本上保证了教改的科学性。

总之，要进行一门课程的教改，就要对其各个环节进行深入研究，找出每个环节的关键所在，并予以突破；还要经常总结这些研究与突破，以使今后的道路更为顺畅。

"路漫漫其修远兮，吾将上下而求索。"改革之路还很长远，如运用多媒体手段辅助教学等不少方面，还有许多问题需要研究，这些将是我们今后努力的方向。

笔者毕业于历史系，未受过教育学的系统传授，撰写本文过程中常感力不从心，诚请教育专家和同行们不吝赐教。

（原载《北京师范大学学报》2001 年第 1 期）

"中国古代史（上）"课程建设报告

晁福林

一 历史沿革与现状

中国古代史学科是中国大学初建之时就已存在的传统学科，在我校已有百年发展历程。从学科意义上讲，北京师范大学历史系（现为历史学院）是从京师大学堂师范馆创立之初的"第二类"分科演变而来的，而中国古代史学科则是类、部下面的一个分支。20 世纪三四十年代，中国古代史学科教学已经有了相应的教材，陆懋德发表在《说文月刊》第 4 卷上的《沔县访古记》、他编写的《上古史》、《史学方法大纲》等讲义，都是这一时期的成果。1949 年新中国成立后，中国古代史学科也获得了相应的更新。这主要表现在下面两个方面：

其一，在教学方面，中国古代史成为中国通史教学中的有机组成部分。当时历史系对课程设计进行了较大幅度的改革，在通史设置方面下了很大工夫。历史系的主要专业课是中国通史和世界通史。经过几年的不断补充和完善，各自开设出古代史、中世纪史、近代史、现代史 4 个部分，分 4 年学完。这种课程设计的明显优点，是课程设置的计划性和授课内容的完整性。

其二，1952 年院系调整，辅仁大学史学系与北京师大历史系合并，当时很多著名的研究中国古代史的学者，如陈垣、赵光贤、柴德赓、张鸿翔、尹敬坊等人，成为本学科的骨干力量，促进了中国古代史学科教学与科研工作的进一步开展。

1981年，本学科成为学校首批可授予博士学位的17个学科之一。学科分布从先秦史到隋唐史的各个方向上，有利于通史教学。

1951年2月至1953年3月，北师大历史系主办了《光明日报》的《历史教学》专刊，共出刊53号，侯外庐、白寿彝、杨绍萱、赵贞信等多人发表中国古代史方面的文章，扩大了本学科在社会上的影响。

北师大中国古代史学科对于中国通史的重视，应该说也是从1949年以后开始的。当时侯外庐倡导成立了中国通史教学小组，由白寿彝任组长，陆懋德任副组长，主持教学改革工作，此事在1950年的《光明日报》上数次得到报道。在1958年开始的又一次教学改革中，重新制订了中国古代及中世纪史教学大纲，重点在于打破王朝史体系，也重点讨论了古史分期的问题。当时提出来的一些理论问题，比如如何整合政治、经济、文化等板块的关系，马克思主义历史理论与中国古代史实际的联系，通过什么来讲述人民群众的历史等，直到今天还有意义。20世纪60年代，白寿彝开始考虑编纂中国通史问题，赵光贤、何兹全、杨钊等参与编纂《中国通史参考资料》等，都为本学科后来的通史建设特色奠定了基础。

1980年，白寿彝主编出版了《中国通史纲要》，该书被译成多种文字，在国内外学术界产生巨大影响，成为日后多卷本《中国通史》的基础。

在重点研究的基础上，本学科特别注意继承传统史学的"通史家风"。由白寿彝任总主编，集校内外500余位学者完成的《中国通史》，获得学术界和国家领导的高度评价。何兹全、黎虎、晁福林等分别参加了其中的主编或撰写工作。

本学科承担了多项省部级以上教改项目。1995—1996年，晁福林主编、本学科教师编写的《中国古代史》（上册）教材，吸收了许多新的研究成果，在编写上采用了新综合体的新体例，既反映了教学改革与科研发展的成绩，又得到学生的积极评价，并再次修订出版。在本科课程设计方面，基本形成通史、专题史、断代史3个层级。

多年来，坚持以科研带动教学，教研相长的原则，担任本课的主讲教师近年出版了一批有较高学术价值的论著。

二 指导思想、基本内容与教学定位

1. 指导思想。中国古代史课程始终坚持以马克思主义为指导，贯彻清晰勾勒中国历史脉络、突出重点的原则，知识传授与前沿学术结合的原则，勾勒中国古代历史发展的基本脉络，讲授历史的基本理论与方法，阐明中国历史不同发展阶段的划分与特征。

2. 基本内容。本课程基本内容为中国从原始社会到隋唐时期的历史。主要讲述先秦、秦汉和魏晋南北朝隋唐时期的发展特征，分析中国历史上重大事件、重要人物、主要制度、重要思想，引导学生用辩证唯物主义和历史唯物主义的基本观点学习和研究历史。

3. 教学定位。中国古代史是历史学的基础课程，是面向以历史专业为主体的一年级本科生开设的专业基础课，力求使学生能感受中国历史与文化的博大精深，思考中国历史与文化的深层内涵，并激发学生的历史责任感、民族自豪感，以及引领学生对历史问题探究的兴趣与思考。

三 教学团队建设

中国古代史是国家重点学科，有长期雄厚的教学科研积累，近年中青年教师队伍成长显著。本课程是在数十年的中国通史课程基础上为历史专业学生开设的专业基础课，师资知识结构合理，任课教师都具有高级职称，其中教授 4 人，副教授 1 人，年龄结构有一人 60～65 岁以上，两人 50～60 岁，两人 30～40 岁，以中青年教师为主。教授中有 3 位高校教学经历都在 20 年以上，1 位副教授也积累了多年的教学实践。本课程注意发挥群体优势，结合青年教师的选修课程，通过听课、讲评、讨论讲义等方式，教学与科研相结合，收到很好的效果。各位主讲教师在中国古代史领域均有自己的学术专长，对于许多重大问题具有多年的系统研究，在教学实际中分工合作，紧密配合。

晁福林教授是我国先秦史领域的著名专家。自 1982 年留校任教 26 年来，一直奋斗在教学和科学研究的最前沿。先后为本科生讲授"中国古代史（上）"、"先秦史"等课程。他主编的《中国古代史》（上册），获得教师和学生的广泛好评，被其他一些兄弟院校列为教学用书，多次加印，总印数达2万册左右，影响广泛，并且被批准为教育部"十一五"教材规划立项，2007年又被评为"北京高等教育精品教材"。20多年来，他所培养的学生已分布于全国各地，在我国的文化、教育领域发挥着重要作用。

王子今教授为中国秦汉史研究会会长。进入北京师范大学历史学院后，为本科生讲授"中国古代史（上）"和"秦汉史"等课程。他主编的《中国历史·秦汉魏晋南北朝卷》，于2005年获"高等教育国家级教学成果奖"一等奖。

宁欣教授是北京师范大学历史学院的骨干教师。自1986年在北京师范大学任教以来，一直工作在本科教学的第一线，先后为本科学生讲授过"中国古代史（上）"、"敦煌与丝绸之路"和"隋唐五代史"等课程，参与晁福林主编的《中国古代史》教材的编写。

罗新慧教授是北京师范大学历史学院的骨干教师。自1998年留校任教，长期奋斗在本科教学的第一线，先后承担"中国古代史（上）"和"先秦史"等课程的教学任务，参与晁福林主编的《中国古代史》教材的编写。

张荣强副教授是中国古代史学科的后起之秀。自2003年留校任教以来，先后讲授"中国古代史（上）"和"魏晋南北朝史"等课程。

主要成员的年终教学考核都保持在85分以上，并多次获得年终考核优秀。中青年教师得到资深教授有针对性的指导，教学水平明显提高，在全校青年教师教学基本功大赛中获得优异成绩。

四 教材与资料建设

晁福林主编的《中国古代史》（上）作为基本教材，已经应用多年，取得很好的效果。该教材由中国古代史教研室主要教师参与编撰，凝聚着全体成员的心血。由于教材很好地把握了宏观与微观并举、理论与材料并重的原则，在体例上和内容上都有所突破和创新，篇幅适中，言简意赅，出版发行后，获得教师和学生的广泛好评，被其他一些兄弟院校列为教学用书，多次加印，影响广泛。

面向 21 世纪的课程教学建设和改革，给我们提出新的目标，因此，对原有教材进行修订是学科建设和培养人才的需要。我们在教学改革和教学实践中，对原有使用教材（讲义）不断进行着调整和充实，新的内容在教师讲授中已经占了很大比重。

中国古代史教研室在教材建设方面取得了很好的成绩，先秦至魏晋南北朝部分（《中国古代史》[上]）已经获得北京高等教育精品教材的荣誉。

近期计划对《中国古代史》教材进行进一步改写和修订，已经被列入教育部"十二五"教材规划项目。修订新的教材是学科发展的需要，是培养人才的需要。继续提高和充实教材的质量和内容，是我们今后必须要做的工作。

新出版的《中国古代史》（晁福林主编）先秦至魏晋南北朝部分（原《中国古代史》[上]），吸收了许多新的研究成果，在编写上采用了新综合体的新体例，既反映了教学改革与科研发展的成绩，又得到学生的积极评价，并再次修订出版。

为了使学生掌握更扎实的基础知识，更直接的接触第一手资料，更准确地把握历史的脉络和要点，我们还编写了《中国古代史资料汇编》，已经由北京师范大学出版社出版。

此外，我们正在筹备编写《中国古代史教学指导用书》，更好地引导学生在本科阶段学习过程中的阅读与思考。

五 课程特色

1. 中国古代史学科分布全面，为通史与专题结合提供了很好的条件。

2. 北京师范大学历史学科中国古代史处于全国前列，以科研带动教学的指导思想，可将知识点与学术前沿很好地结合。

3. 北师大属于综合性大学，有良好的人文社会科学氛围，学生与任课教师的互动促进教学相长。

六 教学方法和手段

1. 课堂讲授。课程共计60学时，重点在打基础，贯彻清晰勾勒中国历史脉络、突出重点、知识传授与前沿学术结合的原则，力求使学生能感受中国历史与文化的博大精深，思考中国历史与文化的深层内涵，并激发学生的历史责任感、民族自豪感，提高学生对历史问题探究的兴趣。

2. 参观考察。作为课堂讲授的辅助和课程组成的必要环节，组织学生到北京周口店考察北京猿人遗址，考察琉璃河殷周遗址，考察大葆台汉墓遗址，参观历史学院文博馆。

3. 课堂讨论。发掘学生的科研潜力，引导优秀学生尽早开展研究性学习和创新性学习。2007年课堂讨论设计的题目：士与社会变迁。由于发言同学较多，讨论占用了两节课，学生参与的热情很高，多次展开辩论，有的同学显示出很好的专业发展潜力。

4. 举办系列讲座。利用学校内外的师资与学术资源，采取请进来的方式，有利于学生拓宽视野，活跃思路。2007年4月，聘请武汉大学陈国灿教授进行了为期一个月的专题讲授。已经储备了学术讲座的相关录像、录音资料。

5. 考察调研。利用学校和学院提供的资源，配合本科教学，开展小规模的考察、调研，以加强直观教学。通过相关学科（历史地理、古典文献、经济学、社会学、考古学等）的交流与借鉴，提高学生的综合能力。

6. 开展网络教学。多媒体教学和网络教学是当今教学的新手段和趋势。我们已经制作了多媒体教学课件，对主讲教师的教学进行了节段录像，并建立了网络教学平台，利用网络加强与学生的互动和交流，以期达到教学相长的目的。

7. 科研促学。历史学院设有"白寿彝史学论著奖"，鼓励和支持本科生开展科研，取得了很好的效果。中国古代史专业方向的学生多次获得优异成绩，有多人获得过教育部主办的"史学新秀奖"的一等、二等奖项。

七 近期建设规划

1. 进一步加强教材建设及配套建设。争取更多的相关教材进入国家"十一五"建设教材规划系列。争取 2011 年出版和使用配套参考资料，3 年内完成教学指导用书的编写工作。

2. 加强课堂教学资料的整理与完善。给每位授课教师建立教学档案和资料库。

3. 加强和完善网络教学。

4. 争取经费，加强实践教学，适当组织更多的有针对性的小组考察、搜集资料等活动。

5. 加强对优秀本科生的引导。

6. 配合和深化教学内容，将更多地聘请国内外一流学者专家开展专题讲座。

7. 创造条件建立共享的资源信息数据库。

8. 大力加强图书资料和电子资料的建设。

9. 进一步加强学术交流，包括国内外的进修、访问、考察和参加学术会议，更好地贯彻以科研带动教学的方针。

古越人"断发文身"习俗新探

项 旋

摘 要 百越是我国古代南方族群中重要的一支。"断发文身"作为与中原华夏族蓄发冠笄明显不同的文化和习俗被看做是百越族群的一个鲜明标志。本文在前人已有研究的基础上对这一习俗进行新的研考,将"断发"和"文身"的功能阐释加以区分,运用新的民族学理论和新出土的考古资料在古越人"断发"的字义及发式、"文身"的图腾内涵、成年礼说等方面提出了新的见解。本文还特别强调了"断发文身"的实用价值以及环境因素的影响。

关键词 百越 "断发文身" 成年礼说 环境因素

百越亦称古越人或越族,是我国古代南方族群中重要的一支,广泛散布在我国东部沿海直至五岭以南的广阔区域内。"百越"一名最早出现在《吕氏春秋·恃君》:"扬汉之南,百越之际。"高诱注"百越"曰:"越有百种。"《汉书·地理志》颜师古引臣瓒注曰:"自交阯至会稽,七八千里,百越杂处,各有种姓。"可见古越人分布广泛、支系众多。当然,百越之"百"只是概数,极言其多。民族学研究表明,百越族群有干越、闽越、西瓯、骆越、滇越等众多分支。① 在文化习俗上,舟楫、印纹硬陶、悬棺葬、土墩墓等

---

① 从地理分布上看,百越民族在江浙一带称干越,春秋时建立吴国和越国,在江西称扬越,在福建称闽越,在广东称南越,在海南岛和广西称西瓯或骆越,在云贵高原则称滇越、腾越,后来越人又有俚、夷濮、夷僚等说法,现代壮族、布依族、侗族、傣族、水族、黎族、仫佬族、毛南族、仡佬族等少数民族与古越人有密切关系。

皆是古越人鲜明的民族特色，而其中最富有代表性的莫过于古越人的"断发文身"习俗。

一　今古人视野中的"断发文身"

"断发文身"作为与中原地区华夏族蓄发冠笄明显不同的习俗，通常被看做是百越族群的一个标志和象征。自先秦以来，人们就开始关注和记录古越人的这一特殊习俗，后世学者也对其进行了探究，成为南方民族史的一个经典论题。细考古今对"断发文身"的记述和认识，大致可分为古文献记载阶段和后世学者对这一习俗的调查与研究阶段。

（一）古文献记载中的"断发文身"及古人的认识

自先秦以来，关于"断发文身"的记载大量见诸史籍。如《史记·越王勾践世家》："文身断发，披草莱而邑焉。"《史记·吴太伯世家》："太伯、仲雍二人乃奔荆蛮，文身断发，示不可用。"《三国志·东夷传附倭传》："夏后少康之子封于会稽，断发文身，以避蛟龙之害。"如此等等，不胜枚举。通过对文献的梳理，我们可以归纳为几个特点：（1）鲜明的地域性。《汉书·地理志》说："今之苍梧、郁林、合浦、交阯、九真、南海、日南，皆粤分也。其君禹后，帝少康之庶子云。封于会稽，文身断发，以避蛟龙之害。"根据其他文献记载，行"断发文身"习俗的地区主要分布在东夷、吴国、越国、南越、西瓯、骆越、西南夷等地，远远超过了《汉书·地理志》所载的地区。而其中的东夷地区，在春秋时期行周礼，废弃了"断发文身"，百越成为春秋后行此习俗的最主要地区。（2）说法有别。关于"断发文身"一词的最早文献记载因年代久远已失其迹，但从现有文献来看，"断发文身"一词至少出现于《史记》、《汉书》之前。而在《史记》、《汉书》之前更早的文献则是相类似的说法，如"短发文身"、"剪发文身"、"髡发文身"、"祝发文身"、"被发文身"、"劗发文身"等。这些词或与"断发文身"词义相一致，或与之有别。（3）功能阐释的模糊性。古代文献在记载"断发文身"的同时，有的文献还对"断发文身"有功能性的解释，但大多只是客观记述"断发文身"这一事实形象，对"断发文身"的源起、功能意义较少涉及，而即使涉及也是寥寥几笔。比较有代表性的有"避蛟龙之害"、"以象鳞虫"、"以象龙子"、"避水神"、"裸以为饰"等几种功能性的描述。（4）文献对"断发文身"的记载既有二者合而论之的，也有对古越人头发样式、文身习俗的单独记载和解释。总之，从古代文献上看，对古越人"断发文身"习俗的记载既有相似性又有差异性，既有鲜明的地域性又有时间变异性，对"断发文身"的解释和功能描述具有模糊性。这为后世的研究奠定基础的同时也带来了一定的困难。

（二）近代以来学界对"断发文身"的探究与认识

对于古越人"断发文身"的研究，我国学界在上世纪初就已经开始。闻一多、刘咸、顾颉刚以及岑家梧等先生先后对"断发文身"进行过比较深入的研究。① 之后的学者在早期学者研究的基础上对"断发文身"的分布和族属、目的和意义等方面进行了探索。从最初对古文献的单纯挖掘和解读，到引进西方图腾观念等人类学研究方法，再到探讨"断发文身"的文化内涵，学术界在"断发文身"习俗的研究上取得了一定的研究成果。目前学术界分歧较大的主要是"断发文身"的起源及功能内涵。主要有以下几种意见：

1."断发"、"文身"皆起源于图腾说。持此说的主要是我国早期的人类学家、民族学家岑家梧先生等学者。顾颉刚在《古史辨》中认为："楚、越一带，因林木繁茂，土地的卑湿，人类与龙蛇同居，饱受了损害……当时吴越人之所以断发文身，乃是起于保护生命的要求，其效用与动物的保护色相等。"②岑家梧先生在顾氏的基础上，借鉴了西方人类学的研究方法和成果，从图腾学的角度对"断发文身"作了进一步的阐释："原来图腾民族的黥纹，以图腾对象附着于身体之上，即代表图腾祖先的存在，赖此发生魔术的保护力，避免蛇龙之害。"③岑家梧先生力主图腾说，这一说法也为学界

---

① 参见闻一多：《伏羲考》，上海，上海古籍出版社，2006；刘咸：《海南黎人文身之研究》，见《民族研究集刊》，第1卷，南京，中山文化教育馆，1936；顾颉刚：《古史辨》，第1册，上海，上海古籍出版社，1982；岑家梧：《图腾艺术史》，上海，学林出版社，1986。

② 顾颉刚：《古史辨》，第1册，123页。

③ 岑家梧：《图腾艺术史》，37页。

所普遍接受，长期雄踞学界，直到 20 世纪 80 年代才遭到徐恒彬、陈华文等学者的挑战。

2.“断发”为成年礼标志而“文身”起源于图腾说。岑家梧先生 20 世纪 30 年代对“断发文身”的研究未对“断发”和“文身”作区分。“文身”用图腾说来解释固然有其合理性，但用“图腾同样化”来解释古越人为什么“断发”，较难让人信服。针对这一漏洞，陈华文先生在 20 世纪 80 年代提出“断发”与“文身”文化内涵不同，将“断发文身”分开探讨，认为前辈学者的研究“将‘断发’与‘文身’当做同一意义的文化符号，恰恰暴露了对‘断发’未解其义”。① 断发只能是成年礼的标志，这即是说，“断发”与“文身”的功能并不同值，古越人文身源于图腾观念，而断发则源于成年礼，是“婚姻形式将开始的标志”。

3.“断发”、“文身”皆为成年礼标志说。20 世纪 90 年代，陈华文先生修正了“文身”起源于图腾的原先说法，进而提出古越人的“断发”与“文身”皆是一种古老的成年礼俗及其标志的遗存。“吴越断发文身习俗是成年礼的标志……后来成了部落、民族的典型标志。而文身等手法则为图腾崇拜所利用而产生了图腾同样化的习俗。”②

4.“断发”、“文身”起源多元说。目前学界对“断发”的功能内涵的阐释主要有“图腾说”和“成年礼说”并存的观点，如徐恒彬的《“断发文身”考》③、肖梦龙的《吴、越“断发文身”习俗探索》④、王志国的《越人“断发文身”析》⑤以及其他散见于各类有关越人的研究专著中如蒋炳钊等编著的《百越民族文化》⑥、宋蜀华的《百越》⑦；而关于文身的起源和功能，主要有以下几种观

---

① 陈华文：《“断发”考》，载《浙江师范大学学报》（社会科学版），1989(4)。

② 陈华文：《“断发文身”——一种古老的成年礼俗及其标志的遗存》，载《民族研究》，1994(1)。

③ 徐恒彬：《“断发文身”考》，载《民族研究》，1982(4)。

④ 肖梦龙：《吴、越“断发文身”习俗探索》，载《东南文化》，1988(1)。

⑤ 王志国：《越人“断发文身”析》，载《连云港教育学院学报》，1994(1)。

⑥ 蒋炳钊、吴棉吉、辛士成：《百越民族文化》，上海，学林出版社，1988。

⑦ 宋蜀华：《百越》，长春，吉林教育出版社，1991。

点：图腾崇拜说；成人礼说；身份等级说；求福避祸说；氏族部落标志说；美饰说等。持多元说的主要有徐一青、张鹤仙的《信念的活史：文身世界》①、何廷瑞的《台湾土著诸族文身习俗研究》②、龚维英的《文身文化现象透视——兼论中华文身黥面的源和流》③、刘敦愿的《中国古代文身遗俗考》④、彭华的《百越文身习俗新探》⑤、吴天明的《文身新说》⑥、孙平的《文身习俗的文化透视》⑦、周文杰的《中国少数民族文身研究》⑧以及冯敏的《凉山黎族文身考略》⑨等。

综合起来，国内外学界对"断发文身"的研究已经取得了以下成果：

1. 古代的史籍受儒家正统思想的影响，在"身体发肤，受之父母，不敢毁伤"的汉族仪礼观念的影响下，多把少数民族的文身习俗看做是蛮夷文化，不屑于研究，即使记述也带有强烈的鄙夷色彩。在此观念的影响下，史籍关于文身的记载缺乏翔实性。20世纪以来，受西方人类学的影响，掀起了一场调查研究的风潮，人们开始改变以往对"断发文身"习俗的偏见，逐渐把文身认同为人类一种古老的文化现象，从文化人类学的角度对文身加以研究。在内容上，基本上摒弃了以往单纯记述的研究，注重从文身的起源、功能以及社会意义等方面的探讨。研究者在充分利用古代文献记载的基础上，引进西方人类学研究方法，对"断发文身"的功能和内涵进行人类学、神话学的研究，用"图腾观念"来解释"断发文身"的内涵和意义，突破了古文献对"断发文身"的客观记载，弥补了文献对"断发文身"功能解释

① 徐一青、张鹤仙：《信念的活史：文身世界》，成都，四川人民出版社，1988。

② 何廷瑞：《台湾土著诸族文身习俗研究》，载《台湾大学考古人类学刊》，1960(15、16)。

③ 龚维英：《文身文化现象透视——兼论中华文身黥面的源和流》，载《文物研究》，1994(9)。

④ 刘敦愿：《中国古代文身遗俗考》，载《民俗研究》，1988(1、2)。

⑤ 彭华：《百越文身习俗新探》，载《宜宾师专学报》，1994(1)。

⑥ 吴天明：《文身新说》，载《中南民族大学学报》，2004(2)。

⑦ 孙平：《文身习俗的文化透视》，载《中山大学学报》，2003(5)。

⑧ 周文杰：《中国少数民族文身研究》，载《浙江工程学院学报》，2003(2)。

⑨ 冯敏：《凉山黎族文身考略》，载《民族艺术》，1990(1)。

语焉不详之不足。

2. 学界逐渐认识到用单一的"图腾同样化"来解释古越人"断发文身"习俗已经行不通，需要将"断发"与"文身"分开而论，这就将早期学者岑家梧、顾颉刚等先生的研究推进了一步，有利于对"断发文身"的清晰认识。目前，对"断发文身"的总体功能和内涵解释主要有"图腾崇拜说"、"成年礼说"和"多元说"等，学术界就此展开了论辩。

3. 相比于"断发"，学术界对"文身"的研究内容上相当广泛而且成果卓著，从古越人及其后裔的传说和谚语，文身师，文身工具，文身图谱，文身仪式，文身禁忌，文身的性别、年龄与部位，文身的种类与方法，文身的社会功能到文身的调查实例都有深入探讨。

笔者认为，目前学界对"断发文身"的研究虽然取得了一定的成果，但目前的研究存在薄弱环节。主要表现为：一是，相对于文身，关于"断发"的方法、内涵的探讨显得薄弱，对古越人的发式和发式功能说法不一，缺乏实物资料的证明，推测的成分过大；二是，学界对"断发文身"习俗的探讨主要依赖古文献记载和国内民族调查资料，缺乏横向和纵向的对比研究，忽视了这一习俗的变异性和与其他民族文化的融合；三是，学术界对"文身"所隐含的图腾观念解读意见不一，尤其是文献中"以避蛟龙之害"之"蛟龙"为何物的解释观点歧异，往往脱离文献字义和古越人所处环境对其加以辨析；四是，关于文身的功能内涵，学者先后提出了图腾说、成年礼标志说等不同说法，但都比较忽视古越人所居处的自然环境对"断发文身"习俗形成的影响，过分偏重宗教和礼仪阐释，从而湮没了"断发文身"的最初内涵和实用价值。

二 "断发文身"新论

古文献在记述"断发文身"这一习俗时，多把"断发"与"文身"并称，造成词义的模糊，影响到后世，也大都未对"断发"、"文身"分开探讨。笔者认为，"断发文身"固然是一种约定俗成的称法，但这对于正确理解

"断发"与"文身"是否属于同一意义上的文化符号造成一定的影响。因为文献记载的模糊，学术界对古越人"断发文身"的功能探讨从一开始就存在争议，从而也诞生出了"美饰说"、"求荣说"、"避害说"、"血缘集团说"、"图腾说"等不同的解释。笔者认为，对"断发文身"探讨首先不应该含混而论，应该把"断发"和"文身"分别进行分析，但同时也要注意的是"断发"与"文身"两者并非毫无瓜葛，"断发"与"文身"在文献记载中的同时出现也可能为我们提供线索，两者间可能存在同值的意义。其次，我们探讨"断发文身"习俗，不应该抛开古越人特殊的地理和文化环境来分析，无论是图腾崇拜还是成年礼，古越人的"断发文身"的意义阐释都是应该有其特殊性的，其与古越人所居处的自然环境密切相关。

（一）"断发"、发式及功能辨析

1."断发"与古越人发式考论。

古文献记载中与"断发文身"相类似的还有"短发文身"、"鬎发文身"、"祝发文身"、"被发文身"和"劗发文身"等。《说文》云："断，截也。"显然，断作动词用，断发即剪断头发之意。而根据古代字书的解释，鬎、劗、翦、祝皆通剪，与断字同义，短发是断发后头发的形态的描述也很好理解，而"被发文身"的"被"是理解为"断"字还是"披发"之"披"，学术界存在很大的争议。《淮南子·原道训》高诱对"被发文身"中的"被"字注为："被，翦也。"如高诱注所言，则"被"为"断"字之义无疑。但清代学者王引之对此提出了异议，他说："诸书无训'被'为'翦'者，'被发'当作'劗发'，注当作'劗，翦也'。……且越人以劗发为俗，若被发则非其俗矣。"王引之又以《淮南子·主术训》"是犹以斧劗毛"为其旁证。王氏考证至为精当，高诱注显然把"劗"误作"被"字，所以引起歧义。但其所言"越人以劗发为俗，若被发则非其俗矣"。恐非得当。"被发"一词并非仅见于高诱注，《战国策·越策》有"被发文身，错臂左衽，瓯越之民也"，《韩非子·说林上》有"缟为冠之也，而越人被发"，《金楼子·立言下篇》有"越人被发"等。可见，被发确亦为越人之俗。实际上，断发与被发两不相同，不可混淆。从音韵学角度看，被与披均为双唇音，断与祝均为舌尖音，所以，被发与披发同义，祝发与断发同义，而断与被无语音之联系，一般不相通。从训诂学角度看，断与剪义同，"被发"的"被"与"断"无语义上的联系，"被"不可训作"断"或"剪"。

根据以上推论，我们似可以认为"断发"与"被发"皆为古越人发式特性描述，而"断发"与"被发"究竟何种关系呢？古越人是否有的被发，有的断发，抑或是对古越人不同时期的不同描述？陈奇猷《韩非子集释》云："'被'，《说苑》作'剪'。案越人剪短头发而被之，故古书或云'越人被发'，或云'越人剪发'，其义一也。"陈奇猷没有把"越人被发"与"越人剪发"对立起来，他认为所谓"被发"就是先剪短头发而后披发。这种说法有无道理呢？要弄清这个问题，就涉及古越人发式习俗的讨论。

关于古越人的头发样式，古文献很早就有记载，如《论衡·率性》："南越王赵佗，本汉贤人也，化南夷之俗，背叛王制，椎髻箕坐，好之若性。"《史记·郦生陆贾列传》载，陆贾奉汉高祖诏出使南越，南越王赵佗"魋髻箕倨见陆生"，陆贾批评赵佗"反天性，弃冠带"与越人无异。赵佗从越俗"魋其发结之"。《后汉书·度尚传》载，丹阳人抗徐为宣城长，"悉移深林远薮椎髻鸟语之人置于县下"。这里出现了一种越人的头发描述："椎髻"。椎髻又称椎结或魋结。《史记·郦生陆贾列传》、司马贞《索隐》说椎髻是"为髻一撮，似椎而结之"。《汉书·西南夷列传》、颜师古《汉书注》则说椎髻是"其形如椎"。《一切经音义》引《仓颉篇》云："椎，用打物者也。"《说文》木部云："椎，所以击也。"由上观之，椎髻之特点是将发叠成长髻，高束于顶如椎形，并将束带两端甩于脑后，整体视之，其形著而威，具有爽朗明快之感。

古越人行椎髻习俗的文献记载，在考古出土资料中也可以得到支持。根据出土文物形象，广西宁明花山崖壁画越人的"椎髻"有的披到大腿。在江苏丹徒出土北山顶吴王余昧墓中出土的鸠杖和悬鼓各一件，其杖镦和鼓环座上铸有吴人形象，较为清晰地展示出吴人的发型：额前及双鬓头发截短披散，脑后盘束发髻如椎状（即椎髻）。（见简表图 1、图 2）①浙江绍兴出土的鸠杖上也有越人形象：额前及双鬓头发截短披散，脑后盘一髻，头顶

---

① 镇江博物馆编：《江苏丹徒北山顶春秋墓发掘报告》，载《东南文化》，1988(3、4)。

髡发左右对分。① 1984 年发掘的浙江绍兴坡塘 306 号越人墓中，出土的铜屋模型上，塑有 6 个裸身人像，其中胸露乳突的女像，头顶发型作束发椎髻状，其余 4 人，没有女性特征，或为男性，结发于脑后。（见简表图 3、图 4、图 5）② 浙江吴兴出土的青铜镦，下半截为双膝下跪的裸身奴隶俑，脑后有椭圆形发髻（见简表图 12）；③ 湖南长沙树木岭一号墓出土的铜匕首，上面有人形饰，头上有一圆饼状发结；④ 广东清远马头岗出土的铜柱人头上，也饰有高起的髻（见简表图 13）；⑤ 广西贵县罗泊湾一号西汉墓出土的铜筒和铜盘，上有人物图像，有的以髻为饰，而同墓出土的铜鼓上的人物图像，也有"被发"的（见简表图 9、图 10）。⑥

　　概言之，虽然"被发文身"中的"被"不可训为"剪"，但陈奇猷的说法给研究者很大的启发，越人"被发"与"断发"、"短发"并不相矛盾。"短发"是越人"断发"后双鬓及额前发式的描述，而"断发"之后头发在脑后处理为"被发"，"被发"是相对于"结发"、"束发"而言的，是一种"断发"之后的处理方式。而古越人"断发"之后头发的处理方式并不仅见于"被发"一种，史籍中有更多的相关记载，出现了两种发式："项髻"和"椎髻"。《史记集解》引服虔语曰："魋音椎，今兵士椎头结。"《索隐》则说："谓为髻一撮似椎而结之。"这里对"椎髻"有所解释，但只言"一撮似椎而结之"。"项髻"则更少提及。今人结合民族学调查和考古资料，认为"项髻和椎髻，都是束发，项髻即将发总为一束于脑后，髻根曲转与颈部相贴而束之以带；椎髻即结发成高圆柱状，以带束于头顶"⑦，是可信的。资料表明：无论从族别还是地域，古越人断发和椎髻都曾经并存过。至少到西汉早期，断发与椎髻是并

---

①　浙江省文物管理委员会等编：《浙江绍兴发现春秋时代青铜鸠杖》，载《东南文化》，1990（4）。

②　浙江省文物管理委员会等编：《绍兴 306 号战国墓发掘简报》，载《文物》，1984（1）。

③　《浙江省绍兴县等出土的甬钟、铜铙和秘色瓷器》，载《文物》，1972（3）。

④　高至喜：《湖南发现的几件越族风格的文物》，载《文物》，1980（12）。

⑤　广东省文物管理委员会：《广东清远发现周代青铜器》，载《考古》，1963（2）。

⑥　广西壮族自治区文物工作队：《广西西林县普驮铜鼓墓葬》，载《文物》，1978（9）。

⑦　陈鸿钧：《越人"断发"再议》，载《广东史志》，2002（3）。

存的，这可以从广西罗泊湾一号西汉墓中"被发"与"椎髻"图像共出得到实物证明。①

"断发"是自古以来的古越人传统习俗，而"椎髻"则是春秋以后才开始出现的，战国至汉后流行开来。"椎髻"之俗还有可能并非产生于古越人自身，而是受邻族的影响的结果。事实上，椎髻并非是古越人独有的发式，华夏族、北方民族都有行"椎髻"的习惯。关于椎髻发式的创始民族，学者们认识各异，颇多分歧。《溪蛮丛笑》云："椎结者，胎发不剃除，长大而无楔蓖，不裹巾，蓬士后狰狞，自古已然，其可于代也。"向达先生在《唐代长安与西域文明》一书中，引《新唐书·承乾传》"又使户奴数十百人习音声学胡人，椎髻剪彩为舞衣"等语，得出"所谓'习音声学胡人'、'椎髻'云云，俱指仿效西域妆饰而言"的结论。周峰先生在《历代妇女的发髻及鬟、发饰、面饰、眉》一文中，则力主椎髻乃我国汉民族之原有发式，其起源或更早于汉。② 我们认为，椎髻作为一种具有广泛性的发髻形式，并非哪一个民族哪一个地区所特有，也并非是某一个民族所独创。另一方面，"椎髻"之俗也存在文化交流的内涵，比如古越人之椎髻，在楚人中亦有发现。③ 汉代士兵所结之椎髻，即源自古越人的发式。

考古出土实物资料所见古越人发式简表

序 列	考古出土文物所见古越人发式图像	图像内容	发式特征	备 注
图 1		青铜杖镦末端人像（正、侧、背面）	额前头发剪短如刘海，脑后结有两个椎髻	镇江博物馆编：《江苏丹徒北山顶春秋墓发掘报告》，载《东南文化》，1988 年第 1 期

① 参考吴绵吉：《中国东南民族考古文选》，118 页，香港，香港中文大学中国考古艺术研究中心，2007。

② 周峰：《中国古代服装参考资料（隋唐五代部分）》附文，440 页，北京，燕山出版社，1987。

③ 汪宁生：《晋宁石寨山青铜器图像所见古代民族考》，载《考古学报》，1979(4)。

序 列	考古出土文物所见古越人发式图像	图像内容	发式特征	备 注
图 2		青铜悬鼓环座上人像（正、俯视、局部）	额前头发剪短，形成刘海式样	镇江博物馆编：《江苏丹徒北山顶春秋墓发掘报告》，载《东南文化》，1988 年第 1 期
图 3		铜屋所见女性像（正、侧面）	额前、两鬓至耳上部头发剪短、齐整，形成刘海和齐耳的发式；椎髻于头顶	浙江省文物管理委员会等编：《绍兴 306 号战国墓发掘简报》，载《文物》，1984 年第 1 期
图 4		铜屋所见男性像（正、侧视）	额前、两鬓至耳上部头发剪短、齐整，形成刘海和齐耳的发式；椎髻于脑后	浙江省文物管理委员会等编：《绍兴 306 号战国墓发掘简报》，载《文物》，1984 年第 1 期
图 5		青铜座垫脚跪坐人像	头顶后侧突出斜向角状"椎髻"	浙江省文物管理委员会等编：《绍兴 306 号战国墓发掘简报》，载《文物》，1984 年第 1 期
图 6		广州动物园麻鹰岗西汉墓出土鎏金女铜俑人物像	"锤形髻"，"以绯束之"，"垂于后"	广州市文管处编：《广州汉墓》，1956 年版（未刊稿）

161

续　表

序　列	考古出土文物所见古越人发式图像	图像内容	发式特征	备　注
图 7		广东曲江石峡铜匕首人头像	头顶伸出两束头发，分别向两边卷曲成云雷纹发髻（"项髻"）	广东省博物馆等：《广东曲江石峡墓葬发掘简报》，载《文物》，1978 年第 7 期
图 8		香港大屿山石壁铜匕首人头像	头顶伸出两束头发，分别向两边卷曲成云雷纹发髻（"项髻"）	施戈裴侣：《大屿山石壁遗址考古勘察》，载《香港考古学会专刊》，1975
图 9		广西贵县罗泊湾一号西汉墓出土的漆彩画铜筒和铜盘人物像	男子头发椎髻于脑后；女子头发垂于脑后，"锤形髻"（即"项髻"）	广西壮族自治区文物工作队：《广西贵县罗泊湾一号墓发掘简报》，载《文物》，1978 年第 9 期，《广西出土文物》，图 76～78
图 10		广西贵县罗泊湾一号西汉墓铜鼓上人物像	头发披于脑后，有较为明显的剪短头发的迹象（"被发"）	广西壮族自治区文物工作队：《广西贵县罗泊湾一号墓发掘简报》，载《文物》，1978 年第 9 期

序　列	考古出土文物所见古越人发式图像	图像内容	发式特征	备　注
图 11		西林普驮铜鼓上的"被发"人物像	头发披于脑后，有较为明显的剪短头发的迹象（"被发"）	广西壮族自治区文物工作队：《广西西林县普驮铜鼓墓葬》，载《文物》，1978 年第 9 期
图 12		浙江吴兴埠县出土奴隶俑像	椭圆形发髻，额前刘海，较为齐整	《浙江省绍兴县等出土的甬钟、铜铙和秘色瓷器》，载《文物》，1972 年第 3 期
图 13		广东清远马头岗出土的铜柱首人头像	头顶发髻竖起	广东省文物管理委员会：《广东清远发现周代青铜器》，载《考古》，1963 年第 2 期

2. 古越人发式之功能内涵新解。

中原华夏族对头发寄寓特殊的意义，《孝经》说："身体发肤，受之父母，不敢毁伤，孝之始也。"男女成年后须将头发束起著冠、笄，《礼记·冠义》曰："醮于客位，三加弥尊，加有成也。已而冠之，成人之道也。"而古越人竟然"断发"，自然为崇尚"束发而冠"的中原华夏人所不齿。我们有一个疑问，中原人对头发如此重视，古越人对其又如何呢？这显然说不通。实际上，头发在世界各古民族中都被看做是神圣之物而加以爱惜和保护的。弗雷泽在《金枝》一书中对此有许多详细的描述。原始民族把头部看得特别神圣。认为头部有神灵，对于冒犯不敬的言行非常明察。

例如优若巴人坚信每个人都有 3 个灵魂，第一个灵魂名叫奥罗里（Olori），在于头部，是人的主宰、监护者和引导者。在原始民族看来，剪发能够造成危险。他们害怕干扰头部神灵，损伤了它，有受到愤怒惩罚的危险。同时，他们认为"头发"与人的灵魂有交感关系，剪下来的头发和指甲，倘受损害，也会损害自己，所以，原始人很注意不让它们丢在容易受损害的地方或落到坏人手中被施加巫术以危害于己。而为了避免遭受损害，"最简单的办法就是不理发，而这正是凡认为危险最大的地方就采取的权宜之计"。不得已需要剪短头发时，原始人便采取一定的措施来减少可能造成的危险。在新西兰有些地方一年中最神圣的日子便是指定的理发日。这一天大批人群从附近地区聚会到一处来共同理发。但即使头发和指甲安全地修剪了，剪下来的头发和指甲怎样处理也有困难，因为它们可能遭到的损害也会加之于本人。"几乎世界各地都有这样的观念，认为人可能因自身剪下的头发、指甲或其他任何东西而受到巫术法力的影响"，因此，为了保存剪下的头发和指甲不受损伤同时也不被巫师得去用来加害自己，就有必要将它们存放在安全的地方。毛利人酋长剪下的头发非常小心地收集起来存放在临近的墓地里。在苏库（东非的一个地方大社区），当地人把剪下的自己的头发小心地收集起来放在一个石缝里，成为神圣不可侵犯的神物。① 由此可见，头发与古代民族的某种宗教观念有着密切的联系。从世界范围看，原始民族对剪发很慎重，即便剪发也要加以保护，甚至举行隆重的仪式，通过剪发这一看似简单的行为，原始人表达的是他们最原始的宗教观念。因此，我们可以断定，古越人对头发的看重应并不亚于中原华夏，不同的是他们的"断发"被寄寓另外一种特殊的含义。在江西贵溪古越族墓葬中，曾发现有剪断的成束头发放在头骨边，发束长约 5 厘米、两端修剪得较为齐整，研究人员认为是死者生前剪断。② 在笔者看来，此越人头发文物在墓中出土既可作为古越人"断发"习俗的具体反映，其

---

① ［英］詹·乔·弗雷泽：《金枝》，344、346、348、350 页，郑州，大象文艺出版社，1997。

② 刘诗中等：《贵溪崖墓所反映的武夷山地区古越族的族俗及文化特征》，载《文物》，1980(11)。

头发陪葬本身又有力佐证了古越族人对其"断发"所寄寓的宗教意义。①

相对于文身，关于古越人"断发"之内涵的探讨，学术界的研究明显存在不足。学界多从"断发文身"这一集体概念出发，将"断发"的内涵阐发笼统等同于"文身"，甚至不曾论及，如徐恒彬的《"断发文身"考》、肖梦龙的《吴、越"断发文身"习俗探索》只论及"断发"与发式的关系而止步，最后解释"文身"功能时又与"断发"相混同，笼统地将"断发文身"并称。② 在诸多研究者中，陈华文对"断发"功能阐释得较为透彻，他先后著《"断发"考》、《"断发文身"——一种古老的成年礼俗及其标志的遗存》两文，用较为充分的史料说明"断发"的文化功能，认为断发"该是一种古老的成年礼俗"。他利用《说苑·奉使》中越使诸发与魏国大臣韩子关于中原冠笄与越人断发的争论的文献记载说明"冠笄与断发同值，即冠笄与断发都为成年礼一种仪式的遗存象征的意义"。同时，他运用大量的现代民族志、民俗志及越人后裔的残存礼仪证明"断发"所具有的成年礼俗的文化功能。他把越人的"断发"看做是与越人拔牙、割礼、文身、绘面一样的象征——成年的形象符号。③ 但陈华文否认"断发"与古越人的图腾信仰的关系，而从婚姻—性关系的角度解释"断发"的成年礼功能，未免失之于偏颇。"断发"虽然不容易与"文身"一样，可以解释为"以象龙子"的图腾功能，但发饰与图腾确有极密切的关系。

在我国少数民族中，在头发中寄寓图腾观念也比较普遍。苗族有的支系头饰作鸟形，有的喜欢用鸟银饰和鸟羽来装饰头部。鸟居龙藏的《从人类学上所见的西南支那》一文对苗族发俗有这样的记载："（贵州饭笼塘苗族）此处有叫做凤头鸡的部落，汉人及苗人称之为凤头鸡，它的起源，及因部落之妇女

---

① 值得一提的是，在匈奴墓葬中也发现大量的发辫发束，头发用丝绸、锦囊包裹或用头套盛装，"匈奴人在使用头发殉葬的习俗上表现得相当隆重，其重视的程度反映出它们在葬仪中可能具有特殊的意义"。见马利清：《匈奴人的发型和发殉考》，载《内蒙古社会科学》（汉文版），2008(5)。

② 参见徐恒彬：《"断发文身"考》，载《民族研究》，1982(4)；肖梦龙：《吴、越"断发文身"习俗探索》，载《东南文化》，1988(1)。

③ 参见陈华文：《"断发"考》，载《浙江师范大学学报》（社会科学版），1989(4)；《"断发文身"——一种古老的成年礼俗及其标志的遗存》，载《民族研究》，1994(1)。

的头发高结额前，形似凤凰之头之故。"①可见这一支苗族的祖先是以鸟为图腾，故结发模仿鸟头的习俗。大凉山彝族男性无论老幼都在头顶至前额之间留一绺头发，长度从 1 米至 3 米不等，将其盘成髻，其余的头发都剃光。此发式彝语称为"助尔"，汉语称"天菩萨"。"天菩萨"是大凉山彝族男性尊严之所在，它象征男性的神圣不可侵犯，除父母长辈外，严禁他人触摸，女性、小辈和低于自己等级者尤讳。②

许多信仰图腾的民族都把自己的发饰打扮成类于图腾的形态，以模拟图腾。这种用发饰模拟图腾的行为在世界各原始民族中是一个普遍现象，在马里的班巴拉部落，到处可以看到成年男子头上有两只"角"——梳成羊角状的两束头发；在赤道几内亚的富尔贝部落，男男女女剃光四周的头发，只留顶上的一绺。这一绺头发，远远望去，恰如一个鸡冠，又恰似一座孤岛；与他们相邻的科尼亚吉人，头顶上则立着一个小车轮，周围的头发做成四下分散的样子，犹如四射的光芒。这 3 个部落分别信奉羊、凤头鸟和太阳图腾，其发式是对图腾形象的刻意模拟。③ 福来斯先生对奥马哈人及相邻的奥撒格人的发饰图腾化情况作过深入的调查研究，他将当地的发式分为 16 种：象征麋鹿的头和尾，为麋鹿氏族的发式；象征水牛的头、尾和角，为水牛氏族的发式；象征水牛的角，为另一个水牛氏族的发式；象征对空一面的水牛的脊背线，为另一个水牛氏族的发式；象征熊头，为熊氏族的发式；象征小鸟的头、尾和躯干，为鸟氏族的发式；象征龟壳及其头、尾、四肢，为龟氏族的发式；象征鹰的头、翅和尾，为鹰氏族的发式；象征指南针的 4 个方位点，为指南针氏族的发式；象征狼的半侧长粗毛，为狼氏族的发式；象征水牛的角和尾，为另一个水牛氏族的发式；象征鹿的头和尾，为鹿氏族的发式；象征小水牛的头及刚出生的角疤，为小水牛氏族的发式；象征爬虫的齿，为爬虫氏族的发式；象征玉米花瓣，为玉米氏

---

① ［日］鸟居龙藏：《从人类学上所见的西南支那》，转引自岑家梧：《图腾艺术史》，127 页。

② 巴莫阿依嫫等：《彝族风俗志》，17 页，北京，中央民族学院出版社，1992。

③ 王路：《世界风物》，北京，世界知识出版社，1996。

族的发式；象征四周漂浮着水藻的岩石，为岩石氏族的发式。①

那么，古越人"断发"与图腾崇拜是否也存在一定的联系呢？笔者无法得出确切的答案。但从已有考古发掘的越人发型来看，越人的发饰与图腾有某种联系。在曲江县马坝石峡遗址上出土的青铜匕首和香港大屿山石壁遗址出土的青铜匕首，这两把青铜匕首时代不应晚于春秋时期，匕首上面都有相同的越人图像，人头顶上伸出二束头发，分别向两边卷曲成云雷纹式的发髻。②而云雷纹有可能是模拟古越人所崇拜的蛇的形象。在今浙江、福建、两广地区等地的新石器时代陶器中，多有几何纹饰。"更多的几何图案是同古越族的蛇图腾崇拜有关，如漩涡纹似蛇的盘曲状，水波纹似蛇的爬行状等等。"③把头发盘起做成云雷纹的形态或与古越人的蛇崇拜有关系。④

(二)文身内涵及"成年礼说"辩

1. 古越人文身与蛇图腾崇拜观念。

文身是原始民族普遍流行的一种习俗。在西文为"Tattooing"，源出太平洋波利尼西亚土人语"Tattan"，意谓刺染。文身一词最早出自西汉戴圣所编《礼记·王制》："东方曰夷，被发文身，有不火食者矣。"我国古代所称黥记、点青、点黑、刺青、刺文、刺字等，也都是指文身而言。⑤ 我们已经知道，"文身"也是我国古越人的习俗，与"断发"之"断"一样，"文身"之"文"也作动词用，即"刻画"，刻画肌肤，以造成终生存留的花纹标志。文献中除了"断发文身"说及古越人"文身"习俗外，也有一些别的记载，这类记载也可分为两类，一类是对越人文身的客观描述，如《礼记·王制篇》："南方曰蛮，雕题交趾，有不火食矣。"《异物志》："雕题国，画其面皮，身

① [美]拉·福来斯：《奥撒格部族·儿童命名仪式》，见《美国人种学会社第43届年度报告》，转引自高明强：《神秘的图腾》，125页，南京，江苏人民出版社，1989。

② [英]施戈斐侣：《大屿山石壁遗址考古勘察》，载《香港考古学会专刊》，1975。

③ 陈江：《图腾制度反映的古代部落与考古文化的关系》，载《南京博物院集刊》，第7辑。

④ 参见陈华文：《"断发文身"——一种古老的成年礼俗及其标志的遗存》，载《民族研究》，1994(1)；《"断发"考》，载《浙江师范大学学报》(社会科学版)，1989(4)。

⑤ 陆树枬：《吴越民族文身谈》，148页，载吴越史地研究会：《吴越文化论丛》，上海，上海文艺出版社，1990。

刻其肌而青之。或若锦衣，或若鱼鳞。"另一类是在记载的同时还有功能性的描述和解释，主要为"求荣"、"别贵贱"、"认祖"等。这些文献记载给我们探究我国古越人"文身"习俗提供了丰富的资料，文献记载描述文身的方法和文身的部位如"剜肌肤，镵皮革"、"以箴刺皮"、"点涅其面"、"画其面皮，身刻其肌"；还提及文身的外在形态如"或若锦衣，或若鱼鳞"、"象龙文，衣皆著尾"、"为虫蛇之文"、"绣身面为龙子"、"画体为鳞采"等；此外还略及文身的目的如"以求荣也"、"以别贵贱"、"使龙以为己类，不吞噬"及认祖（顾岕《海槎余录》）等。根据这些文献记载，我们大致可以知道，文身的方法基本是用针刺皮肤，再涂上墨、丹青等颜料，而文身的部位有面部、额等身体各部位，文身的图像有若"锦衣"、"鱼鳞"、"虫蛇"、"龙子"等，而文身的目的各有不同。文献记载的不同说法及记载的似是而非，既给后来的研究者提供了研究思考的空间，也使学术界对文身研究意见分歧很大，彼此争鸣。学术界关于文身方法和部位较少歧见，而关于文身图像特别是文身目的或功能的解读则差异颇大，先后有血缘婚姻说、求福避祸说、装饰说、成人标识说、族识说、荣耀说、图腾说、功利说等不同的说法。笔者认为，古越人文身习俗随着时间的流逝有一个流变的过程，在文身产生的初始阶段不大可能同时兼具所有功能，有些功能是在时间的流逝中、在文化环境及思想观念的综合影响下不断地派生出来的，我们后世所看到的文身习俗已经是一个多功能的文化综合体，而文身内涵由于历史传承的久远而已失其原始意义。因此，我们要考察古越人文身的目的或功能必须追本溯源回到其原始内涵中，方有所得。我们比较诸说，学术界关于"文身"功能的阐释有些可相互合并，如荣耀说和功利说；有些功能是同一功能的不同说法，彼此间并非矛盾，如图腾说与族识说、求福避祸说、血缘婚姻说等存在一定的关联，在某些条件下可以并存，彼此有包含与被包含的关系。而荣耀说、功利说、装饰说等"不是原初的，而是在原始社会末期，特别是阶级社会以后，在动机和意义上的一个发展而已"[①]。综而论之，笔

---

① 徐一青、张鹤仙：《信念的活史：文身世界》，65 页。

者认为，诸说中比较有说服力的是成年标识说和图腾说，其他说法或者是两说的被包含内容，或者是时间流变中的派生物。而文身起源于成年礼还是图腾，两者是否并存或相互独立，笔者将在下文讨论说明，成年礼与图腾崇拜是原始民族的两个起源相互独立的习俗，在某一个阶段，成年礼成为图腾崇拜的一个具体表现形式。因此，文身的最初功能应该是图腾崇拜的产物，成年礼是图腾崇拜的具体表现形式。

古代文献记载古越人"断发文身"时也间或有"文身"的功能描述，如"避蛟龙之害"、"以象鳞虫"、"以象龙子"、"避水神"、"以求荣"等。其中最有代表性的是《说苑·奉使篇》："是以翦发文身，灿然成章，以象龙子，将避水神。"《淮南子·原道训》所说的："被发文身，以象鳞虫，短绻不绔，以便涉游，短袂攘卷，以便刺舟，因之也"。在越族后裔居住在云南西双版纳的傣族也有类似的避蛟龙传说："远古时，傣族没有定居地，人跟江河走，全靠下河捞鱼摸虾度日。当时河里有种专门害人的怪物名叫蛟龙，它只要看到水里有白色物体就咬。人们为了自己，就想了个办法，下河时用染料把全身染黑。但在河里时间长了，身上的黑色不断被水冲掉，又受到蛟龙的伤害。后来人们想出了用针在身上刺纹染上黑色染料的办法，从此就不再褪色，蛟龙也不再伤害人了。"①

越人文身而"以象鳞虫"、"以象龙子"，为什么能让蛟龙不害呢？用平常的经验逻辑无法解释清楚，但西方人类学传入中国后，"图腾同样化"被中国学者用来解释这一看似矛盾的现象，前苏联人类学家德·海通认为："相信群体起源于图腾，相信图腾群体成员能够化身为图腾或者相反，相信群体成员与动物、植物等图腾之间存在血缘亲属关系，并由此而尊敬图腾，这些都组成了图腾崇拜观念的不可分割的部分，是图腾崇拜观念的基本核心。"②这个定义与古越人"断发文身"的文献所载颇有一致之处，一是相信人和图腾可以互相转化，人能化身为图腾，图腾也可化身为人，而文献说"以象龙子"、"以象鳞虫"；二是相信祖先是由图腾

---

① 徐一青、张鹤仙：《信念的活史：文身世界》，209～210 页。
② [苏联]德·海通：《图腾崇拜》，何星亮译，48 页，上海，上海文艺出版社，1993。

化身或祖先具有化身为图腾的能力，图腾是血缘亲属和保护神，而文献说"断其发，文其身，以象龙子，故不见伤害"。由此不难发现，古越人是把"鳞虫"、"龙"视为他们的图腾，奉为祖先和保护神的。实际上，根据世界的民族学调查，文身习俗发生在原始社会母系氏族时期，并且同图腾主义有着密切的关系。将某种动物或植物视为祖先和保护神的观念，就是图腾主义。氏族成员为得到图腾始祖的保护，就产生了同化自己于图腾的习惯。他们或者穿着图腾动物的皮毛或其他部分；或者辫结毛发、割伤身体，尽可能将自己打扮得类似图腾；或者取切痕、黥纹、涂色的方法，描绘图腾于身体之上亦即文身。① 那么，古越人崇拜为图腾的"鳞虫"、"龙"是何物呢？

先看看"龙子"的字义，《史记·司马相如列传》云："蛟龙赤螭。"《索隐》文颖曰："龙子曰螭。"张揖云："雌龙也。"《广雅》云："有角曰虬，无角曰螭。"按：虬螭皆龙类而非龙。龙子是螭，而螭又非龙类，至此龙子为何物也未说清。而文献中的"以象鳞虫"和"以象龙子"应该同义，我们结合"鳞虫"来探究，《大戴礼记·易本命》云："有鳞之虫三百六十，而蛟龙为之长。"《说文》曰："龙，鳞虫之长。能幽能明，能细能巨，能短能长；春分而登天，秋分而潜渊。"在龙的特征中，既有神格，又有自然界的动物格；在龙的习性中，既有神话意象，又有自然界的动物意象。神话意象为：可升天，可聚云，可致雨，可生泉。动物意象有：有鳞；常居水中，为水生；或居陆地，为陆生。实则为两栖动物；有冬眠习惯；卵生。与其相近的有蛇、鳄和蜥蜴。蛇、鳄和蜥蜴，为龙的本相，龙则为它们的变相。蛇，龙似蛇，在古人观念中，龙蛇可以互换，龙是以蛇为主体加上各种动物的局部形象演化而成。如《孟子·滕文公上》："当尧之时，水逆行，泛滥于中国，龙蛇居之。"《韩非子·难势篇》引慎子曰："飞龙乘云，腾蛇游物。"而我国有扬子鳄和湾鳄（古称"蛟"或鳄）。《真腊风土记》："鳄，大如船，有角，类龙。"《述异记》："蛟千年化为龙。"《山海经·南山经》郭璞注："蛟似蛇，

---

① 徐一青、张鹤仙：《信念的活史：文身世界》，10 页。

四足，龙属。"因蜥蜴的形象似龙，它的许多异名都与龙有关，《古今注》称蜥蜴为"龙子"，《本草纲目》记蜥蜴的别名为"石龙子"、"山龙子"、"泉龙"等。① 那么"断发文身，以象龙子"及"以象鳞虫"中的"龙子"和"鳞虫"有 3 种动物的可能：蛇、鳄鱼和蜥蜴，也就是说古越人是以其中的一种或几种为图腾的。②

人类学家认为，图腾的选择很大程度上依赖于该地区的自然环境，取决于该地区的动物群和植物群。③ 一般的，图腾是该地或相邻地区所有的存在物。图腾在"各个地区的差别和图腾的来源取决于该地区的植物群和动物群的情况"④。因此，古越人究竟信仰何种图腾必须结合古越人生活的自然环境来综合考察。古越人生活在我国东部沿海直至五岭以南的广阔区域内，气候湿润。根据古气候学的研究，新石器时代初期，鳄曾广泛分布于我国东部沿海一带的黄淮平原和长江下游一带，在这两个地区可能在不同程度上都存在过鳄图腾崇拜。而蛇、蜥蜴等在这种湿润的气候下也是广泛存在的，因此，蛇、蜥蜴等图腾崇拜也有可能存在。学术界目

---

① 罗二虎：《龙与中国文化》，海口，三环出版社，1990。

② 在身体上文身以动物为图腾在世界上也是普遍现象，如北美的一些部落用刺纹的方法在自己的皮肤上画了一些他们认为是他们部落的世祖的动物。巴西的巴凯里部落的印第安人，在他们儿女的皮肤上画一些黑点和黑圈，使它很像豹皮，因为他们认为豹子是自己部落的始祖。见［俄］普列汉诺夫：《论艺术（没有地址的信）》，114 页，北京，生活·读书·新知三联书店，1973。在苏丹的罗图佳部族，其所属的各个部落都有自己特定的图腾，像青龙（鳄鱼）、白虎、雄狮、兀鹰等。依照部落规矩，每个成年人都精心地在自己脸上和身上绘上各种图腾形象。见《外国奇风异俗》，180 页，北京，世界知识出版社，1981。

③ 原始人对于图腾的选择，在很大程度上是由其本身的生活环境和生产条件所决定的，而决不是随意确定的。高明强对美洲印第安人氏族图腾作了统计，340 多个图腾中，动物类约占 84%，植物类约占 4.9%，自然现象及自然物类约占 8%，日用器物类约占 1%，其他占 1.5%左右。部落驻地不同，所奉图腾的比重也往往不同，内陆部落的图腾以陆兽类和禽鸟类为主，而沿海部落的图腾则以鱼和海兽类为主。如北美内陆的科曼赤部落，7 个氏族图腾，清一色的都是陆兽；衣阿华部落有 9 个氏族图腾，陆兽、禽鸟及其他陆上动物占 8 个；而居住在南美海边的阿劳干人，他们的氏族图腾不是海鱼、海兽，就是海本身。见高明强：《神秘的图腾》，265 页，南京，江苏人民出版社，1989。

④ ［苏联］德·海通：《图腾崇拜》，44 页。

前关于龙的原型的解读有蛇、鳄鱼原型说、多元原型说和组合说等多种多样的解释。但笔者认为，龙图腾崇拜因地而异，其起源多元化，考察图腾崇拜应该以地方的环境和特性为依据，正如卫志强在《中国龙文化与龙运动》所说的，文献中的"龙"是多种图腾物的综合体，龙不是真实存在的动物，早期的龙具有一定的地方特点等；龙崇拜产生在原始社会；龙的形象不是单一的某种东西的简单再现，而是经过融合创作出来的艺术形象。① 笔者以为，就古越人的地方特色而言，古越人的蛇崇拜更为可信。这也为文献和许多民俗学调查资料、考古学资料所证实。文献中关于古越人蛇崇拜的记载就有不少，这些记载归纳起来有几个特点，一是，崇拜蛇神，如明代邝露《赤雅》卷上："疍人神宫，画蛇以祭。"清代《峒谿纤志》："其人皆蛇种，故祭祀皆祀蛇神。"二是，以蛇作为国家和部落标志，如《吴越春秋·阖闾内传》：子胥造筑大城，"欲东并大越，越在东南，故立蛇门以制敌国。……越在巳地，其位蛇也，故南大门上有木蛇北向首内，示越属于吴也"。三是，以蛇形物作为装饰，如《吴越春秋·勾践阴谋外传》载：越王"使木工三千余人，入山伐木……一夜，天生神木一双……镂以黄金，状类龙蛇，文彩生光"。以及施鸿保《闽杂记》载闽江妇人"多带银簪，长五寸许，作蛇昂首之状，插于髻中间，俗名蛇簪。……其人名蛇种，簪作蛇形，乃不忘其始之义耳。"

古越人被视为蛇种即尊奉蛇为祖先，如《说文》："闽，东南越，蛇种也。"蛇是古越人的重要图腾之一。古越人后裔各支系均有崇蛇习俗。他们所做的器物有雕刻龙蛇形象之俗。

台湾地区高山族是古越人后裔重要的一支。根据民族学的调查，当地也存留蛇崇拜的习俗："台湾土著的派宛人因拜蛇而刻蛇形悬于屋宇檐下，

---

① 卫志强：《中国龙文化与龙运动》，3页，天津，天津古籍出版社，2003。闻一多在《伏羲考》一文中也认为龙是一种图腾，并且是只存在于图腾中而不存在于生物界中的一种虚幻的生物，因为它是由许多不同的图腾糅合而成的一种综合体。王大有在《龙凤文化源流》则认为"龙，是以各种水族为主体与鸟兽复合为图腾的氏族——部落的徽识"。参见闻一多：《伏羲考》；王大有：《龙凤文化源流》，北京，中国时代经济出版社，2008。

当属图腾遗意。""派宛人的屋饰器物，常雕以蛇形，其初盖全由于敬虔之念。"①江南地区出土了众多的几何印纹陶。陈文华认为，几何印纹陶纹饰与古越族的蛇图腾崇拜有关。云雷纹"可能就是蛇的盘曲形状的简化"，或是由"蛇身上的花纹演变来的，因为商周青铜器上有许多龙蛇身上常常刻有云雷纹。"S纹"可能是蛇身扭曲的简化"。菱纹、回纹"都是蛇身花纹演变来的"。波状纹"可能是蛇爬行状态的简化"。曲折纹"是蛇身花纹的简化"。②

傣族也是古越人后裔。在傣族的许多传说中就有文身图腾标志传说，这些传说在傣族地区流传甚广，也最具有代表性。它们形象生动的说明了傣族文身与古越人文身目的上的高度一致，即"文其身以象龙子，故不见伤害也"。近现代的傣族文身图案已经多元化，但鳞纹、蛇纹和龙纹仍较为常见。其中反映出的傣族人将龙等图腾物或其局部代表性体貌特征直接刻画于身，实现与图腾同样化，借以求得图腾保护的心理非常典型。传说，远古的时候，水中有一种叫做"批厄"的水怪，经常伤害下河捕鱼捞虾的男人，弄得人们提心吊胆，几乎不敢独自入水劳作。只有一个叫做岩比节的小伙子不顾危险，照旧天天下水捕鱼以赡养年老多病的母亲。一天，他用网捉了变成鲤鱼的龙王的七女儿，龙王得知消息，立刻派大臣携金银财宝前来寻找。岩比节得知实情后，分文不要，并愿护送龙女回宫。龙王的大臣感激不尽，就在岩比节的腿上、身上刺了许多鱼鳞状的花纹。从此以后，只要他入水，水就会自然分开，水中的怪物也纷纷躲避他，就连吃人的水怪"批厄"也不敢靠近了。后来，人们纷纷学着他的样子，在身上文刺花纹，借以防身护体。③ 类似的传说还有：很久以前，龙王的儿子爱上了一位美丽的傣族姑娘，便变成人形上门为婿。他水性好，捕鱼技术高，而且胆量特别大，别人不敢去的地方他都敢去。不仅如此，其他人下水经常被水中动物咬伤，甚至被龙王吃掉，只有他不但

---

① 林惠祥：《台湾番族的原始文化》，25～29页，上海，上海文艺出版社，1991。

② 陈文华：《几何印陶与古越族的蛇图腾崇拜》，载《考古与文物》，1981(2)。

③ 参见张文勋等：《滇文化与民族审美》，380～381页，昆明，云南大学出版社，1992。

每次都能捕到很多鱼，而且从未受过伤，遇过害。人们觉得很奇怪，便向他询问原因。龙子脱下衣服让人们看到他身上的鳞纹，并据实相告：他身上有鳞纹，龙王见了就知道是自己人，就不会伤害他了。从那以后，每次下水前人们都仿照他的样子，用锅烟灰在身上涂上鳞纹。但这种方法画的鳞纹难以持久，下水后很快就被冲掉，于是人们又想出了在身上文刺鳞纹的方法。这一招很奏效，无论怎么浸泡，身上的花纹都不掉了，人们从此也不再受伤害，捕的鱼也比过去多了。①

吴越族后裔的龙舟竞渡也或与古越人图腾崇拜有关系。直至唐宋时期，竞渡者还要文身，唐张建封《竞渡歌》："须臾戏罢各东西，竞脱文身清书上。"竞舟者文身目的是使自己像龙子，求得龙神保护，逃脱船翻人亡的危险，达到与龙同娱，讨好神灵的目的，向掌管雷雨的龙神祈求无病无灾，风调雨顺。闻一多等人认为龙舟竞渡是起源于龙图腾崇拜，是一个全社会共同参与的古老的祭祀节目。闻一多在《神话与诗》中写了《端午考》和《端午的历史教育》论证龙舟竞渡是对龙的一种图腾崇拜。"据考，端午节是古代吴越民族——一个龙图腾族举行图腾祭的节日，即龙的节日。吴越民族为了表示他们'龙子'的身份，借以强化自己和图腾的联系，以便得到图腾的保护，每年五月五日这一天，举行盛大的图腾祭，将各种食物献给图腾神。……这就是端午竞渡的来历。"而闻一多先生所认为的越人图腾崇拜是蛇崇拜。"考证人类社会生活史，龙舟竞渡源于图腾崇拜。龙舟竞渡起源于原始社会的蛇图腾独木舟。"②

"神话既不是骗子的谎言，也不是无谓的想象的产物，它们不如说是人类思想的朴素的和自发的形式之一。只有当我们猜中了这些神话对于原始人和它们在许多世纪以来丧失掉了的那种意义的时候，我们才能理解人类的童年。"③从这个意义上说，我们研究文身的图腾内涵，对于我们更好地

---

① 参见张元庆等：《傣族文身习俗调查与研究》，载《民族学》，1989(2)。

② 闻一多：《神话与诗》，108、109页，上海，上海人民出版社，2006。

③ ［法］拉法格：《宗教和资本》，王子野译，2页，北京，生活·读书·新知三联书店，1963。

理解越族先民的早期生活形态和信仰是有其积极意义的。

2."成年礼说"。

我们在前文中讨论了古越人"文身"具有图腾的意义，是古越人蛇图腾崇拜的一种表现。但陈华文对"文身"的最初起源提出了质疑，认为"文身"最初缘于成年礼俗而非图腾崇拜，他说"文身的最初意义即成年礼的标志，只是后来才加入各种观念、仪式、习俗，成为一个综合的原始艺术和图腾崇拜"。"文身只是成年礼的遗存，是它的一种标志形式，即在成年发育初期给部落成员赋予性—婚姻权利的象征而被写在身体的显著部位。"他下结论说，"图腾崇拜晚于成人礼式习俗……不是图腾崇拜导致了成人式本身，也就是说，不是图腾崇拜衍生了成人礼。""文身发展到后来，至多不过是图腾崇拜形式之一，而且这类文身也已经是变异了的形式，已经不是最初意义上的文身了。"①

我们认为将"文身"的起源简单归结为成年礼有失偏颇。首先，成年礼与图腾崇拜一开始是相互独立发展而后融合的，成年礼成为图腾崇拜的一个具体表现形式。② 德·海通就认为成年仪式与图腾崇拜紧密地结合在一起，通过成年仪式，把图腾神话传给献身少年，揭开与图腾崇拜有关的全部秘密。因此，可以断言"没有图腾崇拜就没有成年仪式"。当然，图腾崇拜和成年仪式也非同时产生。民族学资料表明，一些部落有成年仪式，但不存在图腾崇拜。不过，这些部落都处于较高的社会发展阶段。尽管这些部落的图腾崇拜已经消失，或只保留了其残余形式，但成年仪式却完好地被保留下来。正因为如此，研究者容易误解成年仪式与某种宗教信仰形式没有联系。虽然我们还无法确定成年仪式产生的时间问题，但我们认为，二者的起源是不同的。"成年仪式……大概是反映原始人生

---

① 陈华文：《吴越"文身"研究——兼论"文身"的本质》，载《东南文化》，1992(6)。

② "成年仪式又称入社仪式，澳大利亚土著民族称之为'伊尼提艾沈'（Initiation），我国畲族称之为'醮名'、'做醮'、'度身'或'入录'，瑶族称之为'度戒'，羌族称之为'ye-boo-dei-sawoo'。在典型的图腾民族中，凡图腾群体成员，达到一定年龄，便要举行入社仪式，然后才被正式承认为群体中的一员，接受群体的一切权利和义务。"见何星亮：《中国图腾文化》，189 页，北京，中国社会科学出版社，1992。

活中标志着进入成年的重要的转折时刻。通过这一仪式，经受最艰难的考验，达到培养社会成员刻苦耐劳的目的，锻炼他们为生存而斗争的毅力。只有在较晚时候，图腾崇拜才像其他一切宗教一样，把这种仪式神圣化。"①

其次，我们应该看到，用单纯的成年礼来解释文身起源只注意到了原始人个人的诉求，而忽视了文身所具有的群体意义。原始社会初民的文身，并不是出自个人的突发的欲求，而是个人所参加的社会集团一种成规，一种社会"制度"，人人都必须如此的；它所表现的也不是"个人的好恶"，而是这种社会制度的理想和宗教，具体地说，是氏族社会图腾同体化的一种表现。"原始社会的图腾制度，包括社会和宗教两方面。前者指氏族图腾群中人与人的关系，后者指人与图腾的关系。就宗教方面来说，他们视图腾为祖先和保护神，用种种方法礼敬之，并以其名称为名称。为得到图腾的保护，他们用种种方法以像图腾：穿其皮，戴其角，把头发梳成图腾的形状，或将其形象涂绘在身上。"②

再次，用婚姻—性这一血缘关系先于文化的观点来解释成年礼也缺乏足够的理论依据。在原始初民看来只要经过相当的手续和仪式，承认某一种共同的祖先为祖先，血统关系便宣告完成。因此，严格说来，他们的同血相亲观念是建立在图腾主义之上的，而非建立在真正的血统关系之上。也就是说，图腾制的产生并不晚于以血缘为基础的婚姻制度，"原始婚姻制度是普遍存在于图腾制时代的一种极为重要的原始社会现象。一般认为，图腾制的产生要略早于原始婚姻制度"③。为了使同一氏族的成员便于相认而相互维护、互相帮助的共同生活，便需要一种统一的物象来作为标记，这个标记就是图腾。"正是在这种宗教和社会要求的基础上产生了人类社会最早的文身。而这些社会和宗教的要求，都是与性爱无关的。"文身是一种成年的标志，有了它，就可以婚爱，生育子女，否则就不被允许。而文身

---

① ［苏联］德·海通：《图腾崇拜》，71 页。

② 徐一青、张鹤仙：《信念的活史：文身世界》，53 页。

③ 张岩：《图腾制与原始文明》，53 页，上海，上海文艺出版社，1995。

与性爱之间并非是因果关系。"文身在最初，尤其是它的发生，与性爱无关。只是在后来的发展中，才出现性爱的因素和某种表示性爱的花纹。因此，以性的吸引说来解释文身的起源，是不能成立的。"①

最后，我们还应该看到，成年礼是对青年人的一种考验和确认。成年意味着新生。用婚姻—性的理论无法解释成年礼的这一特征。原始人文身要举行隆重的仪式，老年给达到一定年龄的少年讲述关于祖先的传说和各种信仰，讲述关于进入成年男子团体的内容丰富多彩的入社秘密的仪式，同时，要转述图腾祖先生活中的一些事件。"这一仪式的每一个阶段都与图腾祖先和图腾圣物……有必然的联系。"②而在这些仪式中的一项重要内容就是要通过严峻的考验来模拟已到青春期的孩子新生的过程。"男孩子在成丁仪式中必须显示出他已充分具备一个男子汉的素质。考验个人的能气往往具有某种强制性质。这种强制性的仪式，是十分残酷的肉刑，例如毁面损容、割生殖器以及拔门齿等等。以此象征童年的死亡和一种新生命的开始。"③在许多原始部落中，尤其是在那些奉行图腾制的氏族中，孩子们到了青春期，按习俗都要进行一定的成年礼，其最常见的做法之一就是假装杀死已到青春期的孩子又使他复活。"假如说这样是为了将孩子的灵魂转入其图腾，那么，对这种仪礼也就理解了。因为要想把孩子的灵魂召出体外，很自然地就会想到把孩子杀死，或者至少使孩子昏迷如死（原始人把昏迷不醒看得同死亡一样，不能区别）。孩子极度昏厥后苏醒过来，可以说是身体机体输入了新的生命。所以这些成年礼的本质，就其假装死亡和复活的现象来看，可以说是人与图腾交换生命的仪礼。"④因此我们认为，文身在起源之初即具有图腾的标志性意义。文身的仪式，最早是与成年加入氏族和图腾的仪式一并举行的，是其中的一部分，后来才分开，成为一种单独的仪式。图腾文化是半社会—半宗教的文化现象，文身既有社会的内涵，

① 徐一青、张鹤仙：《信念的活史：文身世界》，56 页。
② ［苏联］德·海通：《图腾崇拜》，67 页。
③ 何新：《诸神的起源》，202～203 页，北京，时事出版社，2002。
④ ［英］詹·乔·弗雷泽：《金枝》，969 页。

又有宗教的意义。文身作为关系到一个人一生乃至家族、氏族的大事，自然要举行极郑重的仪式。这种仪式，对于集体，是在宣布增加一新成员，并将本集体的传统、禁忌等传授给他。对于个人，一是宣布已成年，取得了与其他氏族成员一样的恋爱、婚姻和参加各种社会生活的权利；二是乞神赐福，请求祖先的保护。"任何原始文身的仪式在一开始都包括这样两部分，只是在后来的发展中，有的增强了，有的减弱了，变成了主要是侧重某一方面的仪式。"①

(三)古越人所居处的自然环境与"断发文身"之关系

自然条件在人类社会发展过程中起着重要作用，物质资料的生产活动是人类社会的首要活动。"人们首先必须吃、喝、住、穿，然后才能从事政治、科学、艺术、宗教等等；所以直接的物质的生活资料的生产，从而一个民族或一个时代的一定的经济发展阶段，便构成基础，人们的国家设施、法的观点、艺术以至宗教观念，就是从这个基础上发展起来的，因而，也必须由这个基础来解释"②。一般来说，越是远古，生产力水平越低的情况下，人类征服自然的力量越是单薄，自然地理条件对人类社会发展的制约程度也就越大。对于古越人来说，自然地理条件是古越人文化特征形成的重要物质条件之一，他们在长期与自然相处过程中，不断积累经验，用以改造自然、战胜自然，创造出独特的文化。从这个意义上说，"断发文身"的实质还是越族先民生产、生活、生存之所需而产生的文化习俗。进一步说，"断发文身"习俗是古越人所居处的山行水处的自然环境下在身体装饰方面的具体表现之一。古越人文化如同其他民族文化一样，是在特定的自然环境中创造出来的。我们只有了解了古越人所居处的特有的自然环境和社会经济基础，才有可能对古越人的"断发文身"等习俗有更深刻的理解。

古越人居处在南方，或居于海滨湖畔，或栖于峡谷山巅。《越绝书·外传记地传》说越人"水行而山处"。在古文献记载和考古发掘中，古越人居处

---

① 徐一青、张鹤仙：《信念的活史：文身世界》，169 页。
② 《马克思恩格斯选集》，2 版，第 3 卷，776 页，北京，人民出版社，1995。

在河汉纵横的南方，善于使舟行船。① 在这种环境下，越族先民们习惯了水上生活，精通泅水和驾舟技术。《淮南子·齐俗训》："胡人便于马，越人便于舟。"《越绝书》："以船为车，以楫为马，往若飘风，去则难从。"福建崇安武夷山白岩发现的悬棺葬，在古代越族的墓葬中具有典型的代表意义。该墓葬在溪旁大山断裂悬崖的天然洞穴。葬具为船形的独木棺，形态如带篷的船，随葬品有龟状木盘等物。② 从它的葬式、葬具到随葬品，都是与山行水处的自然环境联系在一起。

古越人在经济生活上，以种植水稻为主，渔捞经济较为突出。《逸周书·王会解》："东越海蛤，欧人蝉蛇，蝉蛇顺食之美，于越纳，姑妹珍，且瓯文蜃，共人玄贝。"越人以蛇蛤蜃贝为美食。《史记》："楚越水乡，足螺鱼鳖，民多采捕积聚……煮而食之。"在今天的考古发掘中也可以一窥越族先民所处的自然环境和社会经济基础。在南京大岗寺遗址，不仅在文化层中出现了"很多螺丝壳堆积"，而且在灰坑中也有许多"兽骨、龟板、蚌壳、螺丝壳"等。③ 特别在广东、福建、台湾等滨海旁河诸"贝丘"遗址中，如广东佛山河宕遗址，发现比较缺乏大型的斧、铲之类的农具和谷物的加工工具，而与捕捞、狩猎有关的工具和武器，数量和种类较多，特别是出土了3500多块各种陆栖和水生动物遗骨，在第三文化层，发现厚达60～85厘米的贝壳堆积层。"有较多的渔猎工具和猎获物遗骸

---

① 这种习俗和特征在一些印纹陶遗存中也得到反映。浙江河姆渡遗址中曾出土6件木桨，其中一件还刻有几何纹饰；吴兴钱山漾和水田畈遗址良渚文化层中也发现木桨数件。江苏武进淹城遗址先后发现独木舟4只，最大的一只，全长11米，中间宽0.9米，两头小而尖，船形如梭。这是我国已发现的最早、最大、最完整的一只独木舟。见谢春祝：《淹城发现战国时期的独木舟》，载《文物》，1959(4)。此外，福建崇安武夷山地区的悬棺葬中，也发现西周中晚期船棺两只；福建连江出土了西汉时期的独木舟。见卢茂村：《福建连江发掘西汉独木舟》，载《文物》，1979(2)。广州也发现了大规模的秦汉时期的造船遗址。见广州市文物管理处：《广州秦汉造船工场试掘》，载《文物》，1977(4)。

② 福建省博物馆等：《福建崇安白岩崖洞墓清理简报》，载《文物》，1980(6)。

③ 江苏文物工作队太岗寺工作组：《南京西善桥太岗寺遗址的发掘报告》，载《考古》，1962(3)。

等，是我国闽、台、粤等东南沿海区贝丘遗址的一个共同特征"，"可以看出，当地居民的经济生活，是以渔猎为主的"。① 同时在江西贵溪越人墓葬中也发现"几乎每座墓内部都有发现一、二只鳖壳放置在棺木旁边"②。古越人的住屋普遍是干栏式建筑，《太平御览》卷七百八十引《临海水土志》说越人"悉依深山，架立屋舍于栈格上，似楼状"。《旧唐书》卷197《南平僚传记》："土气多瘴疠，山有毒草及沙虱、蝮蛇，人并楼居，登梯而上，号为干栏。"这也从一个层面中反映出古越人在潮湿的环境下居处，为避蛇虫而建造出这样一种特殊住房。

理解了古越人山行水处自然环境和渔猎经济，我们对"断发文身"的功能和内涵可以进一步认识。古越人生活在广大的东南沿海和沼泽地带，主要进行渔猎生活，而水中或沼泽中的蛇、鳄鱼等水中凶猛动物对其威胁极大，人常常要与这些凶猛动物搏斗，在那种生产工具落后及生产力低下的情况下，显然力有所不逮，畏惧产生神的威势，因而因惧生畏，在恐惧中，只有对之祈求，进而崇拜这些水中凶猛动物，以求得保护。结果是将自然现象超自然化，并进行崇拜，求得精神上的安慰，从而产生了图腾崇拜等原始宗教观念。从这个意义上说，"常在水中，故断其发，文其身，以象龙子，故不见伤害"，是有其道理的。百越先民通过文其身，断其发，"以象龙子"，在水中游动就能够以乱其真，从而避免为蛟龙所伤害。环境因素和百越人社会经济基础在百越形成"断发文身"习俗中所起的作用在此彰显无遗。

学术界对古越人"断发文身"的研究，套用西方的人类学研究方法，由"断发文身"引申出来的"图腾说"、"成年礼"说，固然衬托出了社会经济生活与社会意识形态、社会伦理习尚的内在关联。但我们不应该忽视的是，无论是图腾观念还是成年礼习俗都是建基于社会经济基础和自然环境之上的。古文献所载"断发文身，以避蛟龙之害"，将"断发文身"并置，绝非毫

---

① 陈志杰、杨式挺：《谈谈佛山河宕遗址的重要发现》，载《文物集刊》，1980(3)。
② 刘诗中等：《贵溪崖墓所反映的武夷山地区古越族的族俗及文化特征》，载《文物》，1980(11)。

无道理。"断发文身"也有实用价值。对越族先民来说，他们的社会经济基础就是渔猎经济，古越人在生产力水平较低的情况下，为了谋求生存，必须长期与水多凶险的地理环境打交道。如《汉书·严助传》："越非有城邑里也，处溪谷之间，篁竹之中，习于水斗，便于用舟，地深昧而多水险，中国之人不知其势阻而入其地，虽百不当其一。得其地，不可郡县也。攻之，不可暴取也。以地图察其山川要塞，相去不过寸数，而间独数百千里，阻险林丛弗能尽著。视之若易，行之甚难。"由于古越人长期生活在气候炎热，多江河湖泊的楚越水乡，水乡生活环境使他们熟习水性，善于操舟、泅水。古越人披着长发在水中游泳、捕鱼捉蟹有诸多不便，于是断发，以便游泳；文身则是刻绘躯体保护色以避蛟虫之灾。这恐怕是古越人"断发文身"最原初的内涵，具有明显的实用价值。①

三 结语

综上所述，笔者认为：（1）"断发"与"椎髻"都是古越人的发式特征的描述，椎髻出现较晚且融合了中原汉族的发式特点；古越人的发式除了成年礼标志的功能内涵外，笔者还认为其中寄寓了古越人的图腾崇拜等宗教观念。（2）基于古越人所处的特殊地理环境，文身的功能内涵上主要体现为蛇图腾崇拜；"断发"与"文身"固然与"成年礼"有着极密切之关系，但"成年礼"与图腾未必是前者衍生出后者，前者是后者的附属物。实际上，"断发"与"文身"一样都可能是古越人图腾崇拜的产物，成年礼与图腾崇拜最初发展相互独立，但渐渐化为图腾崇拜的一个具体表现形式。（3）古越人所居处的水行山处的地理环境对"断发文身"习俗的形成具有重要影响，"断发文

---

① 事实上，无论是北方民族还是南方民族都会将发式加以处理以适应各地不同的地理环境和生活需要。如云南双江拉祜族妇女之剃光头，主要是为了避免在狩猎时被虎、豹、猴、熊等野兽抓住头发产生不幸。古代海南黎族的发式为结发髻，即结发髻于额前或头顶，状如犀牛角。满族先民女真人因其为游猎经济，而辫发垂肩，头前部不留发，这种方式不仅便于骑射，而且在野外狩猎行军时，可以枕辫而眠。《魏志·乌桓传》引《魏书》也说："乌丸者，东胡也。……悉髡头以为轻便。"

身"习俗产生的最初内涵中带有很强的环境因素，并且"断发文身"的最初内涵应该是实用的，是在与自然搏斗中古越人寻求自身生存的一种方式。我们探究"断发文身"的源起必须充分重视这一点，不能片面强调它的图腾化等延伸内涵。（4）"断发文身"是历史上形成的古越人习俗，既具有特殊性也有一般性，"断发文身"因地域、时间、观念差异有所损益，须作区分。另一方面，"断发文身"习俗在历史久远的流变过程还掺杂进了其他民族信息，因而也具有了民族交流的内涵。我们似可从"断发文身"的产生和流变中看到少数民族之间、与中原民族之间的交往、交流。从这个意义上说，"断发文身"既具备古越人文化习俗的特殊性，又兼具民族间文化交流的内涵。

（本文作者为 2006 级本科生。指导教师：王东平）

"亶洲"地望考辨

张子青

摘　要　亶洲，为我国史籍所载之古地名，最早见于《三国志·吴书·吴主传》。对于其地望，中外史学界长期聚讼不断。主流观点认定其位于日本列岛，但近几十年来，各种新说不断涌现，形成对"日本说"的有力挑战。本文通过对历代文献中关于亶洲的记载的爬梳分析，整理出相关记载的缘起与流变线索，总结其产生和演变的特点，进而对传统的"日本说"在认识途径和论证方式上的重要失误进行反思；同时，本文也指出"海南岛说"、"爪哇说"等诸家新说在史料运用、论证方式等方面的疏舛之处。在此基础上，本文通过新的论证方法，利用中日学术界有关日本古代大陆移民的研究成果，提出了新"日本说"，并且指出《吴主传》中关于亶洲的记载，是现存文献中有关古代中日民间海域交流的最早记录，具有弥足珍贵的史料价值。

关键词　亶洲　徐福传说　海南岛说　爪哇说　日本说

亶洲为我国史书所载古地名，最早载于《三国志·吴书·吴主传》（以下简称为《吴主传》），事见如下：

（黄龙）二年（公元230）春正月……遣将军卫温、诸葛直将甲士万人浮海求夷洲及亶洲。亶洲在海中，长老传言秦始皇帝遣方士徐福（市）将童男女数千人入海，求蓬莱神山及仙药，止此洲不还。世相承有数万家，其上人民，时有至会稽货布，会稽东县人海行，亦有遭风流移至亶洲者。所在绝远，率不可得至，但得夷洲数千人还。

（黄龙）三年（公元231）春二月……卫温、诸葛直皆以违诏无功，下狱诛。

后人根据三国时期沈莹《临海水土志》①的相关记载，考证夷洲为我国台湾岛，目前学界几无异议，② 但亶洲之地望却成为历史疑案，并成为历史地理学领域聚讼不断的论题。清人胡渭的《禹贡锥指》第一次将亶洲记绘在地图上，并标明在东南大海中。③ 近代以降，"日本说"成为中日两国学界的主流，但两国学术界也所有不同：白寿彝④、王辑五⑤、王仲殊⑥等中国学者均持"日本说"，但并未细言在日本列岛何处，也缺少具体的论证过程；日本学者白鸟库吉、原田淑人⑦考定亶洲为日本九州岛南部的种子岛，并得到国分直一⑧、金关丈夫⑨、森浩一⑩等学者的支持，但这

---

① 《临海水土志》，三国时期吴丹阳太守沈莹撰。亦称《临海水土异物志》、《临海水土记》、《临海异物志》等，今已佚。《隋书·经籍志》题"《临海水土物志》一卷，沈莹撰"。《旧唐书·经籍志》、《新唐书·艺文志》和《通志·艺文略》均题"《临海水土异物志》一卷，沈莹撰"。李时珍《本草纲目·古今医家书目》中亦题"沈莹《临海水土记》"，又题"《临海异物志》"，但卷数不明。由此可知《临海水土志》于明代尚存。此外《太平御览》、《说郛》等均辑有部分《临海水土志》内容，可供参考。

② 江户时期日本史学家松下见林根据"徐福止于日本"的传说，认为"夷洲、澶（亶）洲者皆指日本"。但松下氏囿于时代局限，故不苛责之。根据《太平御览》卷七八〇引《临海水土志》"夷洲在临海东南，去郡两千里。土地无霜雪，草木不死。四面是山，众山夷所居"的记载，以及《水土志》中关于夷洲人猎头、凿齿等习俗的记载，可确定夷洲为台湾岛无疑。参见［日］松下见林：《异称日本传》，22 页，东京，国书刊行会，1975；李昉：《太平御览》卷七八〇，3455～3456页，北京，中华书局，1960。

③ 胡渭：《禹贡锥指·四海图第四十七》，邹逸麟整理，120 页，上海，上海古籍出版社，1996。

④ 白寿彝：《中国交通史》，1937 年本影印本，66 页，北京，商务印书馆，1990。

⑤ 王辑五：《中国日本交通史》，11～12 页，上海，上海书店，1984。

⑥ 王仲殊：《从日本出土的铜镜看三世纪倭与中国江南的交往》，载《华夏考古》，1988(2)。

⑦ ［日］原田淑人：《从〈魏志·倭人传〉看古代日中贸易》，234 页，载《东亚古文化说苑》，1973。转引自王勇：《古代日本的吴越移民王国》，载《浙江社会科学》，1996(2)。

⑧ ［日］国分直一：《东亚地中海之道》，294～295 页，东京，庆友社，1995。

⑨ ［日］金关丈夫：《种子岛广田遗迹的文化》，转引自《东亚地中海之道》，295 页。

⑩ ［日］森浩一：《倭人的登场》，61 页，东京，中央公论社，1985。

些学者的论证也缺少系统性。近几十年来，国内外学界亦有新说发轫。20 世纪 40 年代，日本学者市村瓒次郎①、小叶田淳②认为亶洲为海南岛，为"海南岛说"之嚆矢，国内亦有袁臻③、司徒尚纪④和胡阿祥⑤等学者持此说，其中以袁臻的《关于〈三国志·孙权传〉上的"亶洲"》一文，论证最为系统。但"海南岛说"也遭到陈家麟⑥、李勃⑦等学者的质疑和反驳。许永璋在其《亶洲新探》和《亶洲再探》中提出并系统论证了"爪哇说"⑧，形成对传统"日本说"的质疑和挑战。早年荷兰学者史莱格曾假定徐福漂流之地为吕宋⑨，而我国学者苏继庼⑩、周南京⑪、张俊彦⑫等学者亦持亶洲"吕宋说"，但论证皆不成系统，许永璋在《亶洲新探》一文中对其已进行了有力反驳，故本文不再对"吕宋说"进行讨论。此外，还有韩国学者金奉铉⑬和我国孙祥伟⑭的"济州岛说"，学界目前尚无回应。总

① ［日］市村瓒次郎：《支那史研究》，317、338 页，东京，春秋社松柏馆，1943。

② ［日］小叶田淳：《海南岛史》，张迅齐译，8 页，台北，学海出版社，1979。

③ 袁臻：《关于〈三国志·孙权传〉上的"亶洲"》，载《华南师院学报》（哲学社会科学版），1982(2)。

④ 司徒尚纪：《海南岛历史上土地开发研究》，30 页，海口，海南人民出版社，1987。

⑤ 胡阿祥：《六朝疆域与政区研究》，84～86 页，北京，学苑出版社，2005。

⑥ 陈家麟：《"亶洲"非海南岛说——与袁臻同志商榷》，载《学术月刊》，1981(10)。

⑦ 李勃：《"亶洲"不是海南岛》，载《中国历史地理论丛》，1994(3)。

⑧ 许永璋：《亶洲新探》，载《中国史研究》，1997(1)；许永璋：《亶洲再探》，载《郑州大学学报》（哲学社会科学版），2002(1)。

⑨ 冯承钧：《中国南洋交通史》，12 页，上海，上海书店，1984。

⑩ 汪大渊：《岛夷志略·三岛》，苏继庼校释，26～27 页，北京，中华书局，2000。

⑪ 周南京：《中国和菲律宾文化交流的历史》，见周一良主编：《中外文化交流史》，郑州，河南人民出版社，1987。

⑫ 张俊彦：《古代中国与西亚非洲的海上往来》，16 页，北京，海洋出版社，1986。

⑬ ［韩］金奉铉：《济州岛地名考》，24 页，东京，国书刊行会，1988。

⑭ 孙祥伟：《三国时期东吴、辽东与三韩关系探略》，载《陇东学院学报》（社会科学版），2006(1)。

之，因其地望未有定论，《辞源》对"亶洲"的具体位置仍付之阙如。① 王仲荦先生亦未言明其所在，只是慎言亶洲在夷洲附近。②

然而，通过论证，笔者认为亶洲应位于日本列岛西部，《三国志》中关于亶洲的记载则是现存中国文献中第一条关于古代中日民间海域交流的记载。长期以来，中国学界对宋代以前的中日关系史的研究偏重于官方交流，空间上侧重于对北方朝鲜通路的考察。虽然近几十年来，中日学者在探索上古时期两国民间海域交流方面屡有发覆。近几十年来，在文献资料极其匮乏的条件下，中日两国学者为研究上古时期日本历史中的南方因素作出了巨大贡献。现将两国学者部分学术成果示列于下：

（一）日本学术界：近 30 年来，部分日本学者开始关注南方文化和日本的渊源。在民俗学方面，民俗学大师柳田国男在晚年将毕生心血的研究撰成不朽名著《海上之道》，探索并疾呼研究南传文化。考古学界以国分直一为代表，国分氏长期以来从事对九州岛和东亚海路的研究，在此领域也发覆良多。航海学家茂在寅男撰写了《古代日本的航海术》，科学地论证了上古时期人类的航海能力，以及日本文化中的南洋文化因素。农业史专家渡部忠世著有《稻米之路》、《亚洲稻作的系谱》、《稻作文化——照叶树林文化的展开》等著作，提出日本的稻作农业始于中国西南地区，从而形成"照叶树林文化圈假说"。1991 年，京都大学教授熊本水濑指导"黑潮航海队"，模拟古代航海条件，从台湾花莲沿琉球群岛，用 18 小时抵达九州岛，用事实证明在古代航海条件下，从中国南方直航日本是完全可能的。值得注意的是人类学的研究成果。山梨医科大学副教授中原英臣、科学评论家佐川峻《解密生物技术时代的主角"DNA"》（载《现代日刊》[1991 年 10 月 30日]）。据该文介绍，日本国立遗传学研究所宝来聪氏从日本浦和出土的约6000 年前绳文时代人骨中提取 DNA 进行分析，结果表明部分绳文时代日

---

① 《辞源》有"亶洲"条，但也只是转抄《吴主传》的记载，并未确言其地望。

② 王仲荦先生认为："今天的台湾，当时称为夷洲……夷洲和它的近邻亦在大海中的亶洲同大陆很早就有了贸易往来。"参见王仲荦：《魏晋南北朝史》，上册，104 页，上海，上海人民出版社，1979。

本人的 DNA 与南洋人一致，证明早在绳文时代南方人已经来到日本。文章根据 1981 年日昭赖夫发现的 ATL（即成人 T 细胞白血病）病史及区域分布情况，推测弥生时代中国人来到日本，并与绳文人通婚。从 1996 年开始，中日两国部分学者组成"江南人骨中日共同调查团"，对江苏省发掘出的从春秋至西汉时代的人骨和日本北九州及山口县出土的人骨，进行了 3 年的对比研究，经过 DNA 监测分析，两者排列次序的某些部分竟然完全一致。以上所列部分日本学界研究成果且不论其准确程度如何，都从不同角度揭示了日本与南方文化的内在联系。其启发意义是不言而喻的。①

（二）中国学术界：20 世纪 80 年代，中国考古学界在这方面贡献颇多。安志敏《长江下游史前文化对海东的影响》（载《考古》，1984[5]），分别论证了稻作、建筑和器物等方面江南对日本的影响。杨泓《吴、东晋、南朝文化及其对海东的影响》（载《考古》，1984[6]），用考古发掘实物论证江南与朝鲜、日本的文化源流关系。最具意义的研究，当推王仲殊先生对日本三角缘神兽镜的系列考证（见其 20 世纪 80 年代于《考古》等期刊上发表的一系列论文）。王先生考证三国至南北朝铜镜制作中心在江南吴县、山阴和武昌，从而推翻了日本学术界关于日本舶来铜镜为魏镜的定论，进而论证未见于中国和朝鲜的日本三角缘神兽镜，实为吴国工匠在日本所作。此结论对于日本古代史的研究具有变革意义，故而王说在日本引起轩然大波，争论激烈。争论逼使支持与反对双方都积极发掘证据，其事件本身已经促使日本学术界无可回避地去重新认识其文化渊源。韩昇先生在其著作《日本古代的大陆移民研究》（台北，文津出版社，1995）一书中甚至专辟一章，论述上古时期中国江南地区与日本的历史渊源，在国内学术界具有开创性的贡献。

如上所述，不难发现以下几个特点：

1."南方因素"在中日两国学术界所受关注的范围不同。日本学术界出于"文明探源"的目的，把包括中国南方在内的整个亚洲东南部都视做考察范围；而中国学者出于研究中日关系史的目的，将目光主要锁定在中国江南地区

① 以上内容均引自韩昇：《日本古代的大陆移民研究》，201～202 页，台北，文津出版社，1995。

与日本的交往。

2. 对于南方文化的积极探索，实际上是由两国非历史学者推动的，历史学界之所以在此方面颇乏建树，关键在于相关文献的极度匮乏。

3. 从总体上看，相较"北方因素"而言，对日本历史中南方因素的研究，仍然是薄弱、艰巨和亟须开拓的一个领域。对于打开日本古代史和中日关系史的研究具有极其关键的意义。但相较于考古学、人类学和民俗学等领域学者的成果，历史学界的研究颇显乏善，主要原因就在于文献资料的极度匮乏以及部分学者的漠视。笔者以为，《三国志》中关于亶洲的记载为研究上古时期中国江南地区和日本列岛之间的民间海域交流提供了宝贵的文献支持，其价值可谓弥足珍贵。因此，将"亶洲"地望这一众说聚讼的历史地理学问题同上古时期中日民间海域交流这一研究薄弱领域相结合，是一项颇具意义的研究。但"海南岛说"、"爪哇说"、"济州岛说"和"种子岛说"等均囿于时代、视野和逻辑等局限，疏舛纰缪之处颇多；而传统的"日本说"不仅在认识途径和论证方法上存在重大失误，也缺少对文献价值的挖掘和主题的升华，宜应有所修正补苴。有鉴于此，笔者希望在梳理相关文献记载与辨析前人学说的基础上，从新的角度发现问题，得出自己的结论。

一 对关于"亶洲"的文献记载的梳理与分析

亶洲，亦作"澶洲"、"亶州"。最早见于《吴主传》，为《禹贡》、《山海经》所不载。其地名含义不明。"亶"，《说文解字》："多穀也。从㐭"；段玉裁注："引申之义为厚也、信也、诚也。"据《辞源》有"亶父"（《诗·大雅·绵》）、"亶爰"（《山海经·南山经》）、"亶时"（《诗·大雅·生民》）等词条，然似都无法阐明亶洲地名之义。另贾谊《新书·君道》引《书》曰："大道亶亶，其去身不远"，"亶"作平坦之意。若按此解，笔者推测，"亶洲"之名可能是吴人根据徐福"得平原广泽，止王不来"[①]之说附会而成，意为"平坦的

————————

① 《史记·淮南衡山列传》。

大洲"。何光岳先生曾论及其为亶人迁居之地，故得名亶洲，① 亦可作为一说。但学界对此问题迄无专论，故实难定谳。

历代文献中关于亶洲的记载如吉光片羽，且零散星布，给研究带来极大困难，而以往的研究亦忽视了对相关记载的整理和总结。为了深入研究，笔者将首先对关于亶洲的记载进行梳理和分析，以求把握"亶洲"在历代文献中流变之轨迹，为进一步考证奠定基础。

（一）关于亶洲方位和距离的文献记载

甲、范晔《后汉书·东夷列传》

继《吴主传》之后，《后汉书·东夷列传》亦有关于"亶洲"的记载：

> 会稽海外有东鳀人，分为二十余国。又有夷洲及澶洲。传言秦始皇遣方士徐福将童男女数千人入海，求蓬莱神仙不得，徐福畏诛不敢还，遂止此洲，世世相承，有数万家。人民时至会稽市。会稽东冶县人有入海行遭风，流移至澶洲者。所在绝远，不可往来。

在此，范晔对《吴主传》所载略有补正：一、"亶"作"澶"。卢弼《三国志集解》注："潘眉曰：亶洲。《后汉书·东夷传》作'澶洲'。'澶'、'亶'同字也。韩昌黎《送郑尚书序》：'夷亶之州'亦作'亶'，不从水旁。"② 二、"货布"作"货市"。三、"东县"作"东冶"。《三国志集解》注："钱大昭曰：'东县，当作'东冶'。"③ 四、指出夷澶（亶）二洲与东鳀诸国皆位于会稽海外，并将其列于"倭"条之后，《东夷列传》之末。今按："东鳀"，《汉书·地理志》"吴地"条："会稽海外有东鳀人，分为二十余国，以岁时来献见云。"④ 据《辞海》，鳀为海鱼，广布于东亚海域。《战国策·赵策》"黑齿雕题，鳀冠秫缝，大吴之国也。"⑤ 胡谓认为东鳀为"福建东南诸国"⑥，何光岳先生则考

---

① 何光岳：《句亶、蜑人的来源和迁徙——兼论楚、蜑和一支土家族先民的关系》，载《吉首大学学报》（社会科学版），1986(3)。

② 卢弼：《三国志集解》，912 页，北京，中华书局，1982。

③ 《后汉书·东夷列传》。

④ 《汉书·地理志》。

⑤ 《战国策·赵策》。

⑥ 《禹贡锥指·岛夷卉服》，188 页。

证东鳀国位于台湾岛，① 可见东鳀人为吴越海外捕鱼之民当属无疑。那么范晔缘何将夷澶二洲和东鳀列于"倭"条之后、《东夷列传》之末？李勃在《"澶洲"不是海南岛》一文中认为《后汉书》中有关澶洲的记载是"附属"于"倭"条的，表明"澶洲与倭国地域相连或关系密切"，以此作为澶洲"日本说"的一条论据。然而笔者认为，从范晔的记载中，看不出"夷澶二洲"与"倭"这两条记载之间的统属关系，也看不出范晔暗示澶洲与倭国之间地域相连或关系密切的意图。首先，范晔在《东夷列传》中是按照自北向南的方向排列东夷各国顺序的，即夫余—挹娄—高句骊—东沃沮—濊—三韩—倭—夷澶二洲，夷澶二洲与倭皆位于会稽东方大海之中，方位相近，故范晔把夷澶二洲与倭排在一起。其次，当时的人们只知道夷澶二洲位于会稽海外，没有更明确的地理位置信息，而且夷澶二洲没有建立起与中国王朝的政治关系，从重要性的角度看，范晔把夷澶二洲置于倭之后、《东夷列传》之末亦属合理。再次，古人亦把澶洲视做东方大海中独立于其他东夷诸国的一个大岛，例如韩愈《送郑尚书序》："其海外杂国，若耽浮罗、流求、毛人、夷澶之州、林邑、扶南、真腊、于陀利之属"。所以李勃对《后汉书》记载的理解并不准确，其用来论证"日本说"的这条论据也难以成立。

乙、张守节《史记正义》引《括地志》

继范晔之后，唐人张守节在《史记正义》中提供了关于澶洲方位和距离的新史料，事见如下：

> 《括地志》②云："澶洲在东海中，秦始皇使徐福将童男女入海求仙人，止在此洲，共数万家，至今洲上人有至会稽市易者。吴人《外国图》云：'澶洲去琅邪万里'。"③

有学者认为"吴人《外国图》"为康泰出使南海诸国回来后撰写的《吴时外国

---

① 何光岳：《百越源流史》，152～153 页，南昌，江西教育出版社，1989。

② 《括地志》，为唐初魏王李泰编著的大型地理方舆著作，550 卷，今已佚。唐代张守节《史记正义》大量引用《括地志》，故得以部分保留。

③ 张守节：《史记正义》注《史记·秦始皇本纪》。

传》①，或可信之，但为三国时期吴人所绘的海外诸国地图，当属无疑。"琅琊"，《史记·封禅书》云："琅邪（琊）在齐东方"②，系指古邑名，在今山东省东部胶南县琅琊台西北，春秋战国时期属齐地，一度易手越国，秦时置郡。今案："亶洲去琅琊万里"应是吴人附会徐福传说的结果。徐福为齐国人，从琅琊一带海滨入海而止于亶洲。盖因其"止王不来"之地"所在绝远"，后人（指卫温、诸葛直一行）不可得至，故而望洋慨叹亶洲距琅琊有"万里"之遥。但是，其上人民能够不时地回会稽"货布"，说明亶洲距会稽必不甚远。③ 故"万里"之距实属吴人对"卒不可得至"亶洲的慨叹，并非真实。

（二）有关亶洲的其他传说记载

丙、葛洪《抱朴子·内篇》

除《三国志》和《后汉书》中关于"徐福止于亶洲"的传说之外，还有个别关于亶洲的其他传说，如东晋葛洪的《抱朴子·内篇》第四《金丹》：

> 又按仙经，可以精思合作仙药者，有华山、泰山……括苍山，此皆是正神在其山中，其中或有地仙之人。上皆生芝草，可以避大兵大难，不但于中以合药也。若有道者登之，则此山神必助之为福，药必成。若不得登此诸山者，海中大岛屿，亦可合药。若会稽之东翁洲、亶洲、纻屿，及徐州之莘莒洲、泰光洲、郁洲，皆其次也。④

今按：此节文中之莘莒洲和泰光洲仅见于《抱朴子》，后世文献中也仅有明代孙瑴编《古微书》有所转抄，很可能为葛洪虚构。纻屿洲与翁洲之名也首见于《抱朴子》，亦应为葛洪杜撰，但后人在此基础上有所附会。⑤ 郁洲，《三国志·魏书·邴原传》载："邴原，字根矩，北海朱虚人……黄巾

---

① 见许永璋：《亶洲再探》，载《郑州大学学报》（哲学社会科学版），2002(1)。

② 《史记·封禅书》。

③ 吕思勉：《秦汉史》，614页，上海，上海古籍出版社，1983。

④ 《抱朴子·内篇》。

⑤ 《太平御览·四夷部三》引《外国记》曰："周详泛海，落纻屿。上多纻，有三千余家。云是徐福童男之后，风俗似吴人。"张守节《史记正义》注《史记·秦本纪》："《夏侯志》云：'翁洲上有徐偃王城。'传云昔周穆王巡狩，诸侯共尊偃王。穆王闻之，令造父御，乘腰裹之马，日行千里自还讨之。或云命楚王帅师伐之，偃王乃于此处立城以终。"

起，原将家属入海住郁洲山中"，又曾在孙恩、卢循之乱时为起义军栖泊之所，① 可知确有其地。《山海经·海内东经》郭璞注："今在东海朐县界（今江苏省灌云县东北，昔为岛屿，今已与大陆连接）。世传此山自苍梧从南徙来，上皆有南方物也。"②这一传说传到文人笔下，郁洲被神化为仙人居所。魏人崔季珪之《述初赋》言："郁洲者，故苍梧之山也。心悦而怪之，闻其上有仙士石室也，乃往观焉。见一道人独处，休休然不谈不对，顾非已及也。"③值得注意的是，郁洲距作为神仙方术和天师道发源地的琅琊海滨不远，且陈寅恪先生考证葛洪家族本系琅琊人。④ 表明葛洪杜撰的依据多取自琅琊海滨传说。而徐福传说也发端于琅琊一带，与徐福传说密切相关的亶洲被葛洪奉神山仙岛，亦不足为奇。总之，葛洪在杜撰大量神山仙岛地名的同时，又对源自琅琊的仙道之说大加附会，以完善其"合药修仙"的理论。

丁、梁元帝《金楼子》

到南朝，文献中又出现了亶洲生仙草的传说，见梁元帝（萧绎）《金楼子》志怪篇十二：

> 神洲之上有不死草，似菰苗。人已死，此草覆之即活。秦始皇时，大苑中多枉死者，有鸟如乌状，衔此草坠地，以之覆死人，即起坐。始皇遣问北郭鬼谷先生，云"东海亶洲上，不死之草生琼田中。"⑤

今按：此节文传说明显由《吴主传》中徐福求仙药止于亶洲之说衍生而来。类似的记载还见于六朝时期伪书《十洲记》（下文会提到），应为六朝文士掺杂神仙道术之说附会而成。此外还有奇肱国民风行亶洲的传说，见于

---

① 《晋书·安帝纪》："（隆安）五年，六月甲戌，孙恩至丹徒。乙亥，内外戒严，百官入居于省。……宁朔将军高雅之击孙恩于广陵之郁洲。为贼所执。"《宋书·武帝纪》："（隆安）五年……六月，（孙恩）寻知刘牢之已还，朝廷有备，遂走向郁洲。八月，以高祖为建武将军、下邳太守，领水军追恩至郁洲，复大破恩，恩南走。"

② 袁珂校注：《山海经校注》，382 页，成都，巴蜀书社，1992。

③ 郦道元：《水经注·淮水篇》，陈桥驿校证，715 页，北京，中华书局，2007。

④ 陈寅恪：《天师道与滨海地域之关系》，见《金明馆丛稿初编》，29 页，上海，上海古籍出版社，1980。

⑤ 梁元帝（萧绎）：《金楼子》卷五《志怪篇十二》，380 页，北京，商务印书馆影印文津阁四库本，2005。标点为笔者所加，下同。

《金楼子》同篇：

> 奇肱国民，能为飞车，从风远行，至于亶州。伤破其车，不以示民。十年，西风至，复使给车遣归。①

"奇肱国"最早见于《山海经·海外西经》、《淮南鸿烈解·氾论训》(《淮南子》)等文献，为传说中位于西方之遥远国度，《金楼子》中奇肱国人风行亶洲的传说亦应由《山海经》、《淮南鸿烈解》中的传说结合《吴主传》中的记载衍生而成。

戊、罗濬《宝庆四明志》引《十道四蕃志》、《十洲记》和《汉武洞穴记》

南宋罗濬所撰《宝庆四明志·鄞县志》中也引述有关于亶洲的传说，内容如下：

> 《旧志》载：亶洲山在县东四十五里。按《十道四蕃志》云："亶洲有虞喜冢。晋屡召不至，死葬于此。"东方朔《十洲记》云："山有不死之草，赤茎绿叶。人死三日，以草覆之即活。"按《吴志》："黄龙二年春正月，遣将军卫温诸葛直将甲士万人浮海求夷洲及亶洲。亶洲在海中。"《汉武洞穴记》言："秦始皇帝遣方士徐福，将童男童女数千人入海求蓬莱神山及仙药，止洲不还。"(前续《吴志》)"世相承有数万家。其上人民，时有至会稽货布。会稽东县人海行，亦有遭风漂至洲者。所在绝远，卒不可得至，故卫温等但得夷洲数千人还。"今谓亶洲山去县四十五里，实无此山。世传今日本国即此洲，然未知是否也。②

除《宝庆四明志》外，王象之《舆地纪胜》亦有类似记载，见卷十一《庆元府·仙释》：

> 亶洲山，鄞县东，在海中。《汉武洞穴记》言："秦始皇遣徐福将童男女入海求蓬莱神仙及仙药，止此洲不还。"世传今日本国是也。东方朔云："山有不死之草，人死三日以草覆之即活。"③

---

① 梁元帝(萧绎)：《金楼子》卷五《志怪篇十二》，381 页。

② 罗濬：《宝庆四明志》，161 页，台北，成文出版社，1983。标点为笔者所加。

③ 王象之：《舆地纪胜》(一)，633 页，北京，中华书局，1992。标点为笔者所加。

罗濬和王象之所引前人著述中,除《十道四蕃志》①确为唐人梁载言所撰之方舆著作外,《十洲记》②和《汉武洞冥记》③均是伪书,系六朝文士掺杂道术神仙之说依托为之。

综合丁、戊两组文献记载,可以看出以下几点:首先,六朝时出现许多有关亶洲的传说;其次,亶洲在鄞县(今浙江宁波)东45里,有虞喜塚和不死之草,但都不存在;再次,世传亶洲为日本国。今按:《晋书·虞喜传》载,虞喜为东晋高士,擅天文,"专心经传,兼览谶纬"④。而谶纬之说与仙道方术密切相关,故而所谓亶洲(山)有虞喜塚和不死草之说,应为六朝文士以神仙和芝草意象加以想象和附益的结果。且罗濬亲自证实"实无此山",说明此说确属子虚乌有。而"亶洲为日本国"的说法,无疑源自"徐福止王日本"之说,此说最早见于五代后周僧人义楚的《释氏六帖》,⑤ 其卷二一《国城州市部》云:

> 日本国亦名倭国,东海中。秦时,徐福将五百童男、五百童女止此国也。今人物一如长安……又东北千余里有山,名富士,亦名蓬莱,其山峻,三面是海,一朵上耸,顶有火烟,日中上有诸宝流下,夜即

---

① 《十道四蕃志》,亦作《十道志》。《新唐书·艺文志》载:"梁载言《十道志》十六卷。"《宋史·艺文志》载:"梁载言《十道四蕃志》十五卷。"可知《十道志》于宋时已佚一卷,宋以后全佚。

② 《十洲记》,亦题为《海内十洲记》、《十洲三岛记》、《十洲三岛》、《海内十洲三岛记》、《十洲仙记》等。经后人考证其作者伪。伪托者当为六朝道士。参见邓瑞全、王冠英主编:《中国伪书综考》,555~556页,合肥,黄山书社,1998。

③ 《汉武洞穴记》,亦题为《汉武洞冥记》和《汉武帝别国洞冥记》,或简称《洞冥记》。共4卷。《隋书·经籍志》题撰者为郭氏,《新唐书·艺文志》则题作郭宪撰。郭宪字子横,系东汉汝南宋(今河南省商丘)人。后人考定其为六朝人伪托。参见《中国伪书综考》,556~557页。

④ 参见《晋书·虞喜传》。

⑤ 《释氏六帖》,又名《释氏纂要六帖》、《义楚六帖》,作者是五代齐州开元寺僧义楚,本传见于《宋高僧传》卷七,书成于后周显德元年(954),周世宗赐之紫衣袈裟及明教大法师法号,书中广征博引,阐述佛教义理,因而保存了许多今已失传的隋唐佛教撰集的佚文。宋开宝六年(973)和崇宁二年(1103)各有刊本,日本有宽文九年(1669)刊本。1944年苏晋仁自日本带回后,刊入《普惠大藏经》中。1990年浙江古籍出版社缩印出版,本书引文均据此本。

却上，常闻音乐。徐福止此，谓蓬莱，至今子孙皆曰秦氏。"①

今按：此节文为中国文献中最早确言徐福到达日本的记载。自宋以降，"徐福止王日本"之说广为云布，亶洲为日本之说亦流行开来。而日本文献中首次出现徐福止于日本的记载，是北畠亲房于后醍醐天皇延元四年(1339)编著的《神皇正统纪》。这表明"徐福止王日本"之说并非产生于日本，而是在宋元时期由中国传至海东。此说当系义楚根据富士山"诸宝流下，夜则却上，常闻音乐"的景象和部分秦氏中国移民的后裔附会而成。

己、《太平御览》引《十六国春秋·北凉录》

值得注意的是，文献中还收录有孔子浮游亶州(洲)的传说。此说初见于北魏崔鸿的《十六国春秋·北凉录》，不见于先前文献记载。由于《十六国春秋》于宋代散佚，现只能从《太平御览》等文献的征引中以窥片爪。② 事见《太平御览》卷一二四《偏霸部八·北凉沮渠蒙巡》与卷九二二《羽族部九·燕》：

> 昔鲁人有浮海而失津者，至于亶州，见仲尼及七十二子游于海中。与鲁人木杖，令闭目乘之，使归告鲁侯筑城以备寇。鲁人出海投杖水中，乃龙也。具以状告，鲁侯不信。俄而，有群燕数万，衔土培城。鲁侯信之。大城曲阜既讫而齐寇至，攻鲁不克而返。③

唐代杨炯在其《遂州长江县先圣孔子庙堂碑》一文中亦有："坐于缁帷之林，浮于亶州之海"④之语。但此说较之徐福传说，流传并不广泛。今按："孔子浮海亶洲"之说当脱胎于《论语》和《汉书·地理志》的记载：

---

① 释义楚：《释氏六帖》，433 页，杭州，浙江古籍出版社，1990。标点为笔者所加。

② 《十六国春秋》，北魏崔鸿撰，是有关晋代北方十六国史的纪传体史书。其书一百卷，又有《序例》、《年表》各一卷，合计 102 卷。宋代时全佚。现存《十六国春秋》实为明人屠乔孙、项琳之伪本，乃采《晋书》、《北史》、《册府元龟》、《太平御览》等书集成之，已非原书。

③ 《太平御览》卷一二四《偏霸部八·北凉沮渠蒙巡》，603 页，卷九二二《羽族部九·燕》，4090～4091 页。标点为笔者所加。

④ 《卢照邻集杨炯集》，徐明霞点校，59 页，北京，中华书局，1980。

子曰，道不行，乘桴浮于海。① (《论语·公冶长》)

子欲居九夷。② (《论语·子罕》)

然东夷天性柔顺，异于三方之外，故孔子悼道不行，设浮于海，欲居九夷，有以也夫!③ (《汉书·地理志》)

后人将这类记载与东方大海中的亶洲相糅合，制造了"孔子浮游亶洲"的传说。两汉时期，这种神化孔子的纬书神话盛极一时，一方面出自儒士经生之手，另一方面燕齐海上方士或以其阴阳之学间接参与造作。④ 后人在此基础上，对孔子的神化更是有增无减。因此可以肯定，"孔子浮游亶洲"之说系纬书神话滥觞的产物。

(三)对文献记载的总结分析和对传统"日本说"的考察与反思

通过细加梳理"亶洲"在文献记载中的流变过程，不难发现以下几个特点：第一，历代关于"亶洲"的记载均以《吴主传》的记载为底本，辗转传抄不绝；第二，后人在承袭《吴主传》中"徐福止于亶洲"的记载同时，以神仙之说掺杂其中，大加杜撰和附益，使得本已神秘的"亶洲"愈显扑朔迷离；第三，五代后，尤其自宋代以降，随着"徐福止王日本"之说的流行，人们开始将其与《吴主传》的记载相结合，产生"亶洲为日本"的说法。而从上述 3 条特点中我们不难看出，后人对亶洲的认识基本上离不开徐福传说的影响。

值得注意的是，亶洲系与吴地有关的地名，而徐福传说发端于燕齐海滨，二者本属于不同的文化区域。根据牟钟鉴先生的研究，中国的神仙传说上溯至战国时期，一出自燕齐，二出自荆楚。吴地虽深受荆楚文化的影响，却没有孕育出求仙问道之术。真正将神仙传说发展为道术和宗教的是在燕齐滨海一带。⑤ 笔者统计，《汉书·地理志》中明载立有神祠、庙的县

---

① 朱熹：《四书章句集注》，77 页，北京，中华书局，1983。

② 《四书章句集注》，113 页。

③ 《汉书·地理志》。

④ 参见冷德熙：《超越神话——纬书政治神话研究》，240 页，北京，东方出版社，1996。

⑤ 任继愈主编：《中国道教史》，11 页，上海，上海人民出版社，1990。

有46个，其中17个分布在齐地滨海地区，占37%，高于关中地区的28%，居汉代各地域之首，而会稽等吴地郡县并无立有神仙祠庙的记载。陈寅恪先生在《天师道与滨海地域之关系》一文中亦指出，"神仙学说之起源及其道术之传授，必与滨海地域有连"①。而神仙道术大规模传入吴地当在东汉末年(当时神仙方术已经发展为早期道教，以天师道为代表)。其时，北方兵燹迭萌相寻，一些道士南下江东布道，例如琅琊道士于吉，"先寓居东方，往来吴会，立精舍，烧香读道书，制作符水以治病，吴会人多事之"②。陈先生也认为，"天师道起自东方，传于吴会，似为史实，不尽是诬妄"③。在天师道南传江东的过程中，带有入海求仙色彩的徐福传说亦开始流行吴地民间。笔者发现，历代文献中首次将吴地与徐福传说相联系的记载，正是前引《三国志·吴主传》中的相关记述。这表明，吴地流行徐福传说的时间很可能是在汉末三国时期。(笔者并不否认徐福传说之前已传入吴地的可能，但通过文献推测，之前徐福传说在吴地可能并不流行)

同样值得注意的是徐福入海遗迹的分布情况。笔者所查找到的徐福入海遗迹多达12处，④ 其中河北2处，江苏2处，各占16.7%；山东4处，浙江4处，各占33.3%。从空间分布上看，河北、山东和江苏的8处遗迹均位于渤海和黄海沿岸，属于古代的燕齐之域；浙江的4处遗迹大致分布于杭州湾附近，均位于汉代会稽郡域内。这些遗迹分布以山东半岛为中心，向南北滨海地区扩散，与天师道产生和传播的地域基本吻合。从产生时间看，这些遗迹中除琅琊遗迹外⑤，其余均产生于天师道流播之后。由此可知，除琅琊遗迹外的11处遗迹的产生、分布应与天师道的传

---

① 陈寅恪：《金明馆丛稿初编》，1页。

② 《三国志·吴书·孙策传》注引《江表传》。

③ 陈寅恪：《西晋末年的天师道活动》，收于《陈寅恪魏晋南北朝史讲演录》，万绳楠整理，67页，合肥，黄山书社，1987。

④ 它们是河北省：秦皇岛、千童城(黄骅县)；山东省：成山头、徐福岛(崂山湾)、徐山(胶州湾)、琅琊台(琅琊湾)；江苏省：赣榆县、东海县；浙江省：灵山(舟山群岛)、大蓬山(慈溪、杭州湾)、会稽(绍兴、杭州湾)、蓬莱山(象山县)。

⑤ 《史记·秦始皇本纪》记载秦始皇"北至琅琊"时，会见徐福，当时"方士徐福等人入海求神药，数岁不得"。可知徐福以琅琊作为出海基地，已有多年。

播密切相关。

综上，不难梳理出"徐福止于亶洲"之说产生的大致过程：徐福传说原系燕齐海滨的产物，直到汉末三国时期，发端于琅琊海滨的天师道南传，徐福传说开始在吴地流行。与此同时，吴人得知会稽海外有一个巨大的中国古移民聚落，称其为"亶洲"，并将其上人民附会为徐福一行人的后裔，由此产生"徐福止于亶洲"之说。而实际上，徐福与亶洲本无联系，更无证据表明是亶洲人自谓为徐福后裔，因此应为吴人附会。

前面曾提到，传统"日本说"普遍缺乏系统的论证过程，这一现象说明以往的学者在持"日本说"时，极有可能受到民间"徐福止于日本"之说的影响，在缺少对徐福传说辨析的情况下，先入为主，将"徐福止于亶洲"的记载与"徐福止于日本"的传说投射叠影，轻率地得出亶洲位于日本的结论。例如李勃的《"亶洲"不是海南岛》、王颋的《徐福东渡新考》①通过论证"徐福抵达日本"以证明亶洲即日本。两篇文章都以日本熊野、新宫等地有徐福旧居地、徐福祠和徐福墓等为据，认为徐福抵达日本确为史实。台湾学者彭双松更是走遍日本列岛，考察日本各地的徐福遗迹，认定徐福抵达日本无疑。② 前面已经论证过，"徐福抵达日本"是产生于五代、流传于宋代的民间传说，大约在宋元时期东传日本。中日两国众多的所谓徐福遗迹，都应是在这一传说的影响下产生的。例如，新宫一带还流传着叫做"徐福纸"的造纸方法，还有"徐福烟"③，显然徐福在世的时候，造纸术尚未发明，而烟草则在 16 世纪由葡萄牙人携入日本。因此从论证逻辑上看，这些产生于徐福传说之后的遗迹，它们无法成为将传说本身论证为史实的依据。而到目前为止，也尚未发现能够直接论证徐福抵达日本的证据。在这种情况下，亶洲的地望位于何处，就不能通过论证"徐福抵达日本"这条途径求解，必须另辟蹊径。

---

① 王颋：《徐福东渡新考》，载《复旦学报》（社会科学版），1995（2）。

② 参见彭双松：《徐福研究》，台北，富蕙图书出版社，1984。

③ ［日］中村新太郎：《日中两千年》，张柏霞译，10 页，长春，吉林人民出版社，1980。

笔者以为，欲考证亶洲之地望必须从两方面展开：一方面回归底本，重新解析和把握《吴主传》中的相关记载；另一方面，从徐福传说的影响中跳出，以求从全新的角度理解史料，发现问题。前引《吴主传》的记述中，"亶洲在海中……世相承有数万家，其上人民，时有至会稽货布，会稽东县人海行，亦有遭风流移至亶洲者"一句，应是整段记载中最核心的部分。虽寥寥数语，却真实地透露了重要的历史信息：第一，在东方海外，有一个多达数万户的中国古移民聚落，其上人民的祖先从中国集体移民至此，世代繁衍，群聚而居；第二，其上人民能够不时地回会稽"货布"，表明亶洲与吴地有海路可通，而实际上亦非天涯绝远；第三，海上有季风和洋流使得会稽人出海漂流到亶洲。因此，这部分记载应是考察亶洲地望的关键和突破口。只有把握这部分记载，才能论据可靠、论证有力、论点坚实。然而，以往的亶洲"日本说"深受徐福传说的影响，论证上普遍缺少系统性和可靠性。"海南岛说"、"爪哇说"和"济州岛"说则从亶洲的距离、方位以及字形对音等方面入手，无异于错失关键。下面兹以各家新说为例，考察其在论证上的疏舛谬误之处。

二 对诸家新说的辨析

(一)"海南岛说"

学界中首倡亶洲"海南岛说"的为日本学者市村瓒次郎和小叶田淳(参见其著于 20 世纪 40 年代的《支那史研究》与《海南岛史》)，日本学者的观点在近几十年的中国学界中得到响应。司徒尚纪、袁臻和胡阿祥等均持亶洲"海南岛说"，其中以袁臻的考证最为系统，且其论证思路与市村瓒次朗、小叶田淳颇为相似，袁文考定"亶洲"为海南岛的主要依据有三：(1)根据《三国志》中《陆逊传》和《全琮传》的记载，陆逊和全琮当年都力谏孙权勿征夷洲和珠崖(今海南岛)，而非夷洲和亶洲，因此珠崖和亶洲实为同地异名。(2)从卫温、诸葛直的航向和出海时间推测亶洲即海南岛。(3)通过考察珠崖、儋耳郡的历史沿革论证珠崖为亶洲的合理性。后陈家麟和李勃在这 3 个方面对袁文进行了批驳，但仍有可补充之处。笔者希望在陈文和李文批判的基础上进一步加强对袁文论点的探讨，兹陈管见如下：

1. 对志文的曲解。

《三国志·陆逊传》载：

> 权欲遣偏师取夷州及朱崖，皆以咨逊，逊上疏曰："臣愚以为四海未定，当须民力，以济时务。今兵兴历年，见众损减，陛下忧劳圣虑，忘寝与食，将远规夷州，以定大事，臣反覆思惟，未见其利，万里袭取，风波难测，民易水土，必致疾疫，今驱见众，经涉不毛，欲益更损，欲利反害。又珠崖绝险，民犹禽兽，得其民不足济事，无其兵不足亏众。今江东见众，自足图事，但当畜力而后动耳。昔桓王创基，兵不一旅，而开大业。陛下承运，拓定江表。臣闻治乱讨逆，须兵为威，农桑衣食，民之本业，而干戈未戢，民有饥寒。臣愚以为宜育养士民，宽其租赋，众克在和，义以劝勇，则河渭可平，九有一统矣。"权遂征夷州，得不补失。①

又《全琮传》载：

> 初，权将围珠崖及夷州，皆先问琮，琮曰："以圣朝之威，何向而不克？然殊方异域，隔绝障海，水土气毒，自古有之，兵入民出，必生疾病，转相污染，往者惧不能反，所获何可多致？猥亏江岸之兵，以冀万一之利，愚臣犹所不安。"权不听。军行经岁，士众疾疫死者十有八九，权深悔之。后言次及之，琮对曰："当是时，群臣有不谏者，臣以为不忠。"②

将上述两条记载与《吴主传》中的记载结合来看：孙权君臣在朝堂上围绕征夷洲和珠崖的问题抵牾颇深，结果孙权放弃征珠崖，改征夷洲和亶洲。在时间顺序上，孙权欲征讨夷洲和珠崖并征询陆逊、全琮二人意见在前，作出派卫温、诸葛直征夷亶二洲的决定在后。但是袁文却模糊了二者的时间顺序，硬将这两件事情同时搬到朝堂之上，模拟了一个君臣各说一方的

---

① 《三国志·吴书·陆逊传》。
② 《三国志·吴书·全琮传》。

场景：孙权执意征讨夷洲和亶洲，陆逊、全琮则力谏孙权勿远征夷洲和珠崖。而且袁文为了解释这一场景，力求论证孙权所说的"亶洲"与陆、全二人所说"珠崖"实为同地异名。这种论证方法恐非适宜。

《陆逊传》中明确记述了孙权在陆逊的劝谏下放弃珠崖而改征亶洲并且坚持征讨夷洲的史实。孙权作出如此决策，与陆逊的谏辞密不可分。首先，陆逊强调珠崖"民如禽兽"，即便掳掠其民，对吴国的生产、军事也不会带来什么积极影响（陆逊的谏辞已经透露出孙权遣卫温、诸葛直入海的目的在于掳掠人口。后文会有进一步论证）。陆逊的言说并非向壁虚构，因为汉代有经略珠崖失败的惨痛教训，而且吴国交州官员对珠崖民风有一定的了解（后文亦会提及），孙权对此也应是心知肚明。但孙权得知亶洲上居住有数万中国移民，文明程度远较珠崖人为高，如果把亶洲人掠至吴国，可以大大增强吴国的人口和实力。因此，孙权改征亶洲亦可理解。其次从陆逊的谏辞中看出吴国人对夷洲的认识并不多，基本上只是强调夷洲在地理空间上的模糊和遥远，也没有提到夷洲人的特征。笔者推测，孙权可能心存试探：如果夷洲人比珠崖人文明程度高，则可以掳掠为吴国所用，增强国力。正是在这种心理驱使下，孙权没有放弃征讨夷洲。

2. 对亶洲方位的误判。

笔者以为，袁文对卫温、诸葛直出海时间与航向的分析是合理的。从出海时间看，《吴主传》记载孙权决定此事的时间是在黄龙二年（230）春正月，根据《全琮传》中"军行经岁"以及卫温、诸葛直二人于次年春二月"下狱诛"的记载推算，他们出发的时间应在黄龙二年的春季。那时整个东亚地区东北季风盛行，从会稽郡出海，很容易顺风向西南方向航行。因此，不久航行到夷洲（今台湾岛）是完全可能的。而且袁文推测，他们的船队会顺沿台湾海峡继续向西南航行，进入南海。对这一推测，笔者完全赞同。但是，袁文却自设"陷阱"，认为"如果这样前进，航行的目标不正好和陆逊、全琮传上所说的'珠崖'相吻合吗？"但是，如果真的一切吻合，为什么船队没有到达珠崖（即袁文认为的亶洲）？很难想象，琼州海峡宽不过数十公里，远较台湾海峡狭窄，如此庞大的船队在南海航行，竟然没有找到与雷州半岛一峡之隔的海南岛？《水经注·温水》引王氏《交广春秋》云："朱崖、儋耳二郡，与交州俱开，皆汉武帝所置。大海中，南极之外，对合浦徐闻县。①清朗无风之日，径望朱崖州，如囷廪大。从徐闻对渡，北风举帆，一日一夜而至。"②《交广春秋》为魏晋人王范所作，可知在魏晋时期，人们已认识到珠崖距大陆之近。《后汉书·郑弘传》载，"旧交趾七郡贡献转运，皆从东冶泛海而至。"表明在东汉时期，会稽东冶与交趾郡之间就存在固定航路。而且在东汉末年和三国时期，多有辗转至会稽又浮海南下交州避战乱者。③表明吴人从会稽出海抵达位于交趾境内的珠崖是完全可能的。因此，袁文在此问题上恐难以圆说。

前已论及，亶洲不应距吴地有天涯之远，"万里之遥"实属吴人"卒不可得至"的慨叹。故笔者推测，卫温、诸葛直找不到亶洲只有一种可能，即孙权在不清楚亶洲具体方位的情况下宸衷独断，贸然下令出海。而船队极可能犯了南辕北辙的错误，致使"军行经岁，死者十有八九"，令孙权"深悔之"。

3. 对珠崖、儋耳郡历史沿革的误读。

儋耳、珠崖郡置于汉武帝破南越之后的元封元年(前110)。《汉书·地理志》云："自合浦徐闻南入海，得大州，东西南北方千里，武帝元封元年略以为儋耳、珠厓郡"④。其地"皆在南方海中洲居，广袤可千里，合十六县，户二万三千余"⑤。汉昭帝始元五年(前82)，将儋耳郡并入珠崖郡。⑥汉宣帝甘露二年(前52)夏四月，"遣护军都尉禄将兵击珠崖"⑦。汉元帝初元三年(前

---

① 今广东省徐闻县南。

② 《水经注·温水》。

③ 如东海人王朗，除菑丘长，又任会稽太守，为孙策所败，"浮海至东冶"，后又"自曲阿辗转江海"，终于归魏。参见《三国志·魏书·王朗传》。《后汉书·桓荣传》："初平中，天下乱"，桓晔"避地会稽，遂浮海客交阯"。《后汉书·袁安传》："及天下大乱，（袁）忠弃官客会稽上虞"，"后孙策破会稽，忠等浮海南投交阯"。《三国志·蜀书·许靖传》记载，曾追随王朗的许靖与袁沛、邓子孝等"浮涉沧海，南至交州"，一路"经历东瓯、闽、越之国，行经万里，不见汉地，漂薄风波，绝粮茹草，饥殍荐臻，死者大半"。

④ 《汉书·地理志》。

⑤ 《汉书·贾捐之传》。

⑥ 同上书。

⑦ 《汉书·宣帝纪》。

46)，因土著激烈反抗，珠崖郡废止。① 儋耳为郡有 29 年，而珠崖郡之置则长达 64 年。直至孙吴赤乌五年(242)，孙权派聂友、陆凯统兵 3 万讨珠崖、儋耳，并复置珠崖郡。袁文认为，到黄龙二年(230)珠崖郡已被废止近 300年，"因此孙权误将'儋耳'和'珠崖'当作会稽地方的人们传说中的'所在绝远'而且谁也没有到过的所谓的'亶洲'，亦不足为怪"。

对袁文的这一解释，笔者以为实属不妥。首先，孙权笃学博闻，尝自称"少时历诗、书、礼记、左传、国语，惟不读易。至统事以来，省三史、诸家兵书，自以为大有所益"②。其又要求太子孙登"读《汉书》，习知近代之事"③。由此可知，孙权既读过《汉书》，亦应知晓珠崖、儋耳的概况和历史沿革。如果说孙权不知儋耳和珠崖郡之地望，竟然把西汉时早已开发的珠崖误作为扑朔迷离的"亶洲"，恐令人难以置信。其次，汉代购藏南洋物产之风盛行：南海通路大量输入"犀、象、玳瑁、珠玑、银、铜、果、布"之属，"中国往商贾者多取富焉"④；而京都宫人也竞相"簪玳瑁，垂珠玑"⑤。这些都说明汉代社会对南洋物产需求之盛。又《汉书·西域传下》载："故能睹犀布、玳瑁则建珠崖七郡。"⑥贾捐之亦曾谏言"又非独珠崖有珠犀玳瑁也，弃之不足惜"⑦，表明汉朝统治海南岛的重要动因即获求南海珍宝。珠崖郡虽罢，然而由于"中国贪其珍赂"⑧，其间的海上联系未必中断。⑨

---

① 《汉书·元帝纪》："珠崖郡山南县反，博谋群臣。待诏贾捐之以为宜弃珠崖，救民饥馑，乃罢珠崖"。贾捐之道："今陛下不忍悁悁之忿，欲驱士众挤之大海之中，快心幽冥之地，非所以救助饥馑，保全元元也。"参见《汉书·贾捐之传》。

② 《三国志·吴书·吕蒙传》裴注引《江表传》。

③ 《三国志·吴书·孙登传》。

④ 《汉书·地理志下》。

⑤ 《汉书·东方朔传》。

⑥ 《汉书·西域传下》。

⑦ 《汉书·贾捐之传》。此外元帝的废珠崖诏被赞为"德音"；"诸见罢珠崖诏书者，莫不欣欣"。参见《后汉书·鲜卑传》；《汉书·匡衡传》。

⑧ 《后汉书·南蛮西南夷列传》。

⑨ 在这期间，吴嘉禾四年(235)秋，"魏使以马求易珠玑、翡翠、玳瑁，权曰：'此皆孤所不用，而可得马，何苦而不听其交易？'"可见吴凭优越的地理位置和航海能力，以南海物产得贸易之利。参见《三国志·吴书·吴主传》。

早在东汉建安十六年(211)珠崖所属的交州已归附孙吴。① 以下是吴黄龙二年(230)之前在交州担任要职的孙吴官员一览表：

表1　吴黄龙二年(230)前在交州任职的孙吴主要官员一览表

姓名	担任职务	典据
步骘	交州刺史	《三国志·吴书·步骘传》
士燮	交趾太守	《三国志·吴书·士燮传》
陈时	交趾太守	《三国志·吴书·士燮传》
吕岱	广州刺史、交州刺史	《三国志·吴书·吕岱传》
薛综	合浦、交趾太守	《三国志·吴书·薛综传》

在交州任职期间，这些官员们均对珠崖有一定的了解，例如薛综上疏道："……自臣昔客始至之时，珠崖除州县嫁娶，皆须八月引户，人民集会之时，男女自相可适，乃为夫妻，父母不能止……"②可以确定，在黄龙二年以前，孙权君臣能够掌握的关于珠崖的信息是比较丰富的。因此，袁文中"孙权不了解珠崖，故而将其与亶洲混淆"的观点恐难以成立。

总之，袁文在史料考订、逻辑推理和史文理解方面均存在众多失误。而这些错误在"爪哇说"中同样存在。下面笔者将通过分析许永璋的论点，考察其局限之处。

(二)"爪哇说"

许永璋在《亶洲新探》和《亶洲再探》两篇文章中系统地阐述了"爪哇说"，但学界迄无回应。其文主要从两方面切入：(1)孙权寻求亶洲的时间和动机以及方位和距离。(2)"亶洲"地名的对音和含义。笔者认为，许文在这两个方面的分析均可商榷，兹陈管见如下：

1. 对寻求亶洲的时间、动机以及亶洲方位、距离的误判。

首先，许文对船队出海航向和时间亦有合理分析，当从之。但是许文却同袁文一样，推断亶洲位于南方大海中。对于这一点，笔者前已论及，

---

① 以孙权遣步骘任交州刺史为标志。事见《三国志·吴书·步骘传》。
② 《三国志·吴书·薛综传》。

不再赘述。然许文略有径庭，其在"南向"基础上，根据"所在绝远"、"去琅琊万里"等记载，认定"亶洲"应位于以爪哇岛为中心的印度尼西亚群岛。对此笔者亦有质疑。

如果以黄龙二年春二月到黄龙三年元月(阳历为公元 230 年 3 月至 231 年 2 月①)期间作为卫温、诸葛直航海的时间段，② 毫无疑问，船队在这一期间经历了两次季风风向的逆转：春季(主要指 4—5 月)由北风向南风过渡，秋季(主要指 9—10 月)由南风向北风过渡。尤其是台湾海峡的风向，冬季以东北季风为主，时间持续约五六个月；夏季以西南季风为主，风力稍弱，持续约 4 个月。③ 考虑到三国时期经历了仰韶温暖期以来的第三次寒冷期，④ 北风持续的时间可能更长。许文认为，"船队到达夷洲后稍事停留，再继续南航，北风已近尾声……这对于船队向南航行显然不利。因此他们'卒不可得至'亶洲，只得返航"。按照此番估计，船队大概用半年就可回到吴国，这与"军行经岁"的记载以及许文自估的"一年"矛盾互见。

此外，许文以为船队是先抵达夷洲，再寻找亶洲。笔者认为，船队应是先去寻找亶洲。因为按照《吴主传》的记载，卫温一行的最终结果是没有找到亶洲而"得夷洲数千人还"。但如果船队先在夷洲俘获数千人，再去寻找方位不明的亶洲，无疑会给船队增加巨大的运输、供给负担，而且俘获的夷洲土著人随时存在反抗的可能，给船队的航行带来巨大的危险。所以，笔者推测，船队应该是利用出航时盛行的北风，一路穿过台湾海峡向南航行(期间或许经过夷洲，探明位置，但没有采取军事行动)，在 3—5 月这 3 个月期间浮海南洋，但最终没有找到被吴人称为"亶洲"的中国古移民聚落。

---

① 陈垣：《二十史朔闰表》，44 页，北京，中华书局，1962。

② 许文认为船队航行时间区间为黄龙二年春正月至黄龙三年春二月。见《亶洲新探》。

③ 陈碧笙：《台湾地方史》，9 页，北京，中国科学院出版社，1982。

④ 这一寒冷期从 3 世纪初至 6 世纪中叶，长达近 300 百年。贾思勰的《齐民要术》中记载的桃树始花、枣树生叶的时间比现代黄河流域迟了 10～20 天。《三国志·魏志·文帝纪》记载，魏黄初六年(225)，魏文帝率 10 万大军至今扬州附近的广陵城准备南伐，因是岁大寒，运河水道结冰，战船不得进入长江而罢。参见邹逸麟编著：《中国历史地理概述》，15 页，上海，上海教育出版社，2005。

随着南风渐起，船队又浮海北上，抵达夷洲（台湾岛）。考虑到船队士兵在长途航海后已相当疲乏，加上夷洲土著人的反抗，以及夷洲"殊方异域"、"水土气毒"，地形多山等不利条件，卫温一行所遇困难应当不小。20世纪初，日本考古人员曾在台北发现三国时期的指掌形古砖。① 吴壮达认为，"关于这种古砖的发现，与其说是由于当时台湾与大陆之间进行经济交换的结果，毋宁说是这次远征所遗留的物证。"②笔者同意这种看法。因为从台湾土著社会的发展情况看，其建筑主要由竹木芭茅等植物材料筑成，无需自己烧砖或从吴国货砖。③ 这些砖的出土表明，当年卫温、诸葛直极有可能在台湾北部一带筑城置守。由此推算，船队在夷洲耗费时日恐需数月。待到船队从夷洲返回吴国时，已是第二年春了。

如果笔者的推算大体不误，那么船队在浮海南洋的过程中抵达爪哇亦有可能。据5世纪法显所述，其从耶婆提国（即爪哇）④乘船归国，"赍五十日粮"；"商人议言：'常行时正可五十日，便到广州'"。⑤《宋史·外国五》"阇婆"（即爪哇）条载："（阇婆）西北泛海十五日至勃泥国，又十五日至三佛齐国，又七日至古逻国，又七日至柴历亭，抵交阯，达广州。"⑥共计44日。表明从六朝到宋代，爪哇距广州的航程大约在40至50日之间，三国时期应略长于50天。此外，考虑到船队需要经常靠岸补给，那么浮海南洋数月的船队到达爪哇岛并非没有可能。

第二，许文对孙权求夷亶二洲动机的解释不一：或为加强与南海诸国的联系，或为寻求神山仙药，或为寻求南海珍宝。对这3个解释，笔者均有异

---

① 林惠祥：《台湾番族之原始文化》附录《中国古书所载台湾及其番族之沿革略考》，载《"中央研究院"社会科学研究所集刊》，第3号，1930。

② 吴壮达：《台湾的开发》，6页，北京，科学出版社，1958。

③ 清代《台湾府志》中记载了台湾土著居民的建筑情况："番屋高地五六尺，以木梯之而上。其形似船，狭而深。自前至后，无所遮蔽。"由此可见，清代时台湾土著人的建筑仍非常简陋，可以想见三国时期的台湾土著人的居住情况。参见蒋毓英等：《台湾府志三种》，上册，104页，北京，中华书局，1985。

④ Paul Pelliot：《交广印度两道考》，冯承钧译，90页，上海，商务印书馆，1933。

⑤ 法显：《法显传》（《佛国记》），章巽校注，171页，上海，上海古籍出版社，1985。

⑥ 《宋史·外国五·阇婆》。

议。首先，许文认为卫温、诸葛直入海是朱应、康泰出使南海诸国的先声。这一观点的前提是需要可靠的结论能说明朱应、康泰于黄龙二年(230)后出使南海诸国，而学术界恰在此问题上众说纷纭。普遍的看法是朱应、康泰出使的时间在 226 至 231 年之间，[①] 另一种意见是 225 至 289 年，[②] 第三种意见是 245 至 250 年。[③] 许永璋认为是在 3 世纪 40 年代末至 60 年代初。[④] 许文在这一问题上的论证总体是比较有力的，但笔者以为，对派遣船队目的的考察还需要综合考虑到当时吴国的战略环境，许氏的"先声说"略显单薄。其次，孙权为了求仙药而遣甲士万人入海的观点，颇有臆想之嫌。秦皇汉武曾多次下令方士入海求仙，耗费巨帑，但事实证明"方士之候神入海求蓬莱者终无验"[⑤]。汉成帝时，虽然"多上书言祭祀方术者，皆得待诏"[⑥]。可见后代帝王不再侈谈海上求仙之事。成帝后，道教经典陆续问世，仙道方术开始从强调海上求仙等形式到通过自身感悟建设和完善理论进行转变。到汉末三国时期，道教理论著作大量涌现，海上求仙作为外在形式已经式微，若再考虑到孙吴的国力以及当时的局势，孙权不可能轻信，更不可能将海上求仙之说付诸实施。退一步讲，即使孙权求仙药，也应该派遣道士，而不是遣躬擐甲胄之士万人，闯入神仙洞府。再次，虽然吴国通过南海珍宝得贸易之利，但是吴人对亶洲具体方位并不清楚，且《吴主传》的记载也没有显示亶洲有南洋海岛的特征，更无提及珍宝特产。寻求南海珍宝之说应为许文建立在"亶洲位于南海"误判基础上的推测，其推测依据颇可商榷。

笔者以为，孙权求夷洲、亶洲的目的在于掳掠人口。孙吴在政治上既

---

① 持这一说法的主要根据是《三国志·吕岱传》载："岱既定交州，复进讨九真，斩获以万数。又遣从事南宣国化，暨徼外扶南、林邑、堂明诸王，各遣使奉贡。"因为吕岱平定士徽之乱是在黄武五年(226)，而他被孙权召回改屯长沙是在黄龙三年(231)，因此吕岱"遣从事南宣国化"之事，当在公元 226 至 231 年的 6 年期间。

② 参见陈显泗：《柬埔寨两千年史》，138 页，郑州，中州古籍出版社，1990。

③ 参见[法]费瑯：《昆仑及南海古代航行考》，冯承钧译，122、199 页，上海，商务印书馆，1930。

④ 参见许永璋：《朱应、康泰南海诸国之行考论》，载《史学月刊》，2004(12)。

⑤ 《汉书·郊祀志》。

⑥ 同上书。

无曹魏的制度、人才优势，又无西蜀"汉室宗亲"的资本。且人口数量远低于魏国，这不仅在军事上对吴国不利，在生产辟垦上也使吴国陷于缺少劳动力的困境。因此孙吴极其重视对人口的补充。仅以诸葛恪讨丹阳山越为例，"三年可得甲士四万"①，加上《三国志》中其他关于征讨山越的记载，吴国从山越得兵达 14 万之多。② 由此可知吴国掳掠人口之盛。而且在黄武八年（黄龙元年），即孙权派卫温、诸葛直出海的前一年，孙权于武昌称帝，蜀汉与吴国结盟伐魏，吴国的战略负担骤增，有必要通过补充人口以充实国力。而夷亶二洲，尤其是亶洲的数万人家恰成为孙权眼中的掳掠对象。因此，司马光认为卫温、诸葛直求夷亶二洲实为"欲俘其民以益众"③，是有可靠历史依据的。从前引《陆逊传》和《全琮传》的记载看，孙权对卫温、诸葛直一行抱以厚望，然而这次航行非但没有达到目的，反而造成重大人员损失。这不仅使孙权在群臣面前颜面扫地，更使得吴国国威和国力受到损伤。因此，孙权恼羞悔恨之下，以"违诏"之名将二人斩杀。总之，孙权求亶洲一事充分暴露了孙权的贪婪暴虐和吴国国力的薄弱，明人王祎曾对此评论道："（孙权）浮海求夷洲、亶洲，求马辽东，求珠崖、儋耳，吴之势亦有所局矣。"④评论透彻精辟，当从之。

2. 对通过语音考证"亶洲"地望的质疑。

许文运用语音学论证"亶洲"的方法，是建立在伯希和（Paul Pelliot）与费瑯（Gabriel Ferrand）对爪哇古国研究的基础之上。根据二人的考证，中国史籍中的叶调国⑤和耶婆提均为爪哇。⑥ 其中，叶调古音读如 Yap-div，

---

① 《三国志·吴书·诸葛恪传》。

② 何兹全：《三国史》，148 页，北京，北京师范大学出版社，1994。另据马植杰先生估计，孙吴掳得山越人数不下 20 万。参见马植杰：《三国史》，357 页，北京，人民出版社，1993。

③ 《资治通鉴》卷七十一"明帝太和四年"条。

④ 王祎：《大事记续编》，卷二一，文津阁四库本，103 页。标点为笔者所加。

⑤ "叶调"最早见于东汉时期《东观汉记》卷三"敬宗孝顺皇帝"条。其中载："（永建）六年，叶调国王遣使使会诣阙贡献，以师会为汉归义叶调邑君，赐其君紫绶。"后来范晔在《后汉书·顺帝本纪》和《南蛮西南夷列传》中亦提到叶调，应是参照《东观汉记》所载。

⑥ 参见［法］伯希和：《叶调斯调私诃条黎轩大秦》，见《西域南海史地考证译丛九编》，冯乘钧译，1958，北京，中华书局；《交广印度两道考》，89 页。

亦即 Yavadvipa 之对音。① Yavadvipa 为梵文名词，也写作 Yavadwipa，最初见于印度史诗《罗摩衍那》。② 而法显《佛国记》中所载之"耶婆提"亦为 Yavadvipa 的译音。③ 在此基础上，许文从音义两方面论证叶调为"亶洲"。从音译方面看，许文认为 Yava 为"叶"，dvipa 为"调"，可省称为 dvipa（调）。例如，《后汉书》将"叶调王便"省称为"调便"④。而 dvipa 的意思是国、岛或土地，也可意译为"洲"⑤，故许文综合音义将 dvipa 译为"调洲"。那么"调洲"是如何被称为"亶洲"的？许文认为南朝时的"阇婆婆达"或"阇婆达"（爪哇）⑥亦由 Yavadvipa 音译而来，dvipa 既可译为"调洲"，亦可译为"达洲"。"亶"（dan）与"达"（da）读音相近，因此"调洲"、"达洲"和"亶洲"都是指爪哇。进而许文断定"亶洲"为 Yavadvipa（叶调）音意兼顾的译名。对此，笔者亦有异议。首先，笔者翻检文献，并未发现将"叶调"省称为"调"的记载；⑦ 其次，中国文献中也未有将外国国名省称与外国国王之名合称的现象，且李贤已注明"调便"之"调"为衍字。⑧ 费瑯认为，"便"古读如 wien，即古爪哇文之 Warman，梵文之 varman，为君主之尊号，非人名，"调便"即古爪哇文之 dewawarman，梵文之 devavarman，亦为尊号。⑨ 若费瑯之说成立，那么汉朝方面极有可能将叶调王尊号"便"误作叶调王之名。但"调便"一词，实不合中国文献中关于外国国王记载之惯例，"调"为衍字无疑。所以许文关于"调洲"的论证不仅失之迂拗，亦无史例可循。再者，从国名翻译的角度看，中国古代对外国国名大多进行音译，从汉代到南朝，中国文献中记载的爪哇国名，不论

---

① ［法］费瑯：《苏门答剌古国考》，冯承钧译，69 页，北京，中华书局，1955。

② 《交广印度两道考》，87 页。

③ 同上书，90 页。

④ 《后汉书·南蛮西南夷列传》载："顺帝永建六年，日南徼外叶调王调便遣使贡献，帝赐便金印紫绶。"

⑤ 《苏门答剌古国考》，69 页。

⑥ 见《宋书》之《文帝本纪》和《夷蛮传》；《南史》之《宋本纪》和《海南诸国传》。

⑦ 因为外国国名之间相重复的字甚多，如用简称极有可能造成重复。例如叶调国和斯调国都有"调"字，若将叶调和斯调均简称为调，这会造成相当多的麻烦。所以，中国古代文献中不太可能将叶调省称为"调"。

⑧ 《后汉书·南蛮西南夷列传》，李贤注。

⑨ 《昆仑及南海古代航行考》，72 页。

是"叶调"、"耶婆提"还是"阇婆娑达"均为 Yavadvipa 的音译名，并无意译的成分。许文之所以臆想出"调洲"与"达洲"的音意译结合法，无非是为了与"亶洲"在字面上相对应。但这一译法并不符合中国古代的国名翻译惯例，亦无史例可循。单从意译方面看，许文将 Yavadvipa 意译为"川谷之国"或"仙国"①，进而将其与徐福传说联系起来，以论证意译"仙国"的合理性。② 但此论又回到了论证徐福传说的套路，且整个过程并无可靠资料相佐。总之，许文在音译和意译两方面的解释均颇可商榷。

此外，许文还通过对中国与印度尼西亚的交往史、印度尼西亚人生活方式与风俗习惯的考察，从侧面补证其论点。但这些论证也值得斟酌，限于篇幅，恕不展开。

(三)济州岛说

韩国学者金奉铉在其著作《济州岛地名考》中认为亶(澶)洲为济州岛，而我国的孙祥伟在其《三国时期东吴、辽东与三韩关系探略》一文中亦持相同观点，目前学术界对该说尚无回应。笔者以为，济州岛面积不过 1800 余平方公里，在当时能否承载一个多达上万人的巨大聚落尚属疑问，且迄今为止，也没有可靠的文献考古证据能够证明在 3 世纪的济州岛有大量的中国移民。《三国志·魏志·马韩传》中记载济州岛人："其人差短小，言语不与韩同，皆髡头如鲜卑，但衣韦，好养牛及猪。其衣有上无下，略如裸势。"③从这条记载中很难看出 3 世纪的济州岛上有大量的中国移民。从中国史籍的记载看，外国中大凡有中国移民者，一般会施以重墨述之。④ 因

----

① 许文的依据是：梵文 Yawadvipa 是由 Yawa 和 dvipa 两个字组成。Yawa 即印度尼西亚文 Djelai，原指川谷，又转意为"仙"。Dvipa 的意思是国、岛或者土地。因此 Yawadvipa 的意译便是"川谷之国"或者"仙国"。

② 在这里，许文认为徐福一行逃避苛政，到了爪哇后，犹如寻到世外桃源，故其后人歌颂其所止之地为"仙国"，作为对新国土的赞美。

③ 《三国志·魏志·马韩》。

④ 例如《三国志·魏志·辰韩》云："辰韩在马韩之东，其耆老传世，自言古之亡人避秦役来適韩国……今有名之为秦韩者。"又如《翰苑·蕃夷部》引鱼豢《魏略》曰："(倭人)其俗，男子皆黥面文身。闻其旧语，自谓(吴)太伯之后。昔夏后少康之子封于会稽，断发文身以避蛟龙之害，今倭人亦文身以厌水禽也。"

此，如果济州岛上有大量中国移民的话，历代文献中不可能不加以强调。可以说金氏和孙氏完全忽视了这一点。但主要问题在于二人的字形语音考证。金氏认为，"亶洲"一词由朝鲜语对济州岛的称呼"tam-ra"、"tan-na"、"tom-ra"音转而来。对此笔者亦有疑窦。以下是中、日、朝三国文献中对济州岛名称的记载：

表 2　中、日、朝三国文献中对济州岛名称的记载①

中国文献		日本文献		朝鲜文献	
名称	典据	名称	典据	名称	典据
州胡	《三国志·乌丸鲜卑东夷传·三韩传》；《后汉书·东夷列传·三韩传》	忱弥多礼	《日本书纪·神功纪》	岛夷	《三国史记》
涉罗	《魏书·高句丽传》、《北史·高句丽传》	都耽罗	《日本书纪·齐明纪》	乇罗	《海东安弘记录》《三国遗事》
耽牟罗	《隋书·百济传》	度罗	《续日本纪》天平三年条；《日本后纪》"大同四年条"	托罗	《东都成立记》
耽罗	《隋书·倭国传》	细罗	《三代实录》"清和天皇贞观五年"条	济州	《高丽史·地理志》
儋罗	《新唐书·东夷列传》	贪罗	《扶桑略记》"醍醐天皇延长七年"条	瀛洲	《耽罗志》

---

① 此表根据金奉铉《济州岛地名考》中的记载整理而成。

中国文献		日本文献		朝鲜文献	
名称	典据	名称	典据	名称	典据
耽罗	《册府元龟·奉使部·羁留》；《资治通鉴》"唐高宗麟德二年"条	躭罗	《延喜式》卷二十四	毛罗	《高氏世谱》
躭浮罗	《韩昌黎集·送郑尚书序》	耽没罗	《元亨释书》"本朝仁治二年"条	耽罗	《高丽史·地理志》《东国舆地胜览》
屯罗	《事文类聚》				

通过对比不难发现古朝鲜语之"tam"、"tan"或"tom"在东亚文献中多作"躭"、"儋"、"耽"、"聃"等字；"na"或"ra"均被译为"罗"，其中"罗"的译法最早出现于北魏，后中国、日本和朝鲜文献皆沿袭此译。之前中国人称济州岛为"州胡"，亦无译为"澶洲"之例。而朝鲜国家最早也仅将济州岛称为"岛夷"。在中国的三国时期，朝鲜语中"tam-ra"、"tan-na"、"tom-ra"等对济州岛的称呼应尚未出现。因此金氏的推论当作进一步探讨。

孙祥伟以济州岛古称"耽罗"、"儋罗"为由，认为"耽"、"儋"和"澶"同音；而且"濟"与"澶"字形相似，推定"澶洲应为当时吴人对济州岛的称呼"。孙氏得出如此结论必须具备一个前提：即三国时期吴人就已经知道济州岛被称为"耽罗"和"济州"。而实际上"耽（躭）罗"之称最早出现于隋代，[①] 而"济州"之名初见于高丽王朝时期。[②] 均大大晚于"澶洲"之名的出现，3 世纪

---

① 《隋书·百济传》载："平陈之岁，有一战船漂至海东躭牟罗国，其船得还，经于百济，昌资送之甚厚，并遣使奉表贺平陈。"又："其南海行三月，有躭牟罗国，南北千余里，东西数百里，土多麈鹿，附庸于百济。"

② 《高丽史》载："忠烈王三年元为牧马场。二十年王朝元请还耽罗。元丞相完泽等奏圣旨以耽罗还隶于我。翊年乙未改为济州。"参见郑麟趾：《高丽史·地理志》，第2分册，262页，平壤，朝鲜科学院，1957。另据金奉铉考证，"济"为渡水之意，"济州"之名实为高丽政权以"海对岸之州"之意取之。

的吴人怎么可能根据千百年后出现的名称称呼当时的济州岛？因此，孙祥伟的论证脱离了基本的时间逻辑和文献记载，这种孤立地依靠字形语音考证的方法，实不足取。

通过上述对"海南岛说"、"爪哇说"和"济州岛"说的辨析，不难发现这些新说均回避了一个最关键的问题：没有可靠的文献和考古资料表明在三国时期，海南岛、爪哇或济州岛有一个多达数万人的中国古移民聚落。仅凭这点，这些新说就很难成立。总之，笔者以为，欲考证亶洲之地望，只有从《吴主传》中最核心的记载入手，考察在当时海外中国移民的分布情况，从而确定亶洲之地望。

三 从日本古代的中国移民角度论证亶洲"日本说"

（一）"亶洲"聚落与日本列岛的中国移民

从目前的文献和考古资料看，在 3 世纪时，只有朝鲜半岛和日本列岛才有可能出现多达数万人的中国移民聚落。一方面朝鲜半岛和日本列岛与大陆山水相连、一衣带水，对大陆移民来说具有天然的空间地理优势；另一方面也与当时中国人口的地域分布有关：华东地区的人口远较华南稠密，一旦中国局势发生变动，这一地区就会成为向朝鲜半岛和日本列岛输送移民的基地。[①] 而《吴主传》中的"亶洲"就应该位于中国移民较多的东（北）亚地区。但是，要进一步确定亶洲地望，除了中国移民的因素外，还需考虑一个因素，就是亶洲的地理位置相对偏僻，即便是有会稽人出海漂至亶洲，也是偶遇海上风流，汉土完全不知其地望何在。如果考虑到这一点，那么朝鲜半岛就不符合条件，因为自古以来，就有大量中国移民移居朝鲜半岛。中国文献中的相关记载相当丰富，兹不赘言。需要指出的是，学界往往忽视了朝鲜古籍的相关记载，笔者特撮其数例，胪列于下：

> 琉璃明王三年(前 17)冬十月，王更娶二女以继室，一曰禾姬，鹘川

---

① 相较之下，华南地区在当时尚不具备这一条件。华南地区出现向海外大规模移民的现象始于唐代，盛于明清时期。参见朱国宏：《中国的海外移民——一项国际迁移的历史研究》，58～129 页，上海，复旦大学出版社，1994。

人之女也；一曰雉姬，汉人之女也。二女争宠不相和……禾姬骂雉姬曰："汝汉家婢妾，何无礼之甚乎！"雉姬惭恨亡归。王闻之，策马追之。①

　　始祖三十八年（前20）……前此，中国之人，苦秦乱，东来者众，多处马韩东，与辰韩杂居。至是浸盛，故马韩忌之有责焉。②

　　儒理尼师今十四年（37），高句丽王无恤袭乐浪灭之，其国人五千来投，分居六部。③

　　故国川王十九年（197），中国大乱，汉人避乱来投者甚多，是汉献帝建安二年也。④

　　山上王二十一年（216）秋八月，汉平州人夏瑶以百姓一千余家来投，王纳之，安置栅城。⑤

　　古尔王十三年（246）秋八月，魏幽州刺史毋丘检与乐浪太守刘茂、朔方太守王遵伐高句丽，王乘虚遣左将真忠，袭取乐浪边民。茂闻之大怒，王恐见侵讨，还其民口。⑥

　　若将以上记载与中国史籍记载互勘对照，不难发现二者相符合者颇多。这些记载一方面说明，到3世纪时，中国移民大量分布于朝鲜半岛是毋庸置疑的历史事实。但另一方面也说明，当时中国对朝鲜半岛的情况已经颇为熟悉，如果亶洲位于朝鲜半岛，中国人不会不清楚其地望。因此，亶洲位于朝鲜半岛的可能性很小。

　　与朝鲜半岛相比，当时中国人对日本列岛的了解极少。从地理知识上看，到卫温、诸葛直出航的黄龙二年（230），人们对倭国地理位置的了解还停留在"倭属燕"⑦和"乐浪海中有倭人，分为百余国，以岁时来献云"⑧的水

①　《三国史记·高句丽本纪·琉璃明王》。
②　《三国史记·新罗本纪·始祖赫居世居西干》。
③　《三国史记·新罗本纪·儒理尼师今》。
④　《三国史记·高句丽本纪·故国川王》。
⑤　《三国史记·高句丽本纪·山上王》。
⑥　《三国史记·百济本纪·古尔王》。
⑦　《山海经校注》，袁珂校注，374页，成都，巴蜀书社，1992。
⑧　《汉书·地理志》。

平。从交往史看，黄龙二年距离倭国与汉朝的最近一次的交往已有 100 余年，① 而且当时倭国与魏国之间的交往通道并未打通，直到 8 年后(魏景初二年，238)司马懿平定公孙渊，收复乐浪、带方二郡，倭国(邪马台国)与魏国之间才开始互遣使者，中国人对日本列岛的了解才有了质的提升(具体表现在《三国志·魏志·倭人传》的记载)。因此，在黄龙二年的吴国，应该没有人知道日本列岛的具体地理位置，如果亶洲位于日本列岛，则吴人不知其地望，是为正常。

日本的小山修三教授通过考古资料和数字计量手段，曾对日本古代各地区人口作过科学的估计。② 笔者通过整理其统计数据，绘制出古代日本人口增长的曲线图。为便于对比研究，笔者在空间上将日本分为东西两部分。③ 见下图：

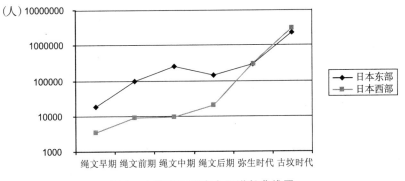

图 1 古代东西日本人口增长曲线图

从中不难发现，整个绳文时期(约 8100 至 2400 年前)，西日本的人口数量始终低于东日本。但到弥生时期(公元前 3 世纪到公元 3 世纪)，西日本人口飞跃式激增，500 年间增长近 30 倍，年增长率达 6.7‰。在尚处于原始社会和奴隶社会的日本列岛，如此惊人的人口增长不可能是自然生殖

① "倭人"第一次到中国王朝中央朝贡是光武帝建武中元二年(57)，第二次是安帝永初元年(107)。

② 统计数据转引自汪向荣：《邪马台国》，130 页，北京，中国社会科学出版社，1982。

③ 日本东部包括东北、关东、北陆、中部和东海地区；日本本部包括近畿、中国、四国和九州地区。

的结果，定是大量人口外来所致，而这一过程正值中国的秦汉三国时期。这说明在此期间，多达几十万的大陆人或经陆路由朝鲜半岛，或从海路东渡到达日本列岛。值得注意的是，日本文献《新撰姓氏录》①中关于中国移民的谱牒，兹将其中所录部分3世纪及以前的汉人移民始祖列示于下：

> 周灵王太子晋；吴王夫差；秦始皇帝；秦太子胡亥；汉高祖；汉高祖男齐王肥；鲁恭王之后青州刺史刘琮；前汉魏郡人盖宽饶；鲁国白龙王；韩王信；燕相国卫满公；后汉光武帝；后汉灵帝；后汉献帝；燕国王公孙渊；吴主孙权；吴太子孙登；吴国王孙皓；魏文帝；陈思王植；魏司空王昶。②

虽然这些始祖不乏附会之嫌，但除寥寥数位开国君主外，以亡国乱世之君居多，其他人物也大多处于汉魏动乱时代。以亡国之君为始祖实不足以夸耀，再加上动乱的时代背景，更显得凄惨潸然，因此，这样的谱牒实际上暗示了这些人是中国的亡国遗民。③ 虽然这些移民大多于3世纪后迁入，但也有一部分应当在3世纪以前就流亡至日本列岛。例如《翰苑·蕃夷部》引鱼豢《魏略》曰："（倭人）其俗，男子皆黥面文身。闻其旧语，自谓（吴）太伯之后。昔夏后少康之子封于会稽，断发文身以避蛟龙之害，今倭人亦文身以厌水禽也。"鱼豢之文主要来自出使倭国的使节的见闻，笔者认为，魏使见到的这些"自谓太伯之后"的人，并不是真正的倭人，因为倭人与汉人言语不通，需要翻译，而这些人言其旧语能令魏使听懂，说明他们是早前吴越地区的移民。他们可能是散布在倭人社会中的零散性移民，虽有所同化，但在语言和血缘上仍保留了一定的延续性和独立性。总之，在3世纪时，日本列岛上分布有不少中国移民，当属史实。

① 《新撰姓氏录》由日本万多亲王等编撰于815年，收录当时京畿1182支氏族系谱。但由于成书较晚，系谱不乏伪滥，所以一直未得到应有的重视。佐伯有清教授积20年之研究，终成巨著《新撰姓氏录研究》，该书对《新撰姓氏录》的记载逐条考订，于每一氏族下附载其族人史料，文献记载与新发现资料搜集殆尽，考证精详，极富史料价值。其中蕃别氏族374支，是研究古代大陆移民的基本史料。本文所引皆取自佐伯有清研究成果。

② ［日］佐伯有清：《新撰姓氏录研究·拾遗篇》，东京，吉川弘文馆，2001。

③ 韩昇：《日本古代的大陆移民研究》，187～188页。

由于西日本距离大陆更近，九州、中国、近畿等地自然成为早期大陆移民的主要聚居处。王勇教授曾大胆假设在3世纪的日本列岛（主要指西日本），分布着大量独立于邪马台国（倭国）的吴越移民集团。① 笔者认为这一设想有合理之处。由于3世纪的日本列岛地广人稀，倭人小国星罗棋布，应该会有大陆移民集团分布在各倭人国家之间。从《吴主传》的记载看，亶洲在当时人口已多达数万，虽不无夸张之嫌，但其规模亦应不小，而且其能够世代相承繁衍，说明在与土著的斗争中避免了被同化或消灭的命运。虽然我们无法得知亶洲聚落的具体情况，但可以推测，在当时的日本列岛，亶洲聚落是一个技术先进，组织完善的中国古移民集团。

此外，需要说明笔者对亶洲"种子岛说"的看法。1957年在种子岛广田遗址出土了贝札（贝符）及明刀钱②多枚，贝符上施蟠螭纹（龙蛇图形），有些贝札刻有"山"字。加上在琉球群岛出土的文物，③ 足以证明秦汉时期日本的西南诸岛和琉球群岛地区与大陆有联系。笔者并不排除亶洲位于这一地区的可能。但是种子岛不过400余平方公里，在当时不太可能承载一个数万人的聚落，而且也没有充足证据表明3世纪的种子岛有一个数万人家的中国移民集团。④ 这种仅依靠个别考古发掘成果而忽视最基本的文献记载的研究方法，恐失于褊狭。森浩一认为贝札上的"山"字即"仙"之略形，与徐福之说可以互证，从而补强了"种子岛说"。⑤ 笔者前已有论及，"徐福止于亶洲"是吴人的附会，也没有证据表明亶洲人"自谓"为徐福之后。因此，森之说在论证方面不能为"种子岛说"提供可靠的支持。

---

① 王勇：《古代日本的吴越移民王国》，载《浙江社会科学》，1996(2)。

② 参见［日］国分直一：《东亚地中海之道》，294～295页。

③ 1923年9月，现今冲绳本岛南部的城岳贝冢内，还出土了中国古代货币。从形状上看，类似中国春秋战国时期齐地使用的"即墨刀"，长度为13.5厘米，现藏东京大学考古研究所。这说明在秦统一前后，中国人曾到达过琉球群岛。参见［日］比嘉春潮：《冲绳历史新编》，34页，东京，三一书房，1970。转引自米庆余：《琉球历史研究》，7页，天津，天津人民出版社，1998。

④ ［日］国分直一、盛国尚孝：《种子岛南种子町广田埋葬遗迹调查概报》，载《考古学杂志》，43-3，1958。

⑤ ［日］森浩一：《倭人的登场》，61页，东京，中央公论社，1985。

（二）吴日纺织技术交流与《吴主传》中亶洲人货布的记载

通过上面的论述，笔者认为亶洲应位于日本列岛，而《吴主传》中"其上人民，时有至会稽货布"一语，虽寥寥数字，却透露出 3 世纪时日本列岛与吴地之间有民间往来的史实。笔者翻检相关文献，发现中国史籍中关于中日民间交流的明确记载始于《宋史》，① 而《吴主传》中关于"亶洲"的记载，无疑将这一时间提前了数百年。

1990 年，在佐贺县神埼町朝日北遗址，出土了大量弥生时代的瓮棺，其中一具弥生初期男子尸身从胸部至胫部残存数十片绢片，由 5 种织法织成，染成紫、红、黄、白和茶色。经鉴定，这些绢片使用的织染技术来自中国江南地区。② 这一重要发现表明，早在在公元前 1 世纪，日本就已经存在向吴地求取纺织品或纺织技术的传统。③ 日本服饰史专家布目顺郎通过对比日本弥生绢与中国汉代绢的经纬密度和断面计测值等指标，认为弥生时代日本的织物与江南地区马王堆的织物颇为相似。④ 因此，《吴主传》中亶洲人"时有至会稽货布"的记载，似应由此传统去认识。从《三国志·倭人传》的记载看，3 世纪时倭人的纺织技术仍比较低下。倭人男子"其衣横幅，但结束相连，略无缝"，妇人"作衣如单被，穿其中央，贯头衣之"。⑤ 如此衣着，与百越民族无异。⑥ 而从邪马台国进贡的纺织品看，大多是班布（景初二年），倭锦、绛青缣、绵衣、帛布（正始四年），异文杂锦（正始八年）

① 《宋史·外国七·日本国》载日本僧人奝然乘台州宁海县商人郑仁德的商船归国之事，是为中国史籍中第一条关于中日民间海域交流的记载。

② 《读卖新闻》，1990-07-10。

③ 《日本古代的大陆移民研究》，220 页。

④ ［日］布目顺郎：《绢的东传——衣料的源流与变迁》，70～81 页，小学馆，1988。

⑤ 《三国志·倭人传》。

⑥ 如《汉书·地理志》载："儋耳珠崖郡，民皆布如单被，穿中央为贯头。"《后汉书·南蛮西南夷传》载："西部都尉，广汉郑纯……为永昌太守，纯与哀牢人约，邑豪岁输布贯头衣二领、盐一斛以为常赋。"《南齐书·扶南传》载："扶南人……大家男子截锦为横幅，女为贯头，贫者以布自蔽"。又《通典·边防·南蛮》载："黑㜷濮，在永昌西南，山居耐勤苦，其衣服，妇人以一幅布为裙，或以贯头。"由此可知，"贯头幅布"是百越民族共有的服饰特征。

等低级织物，与魏国的回赠品相比，颇显粗陋寒酸。以景初二年魏国的回赠品为例，就有绛地交龙锦、绛地绉粟罽、蒨绛、绀青、绀地句文锦、细班华罽、白绢等，远较倭人织物精美。邪马台国已是当时日本列岛上生产力最为先进的倭人国家，其纺织技术尚且如此，不难想见其他倭人国家的技术水平。因此，不断从中国吸取纺织技术，实属必要。而亶洲人货布的目的很有可能就是将吴地的精美织物贩回，进而与其周边的倭人国家发生贸易关系。

从日本史籍的记载看，日本从吴地求取纺织技术的历程相当长。兹将《日本书纪》的相关记载中摭取两例，示列于下：

(应神天皇三十七年)春二月戊午朔，遣阿知使主、都加使主于吴，令求缝工女。爰阿知使主等，渡高丽国，欲达于吴。则至高丽，更不知道路，乞知道者于高丽。高丽王乃副久礼波、久礼志二人为导者，由是得通吴。吴王于是与工女兄媛、弟媛、吴织、穴织四妇女。①

(雄略天皇十四年)春正月丙寅朔戊寅，身狭村主青等共吴国使，将吴所献手末才伎汉织、吴织及衣缝兄媛、弟媛等，泊于住吉津。是月，为吴客道通矶齿津路，名吴坂。三月，命臣连迎吴使，即安置吴人于桧隈野，因名吴原。以衣缝兄媛奉大三轮神……②

上述记载中的吴国并非三国时期的孙吴，而是指南朝国家。由此可知，直到雄略天皇时期(5世纪后期)，日本仍然在大力引进吴地的纺织技术。值得注意的是，《日本书纪》所载雄略天皇的遗诏：

不谓遘疾弥留，至于大渐。此乃人生常分，何足言及！但朝野衣冠，未得鲜丽，教化政刑，犹未尽善，兴言念此，唯以留恨。③

这条记载实际上从隋文帝的遗诏抄袭而来。④ 木宫泰彦认为《书纪》作者把《隋书》中的"四海百姓，衣食不丰"一语特地替换为"朝野衣冠，未得鲜

---

① [日]舍人亲王等：《日本书纪·应神纪》，第2分册，坂本太郎等校注，516页，岩波书店，2003。

② 《日本书纪·雄略纪》，第3分册，429页。

③ 同上书，433页。

④ 《隋书·高祖纪》。

"丽"。这一改动，必定是经过深思熟虑的。大概是因为雄略天皇深受中国南朝文化的刺激，也想使日本成为"衣冠鲜丽之邦"。但因理想未竟而逝去，故而在遗诏中对于"朝野衣冠，未得鲜丽"一事，深表遗憾。① 实际上，从日本发掘的5世纪古坟人物的埴轮来看，男子上着交领衣，下着长裤，膝下以带结缚，女子则着长裙，与《三国志·倭人传》所记载的倭人服饰相比已大有改观。② 这表明，倭国与吴地几个世纪的民间交流，使得倭人的纺织技术有了巨大提升。南京博物院藏有梁元帝作《职供图》残卷中有倭国使节图一幅。图中倭使裹头跣足，前胸赤裸，仅被结束相连的横幅，颇不雅观，其与《三国志·倭人传》的记载基本相符。据《梁书》记载，天监元年（502），倭王武（即雄略天皇，"武"当是其名"大泊濑幼武"的简称）遣使贺梁武帝登基，被梁武帝册封为征东将军。但是，倭王武在中国史籍中首见于宋昇明元年（477），据《日本书纪》记载，其在位23年，即使从昇明元年算起，公元500年倭王武也已死去。显然，梁武帝不可能册封已经死去的倭王武。据此，韩昇先生认为，《职供图》所反映的倭人遣使，不过是梁武帝粉饰大典的遥授，实际上终梁一代倭人都没有遣使。萧绎只有根据《三国志》的记载描绘倭人形象，故距当时真实的倭人形象相去甚远。③

日本向吴地求取纺织技术的历史痕迹也被大量遗留在日语中。例如，日本将蚕称为"呉の蚯蚓"；将纺织业移民叫做"呉織"；将按照中国南方织法织成的绫叫做"呉服"等。在日本最早的和歌集《万叶集》里，也有这方面的诗篇。诗中的"呉藍"和"紅"是一种红色染料，从红花中提取出来，相传原产于埃塞俄比亚或阿富汗一带，经印度传入中国，再由江南传往日本，故日本称之为"呉藍"。由此足见吴地纺织技术对日本影响之深远。④

综上不难看出，从弥生时代到古坟时代（公元前3世纪至6世纪），有一条海上"绢之道"连接着日本列岛和中国的吴地。由于文献的缺失，我们无法

---

① ［日］木宫泰彦：《日中文化交流史》，胡锡年译，38页，北京，商务印书馆，1980。
② 杨泓：《吴、东晋、南朝的文化及其对海东的影响》，载《考古》，1984(6)。
③ 韩昇：《日本古代的大陆移民研究》，208页。
④ 同上书，220～221页。

得知更多关于 4 世纪以前这条海上丝路的信息。但可以确定的是，在 4 世纪以前，吴越先民和日本列岛上的大陆移民已经劈涛斩浪，舳舻相衔，往来于东海两岸，为开辟一条东亚的海上丝路作出了巨大贡献。

韩昇先生曾经指出，3 世纪时的中日海上航线并不是从日本列岛直航吴地，而是沿海岸经朝鲜半岛航行。① 木宫泰彦认为，所谓"南道"（即吴地与日本之间的航路），是指由百济横渡黄海而言。② 此说甚是。《宋书·夷蛮列传》载倭王武上表云："道径百济，装治船舫，而句骊无道，图欲见吞，掠抄边隶，虔刘不已，每致稽滞，以失良风。"③说明在 5 世纪时日本取的是辽东海路。这条线路历史悠久，东吴通辽东时，其海船被魏将田豫于山东半岛的成山截获，④ 即是明证。从前引《日本书纪》应神天皇三十七年的记载可知，日本需要从高句丽求得向导才能前往南朝。在当时人们对海洋了解和航海技术水平有限的情况下，沿海岸航行无疑是最安全的选择。至于中日两国之间的海上直航线路，则是在唐宋时期形成的。马端临在《文献通考·四夷考》中曾论及中日交通线由陆路转移到海路的历史过程：

> （倭人）其初通中国也，实自辽东而来，故其迂回如此。至六朝及宋，则多从南道，浮海入贡，及通互市之类，而不自北方，则以辽东非中国土地故也。⑤

两汉三国时期，从"百余倭国，岁时来献"⑥到"卑弥遣使"、"牺牲玉帛"⑦，朝鲜诸郡成为中华帝国与日本列岛之间交流的陆路桥梁。随着西晋王朝的倾圮和朝鲜国家的崛起，北方陆路中断，南方海路开始成为中华文明向海东传播的重要通道。自此，中日之间的交通线基本转移到海上，而

---

① 韩昇：《日本古代的大陆移民研究》，212～213 页。

② ［日］木宫泰彦：《日中文化交流史》，35 页。

③ 《宋书·夷蛮列传》。

④ 参见《三国志·魏书·田豫传》。

⑤ 马端临：《文献通考·四夷一》，2554 页，北京，中华书局，1986。标点为笔者所加。

⑥ 《汉书·地理志》。

⑦ 王维：《送秘书晁监还日本国·序》，见《王维集校注》，陈铁民校注，317 页，北京，中华书局，1997。

这条海路的开拓者，正是 4 世纪以前的吴越先民和生活在日本列岛的中国移民。《吴主传》中关于亶洲的记载，恰好为我们考察中日民间交往史打开了一扇新的视窗，无疑也为我们考察这一历史过程设定了更早的起点，提出了更为崭新和艰巨的课题。

（本文作者为 2006 级本科生。指导教师：王东平）

汉代驯象考论

——娱乐、祥瑞与文化交流中的象

李　飞

摘　要　象，虽然历史时期在中国有广泛分布，但在秦汉时代中原已无野象。这个时代由于帝国的开疆拓土，中西交通的发展，象以驯象的形式被引进了中原。驯象表演在汉代宫廷盛行，在社会娱乐中也有着广泛传播。汉代的民间社会还赋予了象以祥瑞意义，东汉时佛教传播的图像中也多见"僧侣骑象图"，可以管窥汉代民间的信仰状况。象、驯象及其相关的驯养技术，生动地体现了中西文化交流的活跃，也反映了汉代社会开放、豁达的文化精神。

关键词　汉代驯象　社会生活　民间信仰　文化交流

一　秦汉帝国开疆拓土视野中的象与驯象

象在中国北方曾有过广泛分布。根据文焕然先生的研究，公元前5000年至前900多年，野象分布最北地区在河北阳原盆地及黄河中下游等地；公元前900多年至前700多年，以淮河、秦岭为北界，以长江流域为最北地区；公元前700多年至前200多年，以淮河下游为最北界；公元前200多年至580多年，以淮河、秦岭为北界，又以长江流域为最北地区。[1]　秦汉时代，正处于野象分布"以长江流域为最北地区"的时期。[2]　这个时代，

---

[1]　文焕然：《中国历史时期植物与动物变迁研究》，20页，重庆，重庆出版社，2006。

[2]　《淮南子·地形》："南方之美者，有梁山之犀象焉。"

中华帝国初长成，她不断地开疆拓土，北逐匈奴，南服百越，交接西域诸国，征服西南诸夷，随着帝国疆域的扩大，自然环境开发，气候寒冷的变化，野象一步一步地被迫向更边远的南方迁徙，另外，它又以"驯象"的面孔，重新被人们带回了中原。在本文下面的论述中，我们可以看到，象在不期然之间，成了见证帝国边疆开拓的活化石，成了汉代社会生活、民间信仰世界的一个视窗，也成了中西文化交流的一个注脚。

驯象，在中原有很悠久的历史。《吕氏春秋·古乐》："商人服象，为虐于东夷，周公以师逐之，至于江南。"徐中舒先生根据甲骨文中"获象"、"来象"的记载，以及"豫"字的古文字学构造，考定殷代河南为产象之区。甲骨文中，"为"字从又（即手形）牵象：

徐中舒先生认为，"殷人以手牵象为作为，更可证象为日常服用之物。入周以后，服象之事，虽渐次绝迹于中原，但文字相承"，金文及石鼓文中"为"字仍作牵象之形：

徐先生指出，"暨战国时，黄河流域居民，已不见生象"。并引《韩非子·解老》："人希见生象也，而得死象之骨，按其图以想其生也，故诸人之所以意想者，皆谓之象也。"又引《孟子》卷三："周公相武王，诛纣伐奄，三年，讨其君，驱飞廉于海隅而戮之，灭国者五十，驱虎豹犀象而远之，天下大悦。"徐先生认为，"必为古代相传之信史。《吕氏春秋》与《孟子》并为战国末年之书，其时服象之事，早已轶出黄河流域居民记忆之外，必不能臆造此种传说也"①。

殷人的"服象"及驯象，并没有留下其驯养工具、技术的记载，或许随着"服象"之绝迹，其技术也失传于中原。在本文下面的讨论中，我们也可以看到，驯象及其相关的工具、技术，成了秦汉帝国开疆拓土、文化交流的一个视窗。

秦帝国在略取河南地后，修筑长城，对北方采取守势，其边疆的开拓以南方为主要方向。吕思勉先生在其读史札记中专列《秦营南方》（上、下）两条，考订其史事，探析了秦、越关系之形势。② 经历了秦末汉初南越独立，匈奴和亲的阶段，至汉武帝时代，帝国又开始了对外的积极开拓。这个时代，展现了昂扬奋进、积极进取、豁达开阔的民族精神风貌与文化节奏，汉武帝以其雄才大略的决心，不仅向北打败匈奴，向南征服南越，还进一步开通西域，并使西南夷入朝，朝鲜置郡，从此奠定了两汉时代文化交流之条件与格局。考之史书记载，在汉帝国的周边环境中，有三大区域为产象区，同时也是向中原输入驯象之3个来源。

一为南越。《汉书》卷二八下《地理志》："（南越）处近海，多犀、象、毒冒、珠玑、银、铜、果、布之凑，中国往商贾者多取焉。"《汉书·武帝纪》："元狩二年夏，马生余吾水中。南越献驯象、能言鸟。"应劭曰："驯者，教能拜起周章，从人意也。"师古曰："驯音巡，谓扰也。应说是也。"陈直先生在《汉书新证》中写道：

> 直按：茂陵霍去病墓，于一九五七年掘出石象一，作卧伏形，长鼻垂在左足之上，去病卒于元狩六年，墓石所刻，盖即本文所云之驯象对照写真者。③

二为西南夷。《后汉书》卷八六《南蛮西南夷列传》："哀牢……出铜、铁、铅、锡、金、银、光珠、虎魄、水精、瑠璃、轲虫、蚌珠、孔雀、翡

---

① 徐中舒：《殷人服象及象之南迁》，见《徐中舒历史论文选辑》，51～58页，北京，中华书局，1998。

② 吕思勉：《吕思勉读史札记》（中），676～681页，上海，上海古籍出版社，2005。

③ 陈直：《汉书新证》，30页，天津，天津人民出版社，1979。

翠、犀、象、猩猩、貊兽。”“永元六年，郡徼外敦忍乙王莫延慕义，遣使译献犀牛、大象。”①

三为西域。《汉书》卷六一《张骞李广利列传》：“身毒国在大夏东南可数千里。其俗土著，与大夏同，而卑湿暑热。其民乘象以战，其国临大水焉。”《汉书》卷九六《西域传上》：“罽宾地平，温和，……出封牛、水牛、大象、大狗、沐猴，孔爵、珠玑、珊瑚、虎魄、璧流离。”②《后汉书》卷九《孝献帝纪》：“（建安）七年夏五月庚戌，袁绍薨。于阗国献驯象。”李贤注：“驯象谓随人意也。”于阗即今新疆和田地区，不产象，其所贡驯象可能来自西域其他的产象国。

从总体来看，南越自汉武帝时代就开始献驯象，西南夷迟至东汉，而西域更迟至东汉末。其中南越历时最久，次数也最多，延续至后世很久。③象，作为贡物自边疆、域外献入中原王朝，有那个时代鲜明的政治意义、文化内涵。《淮南子·人间》曰：（秦始皇）“利越之犀角、象齿、翡翠、珠玑，乃使尉屠睢发卒五十万，为五军……以与越人战。（越人）杀尉屠睢，伏尸流血数十万，乃发谪戍以备之。”④

《汉书》卷九六下《西域传》赞曰：

孝武之世，图制匈奴，患其兼从西国，结党南羌，乃表河西，列四郡，开玉门，通西域，以断匈奴右臂，隔绝南羌、月氏。单于失援，由是远遁，而幕南无王庭。

遭值文、景玄默，养民五世，天下殷富，财力有余，士马强盛。故能睹犀布、玳瑁则建珠崖七郡，感枸酱、竹杖则开牂柯、越巂，闻天马、蒲陶则通大宛、安息。自是之后，明珠、文甲、通犀、翠羽之珍盈于后宫，蒲梢、龙文、鱼目、汗血之马充于黄门，钜象、师子、

---

① 《后汉书》卷四《孝和孝殇帝纪》作：“（永元）六年春正月，永昌徼外夷遣使译献犀牛、大象。”

② “罽宾，指喀布尔河中下游即乾陀罗地区。”见余太山：《两汉魏晋南北朝史西域传要注》，97 页，北京，中华书局，2005。郭沫若主编《中国史稿地图集》将罽宾地望标于今克什米尔地区。见是书“丝绸之路”，34 页，北京，中国地图出版社，1996。

③ 如《晋书·舆服志》：“武帝太康中平吴后，南越献驯象。”

④ 事亦见《汉书·严助传》

猛犬、大雀之群食于外囿。殊方异物，四面而至。

我们可以看到在古代作者的笔下，除了“图制匈奴”的政治军事需要外，以“犀、象、天马、蒲陶”等为代表的“殊方异物”，竟成了统治者开疆拓边、交通域外的重要的物质刺激，而这些“殊方异物”输入中原，同时也构成了秦汉时代交通事业与文化交流的重要内容。东汉时杜笃回忆这段历史，在《论都赋》①中写道：

是时孝武因其余财府帑之蓄，始有钧深图远之意，探冒顿之罪，校平城之雠。遂命票骑，勤任卫青，勇惟鹰扬，军如流星，深之匈奴，割裂王庭，席卷漠北，叩勒祁连，横分单氏，屠裂百蛮。烧罽帐，系阏氏，燔康居，灰珍奇，椎鸣镝，钉鹿蠡，驰阬岸，获昆弥，虏傲侲，驱骡驴，驭宛马，鞭駃騠。拓地万里，威震八荒。肇置四郡，据守敦煌。并域属国，一郡领方。立候隅北，建护西羌。捶驱氐、僰，寥狼邛、莋。东攡乌桓，蹂辚濊貊。南羁钩町，水剑强越。残夷文身，海波沫血。郡县日南，漂槩朱崖。部尉东南，兼有黄支。连缓耳，琐雕题，摧天督，牵象犀，椎蚌蛤，碎瑠璃，甲玳瑁，戕觜觿。于是同穴裘褐之域，共川鼻饮之国，莫不袒跣稽颡，失气虏伏。非夫大汉之盛，世藉廱土之饶，得御外理内之术，孰能致功若斯。

在作者的笔下，“驱骡驴，驭宛马，鞭駃騠”，“牵象犀，椎蚌蛤”，这些异域物产的获得，成为汉帝国对相应地区实现统治的文化象征。作者的笔触纵横捭阖，处处充满了“强汉”、“盛汉”意识，其中既有开拓边疆、征服域外的进取精神，也有着在多方文化交流格局中强烈的文化自尊心、自信心。

二　宫廷中的驯象

《汉书》卷九六下西域传载：“钜象、师(狮)子、猛犬、大雀之群食于外囿。殊方异物，四面而至。”“外囿”是汉帝国皇家畜养大象等“异物”的场所。考之史籍，“外囿”，大致是指汉代长安城西的建章宫与上林苑中的某些观、囿。

① 《后汉书》卷八〇上《文苑列传》

《三辅黄图》卷二：“建章宫，武帝太初元年，柏梁殿灾。粤巫勇之曰：‘粤俗有火灾，即复起大屋以压之。’帝于是作建章宫，度为千门万户，宫在未央宫西长安城外。”卷三载：“奇华殿，在建章宫旁，四海夷狄器服珍宝、火浣布、切玉刀、巨象、大雀、师（狮）子、宫马（陈直校：‘宫马’，疑‘宛马’之误），充塞其中。”陈直先生在《三辅黄图校证》中写道：

直按：奇华殿，《雍录》作奇宝殿。又《长安志》引《周地图记》曰云云。与本文完全相同。长安宋菊坞《苏盒杂志》卷三云：余得一古铜圈，高四寸余，圆径六寸，有文云：“奇华宫作铜定盘，通高九寸，重十斤半，元鼎元年造，铸工史明。”共二十四字。又小雁塔西安市文物管理处藏有天汉二年五环铜炉文云：“奇华宫铜𤧚卢，容一斗二升，重十斤四两，天汉二年工赵博造，护守丞贤省。”以上两物，皆奇华宫之物。①

针对“奇华殿”，何清谷先生在《三辅黄图校释》中写道：

毕沅曰：“《雍录》引作奇宝殿。”陈直亦曰：“奇华殿，《雍录》作奇宝殿。”清谷按：《三辅黄图》卷二，“建章”有“奇宝”等宫，“奇华”等殿。《雍录》卷二“奇宝”、“奇华”皆引，没有把奇华殿当做奇宝殿。毕说、陈说与《雍录》不符。

何清谷先生还写道：“奇华殿是陈列西域及周边民族地区向汉皇帝献来的奇珍异宝及罕见动物之所。‘在建章宫旁’，疑即在建章宫前殿之旁，《西安历史地图集》把奇华殿定在前殿之西。”②何先生的分析是精当的，奇华殿应当看做是畜养大象等“殊方异物”的一处“外厩”。

《三辅黄图》卷三引《汉旧仪》云：“上林苑方三百里，苑中养百兽，天子秋冬射猎取之。”卷四载：“上林苑有昆明观，武帝置。又有茧观、平乐观、远望观、燕升观、观象观、便门观、白鹿观、三爵观、阳禄观、阴德观、鼎郊观、缪木观、椒唐观、鱼鸟观、元华观、走马观、柘观、上兰观、郎池观、当路观，皆在上林苑。”观的命名，多取自于畜养的动物或种植的花木，其中的“观象观”，应是一处畜养大象，供人观赏的苑囿。

---

① 陈直：《三辅黄图校证》，64～65页，西安，陕西人民出版社，1980。
② 何清谷：《三辅黄图校释》，179～180页，北京，中华书局，2005。

除了畜养于苑囿，供统治者观赏，象还被应用在了帝王卤簿，即出行仪仗中。《西京杂记》卷五"大驾骑乘数"：

汉朝舆驾祠甘泉汾阴，备千乘万骑，太仆执辔，大将军陪乘，名为大驾。

司马车驾四，中道。

辟恶车驾四，中道。

记道车驾四，中道。

靖室车驾四，中道。

象车鼓吹十三人，中道。

…………

《晋书》卷二五《舆服志》："象车，汉卤簿最在前。武帝太康中平吴后，南越献驯象，诏作大车驾之，以载黄门鼓吹数十人，使越人骑之。元正大会，驾象入庭。"[1]来自南越的驯象出现在帝王仪仗中，反映了中原王朝对象的好奇、积极引进的态度，同时也有着夸示、炫耀的成分。《后汉书》卷七《孝桓帝纪》："（延熹五年）夏四月，长沙贼起，寇桂阳、苍梧。惊马逸象突入宫殿。"[2]这表明东汉时代宫廷中仍然畜养大象，马、象逃逸后突入宫殿，这里的宫殿似乎不同于"外囿"，象可能也是畜养在宫内用于卤簿驾象车之象。[3]

考察宫廷驯象及畜养象的苑囿分布，还应该注意上林苑的平乐观。平

---

① 《太平御览》卷八九〇引《晋诸公赞》曰："晋时南越致驯象于皋泽中，养之，为作车。黄门鼓吹数十人，令越人骑之，每正朝大会，皆入充庭。帝行则以象车导引，以试桥梁，后象以鼻击害人，有司启之而杀象，象泣血流地，不敢动。自后朝议以象无益于事，悉送还越。"

② 《后汉书》卷一〇七《五行五》："桓帝延熹五年四月，惊马与逸象突入宫殿。近马祸也，是时桓帝政衰缺。"

③ "象车"、"象舆"考辨：《韩非子·十过》："昔者黄帝合鬼神于泰山之上，驾象车而六蛟龙。"《论衡·纪妖》："……师旷曰：'昔者黄帝合鬼神于西大山之上，驾象舆，六玄龙，毕方并辖，蚩尤居前，风伯进扫，雨师洒道，虎狼在前，鬼神在后，虫蛇伏地，白云覆上，大合鬼神……'"有的注释本将"象车"、"象舆"释为象驾之车，误也。"象车"、"象舆"还有一个意义，既象征太平盛世的一种瑞应物，也称"山车"。《宋书·符瑞志》："象车者，山之精也。王者德泽流洽四境则出。"以此观之，《韩非子》、《论衡》中所云"象舆"、"象车"，都应是"六蛟龙"、"六玄龙"所驾的瑞应车，而不是象驾之车。

乐观是一处举行百戏表演，供贵族驱逐游乐的苑囿。《汉书》卷六《武帝纪》："（元封六年）夏，京师民观角抵于上林平乐馆。"说明从武帝时，平乐观就有盛大的角抵表演。《汉书》卷六五《东方朔传》：董偃常从武帝"游戏北宫，驰逐平乐，观鸡鞠之会，角狗马之足"。《汉书》卷六八《霍光传》：霍光、霍禹皆"走马驰逐平乐馆"。《汉书》卷九六《西域传》：元康二年，宣帝"自临平乐观，会匈奴使者，外国君长，大角抵，设乐"。在平乐观这个大舞台上，也有着大象的身影，张衡《西京赋》里描绘长安平乐观百戏演出的盛况：

> 大驾幸乎平乐，张甲乙而袭翠被。……巨兽百寻，是为曼延，神山崔巍，欻从背见。熊虎升而拏攫，猿狖超而高援。怪兽陆梁，大雀踆踆。白象行孕，垂鼻辚囷。海鳞变而成龙，状蜿蜿以蝹蝹。……蟾蜍与龟，水人弄蛇。奇幻倏忽，易貌分形。吞刀吐火，云雾杳冥。画地成川，流渭通泾。①

常任侠先生认为这是"饰为新奇的动物，海陆的巨怪，加上西域的幻术"②。《中国风俗通史·秦汉卷》中也认为这是"象人表演"，"象人化装的动物种类既有中国本土出产的动物，也有来自异域的大雀（鸵鸟），还有传说中的龙和神兽。象人不仅表现出动物的自然过程和行为特点如白象行孕和猿猴攀援，也赋予了它们人的情感和举止。真实和虚幻，本土和异域风情，通过演员展现在光怪陆离的变化之中。因此这个节目深受人们欢迎"③。以笔者愚见，这里面固然有象人表演的成分，也有西域幻术，但是"猿猴、熊、虎、大雀、象"，不可能是由象人假扮的，因为平乐观所处的上林苑本身就畜养着百兽，其中就有观象观；畜养"巨象、大雀、师（狮）子、宛马"的建章宫奇华殿，距离平乐观并不远。《西安历史地图集》把平乐观定在渭水河南，长安城西北，建章宫紧靠长安城西。④ 所以不排除平乐观也畜养这些动物，或

① 萧统编、李善注：《文选》，上册，48 页，北京，中华书局，1977。
② 常任侠：《汉唐间西域传入内地的杂技艺术》，62 页，载《新疆社会科学》，1982。
③ 彭卫、杨振红：《中国风俗通史·秦汉卷》，616～617 页，上海，上海文艺出版社，2002。
④ 《关中地区西汉宫观苑囿分布图》，见史念海主编：《西安历史地图集》，59 页，西安，西安地图出版社，1996。

将这些驯兽移至平乐观举办表演的可能。也正是因为真实的"殊方异物"的表演，带给人们贴切、生动的异域风情，才能受到人们的欢迎。

到了东汉时代，以象为代表的异域动物的表演仍在宫中盛行。《后汉书》卷十上《皇后纪》："（永初）三年秋，太后体不安，……旧事，岁终当飨遣卫士，大傩逐疫。太后以阴阳不和，军旅数兴，诏飨会勿设戏作乐，减逐疫侲子之半，悉罢象橐驼之属。丰年复故。"由此可见，在飨会的"作戏设乐"中有象、骆驼表演，这早已成为常态，而其具体开始的时间，我们则不得而知了。《晋书》卷二三下《乐志》载："魏晋讫江左，犹有《夏育扛鼎》、《巨象行乳》、《神龟抃舞》、《背负灵岳》、《桂树白雪》、《画地成川》之乐。"宫廷中驯象表演的乐舞，从汉代到东晋，延续了很久，可见其受喜爱之程度。

驯养大象等兽类，经营兽圈，正与汉代的斗兽与驯兽之风相合。韦明铧认为在动物表演史上，"先期的勃兴阶段"，正是"以汉唐宫廷为主要舞台，以兽类厮杀为主要形式，以恢弘、酷烈为审美旨趣的大型动物表演阶段"。① 西汉时这种侈靡的风气就受到了指责。《淮南子》卷九《主术》："夫水浊则鱼睑，政苛而民乱。故夫养虎豹犀象，为之圈槛，供其嗜欲，适其饥饱，违其怒恚，然而不能终其天年者，形有所劫者。"论者以此批评统治者的治政，耗竭百姓之力供养禽兽，使民众生活困苦。可知当时圈养禽兽风气之广，规模之大，已成为社会生产的一个负担。

考察汉代宫廷中的驯象，还需要注意校猎活动中的大象。《汉书》卷八七上《扬雄传》载《校猎赋》，师古曰："校猎谓围守禽兽而大猎也。"其中写道："猎蒙茏，辚轻飞。履殷首，带修蛇。钩赤豹，摲象犀。跃峦坑，超唐陂。"象在校猎活动中的意义，或许不能简单看做是娱乐。"大规模集体斗兽的田猎活动，有军事检阅和演习的意义。"②汉代军事实践中驯象之应用，也不应当忽视。

《后汉书》卷一《光武纪上》："初，王莽征天下能为兵法者六十三家数百人，并以为军吏。选练武卫，招募猛士，旌旗辎重，千里不绝。时有长人

---

① 韦明铧：《动物表演史》，350 页，济南，山东画报出版社，2005。
② 王子今：《汉代的斗兽与驯兽》，见《秦汉社会史论考》，357 页，北京，商务印书馆，2006。

巨无霸，长一丈，大十围，以为垒尉。又驱诸猛兽虎豹犀象之属，以助威武。自秦汉出师之盛，未尝有也。"这是描写昆阳大战的情形，对于是役《水经注》卷二十一《汝水注》写道："更始元年，王莽征天下能为兵法者，选练武卫，招募猛士，旌旗辎重，千里不绝。又驱诸犷兽，虎豹犀象之属，以助威武。自秦汉出师之盛，未尝有也。"①陈桥驿先生认为："野象，在《水经注》时代不仅分布普遍，数量也很巨大。根据卷二十一《汝水注》所记，在西汉末年的王莽军队中，还有利用犀和象作战的部队，则数量之多可以想见。"②在本文一开始已经讲到，秦汉时代野象的分布以长江流域为最北地区，昆阳即今河南叶县，在北纬33～34度之间，地处河南中部，淮水以北，那么，是否可以获得大量野象，是值得商榷的。犀牛的分布，"东汉初以前，长江中游区的犀角主要产于鄂西江北。到了东汉末年，犀角的主要产地也可能移到江南了。"长江下游的犀牛，"灭绝的时间，不仅比四川盆地和长江中游为早，也较本区野象的灭绝要早，这与本区开发较早是分不开的。"③可见西汉末年，在昆阳当地也不可能获得犀牛。王莽军队中的犀象，可能是以其他途径获得的。

《孟子·滕文公下》："周公相武王诛纣，……灭国者五十，驱虎、豹、犀、象而远之，天下大悦。"自"殷人服象"之后，中原鲜见以象用于作战的记载。顾颉刚先生在《史林杂识初编》中有《驱兽作战》一篇，缕析古代驯兽用于战争之史事记载，顾先生认为昆阳大战中王莽军队运用虎豹犀象"以助威武"，后兵大败，"为驱兽作战之实事，而其事有类于儿戏，此原是王莽迷信经典之好奇行动，不可以为训者也"④。顾先生的观点或可有商榷之处，秦汉时代，周边民族、西域国家用驯象作战的记载并不鲜见，时至西汉末年，将象用于作战也是完全可能的，或许并非一时的"好奇行动"。"以猛兽编入军中，或许也体现了驯兽技术的成熟"⑤。山东滕县曾出土过一块

① 郦道元：《水经注》，谭属春、陈爱平点校，311页，长沙，岳麓书社，1995。
② 陈桥驿：《水经注研究》，129页，天津，天津古籍出版社，1985。
③ 文焕然：《中国历史时期植物与动物变迁研究》，220、222页。
④ 顾颉刚：《史林杂识初编》，168～170页，北京，中华书局，1963。
⑤ 王子今：《秦汉社会史论考》，358页。

画像石(图20下),图像比较漫漶,上层有人物格斗、大象,下层是狩猎情景。① 这也可以看做是大象用于作战的一种真实反映。②

三 社会生活中的驯象

乐舞百戏的盛行是汉代社会生活的一项重要内容,其中并不乏西域传入的杂技艺术。③ 百戏中的丰富内容,也深刻而生动地反映了汉代域外交通与文化交流的发展,百戏中的驯象表演,即为典型一例。贾峨曾发表长文《说汉唐间的"象舞"——兼谈"象舞"与佛教"行像"活动及海上丝路的关系》。④ 在此文中,作者将百戏中的驯象表演定名为"象舞",并认为佛教的"行像"活动借助于"象舞"流传,汉唐间的西域、中南半岛和东亚大陆滨海地区的佛教"行像"活动与"象舞"有密切关系。作者认为,由于中西海上交通发达,黄海之滨的孔望山才会出现佛教的摩崖石刻,佛教思想沿着海上丝路输送到了黄海之滨。对此,笔者认为有两点值得商榷:一,将驯象定名为象舞,是不恰当的,贾峨一文中个别汉画像石也不应当看做是百戏中的驯象表演;二,驯象表演与佛教"行像"有一定相似性,但是不宜混淆,二者之间是否有密切联系,也应当深入探讨(此问题本文第四节讨论)。

《辞源》⑤收有"象舞"、"舞象"两条,杨雅丽、郭小燕的《"舞象"考辨》⑥

---

① 山东省博物馆、山东省文物考古研究所:《山东汉画像石选集》,图248,济南,齐鲁书社,1982。

② 附:汉代祭祀中异域"奇兽飞禽"的运用也值得注意。《风俗通义》卷二《正矢》:"孝武皇帝封广丈二尺,高九丈,⋯⋯五色土益杂封,纵远方奇兽飞禽及白雉,加祠,兕牛犀象之属。"《汉书·郊祀志》作:"(元狩四年)四月,还至奉高。⋯⋯五色土益杂封,纵远方奇兽飞禽及白雉诸物,颇以加祠,兕牛犀之属不用。皆至泰山,然后去。"《史记·孝武本纪》作:"兕旄牛犀象之属弗用。"《史记·封禅书》:"兕牛犀象之属不用。"《风俗通义》与史、汉所记不同,抑或有脱漏乎?

③ 参见常任侠:《汉唐间西域传入内地的杂技艺术》,载《新疆社会科学》,1982(2)。

④ 《文物》,1982(9)。

⑤ 《辞源》,北京,商务印书馆,1979。

⑥ 杨雅丽、郭小燕:《"舞象"考辨》,载《延安大学学报》(社会科学版),2005(2)。

一文对此进行了辨析。作者认为："'象'在文献中可以用作名词，表示古乐舞名。""它可以指两种乐舞，是两种不同乐舞取名重迭，所谓异实而同名。其一，指周武王时代创制的乐舞。因其舞姿象周文王时击刺之法，故名《象》。其二，指周公创制的乐舞。以表现周武王伐纣灭商之武功为内容，故称《大武》，又因其象武王之事而称《象》。"《史记·乐书》："文王之舞，舞之以未成年之童，故谓之《象舞》。"《礼记·内则》："成童，舞象，学射御。"疏："成童，谓十五以上；舞象，谓武舞也。"所以，用"象舞"来命名汉代百戏中的驯象表演，容易与文献记载相混淆。汉代文献中，也未见以"象舞"一词来形容驯象表演，而"舞象"之运用仅有一例。《三国志》卷六〇《吴书·贺全吕周钟离传》："齐出讨之，……及当还郡，权出祖道，作乐舞象。"注引《吴书》曰：权谓齐曰："今定天下，都中国，使殊俗贡珍，狡兽率舞，非君谁与？"这里的"舞象"，显然是"殊俗贡珍"的驯象表演，故称"狡兽率舞"。①

在汉代画像中，有许多"执钩驯象"图，有的是孤立的，可以初步确定为百戏内容之一；有的则处于完整的百戏图中。

河南南阳县英庄出土的画像石中，有一幅"驯象图"（图1）。画面左部刻一虎，右部刻一象，虎、象相视。象后一象奴，手执长钩，跨步驭象。象奴深目高鼻，头戴尖顶胡帽，显系胡人。② 汉代画像石中有不少"执钩驯象"图，与此类似，象奴执钩驭象，多是胡人长相、打扮。这类画像石，著录者多释为"钢钩驯象"。东汉时代的文献中就有了以钩驯象的记载。《论衡·物势》："故十围之牛，为牧竖所驱；长仞之象，为越童所钩，无便故也。"这种技术，可能是为越族所擅长，而且"钩"的作用，似乎是用来控制大象的鼻子，使之"无便"，驯服于人。"执钩驯象"的技术，是中原所固有，还是域外传入，现在尚无定论。甲骨文中的"为"字虽然是以手牵象、驯象的情形，但在文字构造中，"手"的形象实际上是一种高度概括化、抽象化的表示，并不能反映出殷人具体的驯象工具及驯象方式。驯象用钩，比较早的见于佛典记载。晋法炬、法立译《法句譬喻经》卷第三《象品》第三十一载：

---

① 后世多以"舞象"称驯象表演。
② 王建中、闪修山：《南阳两汉画像石》，图91，北京，文物出版社，1990。

……长跪答曰:"本居士种,字呵提昙,乃先王时为王调象。"佛问居士:"调象之法有几事乎?"答曰:"常以三事用调大象。何谓为三?一者刚钩钩口著其羁绊,二者减食常令饥瘦,三者捶杖加其楚痛,以此三事乃得调良。"又问:"施此三事何所摄治也?"曰:"铁钩钩口以制强,口不与食饮以制身犷,如捶杖者,以伏其心正尔便调。"曰:"作此伏者,为何所施用?"答曰:"如是伏已,可中王乘亦可令斗,随意前却,无有挂碍。"又问居士:"正有此法复有其异?"答曰:"调象之法正如此耳。"①

"刚钩"即钢钩,由此见钢钩驯象的技术盛行于天竺。俞伟超、信立祥先生认为:"以钩驯养家兽本是汉代之术。江陵凤凰山 M9 所出汉初的遣策(荆州博物馆藏)有两条:'大奴园,牛仆、操钩','大奴园,马仆、操钩'。可见早在西汉初年,便以长钩驯养牛马。……法炬译经时,可能中国本土就是用这种办法来驯象的。"②在笔者所见的汉代文献资料中,以钩驯兽只有两例,一例是前引西汉末扬雄《校猎赋》中的"钩赤豹,挫象犀",另一例即是《论衡》中的"越童钩象"。在笔者所查阅的汉代画像石中,凡是用钩驯兽者,基本都是驯象图,③ 而驯牛、虎、豹等兽罕见用钩者。由此可见,在汉代以钩驯兽集中于西汉末以后到东汉,而用钩与驯象关系极其密切,以钩驯兽基本上单一地体现于驯象。钩象的技术更有可能是随驯象一起传入中原,殆至西汉末、东汉,使用范围有所扩大也是完全可能的。汉初遣策中"操钩"的记载,似为孤证。《论衡》载"越童钩象",这种技术既然为越族擅长,也不排除从海上丝绸之路引进的可能。在早期文献以及汉代画像石中,都无法得知以钩驯象的具体操作细节,而后世的文献中有比较详细的记载,为我们了解这些细节提供了可能。

宋代范成大《桂海虞衡志》志兽"象"条曰:"象,出交趾山谷,惟雄者则

① 《大正藏》卷四《本缘部》。
② 俞伟超、信立祥:《孔望山摩崖造像的年代考察》,12 页,载《文物》,1981(7)。
③ 只一例除外,河南永城出土一幅东汉驯兽图,其中一人,一手持矛,一手持钩,钩伸向牛首,是为驯牛。见俞伟超主编:《中国画像石全集》,第 6 卷"河南汉画像石",51 页,济南,山东美术出版社,2000,图 72。

两牙。佛书云四牙，又云六牙，今无有。""《粤西丛载》卷二十二'象'条引《虞衡志》，所记甚详，多为今本《桂海虞衡志》所无，当系佚文。"①宋人周去非的《岭外代答》本自《桂海虞衡志》，其卷九禽兽门"象"条所引甚详，杨武泉先生指出，"宋祝穆《事文类聚后集》三六、谢维新《古今合璧事类别集》七六，均引范《志》'象'条之文，文长近七百字，范《志》之明清传本'象'条，删省只存二十三字（按：各版本所存字数不尽相同）。《代答》本条，与祝、谢二书引范《志》之文，文略异而内容全同"。②笔者将《桂海虞衡志》佚文中有关捕象、驯象的内容录于下，作为底本，以《岭外代答》所载同一部分校勘之。③以此略窥古代以钩驯象的技术：

> 交趾出象处曰象山，岁一捕之，山有石室，惟通一路（《岭外代答》作"交阯山中有石室，唯一路可入"），周围皆石壁。（《岭外代答》多"交人"二字）先置刍豆于中，驱一驯雌入焉（《岭外代答》作"雌驯象"）。（《岭外代答》多"乃"字）布甘蔗于道以诱野象，象（《代答》作"俟"）来食蔗，则纵驯雌入野象群，诱以归石室（《代答》作"诱之以归"）。随以（《代答》作"既入，因以"）巨石室门（《代答》作"窒其门"）。象饥（《代答》作"野象饥甚"），人（《代答》多"乃"字）缘石壁饲驯雌，野象见雌得食（《代答》作"饲"），亦狎而来求饲（《代答》作"始虽畏之，终亦狎而求之"）。益狎，则鞭之（《代答》作"人乃鞭之以筈"），少驯则骑（《代答》作"乘"）而制之，久则渐解人意。又为立名字，呼之则应。牧者谓之象奴，又名象公（《代答》无"久则……象公"）。凡制象，必以钩。象奴（《代答》作"交人之驯象也"）正跨其颈，（《代答》多"手执铁钩"）以铁钩（《代答》无"铁钩"二字）钩其头，欲其（《代答》作"象"）左，钩头之（《代答》无"之"字）右；欲右钩左；欲却钩额；欲前不钩；欲其（《代答》作"象"）跪伏，以钩正按（《代答》作"案"）其脑，按之痛，则号鸣（《代答》

---

① 范成大撰，严沛校注：《桂海虞衡志校注》，58页，南宁，广西人民出版社，1986。

② 周去非撰，杨武泉校注：《岭外代答校注》，347页，北京，中华书局，1999。

③ 《桂海虞衡志》佚文引自《桂海虞衡志校注》，58～59页，注释3，即《粤西丛载》所引佚文。《岭外代答》引文录自《岭外代答校注》卷九，205象条，345页。

作"复重案之，痛而号鸣"），人谓象能声喏者此也（《代答》作"人见其号也，遂以为象能声喏焉"）。其行列之齐皆有钩，以前却左右之（《代答》作"人见其群立而行列齐也，不知其有钩以前却左右之也"）。其（《代答》作"盖象之为兽也"）形虽大，而不胜痛，故人得以数寸之钩驯焉（《代答》作"之"）。驯之久者，象奴来则低头，跪前左膝，人踏之以登（《代答》作"久久亦解人意，见乘象者来，低头跪膝，人登其颈"），则奋而起行。

由此可见，钩的确是驯象的专用工具。钩主要作用于象的头部，通过钩象的头部来传达驯象人的意图。以此观汉代画像石，可以发现大部分"执钩驯象"的画面都是象奴执长钩伸向象的头部（详见下文所引），① 这与文献的记载形成了互证，说明汉代时以钩驯象的技术已经很成熟。

河南唐河汉郁平大尹冯君孺人墓出土有比较完整的百戏图，其中有驯象图（图2）。墓中有题记："郁平大尹冯君孺久始建国天凤五年十月十七日癸巳葬，千岁不发。"时代是新莽时期。在此墓中，北阁室北壁与南阁室南壁处于对称位置，其画像石内容也具有对应性。② 现将其内容以表格形式录于下：③

表 1　北阁室北壁

百戏图		三人拜谒一中间坐者	三人朝左拜谒，一人鼓舞，脚旁有一兽	
		二人鼓舞	二人伏虎	二人骑象

表 2　南阁室南壁

			六人拜谒一人	百戏图
三人拜谒	二人鼓舞	一熊，一武士脚踏蹶张	虎、熊、牛等相斗	

---

① 经统计，笔者搜集到的"执钩驯象"画像石、石刻共 14 例，其中象奴执长钩伸向象头部者 9 例，占 64.3%，超过一半，可见汉代驯象普遍是以钩钩象的头部。

② 笔者于画像石的搜集过程中，发现了一个规律性现象，在汉墓中处于对称位置的画像石，其内容往往也有对应性。

③ 图见《唐河汉郁平大尹冯君孺人画像石墓》，载《考古学报》，1980(2)。画像内容参见蒋英炬、杨爱国：《汉代画像石与画像砖》，113～114 页，北京，文物出版社，2001。

北阁室北壁的二人骑象图中，大象竖耳瞋目，四肢粗壮，长鼻屈伸，缓步而行。象背上两人，一人踞坐，一人仰卧。仰卧者左臂托头，两腿上翘，一副悠然自得的样子(图3)。① 北阁室北壁与南阁室南壁的画像石内容都是描写社会生活，除去拜谒图外，都是斗兽、驯兽及百戏图，所以在这个意境中，可以确定二人骑象图应当就是驯象表演。其踞坐者手执一长条状物于象头部上方，图画已近乎漫灭，可能就是驯象用的长钩。

山东枣庄神山画像石墓出土一块斗兽图(图4)，一象奴手执长钩，正指挥一小象与右边白虎搏斗。身后一大象，背上驮有四人，似为观众。大象后随一骆驼，上骑一人。② 著录者认为此图与佛教有关，李少南撰文给予了有力批驳，认为这是角抵百戏表演的内容。③ 显然，大象被引进中原后，很快就融入了汉代盛行的斗兽之风。

邹城出土的一块画像石，内容是社会生活、角抵百戏，其中也有驯象内容(图5)。这块画像石分为上、下两层，每层都以散点透视的平视横列法，将所描绘的事物在水平线上横向序列。现将其内容以表格形式录于下：

表3　邹城东汉画像石④

宴乐图：二人担酒，二人对饮，二人奏乐，三人并坐，二人夹一儿童并坐，二舞伎		二短衣农夫，一农夫二牛抬杠耕地，二农夫荷农具，三人驾一牛车	
一戴进贤冠者仰卧石板上，左一人按其头，右一人抡锤砸击之	两牛相抵，旁站二人，一人似在指挥	一人骑骆驼，一人执钩于象头部上方，巨象俯首伸鼻	一武士，一骑吏弯弓射猎，一虎咬鹿

---

① 此图收入王建中、闪修山：《南阳两汉画像石》，图84。
② 枣庄市文物管理站：《山东枣庄画像石调查记》，载《考古与文物》，1983(3)。
③ 李少南：《山东枣庄画像石中"佛教图像"商榷》，载《考古与文物》，1987(3)。
④ 图及内容考释见刘培桂、郑健芳、王彦：《邹城出土东汉画像石》，载《文物》，1994(6)。每层内并无分格线，乃笔者为了使考释内容区分清晰所加。

这块画像石上层是宴乐、农耕，下层是角抵百戏，这里面的"执钩驯象"，也应当是驯象表演。

　　不仅仅是在墓葬画像石中，汉代的其他建筑形式如石阙上，也刻有驯象的画像。位于太室山南麓的河南启母阙是启母庙前的神道阙，启母庙始建于汉武帝时代，启母阙于东汉安帝延光二年(123)重建。启母西阙南面与东阙南面都刻有驯象图。现以表格形式录于下：

表4　启母西阙南面(图6)①

	二人相对站立	二人相对屈膝蹲坐
	画面毁灭	
二龙穿环，彼此在环相交	同左	
一人戴进贤冠，着长衣，双手拱于胸前	二人戴进贤冠，着长衣，双手执牍拱于胸前	左一人站立，右一人仅存头部
二人戴帻相对跪坐，中间置圆盘，似对饮	画面损坏	
中间一长青树，左右分别刻龙虎各一，似搏斗状	二马奔驰，一人徒步随行，骑者形象已残	
大象、骆驼各一，象长鼻圆耳，翘尾站立；骆驼似马，背部有突起驼峰(图7)	中雕一树，两侧各刻一马，分别拴于树枝上	

　　①　图及内容考释见吕品：《中岳汉三阙》，25、36～37 页，北京，文物出版社，1996。

表5　启母东阙南面(图8)①

层数	套环图案			套环图案		
1	一人着长衣跪坐，手前伸	一人方面大耳，着长衣跪坐，双手拱于胸前	一人双臂前后平举，半蹲，似表演杂技	一人戴毡帽，左手持瓶，右手执斧，两腿叉开，似在表演	一马昂首竖耳，头饰一物	一人头戴饰物，右手举树枝，左腿屈前伸，右腿跪地，似表演
2	圆点纹图案			石已不存		
3	二人戴平帻，着长衣，骑马奔驰，后一人着长衣，荷戟随行	画面已毁		石已不存		
4	一马站立，臀部已缺			右一人着长衣，骑马奔跑，左一人拱手站立		
5	二人着长衣跪坐，仅存下面			二人戴平帻着长衣跪坐，吹奏乐器		
6	二龙尾相交			二雄鸡，高足长尾，引颈搏斗		
7	一人着长衣，拱手站立		一象小耳巨口，长鼻卷起，翘尾；左一人伸长钩于象首，作驯象状(图9)	一象，鼻残损；左一人执长钩伸向象鼻，也作驯象状(图9)		
8	二蛇相交疾行			一虎昂首扬尾，跃起前扑		

　　位于少室山东麓的少室阙是少室山庙的神道阙，与启母阙同时建造，即汉安帝延光二年(123)左右。少室东阙北面的石刻中有驯象图画，现将石刻内容以表格形式录于下：

---

① 图及内容考释见吕品：《中岳汉三阙》，30、34 页。

表 6　少室东阙北面(图 10)①

			层数
	飞鸟、禽类	一鸟	1
	圆点纹图案		2
二猎者一前一后,骑马奔驰逐一鹿。前者发矢中鹿颈,后者引弓欲射	一赤膊者左手牵一马,右手持长钩伸向垂鼻站立的大象头部,为驯象状(图 11)		3
中刻一马驾轺车,华盖下坐二人,前为驭手,后戴进贤冠端坐;前一骑引路,后一骑紧随	同治年间石刻题名		4
二人席地坐,拱手劝饮,右一侍者	三人拱手站立	四人戴进贤冠,着长衣,作拱手进谒状	5
二梅花鹿相互追逐	二雄鸡引颈怒目,进行决斗;一猛虎自左侧欲扑二鸡		6
二人骑马疾驰,一人荷戟随行	二人相对立,右一人上部缺,从左一人姿势看,似为击剑		7
二凤凰昂首翘尾,相对欲舞	一虎怒目张口,右一兽似为牛,又一兽残甚		8

　　吕品认为,"(太室阙、少室阙、启母阙)画像的排列没有明显的规律,阙的正面一般镌阙名、阙铭,雕宴饮、谒见、百戏、狩猎、出行、神话、珍禽怪兽;侧面一般雕铺首衔环、孝行故事、日轮、月宫等","三阙画像内容有许多重复"。② 通过列表可见,就层次的设置与每层表现的内容这两者关系来看,的确没有规律可循,但是就单层来看,仍然可以发现一条局部性的规律,即每层石刻所表现的内容是同一性质的,我们仍然以表格的形式进行归纳、对比:

---

① 图及内容考释见吕品:《中岳汉三阙》,53、57 页。
② 吕品:《中岳汉三阙》,63 页。

表 7　三阙内容比较

层数	启母西阙南面	启母东阙南面	少室东阙北面
1	人物	人物表演	飞鸟、禽类
2	损坏	圆点纹图案	圆点纹图案
3	二龙穿环	骑马驰逐	狩猎、驯象
4	人物拜谒	人物骑马	车骑出行
5	宴饮	人物、宴乐	人物、宴饮、拜谒
6	龙斗虎，骑驰逐	二龙尾相交，斗鸡	斗兽、斗鸡
7	象、骆驼、马	人物、驯象	骑马驰逐、击剑
8		蛇、虎	凤凰、虎、兽

　　从上表可以看出，启母西阙南面与启母东阙南面分层设置上虽有不同，而由于两阙在建筑位置上东西对称，所以每层的内容有很强的相似性、对应性。尤其是驯象的图像，都位于两阙的第七层画面上。少室东阙北面的驯象图与狩猎内容放在一起。根据本层石刻的大体内容的性质来判断这三阙上的驯象图，可以基本确定，这些貌似孤立的驯象图，虽不能完全断定就是百戏表演，也应当是社会娱乐生活中的一项表演内容。

　　百戏中的驯象表演，在四川画像石中也有体现。四川芦山樊敏阙有一幅"象戏"图(图12上)，一大象身披衣物，后有一人。象前四人，与象一起表演象戏，树下端坐三人，正在观看表演。树右四人，也在表演节目。此图时代在东汉建安十年(205)。① 四川合江胜利乡砖石墓出土有"象戏·舂米"图(图12下)，左起一人执棒，右一人执翟(古代乐舞所执之雉羽)，中上部刻一大象，长鼻大耳，四腿粗壮，唯尾较短，象下为抚琴者。其右为楼房，内一人舂米。② 汉代四川为产象区，《华阳国志·蜀志》："蜀之为国，……其宝，则有……犀、象……之饶。""从战国到晋代，四川野象分布北界仍在长江以

① 收入俞伟超主编：《中国画像石全集》，第7卷"四川汉画像石"，70页，图90。
② 同上书，142页，图177。

北。"①而此图中大象身躯瘦小似狗，只是鼻子长伸，似略存疑。

除了在汉代盛行的百戏表演中有驯象的身影，有的地方官吏的车骑出行中，驯象也充当了"导引"的角色。山东长清县东汉章帝时期的孝堂山石祠壁画中，就有这样的情形。这个石祠东壁与西壁相对称，其内容也有对应性，为了更全面地认识其中的驯象图，现将两壁的图画内容录于下，并加以比较：

表 8　孝堂山石祠东壁画像（图 13）

层数	壁画内容			构图方式②
1	锐顶部分：刻持矩伏羲、风伯拔屋、雷神出行、持刀人、戴手铐脚镣的罪人			底线斜透视法
2	车骑出行：右有榜题"相"、"令"的官员，左有伍伯、骑吏、乘骆驼和大象为导从的车骑队伍；上有一列飞翔大雁			底线斜透视法
3	一列人物，左段一人榜题"周公"，当为周公辅成王故事			底线横列法
4	庖厨场面	乐舞百戏	人物拜谒	底线斜透视法
5	两列车骑人马相对			底线横列法
6	乘鹿车、鱼车的仙人和虎、鹿、兔、鸟、龟、鱼等禽兽水族、伎乐、格斗人物	楼阁人物、赈粮		底线斜透视法

---

①　文焕然：《中国历史时期植物与动物变迁研究》，204 页。

②　关于汉画像的构图方式，蒋英炬、杨爱国认为："汉画像石对表现空间的构图方式，一般是采用散点透视法。所谓散点透视，是指把眼睛在移动中观察到的物象，集中表现于一幅画面上"，分为"平视横列法、斜视横列法、鸟瞰散布法"。见《汉代画像石与画像砖》，166 页。信立祥的论述则更为详细，他把汉画像石的构图方式，归纳为图像配置方式、空间透视方法和图案装饰技法 3 个方面。影响最大的是空间透视法，分为等距离散点透视构图法和焦点透视构图法。等距离散点透视构图法至少有 4 种表现形式：底线横列法、底线斜透视法、等距离鸟瞰斜侧面透视法、上远下近的等距离鸟瞰透视法。见氏著：《汉代画像石综合研究》，39～59 页，北京，文物出版社，2000。两说基本一致，本文以信立祥先生说为依据。

表9　孝堂山石祠西壁画像①

层数	壁画内容	构图方式
1	山墙锐顶：刻执规女娲、贯胸人、西王母及侍奉者、灵异神人	底线斜透视法
2	车骑队伍：有四执戟伍伯、二十骑吏、车二乘，上方一列右飞大雁	底线斜透视法
3	一列二十八人，皆恭立	底线横列法
4	胡汉战争	底线斜透视法
5	狩猎，众多猎者、野兽	底线斜透视法
6	六博、宴饮、拜谒人物	底线横列法

东西两壁的锐顶部分，分别刻伏羲、女娲、西王母及仙人，象征了代表天界的神仙世界。山墙部分都是刻画社会生活，不论是从分层内容还是构图方式上都有较明显的对称性、对应性。尤其是第二层都是车骑出行，而象、骆驼为导引，即赫然在其中。从汉代的百戏到官吏的出行仪仗，都有驯象活跃的身影，遍布山东、河南与四川等地，反映了那个时代文化精神的开阔。鲁迅先生在《坟·看镜有感》中写道："遥想汉人多少闳放，新来的动植物，即毫不拘忌，来充装饰的花纹。"以驯象为视角，我们可以看到，汉代的社会生活强烈地感受着这种影响，对于秦汉时人的精神风貌，对于当时社会文化风格"闳放"、"雄大"的养成，有着不容忽视的作用。

汉代社会生活中如此多的驯象，其来源是什么呢？显然不可能是南越、西南夷的贡物。那么应该是捕猎获得的，其结果就是迫使象的分布不断南迁。象牙是珍贵的奢侈品，象皮坚厚可作铠甲，象身上各个部位均有良好的药用价值，历史上对象的需求有增无减。《盐铁论》卷一《通

① 两表图与内容考释见俞伟超主编：《中国画像石全集》，第1卷"山东汉画像石"，22～23页，图版42、43。

有》载：

> 今世俗坏而竞于淫靡，女极纤微，工极技巧，雕素朴而尚珍怪，钻山石而求金银，没深渊求珠玑，设机陷求犀象，张网罗求翡翠，求蛮、貉之物以眩中国，徙邛、筰之货，致之东海，交万里之财，旷日费功，无益于用。①

这是当时的开明之士对浮侈世风的批判，从其言辞中我们可以看出，"机陷"即机关、陷阱，是捕猎犀象的通用方法。河南密县后士郭汉画像石墓，年代下限不晚于汉献帝初平三年，此墓后室西门洞门额下层左部刻有猎象图（图14），一人立于云端，头戴虎头假面，两手持长矛，倾身向前，以戈刺象。其前一象，短尾微翘，扭头回视，且跃身作奔逃状。② 这组画面中部刻大型蟠龙，且饰有丰富的云纹，在龙纹、云纹空隙刻猎兽图，所以整个画面充满了神异色彩。宋吴萃《视听钞》卷三《逐象法》："象鞋者，用厚木，当中凿之如深窍，劣容其足，中植大锥，其末向上，于窍之外周，回峻凿之，如今之唾盂而加峻密，密埋于其来之所，出草覆之。倘投足木上，必滑下窍中，其身既重，锥洞贯其足，不能自拔，即仆，负其痛莫能展转，谓之著鞋。"（《说郛》卷二十）这种象鞋，是一种残酷的捕象器械。《岭外代答》卷九禽兽门"象"条载：

> 象行必有熟路。人于路傍木上施机刃，下属于地。象行触机，机刃下击其身，苟中其要害，必死。将死，以牙触石折之，知牙之为身灾也。苟非要害，则负刃而行，肉溃刃脱乃已。非其要害，而伤其鼻者亦死。盖其日用无非鼻，伤之则疗不可合，能致死也。亦有设陷阱杀之者，去熟路丈余侧，斜攻土以为阱，使路如旧而象行不疑，乃堕阱中。世传象能先知地之虚实，非也。第所经行，必无虚土耳。③

---

① 王利器校注：《盐铁论校注》，42～43页，北京，中华书局，1992。
② 河南省文物研究所：《密县后士郭汉画像石墓发掘报告》，载《华夏考古》，1987（2），106页。
③ 《岭外代答校注》，346页。

《视听钞》、《岭外代答》中的捕象法与《盐铁论》中"设机陷求犀象"的记载，颇有相合之处，可能类似的残酷捕猎方式自汉代时即已为人们掌握。

四　珍禽异兽与祥瑞意境中的象、驯象，
兼及佛教图像中之驯象

在上文的论述中，我们可以发现一个值得注意的现象，那就是象多与骆驼共同出现在画面中。前引枣庄画像石、邹城画像石、启母西阙南面石刻、山东长清孝堂山石祠壁画的官吏车骑仪仗中，象都是与骆驼前后相随，左右相靠，显然它们在汉代社会生活中有着共同的意境、意义。骆驼也并非中原所产，乃是从西域引进。西域有的国家象、骆驼并产，《后汉书》卷八八《西域传》："东离国居沙奇城，在天竺东南三千里，……乘象、骆驼，往来邻国。"骆驼也应当被人们视为新奇的异域之兽。《盐铁论》卷七《崇礼》："夫犀象兕虎，南夷之所多也；骡驴馲驼，北狄之常畜也。中国所鲜，外国贱之。"前引《后汉书》卷十《皇后纪》云："飨会勿设戏作乐，……悉罢象橐驼之属。丰年复故。"东汉时代，从宫廷的"戏乐"到民间的娱乐活动，象与骆驼都一起作为异域奇兽，展现着奇特的异域风情，拓宽了汉代社会的世界视野，反映了当时中西文化交流活跃的程度。

山东等地出土的画像石中，也多见大象、骆驼的图像。山东微山县两城出土的一块画像石（图 15），上层刻一翼龙、一骆驼、一象，象后一人，以手牵象尾。下层两辆辎车，一骑跟从。① 将象、骆驼与翼龙放在一起，显然是把它们看做珍奇的动物了。山东邹县金斗山出土的一块画像石（图16），左刻一人骑射，一人执戟刺鹿，鹿后二犬追逐；右一人执长钩钩象的头部，象后随一骆驼，背部两座驼峰隆起。② 河北定县出土的金银狩猎纹铜车饰（图17），呈竹管状，通体云气缭绕，第一节有三人骑在象背上，第

① 《山东汉画像石选集》，图 30。
② 同上书，图 128。

三节有一人骑在骆驼背上，都饰有羽人、飞禽走兽。① 江苏铜山县茅村的"熹平四年"汉墓中出土有一块画像石（图18），中间刻引颈相对的双凤，踏节而舞的朱鸟，左部刻一人骑象，肩扛长杆（似为长钩），后随一骆驼，上骑一人。② 山东省临沂市出土有东汉的"龙、虎、钩象图"（图19），画面左边为一龙一虎相戏，一熊蹲于虎后，一只翼鹿向这边奔来。中部为二鸟，一飞一立，其右为一深目高鼻之人执钩驯象，后有一执鞭骑驼者，最右边是一个羽人，飞行追一奔马，右下角饰一鸟。③ 山东滕县山亭出土有一块浅浮雕残石（图20上），上层刻一骆驼，身躯高大，脖长曲颈，背部两座驼峰高高隆起，后随一兽，仅存硕大头部，伸长鼻向前曲伸，应当就是大象。下层刻鱼车。④ 鲁迅先生所藏汉画像石中有一幅"骑驼逐兽图"（图21），一人骑在骆驼上，前行一兽。此兽身躯粗壮高大，四肢如柱，耳如扇，目圆睁，巨口开张，上吻部长伸成鼻，鼻前部残损，但可看出鼻很长且前伸，这应当就是大象。⑤

　　笔者所搜集的象驼画像共11例，其中山东7例，占63.64%，河南2例，占18.18%，河北1例，江苏1例，各占9.09%。可见其集中地在山东地区。笔者搜集到的大象画像石共35幅，象驼图约占31.4%，超过1/3。象驼图比例之高，反映了汉代社会对大象的基本定位、基本认识，即把象驼视为珍奇的异域动物。山东地区象驼图之集中，或可一窥汉代区域文化与文化交流之特点。山东地区在汉代是重要的文化输出区，"齐鲁文化扩展其影响的最突出的表现，是儒学的向西传布"⑥。以象为切入点看画像石，也反映出汉代的齐鲁地区不仅仅是文化输出，也在进行积极的文化引进，

---

　　① 《中华人民共和国出土文物选》，图版66，北京，文物出版社，1976。
　　② 徐州市博物馆：《徐州汉画像石》，第3卷"山东汉画像石"，图56，南京，江苏美术出版社，1985。
　　③ 俞伟超主编：《中国画像石全集》，第3卷"山东汉画像石"，8页，图10。
　　④ 《山东汉画像石选集》，图247。
　　⑤ 北京鲁迅博物馆、上海鲁迅纪念馆编：《鲁迅藏汉画像》，图152，上海，上海人民美术出版社，1986。此图又著录入《南阳汉代画像石》，南阳汉代画像石编辑委员会，图69，北京，文物出版社，1985，释为"骑驼、驱象"。
　　⑥ 王子今：《秦汉区域文化研究》，54页，成都，四川人民出版社，1998。

尤其是对域外文化持有包容、欢迎的态度，体现了齐鲁地区活跃的文化精神，开阔的文化视野。除了大象的画像石，山东画像石中还多见"胡汉战争图"。① 这种反映开疆拓土、民族交往的图画内容，亦可作为证据之一，或许更能看出齐鲁文化在文化交流格局中强烈的自尊心、自信心。

"秦汉时期，是中原华夏文化主动西向，同时又空前集中、空前强烈地感受到西方文化东来影响的历史阶段。对于西方见闻的疏略，对于西方认识的模糊，对于西方理解的肤浅，使得西方文化具有了某种神秘的色彩。"②同样，大象也被赋予了神秘色彩与祥瑞意义。"所谓祥瑞，多为世上罕见的动植物或古之宝器。其出现象征天降祥瑞，王道大行。"③《太平御览》卷八九〇引《春秋运斗枢》曰："摇光之星，散而为象。"又引万震《南州异物志》曰："象之为兽，形体特诡，身倍数牛，目不逾猪，鼻为口役，望头若尾，驯良乘教，听言则跪，素牙玉洁，载籍所美，服重致远，行如丘徙。"在汉代画像石众多的祥瑞图中，可以发现不少象或驯象。对于祥瑞图的构图方式，巫鸿先生认为，东汉的一类祥瑞征兆图像，"设计都相当有规则，一整幅构图由若干单元组成，每一单元包含一个图像和一段相应榜题。每个形象都相当规范化而且自成一体，缺乏任何背景和环境表现。我们可以把这种形式称作'图录式'的设计，其在古今中外的动植物图典中屡见不鲜。"④在笔者所搜集的有关大象的祥瑞画像石，一部分即可属于类似的"图录式"，另一部分即可视为有背景和环境表现的完整意义的祥瑞图。⑤

河南南阳出土一块画像石(图 22)，左刻大象，中部刻一熊一虎；右刻一水车，驾三条大鱼，似在水中疾行。车上一驭者，一尊者，尊者为河伯。空

① 见俞伟超主编：《中国画像石全集》，第 1、2、3 卷"山东汉画像石"。

② 王子今：《汉武英雄时代》，250 页，北京，中华书局，2005。

③ 蒋英炬、杨爱国：《汉代画像石与画像砖》，64 页。

④ 巫鸿：《武梁祠——中国古代画像艺术的思想性》，柳扬、岑河译，94～96 页，北京，生活·读书·新知三联书店，2006。

⑤ 巫鸿将和林格尔汉墓壁画祥瑞图归为图录式。在本文中，笔者认为整个的祥瑞图相对于单个的象有完整的祥瑞表现意义，故将其归入完整意义的祥瑞图。

间饰以云气。① 南阳还出土有一块画像石，题为"桃拔、凤凰、大象"（图23），画面左刻桃拔，中为凤凰，右为大象，空间饰以云气。这都是表示祥瑞的动物。凤凰，被尊为鸟中之王。桃拔，《汉书》卷九六上《西域传》云："乌戈地，……有桃拔。"孟康注："桃拔一名符拔，似鹿，长尾，一角者或为天鹿，两角者或为辟邪。"古人认为，桃拔能辟邪，被除不祥。② 山东邹城出土的东汉中期"东王公、异兽"画像，上部正中央刻东王公，两侧有四人持笏跪拜，东王公下一虎、一龙、一象、一熊、一神鹿，另有一只双首人面兽。③ 将象等动物与东王公聚于一个画面中，其珍奇祥瑞意义是显而易见的。

陕西神木大保当东汉墓门楣上刻有驯象图，象身涂白彩，长鼻、嘴、眼眶涂红彩，一象奴头戴圆顶胡帽，着左衽袍，腰束带，左手持钩指向象头。其左刻天马图，天马四蹄腾空，昂首奔驰，马身也涂白彩，耳、口、眼眶施红彩。其右为骑射图，猎手骑马飞奔，回首引弓射一野猪。画面左右两端分别刻月轮、日轮，月轮内刻蟾蜍，日轮内刻金乌。整个画面以飘带状卷云纹填空，流畅自然。④ "汉代人们……在死后，把辟邪的铺首衔环、猛虎尽刻于墓门扉、门栏、门楣上，在墓内刻有驱鬼逐疫的方相士，再雕刻上祯祥的珍禽瑞兽，以此来保佑死者的灵魂不受侵扰，尽情享受天界的美好生活。"⑤大保当墓门楣上的图画内容，应当也是相同的作用。⑥ 前引江苏铜山县茅村熹平四年汉墓中出土的画像石，左刻驭象者和骑驼者，羽人、九头兽；中部刻引颈相对的双凤，踏节而舞的朱雀；右部刻连理木、一羽人牵翼马、一翼兽。⑦ 这显然也是一系列珍奇祥瑞图像。⑧

---

① 王建中、闪修山：《南阳两汉画像石》，图151。

② 同上书，图181。

③ 俞伟超主编：《中国画像石全集》，第2卷"山东汉画像石"，76页，图83。

④ 俞伟超主编：《中国画像石全集》，第5卷"山东汉画像石"，166页，图224。

⑤ 杨孝军：《试论灾难思想在汉画像石中的表现》，见《中国汉画学会第九届年会论文集》，下册，148页，北京，中国社会出版社，2004。

⑥ 此图又收入陕西省考古研究所编：《陕西神木大保当汉彩绘画像石》，重庆，重庆出版社，2000。释为佛教行像，误也。

⑦ 《徐州汉画像石》，图56。

⑧ 羽人是传说中神人，连理木在古代是祥瑞之征。

以上五幅画像石，基本上是"图录式"的罗列祥瑞动物图像。不可否认的一点是，即使这种图录式的罗列图像，也要根据每个单元的具体意义组成的整体意境来进行解读。当象被罗列于一系列充满神异色彩的珍禽异兽、祥瑞动物之中时，那么象的意义也就是显而易见的了。

还有一部分大象的祥瑞画像石，其整体背景就是山林自然界，而且有的还配有狩猎场景，或许反映了人与自然的某种互动关系，也暗示了"人—自然界—祥瑞世界"之间的一种衔接关系。

山东滕县龙阳店出土一块浅浮雕画像石(图 24)，上部刻两头四牙大象，前后相随，前面象背有五人，臀部有一人正爬向后面大象的头部。下部刻郁郁葱葱的山林，鸟、鹿、虎在其间飞驰、奔逐。①

前引河北定县出土错金银狩猎纹铜车饰，竹管状分为四节。在缭绕山峦花树的云气中，第一节有三人骑在象背上，可以清晰地看到最前面的人执长钩在钩象头，并有羽人、龙、马、熊、兔、鹿、鹤、鸟、龟；第二节有一骑马猎人，反身射虎，并有熊、鹿、狼、猴、山羊、野猪、鸟；第三节一人骑在骆驼背上，并有羽人、熊、虎、鹿、鹤；第四节一孔雀正开屏鸣叫，并有羽人、熊、虎、獐、雁、鹤等。② 整个画面生动地刻画了丰富的自然世界，并洋溢着一种人与自然和谐相处的气氛。它既体现了人对自然界的征服，又体现了对自然界新奇事物的接受，于绚烂的想象中有一种对自然界的喜爱甚至敬畏的意境。

山东安丘东汉晚期墓内壁一块画像(图 25)，分上下两层，上层，中部刻群山叠翠，羽人飞升，禽兽出没；左边刻虎、鹿、犬、猪等群兽腾跃和飞鸟、鱼、羽人；右边刻狩猎图，猎人骑马追逐鹿、兔，一人弯弓射树上的鸟。下层刻八翼虎、一翼象、二鱼、一兔，并有二戏虎的羽人。③ 在这个图像中，有人类世界的狩猎活动，有自然界的山林禽兽，又有神异世界的祥瑞动物，或许正蕴涵了汉朝人对这三个世界内在的密切关系的联想。

---

① 《山东汉画像石选集》，图 262。
② 《中华人民共和国出土文物选》，图 66。
③ 俞伟超主编：《中国画像石全集》，120 页，第 1 卷"山东汉画像石"，图 160。

徐州新发现的汉画像石中(图 26 右)，也有这种体现衔接性的图画。有一块竖幅画像石，分上、中、下三格，上格刻两个瑞兽，翻转相对。中格刻一人躺卧在象背上，右手托头，象首坐一象奴，手持长钩伸向象头部上方，在象身下刻一鸟首。下格刻一枝叶茂盛的大树，树下有一人在喂牛。树上立三只鸟，树丛间有一鸟窝，窝内两只雏鸟正嗷嗷待哺。① 我们可以看到，从上到下这三格，正好是祥瑞世界、自然世界、人类世界农家生活，三者紧密衔接，而驯象所处的位置，正是从祥瑞世界到人类世界的过渡地带。

河南密县后土郭汉墓后室东门洞东侧的一块画像石(图 27)，通篇大型的 S 状流云纹，在云纹的空隙中刻有人物、鸟兽。画的右上部刻一怪兽，正追逐中部的三只兔子，兔子作奔逃状；怪兽下部一鸟叼一鱼；鸟的左下方，一人持长矛与熊斗；其右有一象，长鼻上卷，短尾微翘，四足上行而回首下视。画左上部一怪兽，有一鹤叼鱼，一鸟展翅飞。② 在这幅画面中，流云纹充当了结构性的框架，既有浪漫主义的怪兽纹，又有现实主义的人、兽纹。在汉代纹饰中，云是祥瑞之物，"人们或者把云纹作为仙界的象征和隐喻，或者干脆利用它的形态变化来构造仙界实景，并通过大量动物的安插、自然物象的添加以及人物的活动，使人对于仙境的想象更加具体"，"云气不仅可以趋吉避凶，而且还是富贵、幸福的象征。它寄托着人们的希望与理想，在汉代各种艺术形式中广泛流行"，"作为祥瑞的云兽纹样在汉代艺术中被广泛应用，是受到当时盛行一时的思想观念的影响。它不仅在生人的世界里频频出现，代表着吉祥、如意、平安和长寿，在墓葬中同样用来佑护死者，并传达着人们的美好祝愿"。③ 在这块画像石中，以祥瑞的云气意境为主体，自然界与人类世界被糅合在了一起。

从以上三块画像石的构图方式来看，在汉代社会意识中，祥瑞世界似乎是自然世界的延伸或神化的结果，而人类世界通过与自然世界的相互作用、相互关系缔造了并认识着一个丰富多彩的祥瑞世界。祥瑞世界的形

---

① 杨孝军、郝利荣：《徐州新发现的汉画像石》，载《文物》，2007(2)。
② 《密县后土郭汉画像石墓发掘报告》，载《华夏考古》，1987(2)，104 页。
③ 《中国汉画学会第九届年会论文集》，134～139 页，北京，中国社会出版社，2004。

成、扩展，或许寄托着人类对自然世界的某种理想、某种愿望，或许也是人类对自然世界的一种认识。以象为代表的祥瑞动物，正是人与自然互动的结果在社会意识中的反映。

巫鸿先生认为，"不同的祥瑞图设计在古代中国反映了人和自然界关系的变化。……到了西汉之际，艺术品中表现人兽对抗的场面减少了，人类以强力降服动物的情形渐渐被平静和谐的场面取代。大体而言，动物不再被认为是需要降服的威胁，而是多被表现为与人类命运协调的祥瑞形象"①。通过以上若干幅画像石的解读、分析，象的祥瑞图像正符合这一变化趋势。象的祥瑞图画中多有人、象共处的情形，虽然其背后的代价是象被人类征服，由野象转化为驯象，然而反映在画面上，是人与象、人与自然的和谐相处，这或许体现了汉代社会意识对人与自然关系的理想化的构思。

江苏徐州出土的祥瑞画像石，很有特色。铜山县洪楼出土的一块汉墓画像石(图28)，时代在新莽至东汉早期。画中央刻一人骑象执长钩伸向象的长鼻，后有三鱼驾车，三龙驾车。对于画面左部的释读，则争议较大。有的学者释为伎人表演、百戏图，② 有的学者释为鱼戏、龙戏、象戏、转石戏，伎人吐火。③ 俞伟超主编《中国画像石全集》第四卷收入此图，释为"神人出行图"，认为左部是水人弄蛇、伎人吐火、转石成雷。信立祥在《汉代画像石综合研究》中论述最详尽，他认为此画面左部为神祇图，拖着五鼓的是雷神，与《论衡》中所载雷神形象一致；两手握水瓶，两股水柱倾泻而下的是雨师；其他还有风伯等，骑在巨龟上从喇叭里吹出阵阵狂风。④ 信立祥的解读较有说服力，但他认为驯象左踞坐者为佛陀，笔者不敢苟同，因为这个人物形象头戴进贤冠，身着中原服饰，口吐一团雾气，显然不能看成是佛陀图像。⑤ 唐军认为，"徐州画像石中，最为精彩的是仙境幻想与人间现实并存、天上神仙地上人间的画面，体现出人们'天人合一'的浪漫

① 巫鸿：《武梁祠》，94 页。
② 《徐州汉画像石》，图 85 图版说明。
③ 《论徐州汉画像石》，载《文物》，1980(2)。
④ 信立祥：《汉代画像石综合研究》，175～176 页。
⑤ 《徐州汉画像石》所收图 85 甚清晰。

主义思想""还有许多画像石在构图谋篇中把天上神仙、凡人与动物置于同一空间，使人与神、人与兽、兽与兽和谐共处，体现出人与自然万物的和谐统一，散发出豪放豁达、融合天人的宏大气魄。这些编织出来的天上人间的美好生活图景，充满了浪漫主义色彩"。① 对于铜山洪楼的这块画像石，不论是百戏图还是神祇图，或许以唐军先生的观点去理解是更贴切的。

铜山县苗山汉墓的前室前壁门西与门东各有一块画像石，由于处在对称位置上，其内容具有对应性。门西画像石右上方刻有月轮，内有玉兔、蟾蜍形象，左上方一神人，戴帝王礼冠，一手持耒，一手牵凤凰，当是传说中的炎帝神农氏，下部刻一翼牛；门东画像石左上方刻日轮，内有三足乌形象。右上方一神怪人物，熊手熊掌，生有翅翼，当是黄帝有熊氏；中部刻一翼马，下方刻一翼象（图 29）。② 门扉部位饰有象，不由得让人想起《论衡》卷五《感虚》中所载：

> 传书言："燕太子丹朝于秦，不得去，从秦王求归。秦王执留之，与之誓曰：'使日再中，天雨粟，令乌白头，马生角，厨门木象生肉足，乃得归。'当此之时，天地佑之，日为再中，天雨粟，乌白头，马生角，厨门木象生肉足。秦王以为圣，乃归之。"此言虚也。③

"厨门木象生肉足"，这透露出以象的纹饰装点门扉，似乎很早就有了。祥瑞动物被描绘成带翼的形象很多，也值得我们注意，有学者认为有翼人物和动物的形象其源头为古希腊、罗马，从罗马统治下的埃及传入汉代中国，时期在东汉早期。④ 这个观点，也值得我们深思。

大象中的白象，其祥瑞意义尤其是象与佛教的密切关系，更应当受到

① 唐军：《浪漫与现实交相辉映——徐州汉画像石艺术研究》，见陈江风主编：《汉文化研究》，123 页，开封，河南大学出版社，2004。

② 《徐州汉画像石》，图 90、图 91。门东画像石亦收入常任侠主编：《中国美术全集·画像石画像砖》，第 18 册，图 64，上海，上海人民美术出版社，1988，释为"治水画像"，误也。

③ 黄晖：《论衡校释》，第 1 册，235 页，北京，中华书局，1990。《论衡·是应》作："世言燕太子丹使日再中，天雨粟，乌白头，马生角，厨门木象生肉足，论之既虚。"

④ 何芳川、万明：《古代中西文化交流史话》，40 页，北京，商务印书馆，1998。

重视。《太平御览》卷八九〇引《岭表录异》曰："楚越之间，象皆青黑，唯西方佛林、大食多白象。"《礼纬·含文嘉》："神灵滋液百宝为用则白象至。"《宋书·符瑞志》："白象者，人君自养有节则至。"汉代画像石中白象被纳入祥瑞体系最典型的一例就是和林格尔汉墓画中的祥瑞图。在这座墓的中室西壁至北壁上，有图录式祥瑞图，现将榜题录于下：

麒麟、青龙、灵龟

甘□、澧泉、神鼎、三足乌

一角犾、白狼、白鹤、白燕、圭□

玉□、玉圭、玉衣、上□□、□兔

三角□、□曲、赤爵、白象

玉羊、□□离、赤罴、□马

甘露、浪井、明珠、白乌

□□兽□、白狐、白马、金□

银□、玉马、姜元①

这座墓的年代大约是在东汉桓帝之世(147—167)。山东武梁祠的屋顶画像石被称为两块"祥瑞石"，其图录式祥瑞图可以与和林格尔汉墓祥瑞图作比较，目前可以确定的有 24 个祥瑞图像，可能还不到原来的一半，现录于下：

祥瑞石一

第一列：浪井、神鼎、麒麟、黄龙、蓂荚

第二列：六足兽

第三列：白虎

祥瑞石二

第一列：玉马、玉英、赤熊、木连理、璧流离、玄圭、比翼鸟、比肩兽、白鱼、比目鱼、银瓮

第二列：后稷诞生、巨畅、渠搜献裘、白马朱鬣、泽马、玉胜②

两相比较，相同的有麒麟、神鼎、赤熊、浪井、玉马，和林格尔墓祥瑞

① 内蒙古自治区博物馆文物工作队编：《和林格尔汉墓壁画》，34 页，北京，文物出版社，1978。

② 转引自巫鸿：《武梁祠》，93 页。

图中的"□□离"应当就是武梁祠中的"璧流离",共 6 个,占和墓祥瑞图 1/6,占武梁祠祥瑞图 1/4。其余则有很强的相似性,大同小异,和墓祥瑞图中已有"甘露",那么其"甘□"似为"甘泉",已有"玉马"、"白马",则其"□马"似为武梁祠中的"泽马";"玉□"可能就是武梁祠中的"玉英"、"玉胜"之类;"□兔"可能是"白兔"或"玉兔"。武梁祠建于公元 151 年,与和林格尔汉墓大约同一时期。由此我们可知这个时期祥瑞体系是有一个基本框架的,其外延是相当开放的,可以不断地容纳各种珍奇的动物、植物、宝物,使之具备祥瑞意义。这些随时被吸收进来的祥瑞可能是因地区而有所差别,但它们彼此之间有很强的相似性。巫鸿先生在分析汉代祥瑞体系的扩大时,认为"汉代初年瑞兆的种类还相当有限,即便是那位热衷于寻求神灵相助的武帝,也只见过不到 10 种祥瑞。然而到了 100 多年后的章帝(76—88 年在位),在短短的 10 来年间至少出现了 29 种瑞兆。特别是在公元 85—87 年间,麒麟出现了 51 次,凤凰出现了 139 次,黄龙 44 次,白虎 29 次。除了这 263 次 4 种主要瑞应之兆,其他各种各样的祥瑞也被报告到朝廷,包括灵鸟、青龙、白虎、大尾狐、白鹿、甘露、瑞禾、吉麦、瑞瓜、黄云、白云、白兔、赤鸦、三足乌、白雀、灵雀、黄雁、灵鱼、连理树、明珠、柜秠、华平树,赤草、白鹇、灵芝和神鼎等"[①]。吴荣曾先生在探讨和林格尔汉墓壁画时也表示了类似的观点:"董仲舒的《春秋繁露》提到的祥瑞才几种,到《白虎通》就增至 28 种,到和林格尔壁画、武梁祠石刻画像更增至 49 种,到《宋书·符瑞志》就不下 100 多种了。这说明越往后,编造而积累起来的所谓祥瑞也越多。"[②]白象被列名于和林格尔汉墓祥瑞图中,不仅表示它被接纳进了这个体系,而且也成了该体系不断扩大过程的一个注脚。

象、白象与佛教有着密切的关系。《酉阳杂俎》曰:"释氏书言象六牙,牙生理必因雷声。"《桂海虞衡志》"象"条曰:"象出交趾山谷,惟雄者则两牙。佛书云四牙,又云六牙(有的版本引佚文作'佛书云白象又云六牙'),

---

① 巫鸿:《武梁祠》,108 页。

② 吴荣曾:《和林格尔汉墓壁画中反映的东汉社会生活》,见《先秦两汉史研究》,233 页,北京,中华书局,1995。

今无有。"山东滕县出土的一块东汉画像残石上，刻有"六牙象"，每头象只刻出右边三颗牙，象身上坐有人物，残损不可辨别，象前一兽似辟邪，上骑佩剑之人(图32)。劳干推测为东汉章帝前后的佛教史迹，俞伟超先生考订其为佛典中记载的"六牙白象"，所以它反映的是佛教内容。①

前引滕县龙阳店出土的一块画像石中有两块四牙大象，上面骑坐六人玩耍，下面刻有山林、虎、鹿、飞鸟。② 图中每头象的长鼻根部两边各刻两根长牙，非常对称。这大约是受了佛经传说的影响，将四牙象理解为祥瑞，所以将它置于自然界的祥瑞组合中。

和林格尔汉墓前室南壁顶部绘有"□人骑白象、凤鸟、朱雀"，榜题"□人骑白券(象)、凤凰从九□、朱爵"(图33)；前室北壁顶部绘有"麒麟、雨师"，榜题"麒麟、雨师驾三□"。③ 根据俞伟超先生在《东汉佛教图像考》中所引《和林(格尔)汉代壁画初次调查记》，可知北壁顶部还绘有玄武，东壁顶部绘有青龙，一人盘腿坐于云雾中榜题"东王公"，相对称的西壁顶部绘有"西王母"。"仙人骑白象"的"仙"字残存大部分。俞伟超先生考订"仙人骑白象"为佛教图像。④ 我们可以认识到，顶部四壁的绘画主体内容仍然是中国传统的神话传说。

徐州新发现的画像石中，有一幅僧侣骑象图(图26左)，原石竖幅。分为上下两格，上格刻六个瑞兽，曼舞相戏，下有五人面左侧身骑在象背上。⑤ 明显看出这五人并无发髻，仅戴平帻，宽袍大袖，似乎是盘腿而坐，两边衣袍垂下，是僧侣的形象。

山东济宁也出土过类似的僧侣骑象图，位于汉墓的一扇门扉上。如前面笔者所说过的，两扇门扉由于位置对称，各分四格，其内容也有对应性，现以表格形式将两扇门扉内容著录于下：

① 俞伟超：《东汉佛教图像考》，载《文物》，1980(5)，74 页。

② 《山东汉画像石选集》，图 262。

③ 《和林格尔汉墓壁画》，33 页。

④ 《文物》，1980(5)。

⑤ 《徐州新发现的汉画像石》，载《文物》，2007(2)，图 4，著录者释为"僧侣骑象图"。

表10　济宁汉墓门扉一（图30）

层数	内　　容
1	凤鸟衔珠，三羽人托物向凤鸟而跪；上有二鸟人首，相对而飞
2	五人坐于象背，一人坐于象头部，一人于象鼻旁舞蹈
3	铺首衔环，左一怪执斧，右一双头人面兽，下九头人面兽
4	上一翼龙，二吏执戟，拥彗；中间立一小孩

表11　济宁汉墓门扉二（图31）①

层数	内　　容
1	四个多头人
2	二羽人戏虎，下一小虎为线刻
3	铺首衔环，左二人跪、立，右一人射鸟，下列五女子，中坐者抚琴
4	二吏执戟，拥彗，其上二童子引两鸡相斗

门扉一画像石收入俞伟超主编《中国画像石全集》第2卷，图11，拓片甚为清晰，可以看出坐在象背上的五人宽袍大袖，光头无发须，两手相抄拢于胸前，坐在象头上的人与在鼻旁舞蹈的人都是梳椎髻，衣服单薄，上身赤膊，仅围短袴，服饰打扮不类中原。舞蹈者头上方有一鸟仰面朝天。两扇门扉的内容加以比较，可见第一层的内容都是神异色彩的题材，第二层都以人物、兽类为主，既有现实主义色彩，又有珍奇祥瑞的意境。将门扉一第二格中的骑象图与和林格尔汉墓仙人骑象图、徐州新发现僧侣骑象图加以比较，可以看出三者都是相同性质的内容：第一，和林格尔墓图中仙人头部已残，但对比之下，三者的骑象人都是宽袍大袖，盘腿坐于象背上，并非中国传统的席地而坐；第二，三图的骑象人都是双手相抄拢于胸前，济宁汉墓图与徐州新发现汉画图中的人物都没有发髻，也没有胡须。所以济宁汉墓门扉一第二格中的骑象图就是僧侣骑象图，可惜《山东汉画像石选集》与《中国画像石全集》的著录者都没有

① 两图及内容考释见《山东汉画像石选集》，图139、图141。

辨认出来，足以为憾。

以上三幅僧侣骑象图，都反映出象与汉代的佛教传播有密切关系，有一点必须注意：这些僧侣骑象图并没有出现在佛教母题图画中，它们被容纳到了中国传统的神仙体系、祥瑞世界中，这反映出佛教初入中原时，汉代人以神仙方术或珍奇祥瑞的观念来理解佛教事物。①

还有一个现象也值得注意，那就是以象为代表的祥瑞图、佛教题材集中出土于山东、江苏等滨海地区。陈寅恪先生在著名论文《天师道与滨海地域之关系》中曾经指出，汉时所谓"齐学"，"即滨海地域之学说也"。他认为，神仙学说之起源及其道术之传授，必然与滨海地域有关，这是一项重要的文化发现。陈先生还认为，"盖二种不同民族之接触，其关于武事之方面者，则多在交通阻塞之点，即山岭险要之地。其关于文化方面者，则多在交通便利之点，即海滨湾港之地"。② 佛教传入后，由于滨海地区方术盛行，也是早期道教流行地域，所以易于接受外来宗教，使之与本地信仰杂糅在一起。有的学者以此主张的佛教由海上传入说，尚无特别过硬的材料予以支持。因此，佛教初入中国，与初期道教及中国传统方术结合，佛教图像受到盲目崇拜。③

前引贾峨在《说汉唐间的"象舞"》一文中，认为"古代百戏中的'象舞'依赖着宗教势力，也得以保存了下来。而佛教却利用'象舞'的特殊表演形式，形象化地宣扬佛教思想。它们之间的关系，通过佛教的'行像'活动表现出来"④。实际上通过本文前面大篇幅的论述，我们可以认识到驯象表演自汉

① 同样观点参见沈颂金：《20世纪简帛学研究》，289～295页，北京，学苑出版社，2003。不过其认为佛教传入初期依附道教来扩大影响的观点是值得商榷的。佛教考古资料不占主体地位并不能说明当时的佛教徒依附庸于道教借助其势力，而恰恰说明佛教初来，汉代社会对其理解片面、肤浅，以传统的神仙祥瑞观念视之。又参见施杰：《意义、解释与再解释——谶纬语境与汉画形相》，见《中国汉画研究》，第2卷，179～180页，桂林，广西师范大学出版社，2006。

② 引自王子今：《秦汉区域文化研究》，88、93页。

③ 参见荣新江：《中国中古史研究十论》，16～43页，上海，复旦大学出版社，2005。

④ 贾峨：《说汉唐间的"象舞"》，载《文物》，1982(9)。

武帝时代就传入中国，僧侣骑象的形象来到中国迟至西汉末以后。即便是东汉时代，社会娱乐中的驯象表演也并未偏废，而是传播日广，深受欢迎。驯象表演与僧侣骑象这样的佛教"行像"都借助于大象，外在形式上颇有相同之处，但性质并不相同，仍是两条各自独立发展的线索，不能将二者混淆。

《后汉书》的作者曾在《西域传》中论述汉代中西文化交流由浅及深的过程：

论曰："……其后甘英乃抵条支而历安息，临西海以望大秦，拒玉门、阳关者四万余里，靡不周尽焉。若其境俗性智之优薄，产载物类之区品，川河领障之基源，气节凉暑之通隔，梯山栈谷绳行沙度之道，身热首痛风灾鬼难之域，莫不备写情形，审求根实。至于佛道神化，兴自身毒，而二汉方志莫有称焉。张骞但著地多暑湿，乘象而战，班勇虽列其奉浮图，不杀伐，而精文善法导达之功靡所传述。余闻之后说也，其国则殷乎中土，玉烛和气，灵圣之所降集，贤懿之所挺生，神迹诡怪，则理绝人区，感验明显，则事出天外。而骞、超无闻者，岂其道闭往运，数开叔叶乎？不然，何诬异之甚也。……"

天竺多象，佛教活动中多象当属自然。佛教传入中国后仍带有这一鲜明的特色。又如连云港孔望山的摩崖造像，属东汉佛、道杂糅的遗迹，其中有石刻大象，左腹部刻一脚戴重镣、手执长钩的象奴，"石象四足下均刻出仰莲一朵，显然是佛教题材"①。

古代史家笔下的由"地多暑湿，乘象而战"，到"列其奉浮图"，所体现的是丝绸之路开通后，中原对西域文化的认识、了解是一个由浅入深、由片面到相对全面的过程，画像石中从驯象表演到东汉时增加的僧侣骑象图也反映了这一过程。象作为中西文化交流的一项内容、一种载体，有关于它的事物随时代发展越来越多地传入汉代中国。象，恰好成了中西文化交流由浅入深、由片面到相对全面的这一过程的一个注脚。

---

① 俞伟超、信立祥：《孔望山摩崖造像的年代考察》，载《文物》，1981(7)。

附图

图 1

图 2

图 3

图 4

图 5

图 7

图 8

图 9

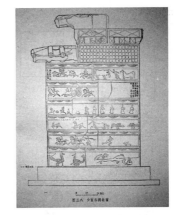

图 10

图 11

图 12

图 13

图 14

图 15

图 16

261

图 17

图 18

图 20

图 19

图 21

图 22

图 23

图 24

图 25

图 26

图 27

图 28

图 29

图 30

图 31

图 32

图 33

（本文作者为 2005 级本科生。指导教师：王子今）

戊戌时期刘光蕡维新思想初探

李 阳

摘 要 刘光蕡是陕西近代历史上的著名人物，深受关学思想的渐染熏陶。甲午战争之后他耳闻目睹国家日益严重的民族危机，于是同这个时期许多知识分子和开明士绅一样，走上了维新道路，在"经世致用"的关学学术基础上实现了向现代新学的转化，并且从经济、政治、文化教育等各个方面提出了自己的维新思想，其维新思想有与当时士人如康、梁等人共同的一面，也凸现出了浓厚的个人特色。

关键词 刘光蕡 戊戌变法 维新思想 关学

刘光蕡(1843—1903)，字焕唐，号古愚，又号瞀鱼。他终身从事教育事业，先后执教于西安、咸阳、三原、泾阳、潼关、礼泉和兰州等地，担任过味经书院、崇实书院①和甘肃大学堂的山长、院长、总教习之职。刘光蕡出身旧学却力提倡维新，是关学发展至晚清的重要代表人物，也是晚清陕西维新运动的积极倡导者。学界对于刘光蕡的研究，在 2000 年以前，主要集中在教育思想领域，且主要是陕西地区的一些学者在从事相关研究。主要成果有任大援等人《刘古愚评传》、刘光蕡的弟子张鹏一编辑《古愚先生没后二十七周年学说纪念文》及《刘古愚年谱》。近年来对于刘光蕡的研究虽不再局限于教育方面，但是研究的深度与广度仍有值得挖掘之处，如关于刘光蕡在戊戌时期的维新实践及思想的研究，就显得很薄弱，而研究这一课题对于考察其人思想随历史轨迹的变迁以及戊戌运动对当时下层士绅及知识分子的影响都是很有价值的。

---

① 赵尔巽：《清史稿》卷四六四《曾铣传》，12473 页，北京，中华书局，1977。

一

刘光蕡生活在清靖道光至光绪年间，这无疑是中国近代历史上变革最大的时期，显著特点就是内忧外患严重困扰着清王朝。而 1895—1898 年对于中国又是极不寻常的三年。

继中法战争之后，甲午海战的一败涂地强烈刺激了中国人的民族感情，残酷的现实迫使人们对"中学为体，西学为用"的洋务运动进行重新定位，对于现实政治中的各个阶层进行评论，并由此论证其是否还有存在的价值。陈炽在 1892 年写成《庸书》内外篇，批判了顽固的守旧者，同时也批评了"舍己从人"的假维新者：

> 主于守旧者，深闭固拒，尊己而抑人，事变以来，茫昧昏蒙，束手无措；主于维新者，不深察中国之人情，与国家创制显庸之本意，又张皇震呀，欲一切舍己而从之，其意似皆是也，而皆非也。守旧不能，图新不可，乃习为粉饰太平之说，遁重迁延，偷安旦夕，任外人之凌辱朘削，而付之不见不闻。上下相蒙，内外相避，养痈遗患，遗祸后人……①

国难危急，民族危亡之际，新兴的资产阶级知识分子登上历史舞台，他们对西方的近代文化进行大力的张扬，冷观求索。这是考察刘光蕡戊戌维新时期思想变化的重要社会因素。然而，还要看到，刘光蕡的维新思想有与当时士人如康、梁等人共同的一面，还有不同的一面，这就是带有浓厚的地方文化的色彩，打上了深刻的关学烙印。

关学有狭义、广义的概念之分，狭义的概念是指北宋时由张载创立的以张载为代表的理学学派，广义的关学是指北宋时期由张载创立到明清之际仍然流行于关中地区的儒学学派。本文对于关学的探讨取其广义的理解。北宋时期，张载讲学关中，其思想以气为本，注重理学，表现出对自然科学的重视，对各种世事的关心，对儒家伦理规范的服膺，使其思想整体显现出浓厚的"注重实践"的特点。这与当时的周敦颐的"濂学"、二程的"洛

---

① 陈炽：《名实》，见《庸书》内篇卷上，28 页，慎记书庄石印本，光绪二十四年(1898)。

学"、朱熹的"闽学"并称"四大学派",颇负盛名。实际上古人也是从广义上定义关学概念的,黄宗羲早有认识:"关学,世所渊源,皆以躬行礼教为本"①,这可以说是在本质上抓住了当时关学的特点。全祖望说:"先生(李二曲)起自孤根,上接关学六百年之统。"②这两个例子说明,明代的吕泾野、李二曲也被认为是关学中人。此外,陕西的学者自己也有着较为自觉的学术认同,冯从吾的《关学编》及以后学者的《〈关学编〉续编》都将张载以来的关中学者列入其中,类似的著作还有张骥的《关学宗传》也将关学贯穿到清代。

北宋以后,直至清代,关学学派,学人迭出,流派纷呈,虽没有严格的师承授受关系,但是都在不同程度上受了张载的影响,继承了张载的学术旨趣,从这个角度也能考察关学学术概念的认同。明代的吕柟、冯从吾、李颙都是当时的关学大儒。他们都具有"躬行礼教",重视实践的特点。三原学派王恕、王承裕父子亦如此;关陇学派提倡"尚行"之旨,以薛敬之为代表;冯从吾则为心学一派的重要人物,③他主张"本体"与"工夫"并重,尤其强调身体力行。④他还认为,只要有利于践履儒家主张,各门各派的观点都可吸收,一直坚持不懈地反对门户之争。⑤吕柟主张"理在气中",于"事中见理",认为"除了人事,焉有道理",⑥并一生躬行理学,他的一生就是矢志于实践理学的一个坎坷的过程。

到了清代,狭义上由张载所创的关学已经不复存在。但是,清代的关

---

①　黄宗羲:《明儒学案》卷二《河东学案二》,21 页,上海,商务印书馆,1935。

②　金祖望:《鲒埼亭集》卷一二《二曲先生窆碑铭·石文》,见全祖望、黄云眉选注:《鲒埼亭文集选注》,124 页,济南,齐鲁书社,1982。

③　关学到了明代再度兴盛,学派逐渐增多,主要分为三原、关陇、心学等派。文中所提即为关学的三大派别。

④　冯从吾撰,陈俊民、徐兴海点校:《关学编(附续编)》,72~73 页,北京,中华书局,1987。

⑤　有关反对门户之争的这一点,刘光蕡在《示味经书院诸生读〈汉书〉法》(见《烟霞草堂文集》卷八,4~7 页,苏州,王典章思过斋锓版,1919—1921)和代柏景伟编写《关学编序》及《关学编后序》时精辟地阐明了自己的看法。刘光蕡对于古代流传至清代的全部学术,抱有一种较为客观的看法,没有狭隘的门户之见;对于理学,他同样认为,程朱陆王各有所长,不可自拘于门户。

⑥　吕柟:《泾野子内篇》卷二七《礼部北所语》,290~291 页,北京,中华书局,1992。

中学者继承了张载的治学态度以及张载哲学中"尊儒"的思想。此时，关中学者也出现了分化，有以程朱为是者，亦有以陆王为归者。尊程朱者，如嘉庆朝陕西朝邑李元春"躬行实践世无其人也"①，与刘光蕡同时代的三原贺瑞麟"以倡复横渠礼教为己任，或延讲鼓励不远千里"②，他们都是当时之大儒。③ 可见，关中学者始终不绝如缕地延续着张载以来的学术传统。这就使得关学在一定程度上形成了较为固定的学术宗旨、价值取向，因此成为北宋以来一直至清代颇具地方特色的一个学术流派。

刘光蕡也继承了尊儒的学术传统，然而他是以尊陆王形成自己的关学特色；其另一特色就在于，在甲午战争的促使之下，在关学本身的学术旨趣的基础上，他形成了"经世致用"的思想，这是尊程朱的李元春、贺瑞麟所不具有的。到了刘光蕡所生活的时代，西学成为经世实学的重要内容，是每一个致力于富国阜民的知识分子所不能回避的。刘光蕡对此抱有一种开放的态度。于是刘光蕡逐渐将关学融合到西学之中，传统的关学在近代成为新学生长发展的砧木，后来其自身也逐渐融合到新的学术洪流之中，笼统的"适用"之学被各种专门科学技术所代替。这样，关学作为一个独具特色的学术形态在近代逐渐消融在新学之中。刘光蕡作为一个近代的知识分子，他的思想转变固然是由于当时社会现实的触发而致，但是关学的传统也为他的思想走向近代化提供了基础。而实际上刘光蕡在戊戌时期的维新实践正是这样一种旧学逐渐融合到新学的体现。

教育是刘光蕡维新实践的主体。清末关中四大书院中，宏道书院、关中书院是两所历史悠久的书院，讲学内容以程朱理学为主，实际上就是科举考试的预备学校。创办于 1873 年的味经书院，从 1887 年开始由刘光蕡担任山长，他的教学宗旨就是培养"救变之才"，所以在担任山长期间，他

① 徐世昌：《清儒学案》卷二〇六《诸儒学案·李先生元春》，834 页，北京，中国书店，1990。

② 同上书，836 页。

③ 冯从吾撰，陈俊民、徐兴海点校：《关学编（附续编）》卷 3《泾野吕先生》，41～46 页，北京，中华书局，1987。

改革了课程内容，增加了算学①、时政、天文、地理、外文课程，并将之抬高到与经、史、政、道并列的地位。强调"士子读书以识今日时务为第一要义"②。1895 年后又设立时务斋，要求学生每日读报，研讨国内外大事。1896 年陕西学政赵惟熙根据刘光蕡"崇实学"、"预教训"、"习测算"、"广艺术"③的建议，同陕西护理巡抚张汝梅上书奏建格致书院，④ 后更名为崇实书院。同年，刘光蕡受聘主讲崇实书院。课程以格致、算学、制造、英文为主，初分四斋，后合为"政事"、"公益"两斋。

在书院讲习之余，刘光蕡通过自己的学生积极与康有为梁启超等人取得联系。⑤ 1895 年刘光蕡在逐步接受康有为、梁启超对于"群学"⑥观念的阐释

---

① 增加算学，可以说是刘光蕡的一项创举。晚清陕西，算学几近绝学，而刘光蕡敏锐的意识到其是学习自然科学的门径，所以一直以来很重视培养生的算学能力。他告诫学生："救今日虚词之弊，而可不以算为急乎？今定：凡有志时务之学者，无论自占何门，均须习算。"（《谕昧经诸生》，见《烟霞草堂文集》卷八，17～19 页），同时他把算学的教学和生产实践、科学研究有机地结合起来。他正告学生说："习八股诚无用，学算而不能制器，亦画饼也。且八股尚言仁义道德，算术不言身心，不关品行，沉溺无用，乌足为士乎！"（同见《谕昧经诸生》）

② 杨虎城、邵力子修，宋伯鲁、吴廷锡纂：《续修陕西通志稿》卷三六《学校一》，9 页，西安，陕西通志馆，1934。

③ 西北大学历史系、陕西省社会科学院历史研究所编：《旧民主主义革命时期陕西大事记述》，97 页，西安，陕西人民出版社，1984。

④ 《陕西创设格致实学书院折》，《皇朝经世文新编》卷五上《学校上》，见《中国近代史资料丛刊》，第 78 辑，382 页，长沙，文海出版社，1972。

⑤ 梁启超曾经提及刘光蕡时说道："启超自交李孟符（岳瑞），得谂先生之言论行事，以谓苟尽天下之书院，得十百如先生者，以为之师，中国之强可翘足而待也。"

⑥ 梁启超曾撰写《论学会》一文阐明学会对于维新的重要："道莫善于群，莫不善于独；独故塞，塞故愚，愚故弱；群故通，通故智，智故强……国群曰议会，商群曰公司，士群曰学会……故学会者，又二者（议会、公司）之母也。学校振之于上，学会成之于下，欧洲之人以心智雄于天下，自百年以来也……今欲振中国，在广人才；欲广人才，在兴学会。诸学分会，未能骤立，则先设总会。……今以四万万人中，忧天下、求自强之士，无地无之，则宜所至广立分会。一省有一省之会，一府有一府之会……虽数十人之寡，数百金之微，亦无害其为害也。积小高大，扩而充之，天下无不成学人矣。遵此行之，一年而豪杰集，三年而诸学备，九年而风气成。"见《时务报》，第 10 册，光绪二十四年（1898），北京，中华书局 1990 年影印版。

康有为说："中国风气向来散漫，士大夫戒于明士社会之禁，不敢相聚讲求，故转移极难。思开风气、开知识，非合大群不可，且必合大群而后力厚也。合群非开会不可，在外省开会，则一地方官足以制之，非合士夫开之于京师不可，既得登高呼远之势。可令四方响应……日以开会之义，号之于同志。"见康有为：《康南海自编年谱》之"光绪二十一年"（1895），原文见于中国史学会主编：《中国近代史资料丛刊·戊戌变法》，133 页，上海，神州国光社，1957。

之后，通过与梁启超书信交流，认识到了"自群自学"的重要性，遂将味经书院发展为味经讲会，使之具有了学会的性质，与当时全国的兴办学会的热潮形成呼应。第二年随即成立了另一个学会——励学斋。味经、励学成为当时陕西仅有的学会。

学会兼有刊行图书报纸之职。刘光蕡在陕印行自己的学生李岳瑞负责发行的《时务报》等报纸。① 同时西方"商务及通商条约、各国交涉等书、制造之书、军械之书、算术之书"②，中国的经史书都是讲会刊行的内容；康有为梁启超等人的演讲也在刊印之列。戊戌政变后，两广总督谭钟麟在康有为家中查抄《与康有为书》中提道：

> ……由陕西书院山长刘光蕡自刻强学会两序（京师、上海）与陕推行，推重甚至。③

创办近代工业是刘光蕡维新实践的又一项内容。1896 年他倡议集资修建陕西保富机器织布局，呼吁"集股不分籍贯，此为保全中国权利起见，非专为陕谋……凡我中国人宜人人竭才智为之"④。1898 年派学生杨蕙、陈涛、孙澄海南下考察机器制造，从《南行诚约》中可以看出刘光蕡对于在陕兴办实业拳拳之心。他从"和衷"、"坦诚"、"俭约"、"日记"、"见官"、"见商"、"勘察机器"、"请教师"、"购书"⑤等角度，劝诚自己的学生尽心考察，并且迫切的希望通过这次考察能迅速改变陕西工商业落后的面貌：

---

① 据记载，黄遵宪光绪二十三年(1897)四月十一日致汪康年书曾经提到："近见李孟符，言及今年乡试，士子云集省会，似可每省酌寄一二百分［份］(《时务报》)，以期拓充，陕西一省孟符即可代办，可即寄百余分［份］托渠。"见《汪康年师友书札》(三)，2357 页，上海，上海古籍出版社，1987。
② 刘光蕡：《时务斋学规》，《烟霞草堂文集》卷八，25～31 页，苏州，王典章思过斋锓版，1919—1921。
③ 叶德辉：《与康有为书》，见《觉迷要录》卷四，台北，文海出版社，1985；转引自汤志钧：《戊戌变法史》，254 页，北京，人民出版社，1984。
④ 刘锦藻：《陕西集股创办机器织布说略》，见《清朝续文献通考》卷三八二《实业六》，考 11296 页，上海，商务印书馆，1936。
⑤ 刘光蕡：《南行诚约——示杨蕙、陈涛、孙澄海等》，见《烟霞草堂文集》卷九，8 页，苏州，王典章思过斋锓版，1919—1921。

中国办机器，吾陕为第十五起，不可不办，端已著矣。然陕人不惟不喻其机及其器，亦多未见，冒昧为之，其不易为可知也。踪迹托于工商，利害关于国君，以二三儒生任其责，智小谋大，力小任重……诸君至沪、鄂尤须详细记录所见闻，不可一日不记……每事宜与沪、鄂相较，察陕宜用何器，宜种何物、当行何路、当购何书？……①

后运用南下得来的先进知识在陕西开办轧花厂，虽然"轧花一厂，后亦以费绌而中缀"。然而"自此轧花之机大行于渭北，陕人稍稍省机器之利矣"②。

值得指出的是，刘光蕡虽然在戊戌期间未曾离开关中，但是他通过自己学生李岳瑞③及门客宋伯鲁④与康有为、梁启超取得了很好的联系，并且通过书信的形式互相交流对于救国革新的方略。⑤康有为曾经在保举各地贤人之时提道：

时广东学政内阁学士张百熙奏荐我经济特科，又奏保使才，不识其人，亦不知其事也，时网罗天下人才及同门才者，交诸公奏荐，陕西刘光蕡皆为推毂，时八股已废，报会纷纷学堂大开矣。⑥

此外，刘光蕡的维新活动还有救灾、修建城防、兴办社仓、提倡妇女

---

① 刘光蕡：《南行诫约——示杨蕙、陈涛、孙澄海等》，见《烟霞草堂文集》卷九，9页。

② 李岳瑞：《圣清征士咸阳刘古愚先生墓志铭》，见张洪杰主编：《咸阳碑石》，18～23页，西安，三秦出版社，1990。

③ 汤志钧：《戊戌变法人物传稿》上编记载："李岳瑞，光绪癸未进士，工部员外郎……为《时务报》在京代收捐，并助在陕推行……后政变起，著革职永不叙用。"见本书333页，北京，中华书局，1961。

④ 汤志钧：《戊戌变法人物传稿》上编记载："宋伯鲁，光绪十二年进士，甲午战后，以上疏条陈新政，政变起，著永远监禁。"后释放，返回陕西礼泉。国家档案局明清档案馆：《戊戌变法档案史料》光绪二十三年(1898)十二月起二十五年(1899)五月止，记录有宋伯鲁在此期间的多封奏折(309～313页，北京，中华书局，1958)。

⑤ 《烟霞草堂文集》卷五选录有刘光蕡在1898年的《与梁卓如书》，信中，刘光蕡与梁启超讨论学会之事(21～22页)；《烟霞草堂文集》卷六《与康长素书》记载有刘光蕡与康有为交流读史心得(1～3页)。

⑥ 康有为：《康南海自编年谱》，选自中国史学会主编：《中国近代史资料丛刊·戊戌变法》，151页，上海，神州国光社，1953。

不缠足、筹办女子学校等诸多方面。

可以说，刘光蕡是一个寄希望于全面改造社会的知识分子。在考察其以教育为主的诸多实践活动中，他的维新思想已经跃然纸上。

二

作为陕西维新运动的领袖，刘光蕡通过维新实践丰富和发展了自己的维新思想，从而在经济、政治、教育领域形成了一套较为系统的维新思想。

（一）经济主张

在经济思想方面，首先，刘光蕡主张发展工商业。他在《〈汉书·食货志〉注》中指出，三代圣王之时，根本不存在抑制商业发展的情况：

> 世间风气之开者商为之，神农以农为号而立日中之市，商货流通遂开黄帝、舜文明之治。舜就时辅夏，禹言懋迁，文王关市无征……①

在《〈史记·货殖列传〉注》中进一步指出：

> 物产不通即风气不开，风气不开即为洪荒，有人物如无人物……人，有欲者也；物，欲所寄也。人物能来，通商也。千古之治由商而开，故《易》叙黄帝、尧、舜之治在为市后。②

再次明确了商业在人类历史中的重要作用，它是人类由洪荒进入文明的重要力量和标志。

同时，刘光蕡认为重农抑商仅是一时之计，并非万世不易的法则。孔子、孟子都没有这种主张，所以重农抑商与儒学没有必然的联系。刘光蕡不仅把重农抑商思想与古代圣王脱离，也与儒学脱钩，这就使他能够在维护儒学的其他价值观的同时，彻底对重农抑商的观点进行批判了。刘光蕡反对重农抑商政策，提倡工商为本，其中一个重要原因就是看到近代以来

---

① 刘光蕡：《〈汉书·食货志〉注》，《烟霞草堂遗书》卷四，18 页，苏州，王典章思过斋锓版，1919—1921。

② 刘光蕡：《〈史记·货殖列传〉注》，《烟霞草堂遗书》卷四，27 页。

列强利用工商业这个手段逐步加强对中国的经济侵略和剥削，在这种形势之下，必须重视工商业。《马关条约》签订之后，刘光蕡看到条约中有允许外商在内地设立工厂的条款，敏锐地意识到这将对中国构成更大的危害，中国的经济将更加举步维艰。正是出于及早占领内地市场、杜绝外人觊觎的考虑，刘光蕡将全部的热情投入到筹办近代工厂之中。

刘光蕡重视工商业的思想与戊戌维新时期立国基础由"以农立国"向"工商立国"的转变是一致的，这一意识得到了维新人士的广泛共识。以康有为为代表的维新人士，在公车上书中提出了以发展工商业为主的"立国自强政策"①。变法时期，康有为多次上书提道：中国应跟上世界工业化的浪潮，"去愚尚智，弃守旧尚日新，定位工国，而讲求物质"②。严复在其翻译的《原富》一书中，以按语的形式表达了自己的工商立国思想："农工商贾，固皆相养所必然，而于国为并重"③，传统的"贵本而贱末"④的思想是错误的。

其次，刘光蕡主张采用西方机器。《泰西机器必行于中国说》可作为刘光蕡这一经济主张的纲领。在文章的开头，刘光蕡就明确指出中国采用西方机器的必然性和紧迫性：

> 机器入中国，天欲合五大洲为一，气运之所趋，不惟中国不能阻，即西人不能秘其术不令入中国……西人数十年持其舟车、火炮环伺中国，中国人民虽众，而驱血肉之躯以当火炮，仁者忍如此乎？不忍而求胜之，非机器不为功，则军器不能不用机器造也。⑤

刘光蕡对于中国采用西器的迫切性的论述归结到了儒家传统的"仁"的观念，即欲"仁"就应当爱惜民力，以机器代民作战。这可以说是刘光蕡深受传统儒学观影响的结果。

刘光蕡还从《易》之所谓"穷通变"的角度阐述中国应迅速实现在生产工

---

① 汤志钧：《戊戌变法》，第 2 册，141～142 页，北京，人民出版社，1984。

② 康有为：《请励工艺奖创新折》，见《戊戌奏稿》，19～21 页，台北，文海出版社，1969。

③ 王拭：《原富》按语，《严复集》，第 4 册，866 页，北京，中华书局，1986。

④ 同上书，882 页。

⑤ 刘光蕡：《泰西机器必行于中国说》，见《烟霞草堂文集》卷五，22 页。

具上的变革，才能实现军事上的强大，经济上的富裕：

> 孔子系《易》十三卦之制作，黄帝、尧、舜时言穷变通久，为取诸
> 《乾》、《坤》，不言所制何器，而继以舟车、杵臼、弧矢、文字等项，
> 是黄帝以前无舟车也。自盘古以至神农，《外纪》所云。岁数虽不必尽
> 信，然必数年之久……数千年之间，浑穆相安，设有告以黄帝、尧、
> 舜以后之舟车、弧矢、文字等事，其骇人听闻与今之火炮、火轮、舟
> 车、电线、汽球等当无以异，亦必訾为奇技淫巧。①

再次，刘光蕡从哲学的角度对仁义与食货的关系进行了阐释，明确地将经济放在了基础地位。这是在充分感受晚清经济衰败，与列强无法抗衡的基础上得出的，实属比较难得：

> 民之质矣，日用饮食。食货，质也；仁义，文也。无质则文无所
> 附，无文则饱食暖衣，逸居无教，近于禽兽，相争而不得安。故食货
> 者，教化之端；教化者食货之终也。②

刘光蕡认为食货是仁的根本内容，这是与传统儒家尤其是宋明儒者所不同的。在社会领域，刘光蕡认为仁表现在"亲民"，而亲民的具体方法就是"同民之好恶，顺民之情"，就是理财、生财。他的经济思想与哲学思想一脉相承，他一生为经济而奋斗是有着深厚的哲学基础的。

> 利民必资食货，故王者为政，食货重于仁义。以食货养民即是仁，
> 以道制民即是义。不为食货而空言仁义，则仁义无从见，而大乱起矣。③

可以看出，刘光蕡对于仁义的解释是相当现实的，这种仁义是符合当时中国实际的，因为它直切中国经济落后这一时弊，这种解释也从理论上杜绝了空谈仁义不谈经济的流弊。

（二）政治维新

刘光蕡一生怀抱经邦济世之志，在政治思想方面，他将自己的见解赋予对经史的"臆解"中，而所谓"臆解"，并不是根据经训本身进行客观的阐

---

① 刘光蕡：《泰西机器必行于中国说》，见《烟霞草堂文集》卷五，23 页。
② 刘光蕡：《评修齐直指》，见《烟霞草堂文集》卷四，25 页。
③ 刘光蕡：《〈史记·食货志〉注》，见《烟霞草堂遗书》卷四，17 页。

述，而是以经史为构架，添加自己的政治臆想。

《〈立政〉臆解》一书充分表述了他后期的政治观点，① 此时他的思想进入到了资产阶级的民主主义思想之中。参考西方国家的政治体制，他同样也提出了三权的制衡。他用《立政》中所提的官名、职名比附西方三权分立的政治体制，用"准人"、"准夫"、"司马"、"庶言"比附下议院，用"常任"、"任人"、"司空"、"庶慎"等比附西方的行政官员；所谓：

> 庶言即立法者，谓本庶人之公议以定法律也，庶狱即司法者，谓持制定之法律以督其行也。庶慎即行政者，谓遵法以实行于国。②

同时他特别明确了君主在其中所扮演的角色：

> ……君主不得掌立法、行政、司法之权，独有提议、裁可、公布等权而已。③

> ……是非决于公论……法立必行，不挟君上之势以挠法也。④

即君主必须置于法律的约束之下，而且君主的实权大大降低。但是历来的君主专制并没有成为刘光蕡抨击的对象，在《〈立政〉臆解》中，有过这样的表述：

> 民有犯者，法官罚之，君有犯之者，法官亦得称天主之法而罚之。⑤

我们可以看出，在称"天主之法而罚之"的背后透露出君民之间的不平等。刘光蕡不仅没有直面抨击君主制，更是在政治领域仍给君主保留着一定的优势与特权，虽然他赞同三权分立的宪政思想，包含着强烈的近代民

---

① 此处所言后期，是因为刘光蕡的政治思想实际上是发生过较大转变的。在戊戌之前，刘光蕡基本上坚持的是民本主义思想，在前期所写的《孟子性善被万物图说》一文中，对孟子"民为贵，君为轻"的思想进行了深入的阐释，认为"君臣之义当断以民而不容己私于期间"。而在经历了戊戌政变的剧变之后，刘光蕡终于将自己的政治思想与西方资产阶级的民主思想结合了起来。从中我们也可以看出戊戌变法期间的晚清政局对于刘光蕡的影响。

② 刘光蕡：《〈立政〉臆解》，见《烟霞草堂遗书》卷一，4 页。

③ 同上书，8 页。

④ 同上书，8 页。

⑤ 同上书，9 页。

主意识，但是他的政治思想仍不是以自由平等为理论依据的。

刘光蕡将中国政治与西方三权分立的政治思想相比，这同当时陕西其他的知识分子相较而言是很有见地的。以和刘光蕡同时代的陕西另一位关学学者贺瑞麟为例：贺瑞麟生逢清末衰世，面对政治日益衰败，民风、士风日下的状况，他也提出了自己的政治变革主张。然而他的主张是基于一个中国传统知识分子对于社会的责任心而提出的，企图通过改变人心来改变政治。故而他积数十年的时间，刻朱子书，刻蒙学书，赋予程朱理学以"振衣千仞岗"的使命和责任，企图挽救行将崩溃的晚清政治局面，但效果并不显著。这一方面表明，贺瑞麟仍然在奉行着程朱理学的圭臬，对于时世的变化、西学的进入尚未从学术思想上作出回应。另一方面也反映了刘光蕡虽与贺瑞麟同为关学传人，由于其经世致用的活学思想使得刘光蕡走在了其他人的前列。

但是，与康、梁比较，刘光蕡的政治思想显得较为保守。康、梁同刘光蕡一样吸收了西方的三权分立的政治体制，但是他们却能够有力的批判中国的君主专制制度。康有为在《民功篇·尧舜》中说："至申不害……媚其时主"，"倡为尊君抑臣之论，而秦乃得大变先王之制，以自尊大，于是君臣隔绝矣"。秦汉以后，"臣不见上，战栗畏谨，不敢一言，有对而无论，有唯而无议"。[1] 康有为对此状况极为不满，在《实理公法全书·君臣门》中批驳说："君主威权无限"，"大背几何公理"，如果能"权归于众"，则"最有人道"。[2] 由上可见，康有为的民权观念与刘光蕡是不同的，刘光蕡更多地基于对普通民众"仁爱"观的继承，而康有为则是直接通过批判君权来表达自己的"权归于众"的民权观。这一点刘光蕡是不及康有为的。

面对着甲午战争以来日益强大的侵略者和新的战争形势，刘光蕡还从军事的角度表达了自己的政治思想。他认为，甲午战争之后，中国当时的实际是海军覆亡，重建的希望渺茫，海疆藩篱尽撤。而另一个基本事实是敌我武器装备悬殊。于是，刘光蕡在《团练私议》中提出团练法。团练法贯

---

① 康有为：《康有为全集》，第 1 集，289 页，上海，上海古籍出版社，1987。
② 同上书，288 页。

穿着政军合一、兵农合一的思想。刘光蕡承认这是对湘、淮军练兵用兵法的借鉴。此外，刘光蕡以《管子》、《周礼》等典籍为依据和蓝图提出了一整套兵农合一的训练民兵的方法。这也是他主张文武合一、兵农不分的主要内容。

（三）教育思想

作为一个终身以教学为主要事业的学者，其维新思想最丰富处就是其教育思想，而且他的教育思想也是精卓的。良好的学术背景为刘光蕡教育思想的酝酿提供了良好的基础，而强烈的时局动荡又让他的教育思想直击时弊。

首先，体现在他"教育要与实际紧密结合"的观点上，这一点恰将其继承关学自张载以来的学术特色体现出来。刘光蕡在《〈学记〉臆解·序》中痛陈中国教育现状：

> 兵不学而骄，吏不学而贪，农不学而堕，工不学而拙，商不学而愚。举一国为富强之实者而悉锢其心思，闭其耳目，系其手足，怅怅惘惘，泯泯棼棼……士驰利禄，溺于词章，其愚盲与彼兵、吏、工、农、商五民无异也……①

他认为，农、工、商等各个行业没有文化知识，难以在各个领域与外洋竞争，而近代以来，中国明显已经被纳入了资本主义的世界体系，所以要竞争必然要使各个行业有知识的装备。而士一阶层沉溺于八股辞章，在科学昌明的时代是远远不能立足的。刘光蕡由此认为教育应该与各个领域的实际需要结合起来。

其次，除了学用结合观点，刘古愚主张学校教育应基于全民教育，要为国家政治服务，培养经世致用之材，若"言学不言政，学不及兵、吏、农、工商"，"以无用之人治政，贫弱之弊必生"②。通过总结历史教训，他认为后世为政之失，不仅在于使士子教育脱离实际，而且：

> 化民俗之本义不明，而造士育材之作用亦隘，士日困于记诵词章，

---

① 刘光蕡：《〈学记〉臆解·序》，见《烟霞草堂遗书》卷一，1页。

② 刘光蕡：《〈学记〉臆解》，见《烟霞草堂遗书》卷一，10页。

民则困于愚盲疲苶，国势散涣阢陧，屡受制于外人，而无可如何。①

在《论士》一文中，他亦反复强调全民教育的重要性，主张士的教育要基于全民教育，所不同于全民实事教育者，在于借学校"专门之学"的训练，培养出精于治事执政之仕。"仕"的起码标准是"学而优"，即是通过全民实事教育后，又深造于学校专门教育的学有造诣的俊秀人才，而绝非后世以虚文八股邀取功名利禄的人。同时，刘古愚强调学校教育与全民教育相结合，普及国民教育与专门人才的教育相结合，普及文化教育与实事教育相结合。这些思想确实含有人民创造历史，民族文化素质影响国家前途命运的辩证的唯物历史观。它作为我国早期民族资产阶级革命派的"教育救国"论和"实业救国"论的先声，无疑把康有为等人的以"托古改制"为特征的教育思想推进了一大步，在某种意义上说，它为清末的教育改革乃至辛亥革命后的实业教育与平民教育思潮作了思想准备。② 在今天，这一思想对于我国教育改革如何处理全民教育与普通教育的关系，士、农、工、商、兵、吏的职业训练与人才选拔制度等问题，也不无启迪作用。

再次，刘光蕡提倡社会教育及终身教育。他认为自天子以及庶人都要学习。面对着新的时局变动，"自有生以至老"、"自家以及天下"、"自修齐以至平天下"③一身之中，一国之内，天下大政都得要学，这样才能在反抗外国侵略中以谋略取胜；而人们则可以随时进入学堂继续深造，也就是"民有入学之日，而无出学之日"。在社会教育中，刘光蕡最为突出的就是其伦理教育观念。刘光蕡的伦理思想是强调建立在家族基础上的孝悌观念。他把"孝"作为最根本的伦理要求，宣称孝是"尧舜以来所传之大道，全体所以立，大用由此生，亘古今塞宇宙无一人一事能外"④；并且认为，孝不仅仅是指针对父母一事，庐墓持服并非孝的全部，而应将孝的概念扩展为对于

① 刘光蕡：《〈学记〉臆解》，见《烟霞草堂遗书》卷一，15 页。

② 这个观点在吕效祖、武新华的《试论刘古愚的爱国思想》（载《陕西师范大学学报》[哲学社会科学版]，1995[2]）一文中有较为详细的论述。

③ 刘光蕡：《评〈修其直指〉》，见《烟霞草堂文集》卷三，24 页。

④ 刘光蕡：《〈孝经〉本义》，见《烟霞草堂遗书》卷三，23 页。

全社会的仁爱。这与康有为等人的伦理思想也存着一定的区别。康有为的《大同书》包含的伦理思想已经超越了儒家学说，正如梁启超所说，《大同书》之理想社会，"其最要关键，在毁灭家族"①，无家族则无私产，无私产则无一切私有制基础上生长起来的伦理观念。消灭家族是否可行是另一个问题，但他理想的伦理已经从家族转移到人类的基础上来了，完全脱离了儒家思想体系。

最后，刘光蕡有针对性地提出了教育改革。他在借以批判张之洞的"中体西用"封建专制的保守主义文化观时，大胆提出教育不仅要为富国强兵服务，更重要的是为治国革政服务，教育还要在为国家政治改革服务的同时，为改造中国文化和繁荣学术服务：

> 欲救今日之弊，非洞悉西国之政治、工艺不可。西人风气日开，每岁新出之书多至万余种，诸日益求新；中国乃固守唐、宋以来之旧见，乌得不日见削于人也。②

刘光蕡通过对中西的"政"与"艺"的教育的论说也表达了自己迫切要求中国在教育方面进行改革的愿望。在论述"政"与"艺"时，他说：

> 政与艺，中西从古均备有。然而西人何以富，我何以贫？人何以强，我何以弱？……中国之弊，实积于唐宋以来以文取士，故求实须黜浮词。……外译之事治，中国之事不治也。中国之事何以不治？取士之时以文不以事，则士之读书次第，求能文而不能治事。故朝廷之政，吏例持之；行省之政，幕宾、家丁持之，非甘让行政之权于人也。平素并未讲求，一入仕途，每遇一事均茫然无所措手，不得不假手于人，而弊丛生矣。③

刘光蕡认为西洋教育富有创新的活力，知识总量不断增长，而中国的教育则守锢旧之见，且虚妄自大，这除了封建政治制度压抑学术思想生命力外，还在于教育的保守传统制约了日益求新的风气。学术创造力的萎顿，

---

①　梁启超：《清代学术概论》，80 页，天津，天津古籍出版社，2004。

②　刘光蕡：《谕崇实书院诸生》，见《烟霞草堂文集》卷八，33 页。

③　同上书，31 页。

必然带来思想闭塞和政治颓败。有鉴如此，他大声疾呼教育要改革，要打破狭隘保守和因袭传统的单纯"文教"，大胆地开放，形成"政教"、"科教"与"文教"并举的新教育风气，要注重"广识"、"乐群"，教育要服务于政治改革和科技振兴。

三

刘光蕡在政治、经济、教育各个领域提出自己的维新主张，形成了一套具有地方学术与时局变革共同影响下的维新思想。其思想与当时其他维新士人有着相同点，也有着自己的特色和局限性。

首先，刘光蕡作为陕西维新运动的首创者，与当时的维新士人是有共同点的，最为突出的一点就体现在他阐述维新思想时，坚持的还是当时大多数知识分子采用的"西学中源"说或者是以复古的形式表达出来。

西学源于中国说，这一理论大致认为西方学问知识，皆为中国原来所有，而后辗转传至西方。西人学得，加以转变发扬，乃变成更为精进严密的学问。这是 1840 年以后即有之观念，到 20 世纪初，因受严苛的攻击而渐被放弃。①

薛福成说：

> 古者圣人操制作之权以御天下，包牺、神农、黄帝、尧、舜、禹、周公，皆神明于工政者。又曰：中国果欲发奋图强，则振百工以前民，用其要端矣，欲劝百工，必先破去前年以来科举之学制畦畛，朝野上下，皆渐化其贱工贵士之心，是在默窥三代以上圣人之用意，复稍参西法，而酌用之，庶几风气自变，人才日出乎。②

---

① 转引自王尔敏：《中国近代思想史论》，40 页，北京，社会科学文献出版社，2003。原文见于全汉升：《清末的西学源于中国说》，载《岭南学报》，57～102 页，1934 (2)。

② 薛福成：《庸盦海外文编》卷三，16～17 页，广州，经史阁，光绪戊戌（1898）版。

再如陈炽所说：

> 知彼物质属于我，则毋庸显立异同；知西法之本出于中国，则无
> 俟概行拒绝。①

黄遵宪说：

> 古人之说，明明具在，不耻术之失传，他人之能，发明吾术者，
> 反恶而拒之，指为他人之学。既不达事变之甚，抑亦数典而忘古人之
> 实学。②

薛福成等人谈西学中源是为了突破"夷夏之辨"的落后观念，把西学纳入中学的范畴之中。而相反也有一些守旧的士大夫以此论点来排拒西学，认为既然西学来源于中国，那么只需固守传统即可。显然，在这样的争论中，刘光蕡是属于主流一派的，即运用西学中源来倡导西学。在对刘光蕡的政治经济等思想进行分析时，可以看出，他总是以三代作比附。刘光蕡之所以力倡三代之学，每每必提三代，我想是基于这样一些原因：想要布新，需要除旧，这是很自然的趋势，而在这个过程中也正是蕴涵了"变"的观念。但是，对于当时社会发展滞后的陕西而言，"变"的观念比维新更刺目耸人，也更易招致反对。所以刘光蕡婉转溯言至五帝三王盛事，从世变代嬗的沿革，使人们认识到变革的意义和力量。于是，"变"的观念，在婉转的复古论中透露出来，这样人们也更易接受。

再从陕西之外中国的大环境来看，新旧思想激烈碰撞，梁启超说：

> 新思想之输入，如火如荼矣。然皆所谓"梁启超式"的输入，无组织，
> 无选择，本末不具，派别不明，惟以多为贵，而社会亦欢迎之。盖如久
> 处灾区之民，草根木皮，冻雀腐鼠，罔不甘之，朵颐大嚼，其能消化与
> 否不问，能无召病与否更不问也，而亦实无卫生良品足以为代。③

这就使得知识分子难以充分对古今中西各种文化进行消化吸收，显得

---

① 陈炽：《自强》，见《庸书·内篇》，慎记书庄石印本，光绪二十四年(1898)。

② 黄遵宪：《学术志一》，《日本国志》卷三二，见沈云龙主编：《中国近代史资料丛刊》，第10辑，809页，台北，文海出版社，1985。

③ 梁启超：《清代学术概论》，86、87页。

仓促而肤浅，故而刘光蕡采用返归《周礼》、复归孔子周公的方式来阐述其各种思想。

然而，新的观念、新的意识，虽借重古史以婉转地表达，不可避免地要导致民众在认识上的误区，而这一点是刘光蕡始终也没有意识到的，诚如梁启超所言：

> 摭古书片词单语以傅会今义，最易发生两种流弊：一、倘所印证之义，其表里适相吻合，善已；若稍有牵合附会，则最易导国民以不正确之观念……例如畴昔谈立宪谈共和者，偶见经典中某字某句与立宪共和等字义略相近，辄摭拾以沾沾自喜，谓此制为我所固有。其实今世共和立宪制度之为物，即泰西亦不过起于近百年，求诸彼古代之希腊罗马且不可得，遑论我国。而比附之言，传播既广，则能使多数人之眼光之思想，见局见缚于所比附之文句；以为所谓立宪共和者不过如是，而不复追求其真义之所存；……二、劝人行此制，告之曰，吾先哲所尝行也；劝人治此学，告之曰，吾先哲所尝治也；其势较易入，固也。然频以此相诏，则人于先哲未尝行之制，辄疑其不可行，于先哲未尝治之学，辄疑其不当治。无形之中，恒足已增其故见自满之习，而障其择善服从之明。①

晚清中国的社会现实和中国知识分子普遍接受的传统教育，使得刘光蕡在维新思想的宣传上显现出与时人的相似性；而刘光蕡思维结构和自身经历的局限，又使得其对于世事的考辨略低于康、梁。

其次，刘光蕡的维新思想与处于变革中心的康有为、梁启超等人的思想比较又有着明显的区别。

如前文所述，维新时期的知识分子是从旧学营垒中分化出来的，对于西学的认识多局限于功用层面，缺乏深入的了解，所以多以传统的思想材料为基础，在改造旧学的基础上建立新学。刘光蕡同其他思想家一样，思想也是中西杂陈的，往往显得"不中不西又即中即西"②，新主张用旧语言

---

① 梁启超：《清代学术概论》，78 页。
② 同上书，85 页。

来表述，新观点不得不从六经中寻找依据。然而，他们的思想所依据的学术传统是各有差异的。

康有为借《公羊传》的"三统"、"三世"说，提出经历据乱世、升平世到达太平世是人类社会进化的公例，强调历史发展中制度改革是不可避免的，从而为改制提供了理论基础；梁启超基本上以其师学说为依据，进而大张宣传。谭嗣同则属于另一派，继承和发扬了中国历史上较为激进的反对专制的民本思想及民族思想。在这方面，黄宗羲、王船山对他的影响较大，另外，墨子的"兼爱"思想也对他产生了一定的影响。与他们相比，刘光蕡的思想体系虽也是基于传统的思想材料，但刘光蕡早期从孟子的民本思想出发，论证改制的必要性。其实，民本思想只是强调人民对国家的重要性，并不一定排除君主专制。由于缺乏近代民主政治知识，刘光蕡只能从中国古代文化传统中寻找改制的依据。康有为利用孔子为改制张目，很大程度上有故意之嫌，而刘光蕡以民本思想作依据论证改制，更大程度上则是由于知识结构的限制，没有更有力的思想武器可供选择。此外，需要指出的一点是，在晚清虽然佛学成为一股流行的社会思潮，"晚清所谓新学者，殆一不与佛学有关系"，"学佛成为一种时代的流行"[1]，梁启超、谭嗣同、章炳麟无一不信佛。[2] 然而，我们看不出刘光蕡有受到佛学影响的痕迹。

从地域的角度而言，康、梁等人多生长于东南沿海一些近代中国的风气之先的地方，能够更为直接的接触西方文化，并且多有出洋经历，亲身感受西方富强及富强之根据；而刘光蕡终生的活动都在陕甘地区，远没有康、梁等人的经历。刘光蕡之所以能够形成这种在当时较为先进的思想认识，是以其经世的思想为基础的，是基于对关学在某种程度上的认同与依附。这是由于地域的限制导致刘光蕡与康、梁等时贤不同的地方。所谓"南康北刘"并不仅仅是指二者在儒家经学观的造诣上的地位，更是指二者在维新思想的传播过程中所发挥的作用。

最后，刘光蕡以自己的维新思想为指导，不断地进行着实践，体现着

---

① 梁启超：《清代学术概论》，89 页。

② 陈国庆：《晚清新学史论》，47 页，西安，三秦出版社，2003。

关学传统和现代学术在民族危难的特殊国情下的融合。刘光蕡以自己的实学基础为依托，从政治、经济、文化教育等各个方面进行了阐发。虽然他对于社会亟待变革的领域认识尚不是很全面，在已表述的各个方面也远不及康、梁等人表述出的救国方略完整。但是，我们已经可以看出他力图全面救国的爱国维新思想。同时，在他的维新思想中不时地渗透的关学传统的影响，抑或束缚，如保守的政治倾向或者是力图坚持的守身哲学；抑或开放，大胆的突破士人对于学会的盲识①，较早地推动了关中地区的革新。此外，刘光蕡不论是哪一方面的思想，基本上都有自己阐述所依据的一套哲学体系。这样的方式既能看出其身上的传统气息，同时也能在阐述具体的思想时表现出较好的系统性和深刻性。

刘光蕡在很多方面的思想都是难能可贵的，如他对于经济和仁义关系的阐述，很有见地地提出经济的基础作用。再如，他在批判张之洞的中体西用论时也凸现出他思维的开阔性。这一方面冲破了当时国粹派的狭隘民族主义文化观束缚，大胆主张以教育革新中国文化；另一方面又跳出了洋务派的中体西用的文化调和论樊篱的束缚，从政治改革的角度检讨和比较了中西文化的优劣，以实事求是的精神，强调了学习西方的必要性，而且从政治建设的立场出发，大胆否定了"中体"强于"西体"的谬论，要求新教育要为"天下公议"和"共和政体"开风气。如此种种，这在当时来说是很超前的。

刘光蕡的思想也因为其自身的社会角色及学术传统的束缚受到了限制。刘光蕡各个方面的思想均试图与自己的维新实践结合起来，在诸多方面确有成果。但是，主观意愿上的结合并不代表着能够符合当时的社会实际，能够顺利地贯彻实施并推广。在政治方面，刘光蕡由民本主义向民主主义

---

① 皮锡瑞在《师伏堂未刊日记》中提到当时士人普遍对于学会意识的认识："讲学一事，大有益于学问。汉、宋儒者无不讲学，至于明末东林、复社诸公讲学，意气太盛，门户太分明，小人乘之，遂成党祸。论者推原祸始，持论太激，以为明之天下，不亡于流寇，而亡于东林。本朝有鉴于兹，乃禁诸生立会立社。纪文达以讲学为非，以为只宜著书，不宜讲学。自此以后，皆以讲学为讳。今人骤闻'讲学'二字，必以为怪，不知百年以前讲学通行，并非惊世骇俗之事。"见湖南历史考古研究所近代史组整理：《师伏堂未刊日记》，载《湖南历史资料》，1958(4)，93～96 页。

过渡，虽然是其个人思想的升华，然而，不论是前者还是后者，对于当时中国的社会实际都是不可行的。再如他的团练构想，客观地说，团练的设想在军事上是有一定的效果的；而如他所想，想借此来解决中国的政治问题，这是不现实的。在其他方面思想的变革，则更是由于其本身活动空间和教习身份的局限，使其社会影响大受限制。晚清的中国，尤其是在西北地区的陕西，能接受学院教育的人是很少的，而创办了学会所能够依托的群体还是有限的，仍只是一些先进的知识分子，① 他所期望得到改造的下层人士是无法接触到一些比较抽象的维新思想的。相比之下，下层民众在接受一些具体技艺方面更为容易一些。

刘光蕡在借助经史表述自己的思想时，运用的是主观臆想的方式。这有利于使自己的思想与中国的传统经典结合起来，也体现出在他身上浓厚的中国传统文化的影响；然而，从另一个角度而言，主观的臆想往往导致与实际的脱离。加之，刘光蕡生平没有更换过社会角色，始终扮演着一个教习的身份，没有机会也没有试图从其他的社会领域来亲自感受社会实际和社会的变迁。这就使得他的很多思想还只能停留在臆想阶段，难以付诸实施。

作为陕西维新运动的领袖，刘光蕡集关学与现代新学于一体，在戊戌期间躬行自己的维新思想。其维新思想不落窠臼，是开放的、领先的；他不拘泥于传统思想的束缚，具备了一个现代知识分子的价值理念，并且在戊戌期间使当时陕西的维新运动能够与全国呼应，使陕西接受到较为先进的思想和理念，促进了陕西的现代化进程。但是在反传统的时候，刘光蕡又不得不托古，实践维新思想时也受到了种种制约。这也正说明了刘光蕡是当时中国全新的知识分子群体中的一个，在他们的身上既有传统文化的底蕴，又体现着西方文明的精神。可以说，刘光蕡是晚清中国社会过渡型知识分子的典型代表。

（本文作者为 2005 级本科生。指导教师：史革新）

---

① 正如汤志钧先生在就参加保国会的人进行心态分析时所言："他们（康、梁）所组织之人，既囿于'士林'，来会者又'大抵来看热闹'，真正列名保国会的不会太多。"

罗伯斯庇尔与死刑(1789—1793)

——一个民主主义者的革命际遇

刘景迪

摘　要　罗伯斯庇尔曾经反对死刑，后来又支持死刑并成为革命恐怖时期的主要领导人。罗伯斯庇尔对死刑态度的转变应归因于大革命政治文化的重要原则——人民民主。在罗伯斯庇尔那里，人民民主的原则不断推进，它一开始被用做限制国王和议会权力的工具，也被用于为群众运动辩护，最后发展为革命者建构现代国家的基本动力，并造成了法国大革命恐怖时期的困境。

关键词　罗伯斯庇尔　死刑　法国大革命　人民民主

今天，当人们提起罗伯斯庇尔，首先想到的是法国大革命中的恐怖和断头台，是那个要求无情地处死祖国的敌人的"不可腐蚀者"。然而，人们可能不会想到，在1789年前，罗伯斯庇尔还是律师时，他就表示反对严酷刑罚，1791年5月30日他曾在制宪议会发表明确要求废除死刑的演讲，慷慨激昂地说道，在"自由的国家……死刑一定要废除"。今天，在讨论西方近现代反对死刑的历史时，这篇演讲还会被提到。革命恐怖的组织者，这多少有些匪夷所思。

单就罗伯斯庇尔与死刑这一个问题，笔者还没有看到专门的研究。多数著作在谈到罗伯斯庇尔早期反对死刑的演讲，都评价其是一种人道主义的、维护个人权利的启蒙思想。[①]　瓦尔特的解释是罗伯斯庇尔反对死刑目

---

① 　David P. Jordan, *The Revolutionary Career of Maximilien Robespierre*, New York：Free Press, 1985, p. 54；Norman Hampson, "Robespierre and the Terror", in William Doyle and Colin Haydon ed., *Robespierre*, Cambridge：Cambridge University Press, 1999, p. 159；陈崇武、王养冲选编：《罗伯斯庇尔选集》，10页，上海，华东师范大学出版社，1989；还有比较早的论者认为反对死刑是一种资产阶级反封建的人道主义。［法］罗伯斯庇尔：《革命法制和审判》，赵涵舆译，"中译本序言"，北京，商务印书馆，1965。

的在于维护人民起义的权利。① 有的编年体传记在记述罗伯斯庇尔早期革命生涯时，甚至都没有专门提到他早期反对死刑。② 总的说来，大部分著作把罗伯斯庇尔反对死刑当做一个具体的史实看待，没有过多的分析。这其实可以理解，因为当传记作者和罗伯斯庇尔一同面对大革命的复杂政治局面时，也许很难有叙述空间让他们转回来，专门对罗伯斯庇尔前后死刑观进行勾连，特别是到共和二年之后。

长期以来，国内外学术界更关心的是，罗伯斯庇尔与恐怖的关系问题，③这方面是研究得最充分的。不过，目前外国研究者大多认为对罗伯斯庇尔与恐怖关系的研究已经走向了死胡同，很难再拿出新证据或新解释。因此，人们转向了其他一些侧面，比如罗伯斯庇尔的经济政策、民族观和他对当时国际关系的看法等等。④ 但是，也许所有的罗伯斯庇尔研究都会或隐或显地指向他和恐怖统治的关系，就像所有的大革命研究者都会或多或少受到恐怖的吸引一样，法国大革命的恐怖时期是这样的一种历史事件：它标志着人类经验的某种极限，它质问人类作出历史选择的根本理由，总之，它是形成历史记忆的焦点；而罗伯斯庇尔就是这个焦点中最明显的历史形象。所以，尽管对于罗伯斯庇尔的研究已经汗牛充栋，他仍是我们需要继续挖掘的历史人物，诚如保罗·利科所说："对罗伯斯庇尔的'思想破译'并没有穷尽其历史意义。"⑤只是这种挖掘不能再过

---

① 废除死刑，以保证起义人民不会被议会血腥镇压。[法]热拉尔·瓦尔特：《罗伯斯庇尔》，姜靖藩、钱慰曾等译，102 页，北京，商务印书馆，1983。

② John Hardman, *Robespierre*, New York：Longman，1999.

③ 对罗伯斯庇尔与恐怖的解释，总的说来有两种：一种认为他施行恐怖是出于革命外部形势的压力，另一种认为罗伯斯庇尔是革命政治的代表，实行恐怖是革命的内在要求。前一种见解代表人物有马迪厄(Albert Mathiez, *Etudes Sur Robespierre* [1758-1794]Paris：Editions Sociales，1973)、勒费弗尔(《法国革命史》，顾良译，北京，商务印书馆，1989)和索布尔(《法国大革命史论选》，王养冲编，上海，华东师范大学出版社，1984)；后一种代表有孚雷(《思考法国大革命》，孟明译，北京，生活·读书·新知三联书店，2005)、西蒙·夏玛(Simon Schama, *Citizens：A Chronicle of the French Revolution*，New York：Alfred A. Knopf，1989)、格尼菲(Patrice Gueniffey, *La Politique de la Terreur：Essai Sur la Violence Révolutionnaire*，1789-1794. Paris，Fayard，2000)。

④ William Doyle and Colin Haydon, "Robespierre：After Two Hundred Years", in William Doyle and Colin Haydon, ed.，*Robespierre*, p. 10.

⑤ [法]保罗·利科：《法国史学对史学理论的贡献》，王建华译，99 页，上海，上海社会科学院出版社，1992。

分纠缠于他与恐怖时期的关系，或者讨论他到底要不要为恐怖负责的问题。①
有鉴于此，笔者决定选取 1793 年前罗伯斯庇尔的死刑观这一侧面进行研究，因
为 1793 年初国王被处死，这表明了罗伯斯庇尔恐怖原则的基本确立，考察这段
时间既能涉及前人论述较少的领域，又没有偏离大革命的重要问题。

在研究方法上，本文受到大革命政治文化史研究的启发。"政治文化"
应该被理解为一套话语和行动的机制，这套机制能够塑造一个共同体的"政
治"行为。由此"政治文化"也就意味着一个政治共同体提出的主张的正当
性、这个共同体的自我认同以及它与别的共同体之间的界限。② 而法国大
革命的独特之处，就在于它创造出一套全新的政治文化——革命者的意识
形态。如孚雷所言："法国人在 18 世纪末开创的并不是作为世俗化领域且
有别于批判性反思的政治，而是作为国家意识形态的民主政治。"③这套民
主政治的话语所造成的内在紧张成为了理解大革命的关键，而民主的问题
在 20 世纪的以勒费弗尔（Georges Lefebvre）和索布尔为代表的传统史学那
里却被彻底忽视了。④ 在孚雷的笔下，法国大革命就是一场超越极限的民
主革命政治意识形态试图改造一切、重建一切而造成的悲剧。因此，以孚
雷之见，革命史的研究必须得从批判那些行动者亲身经历的民主革命观念
入手。在笔者看来，罗伯斯庇尔死刑观的背后传递的正是其民主革命观念，

① 关于罗伯斯庇尔的评价史学，可参考：Francois Crouzet，"French Historians and
Robespierre"，in William Doyle and Colin Haydon，ed.，*Robespierre*，pp. 255-283；George F.
E Rudé，*Robespierre：Portrait of a Revolutionary Democrat*，New York：Viking Press，
1976，pp. 57-92(Part Ⅱ：The Changing Image)；王养冲：《关于罗伯斯庇尔评价的史学》，
见中国法国史研究会编：《法国史论文集》，北京，生活·读书·新知三联书店，1984。
对罗伯斯庇尔的评价历来两极化，并随着时人政治理念的不同而变化。长久以来，罗伯
斯庇尔的历史形象陆续承担了自由主义、保守主义、社会主义、共和主义、民族主义以
及极权主义等多种意识形态负担。
② K. M. Baker，ed.，*The French Revolution and the Creation of Modern Political Cul-
ture：The Political Culture of the Old Regime*．Oxford：Pergamon Pr.，1987，p. xii.
③ ［法］弗朗索瓦·孚雷：《思考法国大革命》，40 页。Francois Furet，国内通译"弗朗
索瓦·孚雷"，后文也用"孚雷"一名。
④ Francois Furet，"A Commentary"，*French Historical Studies*，Vol. 16，No. 4，
Autumn，1990，p. 793. 勒费弗尔从完全正面的意义来理解作为民主主义者的罗伯斯庇
尔，见 Georges Lefebvre，"Remarks on Robespierre"，*French Historical Studies*，Vol.
1，No. 1 (1958)，pp. 7-10。

这套民主革命观念可被视做大革命政治文化的重要组成部分。

法国大革命史学在 20 世纪后半期经历了从传统史学的范式向托克维尔范式的转变。① 人类在 20 世纪复杂的历史经验既塑造了革命的神话，也迫使革命的神话逐渐逝去。只能真正了解了革命政治文化的短期而奔放的激情，才能够回到托克维尔式的对大革命者的意图和革命后果之间鸿沟的洞见上。② 法国大革命是现代西方政治的真正关口，就像林·亨特在她的著作即将开始时提醒读者的那样："当法国革命者认为他们可以依凭政治之力创造一个新民族之时，整个西方再也不一样了。"③ 一个人的身上如何聚集了历史的力量，一个人的命运如何与国家的命运紧紧联系在一起，他有什么信仰，面对什么样的困境，如何感受他的时代和命运，笔者希望带着这样的问题意识来重新审视罗伯斯庇尔。

正文前 3 个部分讨论"罗伯斯庇尔与死刑"，考察 1793 年前罗伯斯庇尔眼中的 3 种死刑：旧制度下的司法死刑、革命中的群众私刑和政治死刑。我们看到"人民民主"（或称"公意政治文化"④）这一大革命政治意识形态不断推进，并最终成为革命恐怖的根本原则；第四部分"罗伯斯庇尔与革命政治"部分进一步阐述在这 3 种死刑中，罗伯斯庇尔的革命原则及其与革命政治的关系。

---

① K. M. Baker, *Inventing the French Revolution: Essays on French Political Culture in the Eighteenth Century*, Cambridge: Cambridge University Press, 1990, p. 1.

② 在托克维尔看来，大革命削平了贵族阶层并实现平等之后，最终也就取消了国家权力与公民个人之间的距离，反而造就了一个中央集权的政府的诞生，这恰恰反映了民主政治的吊诡之处，满心要与旧制度决裂的革命反而只是旧制度的一个"长期工作的完成"。见［法］托克维尔：《旧制度与大革命》，冯棠译，60 页，北京，商务印书馆，1997。法国大革命是法国专制制度发展到顶点的一种表现。

③ Lynn Hunt, *Politics, Culture, and Class in the French Revolution*, Berkeley: University of California Press, 1984, p. 16.

④ "公意政治文化(political culture of Generality)"是罗桑瓦龙的术语，他认为法国大革命创造了一套拒斥市民社会发展的公意政治文化，并且此政治文化逻辑支配了19 世纪的法国民主史。笔者认为这一论断有相当的解释力。见 Pierre Rosanvallon, *The Demands of Liberty: Civil Society in France since the Revolution*, Mass.: Harvard University Press, 2007。参考乐启良：《透视国家与社会的张力——评罗桑瓦龙〈法兰西政治模式〉》，载《史学理论研究》，2008(4)；《法国何以告别革命——皮埃尔·罗桑瓦龙对近代法国民主史的解读》，载《社会学研究》，2008(4)。

本文运用的基本史料为《革命法制与审判》和《罗伯斯庇尔选集》。这两本选集各有侧重：《革命法制和审判》中包含了一些罗伯斯庇尔革命前的文章，对于了解其革命前的思想比较重要；而《选集》中也有前者没有收录的重要演讲，例如 1792 年 11 月罗伯斯庇尔回应卢韦控诉的演讲。所以，两本中文选集各有其价值，可以互相补充利用。① 此外，本文参考了关于罗伯斯庇尔的重要传记②、

---

　　① ［法］罗伯斯庇尔：《革命法制和审判》，赵涵舆译，北京，商务印书馆，1965。陈崇武、王养冲选编：《罗伯斯庇尔选集》，上海，华东师范大学出版社，1989。另外，需要指出，罗伯斯庇尔的法文文集已编辑出版，*Oeuvres de Maximilien Robespierre*，M. Bouloiseau，G. Lefebvre 和 A. Soboul 辑，Paris，1911-1967，10 vols。国家图书馆藏有后 5 卷，时间从 1789 年 3 月 23 日罗伯斯庇尔参加阿腊斯地方选举开始，截至 1794 年 7 月 27 日罗伯斯庇尔被处死。但由于笔者语言能力有限，法文文集未能利用。

　　② 罗伯斯庇尔的传记很多，在这里列举几本外文传记：George F. E Rudé, *Robespierre：Portrait of a Revolutionary Democrat*，New York：Viking Press，1976。这应该算是一本研究性比较强的传记，内容包括对罗伯斯庇尔的经历的简介，大革命以来对罗伯斯庇尔的评价变化，以及对罗伯斯庇尔革命理论和行动的专门考察。David P. Jordan，*The Revolutionary Career of Maximilien Robespierre*，New York：Free Press，1985。本书对罗伯斯庇尔的革命生涯考察较全面，侧重其革命行动，但对其思想也有记述。John Hardman，*Robespierre*，New York：Longman，1999。最大特点是详细考察了 1793 年罗伯斯庇尔在参与行政工作之后的历史。Ruth Scurr 的 *Fatal Purity：Robespierre and the French Revolution*（New York：Metropolitan Books，2006）是最新的罗伯斯庇尔传记，对罗伯斯庇尔各方面各时间段都较为平均地涉及到了。［法］热拉尔·瓦尔特：《罗伯斯庇尔》，姜靖藩、钱慰曾等译，北京，商务印书馆，1983。此书记述详尽，也是引用率很高的传记之一，也偏重革命行动，不涉及其思想。中文传记有陈崇武：《罗伯斯庇尔评传》，上海，华东师范大学出版社，1989。在这几个传记作者中，George F. E Rudé、热拉尔·瓦尔特和陈崇武对罗伯斯庇尔抱有较大的好感，不过其中陈崇武的《评传》正统派史学色彩最浓，瓦尔特没有太多意识形态的考虑，讲述比较平实，乔治·鲁德是受正统派史学影响比较大的英国学者，其书最有价值的是"The Changing Image"部分（David P. Jordan，"Robespierre"，*The Journal of Modern History*，Vol. 49，No. 2. Jun.，1977，p. 288），其书也对罗伯斯庇尔多有辩护。而 David P. Jordan 和 John Hardman 的传记尽量保持客观，不过前者会考虑罗伯斯庇尔作为大革命意识形态政治代表的身份，而后者则有意回避这个方面，更倾向于罗伯斯庇尔的具体革命策略。Ruth Scurr 对罗伯斯庇尔的批评态度比较明显。大致说来，大部分传记都更倾向记述罗伯斯庇尔的具体经历，不过在孚雷的《思考法国大革命》之后出版的罗伯斯庇尔传记会有革命意识形态的考虑。比较彻底贯彻罗伯斯庇尔作为革命意识形态代表的著作是 Carol Blum 的 *Rousseau and the Republic of Virtue：The Language of Politics in the French Revolution*，不过 Carol Blum 把罗伯斯庇尔当成完全信奉卢梭式美德的革命者。

专题研究,①以及法国革命史研究中的相关著述。

一 早期反对死刑——人道主义背后的权力形象

罗伯斯庇尔死后,被认为是史上最残酷政体的罪魁祸首。② 但又有谁记得,就在短短的 3 年前——1791 年 5 月 30 日,在制宪议会的讲坛上,罗伯斯庇尔慷慨激昂地主张废除死刑?事实上,早年在阿腊斯担任律师和法官职务时,他就对死刑提出过质疑。一次主教裁判法庭宣判了一个人的死刑,这个案子明显引起了罗伯斯庇尔的感情震动,他在审判庭的同事居夫鲁瓦律师后来回忆说:"他最后决定在判决书上签字,比我花的力气还要大。"罗伯斯庇尔的妹妹夏洛特·

---

① 关于罗伯斯庇尔的专题研究。在笔者力所能及的范围内,首先介绍罗伯斯庇尔的一些英语研究:鉴于罗伯斯庇尔早年的记述相对较少,这里列举一篇研究罗伯斯庇尔早期生活的论文:Joseph I. Shulim, "The Youthful Robespierre and His Ambivalence toward the Ancien Régime", *Eighteenth-Century Studies*, Vol. 5, No. 3(Spring, 1972), pp. 398-420。这篇论文搜集资料比较详尽。对罗伯斯庇尔政治思想的研究, Alfred Cobban, "The Political Ideas of Maximilien Robespierre during the Period of the Convention", *The English Historical Review*, Vol. 61, No. 239 (Jan., 1946), pp. 45-80; "The Fundamental Ideas of Robespierre", The *English Historical Review*, Vol. 63, No. 246 (Jan., 1948), pp. 29-51。科本的文章深入剖析了罗伯斯庇尔民主主义的政治原则,但笔者认为考虑到罗伯斯庇尔的政治身份,把大革命政治及其革命原则结合研究,效果会更好。必须提及的还有威廉·多伊尔和科林·海登编的罗伯斯庇尔研究论文集 *Robespierre*, Cambridge:Cambridge University Press, 1999。此论文集的内容囊括罗伯斯庇尔的政治思想、宗教思想、阴谋论,他的一些重要政治实践,以及后代戏剧、文学作品中的罗伯斯庇尔形象,体现了现当代研究者的主要研究思路和学术水准。国内学者对罗伯斯庇尔也有很多研究。例如朱学勤:《道德理想国的覆灭:从卢梭到罗伯斯庇尔》(北京,生活·读书·新知三联书店, 1994),此书将罗伯斯庇尔理解成一个极端道德主义者,在笔者看来不太恰当。还有刘小枫的《丹东与妓女》一文(收于刘小枫:《沉重的肉身》,北京,华夏出版社, 2007),挖掘了毕希纳的戏剧《丹东之死》的思想意义,论述以罗伯斯庇尔与丹东为代表的两种不同现代伦理路数——人民伦理与个体自由伦理——之间的冲突与张力,并深入到革命中个人生命的意义问题,富有启发性。

② 早在 1794 年 8 月,热月党人塔里安(Jean-Lambert Tallien)就已经把共和二年描述成像《1984》中的大洋国一样的政体,而他把这种政体的罪责完全推到罗伯斯庇尔身上。见 K. M. Baker ed., *The French Revolution and the Creation of Modern Political Culture*:*The Terror*, Oxford:Pergamon Pr., 1994, p. XIV.

罗伯斯庇尔在回忆录中也提到:"我哥哥那天回到家里,感到伤心、痛苦,他一连两天什么也不吃,一直念叨着说:'我知道这个家伙罪有应得,是个十恶不赦的人,但是要判决一个人死刑!……'"①在1787年2月在为人辩护时,他"激烈地谴责"了当时的司法制度,并公开声称:"一见到如此多的淌着无辜者鲜血的断头台……我就听见一个强有力的声音在我内心呼喊着:永远摈弃那种仅仅根据假设就判罪的致人于死地的倾向!"他期待有一个明智的政府在司法领域来一场"愉快革命"②,而这种人道主义倾向在罗伯斯庇尔1784年反对羞辱性刑罚的征文中也能看出来。罗伯斯庇尔向对死刑犯及其家属的羞辱性刑罚提出了反对,罗伯斯庇尔通篇都在述说人道主义的刑罚原则,设想了一种非常温和的刑罚系统。③

根据上述证据我们可以推断:罗伯斯庇尔是18世纪后半叶广泛传播的人道主义信念的支持者,远非热月党人眼中的杀人狂。

然而,要知道一种历史主张的真正含义,不能只听它的一面之词,还要看它得以产生的语境。福柯在《规训与惩罚》中指出,法国旧制度下的刑罚代表着君主的暴虐权力,而大多数的司法改革提议都针对着君主的"至上权力"。④ 就像罗伯斯庇尔在征文中批判的那样:"在专制国家里,法律不过是君主的意志,而惩罚和奖赏与其说是犯罪或善行的结果,不如说是君主愤怒或宠爱的表示:当他施行惩罚的时候,他的公正性本身总是与暴力和压迫相连。"在罗伯斯庇尔看来,所有的残酷刑罚都被归结到统治者的暴虐权力上,政治家中没有人承认"正义的原则",那是因为"他们根本轻视道

---

① 陈崇武:《罗伯斯庇尔评传》,27页,上海,华东师范大学出版社,1989。

② 同上书,57页。人们通常所说的大革命中的断头台"guillotine"首次使用应该是在1792年4月,参见[德]布鲁诺·赖德尔:《死刑的文化史》,郭二民编译,117页,北京,生活·读书·新知三联书店,1992。引文中出现"断头台"应该是指更早的"scaffold"。

③ 参阅罗伯斯庇尔:"关于羞辱性刑罚",收于《革命法制和审判》,征文由一所名为梅斯学院的地方学院举办,题目为"有人认为如果一人犯罪,全家就要受辱。此看法的根源是什么?它是否弊多利少?回答若是肯定的,那么,用什么办法来消除其不良影响?"

④ [法]米歇尔·福柯:《规训与惩罚》,刘北成、杨远婴译,89页,北京,生活·读书·新知三联书店,1999。

德，由于世界总是受暴力、傲慢、愚昧和野心的控制的缘故"。①

苦难深重的必然是人民，但罗伯斯庇尔笔下"人民"的性质值得一提。在他眼中，原本可能会遭受酷刑的人民，都已然成为享有权利的"公民"：

> 分散的人们和团结成整个民族的人们，都同样服从于如下的法则：政治社会的繁荣必然建立在秩序、正义和理智的坚固基础之上；凡是损害天赋权利的任何非正义的法律、任何残酷的制度，都是直接与其保护公民的人权、幸福和安宁的目的相抵触的。②

如福柯所分析的，与司法行为人道化同时发生的是惩罚对象的转变，过去的惩罚所针对的肉体，逐渐地消逝了，人们看到"更少的残忍，更少的痛苦，更多的仁爱，更多的尊重，更多的'人道'。实际上，与这些变化相伴随的是惩罚运作对象的置换"。法律很大程度上转变为针对一个拥有各种权利的对象施行，而不是一个有疼痛感觉的肉体。既然刑罚针对的是平等的权利体，贵族的特权就是令人憎恶的。③

因此，我们可以看到，司法改革暗含着权力要求。"在 18 世纪后半期，对公平处决的抗议愈益增多，这种抗议出自哲学家和法律学家，律师和法官，立法议员和民间请愿书"，人道主义所确立的"人"变成一种"人的尺度"，"但不是衡量物的，而是衡量权力的"。④ 罗伯斯庇尔所批评的司法体制，很大程度上都被当做是专制暴君或者不良政体的顽症，而人们完全有一些新的理由对之加以克服。人道主义作为某种新的曙光，要

---

① ［法］罗伯斯庇尔：《革命法制和审判》，11 页。需要说明的是罗伯斯庇尔在这里并不是说当时的法国是专制国家，而是出于孟德斯鸠的 3 种政体划分，对理论中的专制国家进行批判。

② ［法］罗伯斯庇尔：《革命法制和审判》，11 页。需要说明的是罗伯斯庇尔在这里并不是说当时的法国是专制国家，而是出于孟德斯鸠的 3 种政体划分，对理论中的专制国家进行批判。

③ "现时贵族虽然受体刑，但显贵罪犯的家庭还是不会受到羞辱。绞架使平民的亲属永远蒙受耻辱，而砍掉显贵人物头颅的大刀，却不给他的后裔带来任何污点"。同上书，9 页。

④ ［法］福柯：《规训与惩罚》，81、83 页。

先驱散传统的阴霾。

当然，这种权力要求还相当温和。因为就在这一篇文章的最后，罗伯斯庇尔明确地认为不需要改变整个立法制度，不需要在往往是"更危险的普遍革命"中寻求解决问题的办法。① 司法问题仍然仅仅是司法问题。②

1789年前的罗伯斯庇尔，沐浴在旧制度的阳光下，过着一种典型的律师和文人的生活。③ 他称国王为"慈悲的天主赐给我们的圣人"④，甚至到1788年的时候还反对"普遍革命"。⑤ 但值得注意的是，他也并非旧制度的附庸，他曾撰写小册子抨击阿图瓦的三级会议，⑥ 认为拯救当地腐败政治的唯一方法就是普选，选出真正能代表人民的代表。⑦ 这种将人民和权力紧密相连的论调，⑧ 如今看来并不新鲜，但在当时的3种主流政治话语⑨中，这应当被理解为有相当的激进性的"人民意志"话语。这也许不能被理解成一种标准的人民主

---

① ［法］罗伯斯庇尔：《革命法制和审判》，19页。

② 必须指出的是，单就这篇征文而言，在文中罗伯斯庇尔更关心是如何能够使司法惩戒更加有效、更加人道的问题，所以它并不是一篇战斗檄文。而笔者所引的地方是为了突出他的人道主义，其实隐含着权力要求。

③ Joseph I. Shulim, "The Youthful Robespierre and His Ambivalence toward the Ancien Regime", *Eighteenth-Century Studies*, Vol. 5, No. 3, (Spring, 1972)p. 409.

④ ［法］瓦尔特：《罗伯斯庇尔》，50页。

⑤ George F. E. Rudé, *Robespierre：Portrait of a Revolutionary Democrat*, p. 17.

⑥ 1788年7月罗伯斯庇尔发表了自己的作品：《告阿图瓦省人民书——论改革阿图瓦三级会议的必要性》。在这篇小册子里，他把阿图瓦三级会议抨击为当地的祸根，现在的三级会议剥夺了人民的权益。［法］瓦尔特：《罗伯斯庇尔》，46～47页。

⑦ Ruth Scurr, *Fatal Purity：Robespierre and the French Revolution*, New York：Metropolitan Books, 2006, pp. 69-70.

⑧ 罗伯斯庇尔明显地持着一个基本原则：人民选举的原则。只有被人民选举出来的人才能代表人民，而现在的阿图瓦三级会议只不过是"某些一手篡夺了权力的公民组成的联盟，而这个权力只能是属于人民的"。［法］瓦尔特：《罗伯斯庇尔》，48～49页。

⑨ 按照贝克的梳理，在路易十六时期的法国有3种政治话语潮流：司法话语——国王不能滥用权力，而人民在君主立宪制内享有有限权力，此话语以孟德斯鸠为代表；政治话语——人民主权是最高权威，此话语以卢梭和马布里为代表；最后是行政的话语，它把社会问题转化到政策理论、政府改革中予以解决，这个话语则以杜尔哥为代表。K. M. Baker, *Inventing the French Revolution*, pp. 109-127.

权理论，但毫无疑问，罗伯斯庇尔已经觉察到合法性的问题。对于1789
年的人还在争论的问题，① 这位阿腊斯的年轻律师早已给出了自己的
答案。

　　而他心中的对社会现实的道德热情，② 也于革命前夕，在卢梭思想的
指引下，③ 和法兰西的政治前景联系了起来。④ 未来罗伯斯庇尔的革命家
形象已经大致出现：对普世道德的自我奉献，期望公众承认和自我
牺牲。⑤

　　就这样走上革命之路的罗伯斯庇尔，并没有忘记自己早期的人道主义

------

　　① 这里需要指出，人民主权的观念在革命前夕并未被广泛接受，塔克特就发现
在1789年前各地的议会代表持有各异的政治话语，大多数三级议会代表所持有的
政治观点来自于他们自己在旧制度下的切身政治体会，而不是某个启蒙哲学家的学
说。见 Timothy Tackett，*Becoming a Revolutionary：The Deputies of the French National
Assembly and the Emergence of Revolutionary Culture*（*1789-1790*），Princeton University
Press，1996，pp. 74，305。范克雷（Dale Van Kley）的研究也表明在1789年人民主权相
对于另外两种宪政话语——绝对主义的和贵族团体主义的话语，只处于边缘地位。转
引自崇明：《革命的幻想——论弗朗索瓦·孚雷及其〈思考法国大革命〉》，见任军锋
编：《共和主义：古典与现代》，377 页，注 64，上海，上海人民出版社，2006。

　　② 他总是不断地呼吁法国应该来一场所谓的"道德改革（moral reformation）"，见
Joseph I. Shulim，"The Youthful Robespierre and His Ambivalence toward the Ancien Re-
gime"，p. 414。同时参见 Marisa Linton，*The Politics of Virtue in Enlightenment France*，
New York：Palgrave，2001。Marisa Linton 认为在这个时期的法国知识阶层所崇拜的
政治美德（political virtue）有 3 个方面：国王的美德、贵族的美德、公民美德。她认为
在革命爆发前夜，法国美德的话语（discourse of virtue）主流倾向于为公共利益和民族
利益奉献的公民美德。参见本书 pp. 204-209。

　　③ 在成功当选为三级会议代表之后，罗伯斯庇尔撰写了《献给让-雅克·卢梭》，
其中写道："踏着您（卢梭）那令人肃然起敬的足迹前进，即使不能流芳百世也在所不
惜；在一场前所未有的革命为我们开创的艰险事业中，如果我能永远忠实于您的著作
给我的启示，我将感到幸福。"转引自朱学勤：《道德理想国的覆灭：从卢梭到罗伯斯
庇尔》，167 页，北京，生活·读书·新知三联书店，1994。

　　④ 布鲁姆这样论述罗伯斯庇尔眼中政治与个人美德的关系："政治，对于罗伯
斯庇尔来说是源于自我的尊严，只有出于对自我价值的充分认识他才能够了解社会秩
序的根本原则。"见 Carol Blum，*Rousseau and the Republic of Virtue：The Language of
Politics in the Revolution*，Ithaca：Cornell University Press，1986，p. 157。

　　⑤ Norman Hampson，"Robespierre and the Terror"，p. 156。

理想，1791 年 5 月 30 日他在制宪议会发表了要求废除死刑的演讲。他认为死刑有两个弊端："第一，死刑根本上是不公正的；① 第二，死刑不是一种最有效的刑罚，它决不能防止犯罪，反而会增加犯罪。"②这次发言似乎是罗伯斯庇尔之前一贯反对严刑峻法态度的自然延续，但如果我们结合时代背景深入分析这篇演讲，会发现一些不同的地方。

首先，制宪议会中的议员和参加征文比赛的小律师不可同日而语，如果说过去的罗伯斯庇尔还多少有点畏首畏尾，③ 那么他在 1791 年其自我定位已不是一个外省的无名律师，而俨然是一位旧制度的改造者，新制度的设计者，他讲话的对象是"立法者们"，他的要求是"人的尊严和公民的权利"，④ 这种立法者的自我期许多少能显示在革命中罗伯斯庇尔的自我界定：为全法国人和全人类的幸福服务，并捍卫纯粹的原则。他应该提升法国公民的灵魂，成为法国的"拯救者"和全欧洲的楷模。⑤

不过，更重要的是，罗伯斯庇尔怎样具体论述废除死刑的主张。在演讲的开头，罗伯斯庇尔便指出："这些法律（死刑）违反法兰西人新的生活方式和他们新的体制。"⑥ 在笔者看来，体制之"新"固然是个重要原

---

① 在华东师范大学 1989 年版的《罗伯斯庇尔选集》中是"第一，死刑是根本不公开的"，罗伯斯庇尔原话为"la première ，que la peine de mort est essentiellement injuste"。（Robespierre, *Oeuvres*, vol. Ⅶ, p. 432）。injuste 一词意为"不公正，非正义"，而且"死刑不公开"也和下文冲突，因此"不公开"应改为"不公正"，中文译本中可能是打印错误。

② 《罗伯斯庇尔选集》，10 页。

③ 在当年的征文竞赛中，罗伯斯庇尔还用谦恭臣民的身份，以十分尊敬的口气说到路易十六，并表示：丝毫无意用"非圣洁的手来玷污我们法律的神圣殿堂"。（见陈崇武：《罗伯斯庇尔评传》，30 页）；甚至在 1789 年 2 月他写给国王的"救国紧急呼吁书"中还把路易十六看做是"慈悲的天主赐给我们的圣人"。见〔法〕瓦尔特：《罗伯斯庇尔》，50 页。

④ 《罗伯斯庇尔选集》，14 页。

⑤ A. Jourdan, "Robespierre and the Revolutionary Heroism", in William Doyle and Colin Haydon, ed., *Robespierre*, p. 56. 此处之所以要比较罗伯斯庇尔前后的语言风格，是为了表明革命者的"立法者"心态。"法国立法者"迷恋抽象性和整体性话语，和注重日常政治的复杂性和细节的"英国政治家"大相径庭。托克维尔察觉到正是这两种"政治心智"之间的深刻差异导致了民主时代英法两国政治道路的分野。见〔法〕托克维尔：《旧制度与大革命》，174～177 页。

⑥ 《罗伯斯庇尔选集》，10 页。

因,① 但更关键的是,1791 年的法国政治文化已经焕然一新,通过一系列的议会辩论、群众运动、党派分化,人民民主的原则终于打败了特权阶层,从政治理念进入到政治实践,大革命的政治文化已经被决定性地开启了。② 正是这种以人民主权为政治唯一合法性的意识形态给了罗伯斯庇尔发挥理念的全新空间。司法改革的力量在司法程序之外。

罗伯斯庇尔论证:一个民主社会中,不应该存在死刑。首先,只有在自然状态中,一个人才能以维护自身安全为名义处死另一个人,在罗伯斯庇尔眼中,法国已经是一个"文明社会",在文明社会之外是自然状态中个人力量之间互相对抗,因此一个人可以出于"自然法的自卫原则"杀死另外一个人;但是在文明社会中,死刑是以整个社会的力量对付一个人,它是一场"怯懦的谋杀行为"。洛克就曾指出谁都不能把多于自己的所有权的权力给予他人,凡是不能剥夺自己生命的人,就不能把支配自己生命的权力给予他人。意大利启蒙思想家贝卡里亚在《论犯罪与刑罚》中,将洛克的社会契约论用以解释刑罚权,认为国家只是用个人割让的自由中的一少部分组成刑罚权。③ 然而,在人们所割让的权利中,不包括生命权。既然如此,国家运用死刑惩罚犯罪人,是对刑罚权的滥用。由此,"死刑并不是一种权利"。④ 罗伯斯庇尔所运用的正是这种逻辑:人民在由自己缔结而成的契约中是不应该受到残酷刑罚威胁的。这样的观点在他早年反对羞辱性刑罚和

---

① 在 1791 年 5 月的法国自由制度已经开始建立起来,《人权与公民权宣言》指出了新制度的"人权、自由、平等、国民主权"等核心内容,君主立宪制的基本制度框架已经建立起来,当时流行的口号概括出了新体制的特征:"国民、国王与法律"。见郭华榕:《法国政治制度史》,75~77 页,北京,人民出版社,2005。

② 参考 Timothy Tackett, *Becoming a Revolutionary*。孚雷革命史学的研究存在一个问题,至少是在《思考法国大革命》一书中存在,即:在同一个时期存在的意识形态话语的总和往往远远大于某个被认为是主导的政治话语,那么我们怎么说明某个话语就是主导呢?参见赵鼎新:《社会与政治运动讲义》,221 页,北京,社会科学文献出版社,2006。塔克特的这一研究部分地解决了这个问题,他明确指出了短时段内大革命政治文化的激发过程。

③ [意]贝卡里亚:《论犯罪与刑罚》,黄风译,8 页,北京,中国大百科全书出版社,1993。

④ 同上书,8 页。

死刑的时候是看不到的。在罗伯斯庇尔看来，如果旧制度下还没有真正做到废除死刑的制度基础，那么在法国的新体制中这个基础已经建立起来了，废除死刑的时机已经成熟了。

依罗伯斯庇尔之见，死刑是暴君用来惩罚人民的工具，反映了一种二元逻辑，对抗暴君的人民在他的眼中成为了一个整体，而死刑是暴君施加于所有人民的暴行。然而，作为民主社会的立法者，应该"树立和维护公共道德"，而不是像暴君们一样抱着"愤怒和报复的态度"①。"法律是人民意志的自由而庄严的表现"，要"符合于民族权利和利益的共同意志"。② 正如他以前所说的：共和国的工具乃是美德——人民的美德和为公共利益着想的公共德性。③

但罗伯斯庇尔毕竟不是思想家，瓦尔特指出，罗伯斯庇尔有更具体的目的：1791 年宪法草案中的一条规定：就是在一个政党的首领被议会的法令宣布为叛乱分子的时候，这个公民就应该结束他的生命，这与其说是他罪有应得，不如说是为了保障国家的安全。④ 那么如果人民起来反对国民议会，就会被处死。而且也的确如此，早在制定宪法之前，制宪议会就有人看出民众运动的破坏性力量，认为"自由巩固政权，放纵破坏统治"，"自由因服从法律而存在"，凡是动乱，不论武装与否皆为犯罪，有明确的戒严法规定，参与暴乱情节严重者处以死刑。⑤ 这本来是旧制度下就已经被人们认可的正当措施。⑥ 如今，在罗伯斯庇尔看来，在新体制下，镇压应该

---

① 《罗伯斯庇尔选集》，13～14 页。

② ［法］罗伯斯庇尔：《革命法制和审判》，138、58 页。

③ "正如《论法的精神》的作者所指出的，共和国的主要工具是品德，即不过归结为爱法律和爱祖国的政治的品德；共和国的宪法本身要求一切私人利益、一切个人关系都要不断地让位于公共福利。"见［法］罗伯斯庇尔：《革命法制和审判》，6 页；"品德，在共和国里，是很简单的东西。就是爱共和国……在民主政治之下，爱共和国就是爱民主政治，爱民主政治就是爱平等。"见［法］孟德斯鸠：《论法的精神》，上册，41 页。

④ ［法］瓦尔特：《罗伯斯庇尔》，102 页。

⑤ 郭华榕：《法国政治制度史》，81～82 页。

⑥ Denis Richet, "Committee of Public Safety", in *A Critical Dictionary of the French Revolution*, Cambridge：Belknap Press，1989，p. 474.

和死刑一起被抛弃了。1790 年 2 月，罗伯斯庇尔针对制宪议会的镇压发言："你们已经看到了一个伟大的民族，它已经把命运攥在了自己手中，在经历了那个压迫了它几个世纪的权威的垮台后，它会恢复平静和秩序的。……我们不要再以防卫的名义让士兵镇压那些善良的公民，我们不要把革命的命运交到某个军事领袖的手中。"①

这很明显是受到克伦威尔和古代罗马共和制转变成君主专制的影响。② 罗伯斯庇尔眼中革命最糟糕的后果莫过如此：形成军事独裁。在他反对死刑的演讲中所提到的反面典型苏拉、提比略等人也是著名的军事独裁者，这些人反过来利用手中军权涂炭生灵，民主革命的成果就毁于一旦了。在他眼中，很多人参加革命完全出于私欲，他们会窃取革命的成果，革命有可能会变成某个军事强人的战利品。革命者的队伍如果不纯洁，革命的透明性就不能保证，革命的前途就生死未卜。那革命的火种何在？还是要回归到人民。在他看来：政治不是各个不同利益集团之间的讨价还价，而是在私人利益和公共利益之间作出选择，选择公共利益的人才能代表人民，而那些选择私人利益的人肯定是缺乏美德。反对死刑是出于两个方面的考虑：一方面怀疑个人私欲将窃取革命成果，另一方面坚信人民正义的力量可以防止革命的流产。

罗伯斯庇尔似乎总认为存在着某种"代议制专制"的东西，人民才是唯一的正当性的根源所在，这是不能被企图将私人利益置于国民利益之上的某个政党或者团体偷梁换柱的，私人和党派的利益让革命的道路上充满了阴谋和暗算，③ 阴谋的对立面是铁板一块的人民意志，是对于公共利益无

---

① 转引自 George F. E Rudé, *Robespierre*, p. 181。一直以来，在罗伯斯庇尔眼中，对于大革命而言，军事独裁是极大的威胁。1792 年战争开始之后，他在一篇关于军人纪律的演说中指出："我已经看到，你们正在军人专制的铁笊下到处感到疲惫不堪。革命以前存在的所有其他权力都垮台了，唯独这个铁笊还安然无恙。"[法]罗伯斯庇尔：《革命法制和审判》，102~103 页；同年他再次重复："我认为，最坏的专制政府就是军政府。很久以来，我们就在大踏步地向军政府迈进。"见[法]瓦尔特：《罗伯斯庇尔》，294 页。

② David P. Jordan, *The Revolutionary Career of Maximilien Robespierre*, p. 3.

③ 关于罗伯斯庇尔视各种各样的"阴谋"为革命最大威胁，参见 Geoffrey Cubitt, "Robespierre and Conspiracy Theories", in William Doyle and Colin Haydon, ed., *Robespierre*, pp. 75-91。

私奉献的道德精神。当然，雅各宾派"从来就没把他们自己看成是个党派或团体，而是一个为公意说话的自我神话物"①。就像罗伯斯庇尔自己说的："我既不是人民的反对者，也不是人民的仲裁者，还不是人民的辩护者。我自己就是人民！"②

总结这一部分的分析，我们看到这其中既有延续，也有转变：延续之处在于，罗伯斯庇尔自始至终将死刑等残酷刑罚看成君主或独裁者暴虐手段的重要体现，死刑和专制君主，也只和专制君主有某种等同的关系。罗伯斯庇尔所反对的死刑像是某个界限，可以把所有不正义和残忍都抵挡在外，把所有的美好和人道都留下。罗伯斯庇尔从来就有一种摩尼教徒式的善恶区分的倾向，"他把所有的人民和美德都放进一个阵营，而其他的暴政和压迫都在另一个阵营"③。反对死刑是取消界限另一边的力量源泉的种种努力之一。

而改变之处则是，同样是人道主义的改革意见，其背后的权力形象已经悄然推进，1789 年前一个颇为复杂的司法技术问题，已经变成了一个看似简单的立法问题和正义问题。就像托克维尔曾评论的那样：一开始，人们仅仅谈论如何更好地平衡权力，更好地调整各阶层的关系；不久，他们走着走着，就奔跑了起来，他们投身到纯粹民主之中；一开始，大家引用孟德斯鸠；到后来，他们就只谈卢梭了。④ 统治的技艺问题被统治的合法性问题取代。旧制度下还若隐若现的权力要求，在 1791 年变成法兰西新体制下人们的正当权力。君主的残暴权力首先转移为某种开明温和的司法权力，而权力之下的人的形象也从臣民暗暗转变为具有自然权利的公民（1784），但在 1791 年的时候，这种司法权力已经不能满足罗伯斯庇尔的需要了，需要建构的，是一种具有极高能动性和自我意识的

① ［美］苏珊·邓恩：《姊妹革命：美国革命与法国革命启示录》，杨小刚译，98页，上海，上海文艺出版社，2003。

② 转引自朱学勤：《道德理想国的覆灭》，170 页。

③ Norman Hampson, *Will & Circumstance：Montesquieu, Rousseau, and the French Revolution*, London：Duckworth, 1983, p. 141.

④ Alexis de Tocqueville, *The Old Regime and the Revolution*, Vol. 2, Edited by Francois Furet and Francoise Mélonio, Chicago：University of Chicago Press, 2001, p. 57.

人民的权力，无辜而软弱的人民，现在已经是自由的人民。当然，这两者都需要防范暴君的荼毒和阴谋家的趁虚而入。

但是要知道，大革命所引起的转变并不仅仅发生在议员的口中，大革命的力量还存在于自由的人民那里，因为自由的人民的产生，法兰西的权力场也在发生着更加深刻的转移，在进一步观察这场转变的时候，我们和罗伯斯庇尔一同遭遇到了另一场革命——群众的革命。

二 有限支持民众私刑——直接民主对公意的成全与挑战

罗伯斯庇尔一开始就对法兰西的新自由持有忧虑，① 从制宪议会开始他就始终如一地与众不同。他不关心经济问题，也不关心行政问题，甚至他关心宪法的方式也不一样，他从不过问宪法具体条款的制定(不过等具体条款出来他又要予以批评)，而如果宪法要把某些人排除出政治，他一定极力反对;② 他的提议都关乎人民的自由，出版自由、言论自由、免受监察的自由等等。③

不过，人民还有远远超出制度规约的"自由"。罗伯斯庇尔往往也为这种自由而战。

1789 年 7 月 22 日，法国财政部长老富隆因为宣称穷人饿了可以去吃草而被愤怒的群众吊死在了路灯上;同样遭遇的还有他的女婿。④ 罗伯斯庇尔在书信中写道:"基于人民的审判，富隆先生昨天被吊死了。"有的代

---

① David P. Jordan，*The Revolutionary Career of Maximilien Robespierre* ，p. 45.

② 见高毅:《法兰西风格:大革命政治文化》，115、116 页，杭州，浙江人民出版社，1991。西耶斯把法国公民划分为积极公民和消极公民，罗伯斯庇尔以其违反1789 年原则攻击之。这种划分实际上基于对以个人为单位组成现代社会的认识，不可能实行古典共和国式的直接民主。而大革命的政治文化却不容许这样的划分，罗桑瓦龙就指出，消极公民实际处于公民社会外围的"朦胧"之中。见[法]皮埃尔·罗桑瓦龙:《公民的加冕礼:法国普选史》，吕一民译，56 页，上海，上海世纪出版集团，2005。

③ David P. Jordan，*The Revolutionary Career of Maximilien Robespierre*，pp. 51-52.

④ [英]乔治·鲁德:《法国大革命中的群众》，何新译，61 页，北京，生活·读书·新知三联书店，1964。

表如巴纳夫也认为，这没什么大不了的，"这些人的血能有多纯洁呢?"① 把罗伯斯庇尔和巴纳夫的看法合起来可以看到原则上的推进：巴纳夫是说这些人死不足惜，谁杀了他们不重要，反正他们不是好人；而罗伯斯庇尔的话则更有律师的特点：这些人受到了人民的审判，人民什么时候有这样的权力了? 旧制度中只有国王才有不必通过正常司法程序来处理案件的特权。② 罗伯斯庇尔作为律师，不可能不知道这个规矩，因而他所说的"审判"具有了某种规范而非修辞的意义。他实际上是在说：革命已经开始，政治权威已经转移，"人民"终于可以"审判"别人了。而同样的，前一周发生的巴士底狱事件更是成为罗伯斯庇尔理解革命的重要事件。他评价道："流了少量的血，获得了公众的自由。无疑，曾砍了几颗脑袋，但都是罪犯的脑袋。……正是通过这次暴动，国民才获得了自由。"③在罗伯斯庇尔看来，这样的暴动将革命情势大大推进，三级会议所要求的税收改革已经过时，那是在"在国民重新取得立法的权力之前"的事情了。④

法国群众的暴力活动，并不是在大革命开始或者1789年三级会议召开之后才出现的，到1788年年底，暴力事件在法国已十分普遍而且司空见惯。⑤ 旧制度下"政府早已向人民头脑中灌输和树立了后来成为革命的思想，这些思想敌视个人，与个人权利相对立，并且爱好暴力"⑥。而到

---

① John Hardman, *Robespierre*, p. 22.

② [英]鲁德：《法国大革命中的群众》，237 页。

③ [法]瓦尔特：《罗伯斯庇尔》，70 页。

④ John Hardman, *Robespierre*, p. 22. 而瑟维尔指出，巴士底狱本质上是一场旧式的群众暴动，它之所以能够对大革命有如此重大的意义，很大原因是革命者后来对它的正当化。William H. Sewell, Jr., "Historical Events as Transformations of Structures: Inventing Revolution at the Bastille", *Theory and Society*, Vol. 25, No. 6 (Dec., 1996), pp. 841-881. 巴士底狱事件刚发生大多数人对此感到不安，罗伯斯庇尔对这件事情的反应表明了他对革命政治的感觉之敏锐。

⑤ Jean-Clément Martin, *Violence et Révolution: Essai sur la naissance d'un mythe national*, Paris, 2006, p. 50. 转引自高毅：《一部别开生面的法国革命"暴力史"——读马丹〈暴力与大革命：论一种国家神话的诞生〉》，载《世界历史》，2007(1)。

⑥ [法]托克维尔：《旧制度与大革命》，221 页。

了革命时期，公民身份的出现使群众的暴力行动具有了新的意义，正如罗桑瓦龙在《公民的加冕礼》中分析大革命时期的公民身份时谈到的，公民身份"远不是通过参与初级会议来象征，而似乎是越来越以参加革命行动或捍卫祖国为特征。"①公民之所以是公民，不是因为他选择了适应于自己社会身份的代表，而是直接参与了主权。② 这正是西耶斯区分积极公民和消极公民时所表现出的困难：如何在公民身份普遍化的同时，又保证政治权利的有限性？这始终让政治参与的问题困扰大革命中的人们，而群众运动是其突出的表现。大革命刚开始的阶段，在大多数议会代表那里，群众运动要么被默认要么被赞扬，③ 群众运动(不单指民间私刑，还有游行示威、聚众抗议等等)的意义在于它帮助三级会议对贵族、教士乃至国王形成了政治压力。"公共舆论"因此有了全新的实在的含义，它有了明确的对立面，恰恰是借助群众的这种活动，各种不可逾越的障碍都被克服了。由此，第三等级的那些平民代表们获得一种乐观主义，似乎他们正乘着命运之翼青云直上，一场能够开启未来法国历史的革命正在拉开序幕。④ 于是像巴纳夫、罗伯斯庇尔一干人都认为既然已经是在革命中，那么当然不能再用昔日的眼光来看待群众运动了，特别状况要特别对待。更关键的是，除了实际的功用之外，群众运动还是"原则上"正当的，既然人民主权的原则已经确立，人民民主当然势在必行，甚至可以超越具体法条的规定，就像罗伯斯庇尔在 1792 年 11 月评论"九月屠杀"时所说的，自由是非法的。⑤

在大革命的初期，对于群众运动是否必要的不同看法是区分改革者和

---

① ［法］罗桑瓦龙：《公民的加冕礼：法国普选史》，57 页。而这种看法，罗伯斯庇尔早在进入三级议会之前就发表过：他一开始就宣传民族处于危难之中，国内的敌人正策划阴谋，而公民们要采取行动。见 John Hardman, ed., *The French Revolution Sourcebook*, New York：Arnold, 1999, p. 84。

② 罗桑瓦龙把这一情况称做"集体进入主权"(une entrée collective dans la souveraineté)，它在远离有产公民的个人主义的目的的情况下进行。同上书，41 页。

③ Timothy Tackett, *Becoming a Revolutionary*, p. 166.

④ Timothy Tackett, *Becoming a Revolutionary*, p. 307.

⑤ 《罗伯斯庇尔选集》，95 页。

革命者的重要标准。① 罗伯斯庇尔当然是革命者了。在他看来，"人民"是德性的典范，在普通的民众身上最容易发现美德的存在，因为那些特权阶层的心灵已经被腐蚀掉了，民众则更接近自然的品德。而且更为重要的是人民的美德是对于人民民主的正当性的最佳辩护，在这一点上他和卢梭颇为相似，公意是不会错的，因为它拥有道德上的权威。② 科本也指出，在罗伯斯庇尔那里存在一个自相关的基本政治逻辑：政府应该是合乎伦理准则的，而人民本质上是合乎伦理（德性，virtue）的，因此，人民意志应该形成占统治地位的主权者。③ 而这个理论在大革命的意识形态语境则被推论为："人民被树立成大革命的最高合法性和唯一想象的角色。由此而来的一个观念是：人民必须经常处在行动之中；没有人民，行动就会走样，就会听凭坏人的摆布。"④

在整个大革命的过程中，群众零星的"革命行动"一直没有中断，政府的镇压手段往往是无力的，"危险刚过去，镇压便停顿下来，惩罚也敷衍了事；但一旦发生地方事件，平民又故态复萌，随意处决犯人。这类不经审判就地处决的事件随着战争和外国入侵而日益增多，并以巴黎的九月大屠杀而达到顶点"。⑤

这一次的屠杀把立法议会吓得一身冷汗。巴黎公社的领导人马拉在《人民之友报》上写道：拯救祖国的唯一办法就是屠杀在押的犯人。以巩固后方安全和为8月10日的起义者复仇为由。9月3至9月6日巴黎的"革命群众"们冲进监狱直接处决了上千名犯人，据当时到过其中一座监狱的佩蒂翁说：那些审讯者和行刑者的态度自然，好像是受了法律的委托来执行这项任务的。在

---

① Colin Lucas, "Revolutionary Violence, the People and the Terror", in K. M. Baker, ed., *Terror*, p. 58.

② Marisa Linton, Robespierre's Political Principles, in William Doyle and Colin Haydon, ed., *Robespierre*, p. 41.

③ Alfred Cobban, "The Fundamental Ideas of Robespierre", *The English Historical Review*, Vol. 63, No. 246(Jan., 1948), pp. 31-33.

④ ［法］孚雷：《思考法国大革命》，91 页。

⑤ ［法］乔治·勒费弗尔：《法国革命史》，358 页。

被杀者中甚至有孤儿、孤女以及在收容所接受品德教育的儿童。①

而这个时候的罗伯斯庇尔，相对于制宪议会时期，变得更加激进了。从瓦楞事件到 8 月 10 日革命这段时间，是他在革命中彻底激进化的阶段，不论是国王出逃、马尔斯校场事件，还是对外宣战都让他觉得革命非常危险，完全有必要进一步推进革命。罗伯斯庇尔会怎么看待这场完全错误的屠杀呢？

作为当时人民民主的直接表达场所的巴黎公社对此事采取了默认甚至纵容的态度，而罗伯斯庇尔是公社领导人之一。吉伦特派人物卢韦 1792 年 10 月 25 日点名控告罗伯斯庇尔：挑起九月事件，以屠杀和恐怖作为夺取权力的手段。② 过了一个星期，罗伯斯庇尔上台进行了申辩，他断言：革命如果没有革命的暴力就不能实现，"公民们，你们期待一场没有革命的革命吗？"要靠着某种宪法的借口来诬蔑革命者。"把革命的传播者说成是纵火者和公共秩序的敌人"，简直就是阴谋反对人民的行为。③ 与此同时，如果把民众那种特定的暴力以及强制行为作为非法的行为加以排斥的话，那么其他所有的革命事件，即革命从一开始到终结为止，所有的一切都会被认为是犯罪。"你们为什么不指责我们解除那些形迹可疑的公民的武装，不指责我们把那些公认的革命的敌人撵出我们讨论救国问题的议会呢？你们为什么不同时对市政当局、对选举人大会、对巴黎各区、对各县初选人大会和所有那些曾经效仿我们的人提出诉讼呢？因为所有这一切都是非法的，同革命、废黜国王、摧毁巴士底狱一样是非法的。也同自由本身一样是非法的。"④这个逻辑意味着人民被看做是政治至上、革命至上的永恒的能动主体，而罗伯斯庇尔和他们乃是同构的，诉讼罗伯斯庇尔乃是对革命的诉讼。

法律秩序必然要被抛到一边，虽然九月屠杀看起来践踏了法律，但在我们把法律重新捡起来之前，"请你们把我们牺牲和战斗的代价归还给我们，请把为共同事业而失去生命的我们的同胞、兄弟和孩子们归还给我

① 王养冲、王令愉：《法国大革命史》，258、259 页。

② 同上书，286 页。其他罪名还有诽谤爱国者、从不忘记自称"代表人民"、诋毁和迫害国民代表、使自己成为受人崇拜的偶像等。

③ 《罗伯斯庇尔选集》，96 页。

④ 《罗伯斯庇尔选集》，95 页。

们"。"公民们，请你们为这个惨痛的错误（屠杀了大量无辜者）流泪吧！"不过，我们更应该"为十万名被暴政杀害的爱国者流泪！"①人民是美德的化身，他们为了国家献出了自己的生命，虽然那些监狱里被处决的人罪不至死，但是难道我们能够应该为了这个错误去惩罚那些爱国者、革命者吗？在这样的演讲术中，人民与美德是完完全全的同义词，它们的神奇之处就在于一方面它对于已经确认的敌人采取毫不妥协、坚决镇压的严酷态度，任何可疑的身份、话语都会在人民美德的革命浪潮中被摧毁，另一方面对于人民它则采取亲人一样的守护甚至偏袒的态度，对敌人最严厉的美德转变为对人民群众海纳百川一般的胸怀，它将为一切人民行动中不可避免的损失买单。有的人没有犯死罪，却被处死，因为他的身份并非人民；而有的人犯了杀人的死罪，却不会被处死，因为他是人民。杀戮是令人遗憾的，但这是革命不可避免的一个部分，群众在旧制度下已经被奴役了几个世纪，因此"革命是暴力，也是复仇。……对罗伯斯庇尔来说，革命群众从来不是罪人，他们是有德性的革命者"②。

于是我们看到"人民"成为了一个神秘的概念，甚至是大革命中最神秘的概念，好像只有罗伯斯庇尔才能搞清楚"人民"到底是谁。它在某个瞬间好像挥舞着正义的大棒要把沿途所有的东西都摧毁，没有任何仁慈和忍耐，像雪崩一样突然埋葬人们面前所有的不公正和邪恶；而在某个瞬间，罗伯斯庇尔会把人民看成是谦逊、宽容，具有深切的悲天悯人情怀的，包含所有德性的代表者形象，就像他在前面反对死刑一样，人民就好像是备受屈辱与迫害的弱者，丝毫没有反对暴政的力量。但这两方面又是同一枚硬币的两面：深受压迫的"人民"在民主革命的法国应该掌握所有的权力，"无论怎样的权力团体，无论拥有什么样势力的阶级，如果要妨碍人民的前进，或者曲解人民的自我表现的话，都是不允许的"③。

---

① 《罗伯斯庇尔选集》，97、100页。

② David P. Jordan，*The Revolutionary Career of Maximilien Robespierre*，pp. 61-62.

③ ［以］J·F·塔尔蒙：《极权主义民主的起源》，孙传钊译，116页，长春，吉林人民出版社，2004。

但如果认为罗伯斯庇尔总是无条件地支持群众运动的话，那就错了。罗桑瓦龙在评论立法议会时期议员们对马尔斯校场的看法时就指出，对于议会代表来说，民众是无法预测和难以控制的，是"从社会底层涌现出来的神秘力量"，是"革命的双面神，既是正面的国民的力量，同时又是使人堕落的群氓的力量"。① 对于这种力量，罗伯斯庇尔并不是没有认识，就"九月屠杀"而言，他实际上不准备发表任何意见，是因为卢韦1792年10月25日的点名控告才不得不出来辩护，而且不是当场答辩，而是过了一个多星期他才组织出一套"难道你们期待一场没有革命的革命吗"的反问逻辑。对于这种屠杀，罗伯斯庇尔明显是感到不安的，在屠杀发生之后他保持了相当时间的沉默。② 这一次辩护本身完全是在玩某种从马拉那儿学来的高调逻辑，尽管这种高调逻辑恰恰完美地表达了革命本身的内在逻辑。罗伯斯庇尔这次之所以要为九月屠杀辩护，很大程度是因为他当时处在人民民主的直接表达场所——巴黎公社和雅各宾俱乐部——的领导地位上。越到后来，罗伯斯庇尔对民间暴力的态度越有所保留。③ 即便是在掌权之前，对于其他的群众运动，罗伯斯庇尔也明确地表示，需要一个领导者来指导。④

鲁德也指出，和卢梭一样，⑤ 尽管认定人民是好的，但罗伯斯庇尔认为人民不一定知道什么对自己是好的。罗伯斯庇尔不断地要求人民"服务国

---

① ［法］罗桑瓦龙：《公民的加冕礼：法国普选史》，147～148页。

② 王养冲、王令愉：《法国大革命史》，286页。

③ 雅各宾派掌握政权之后，罗伯斯庇尔一再强调要控制群众运动。见 Alfred Cobban，"The Political Ideas of Maximilien Robespierre during the Period of the Convention"，*The English Historical Review*，Vol. 61，No. 239.（Jan.，，1946），pp. 52-53。而且他对埃贝尔派的无政府主义般的暴力行为极端反感：如果埃贝尔胜利，"就要推翻国民公会，屠杀所有爱国者，法国社会重新陷入混乱，暴力统治就可以肆无忌惮了。"见陈崇武：《罗伯斯庇尔评传》，165页。

④ David Andress，"'A Ferocious and Misled Mutitude'：Elite Perception of Popular Action from Rousseau to Robespierre"，in Malcolm Crook，William Doyle，and Alan Forrest ed.，*Enlightenment and Revolution：Essays in Honour of Norman Hampson*，Burlington，Vt.：Ashgate，2004，p. 185.

⑤ 人民是决不会被腐蚀的，但人民往往会受欺骗，而且惟有这个时候，人民才好像会愿意要不好的东西。见［法］卢梭：《社会契约论》，何兆武译，35页，北京，商务印书馆，2003。

家"，以"崇高的热忱"来保卫自由，以自愿的情感"不仅舍弃他们的生命，还要舍弃他们的依恋和偏爱"。① 在 1793 年，当巴黎群众为了食物短缺问题而冲击议会时，罗伯斯庇尔还曾经评论说这些人根本不是"巴黎的人民"，而是一群被贵族的走狗指使的乌合之众。②

罗伯斯庇尔对民间私刑的看法，表明群众作为大革命民主革命的直接力量，相对于现有秩序的挑战者身份，在他那里有一种符号性的价值。他从来不是直接参与或组织群众运动的人，"这个革命舆论的炼金术士总是站在街头话语、俱乐部话语和议会话语错综复杂的战略地点，重大日子不见他露面，第一个赋予这些事件以某种意义的人却往往是他。"③在罗伯斯庇尔看来，唯一的"好群众"是有组织的，听议会中的激进民主精英指挥的，朝着特定的革命目标采取行动的群众。④ 在谈到 1792 年 8 月 10 日的起义时，罗伯斯庇尔就说：巴黎的人民猛然站起来了……所有激情都被用在了起义上。它（起义）执行了主权并且推进了自己力量和公正。这不是没有目的的暴民行动。⑤ 吉伦特派指责山岳派搞无政府主义，至少在理论上是错误的，如果在议会中，即便是最激进的山岳派也不会轻易接受暴动群众的要求，而之前鼓吹群众去造议会的反，原因只是吉伦特派的去留问题不能再拖下去了。⑥ 而当山岳派掌握了议会之后，尽管普通群众或者说"暴民"似乎与这群新的议员形成了联盟，但他们并没有能力识别这群议员和前一

---

① A. Jourdan, "Robespierre and the Revolutionary Heroism", in William Doyle and Colin Haydon, ed., *Robespierre*, pp. 60-61.

② Carol Blum, *Rousseau and the Republic of Virtue*, p. 198.

③ ［法］孚雷：《思考法国大革命》，84 页。

④ 参考 Colin Lucas, "Revolutionary Violence, the People and the Terror", in K. M. Baker, ed., *Terror*, pp. 57-79. 卢卡斯在这篇文章中区分两种暴力：能够维持社会正常秩序的"好暴力"和一种不断循环往复地威胁社会秩序的"坏暴力"。罗伯斯庇尔要的群众起义则像是两者的结合。群众恐怖因此既像革命理论的正当要求，但又隐隐地破坏着精英们理想中的革命。

⑤ John Hardman, ed., *The French Revolution Sourcebook*, p. 147.

⑥ David Andress, *The Terror : Civil War in the French Revolution*, London : Little, Brown, 2005, pp. 169, 175.

拨人有什么区别，并且两者的要求一开始就颇有抵牾。① 这种不协调到了共和二年就越来越明显了，在萨瑟兰看来，共和二年议会控制群众运动的意向与无套裤汉的直接民主观念很难调和，而两者之间的鸿沟只是被当时如潮水般的反革命话语所掩盖罢了。②

在很大程度上，罗伯斯庇尔对群众运动的认识是对的，因为正如格尼菲指出的，单纯群众本身的运动暗暗表达了一种自治的倾向（特别是在旧制度时），而没有对主权的需要，对人民主权的召唤——就像罗伯斯庇尔所做的——乃是"精英分子"强加在群众身上的。③ 当旧制度的群众带着某种旧式运动的痕迹走进全新的政治文化中时，他们就可能在某个层面不能符合革命领导者的要求。一方面革命极端拒斥个人或者团体的自治，另一方面群众又很难接受革命积极分子提供给他们的不同于以往的政治表述。④

罗伯斯庇尔等激进民主派对于群众运动的看法，恰恰体现了直接民主在法国大革命中并不如人们想象那样受欢迎。即便是罗伯斯庇尔这样被认为是最维护下层人利益的革命者，也对群众运动保持了相当警惕。但是这就像我们前面分析过的，他也完全不会支持代议民主，因为还有一种被罗桑瓦龙称为"即刻民主（Immediate democracy）"的民主观存在于大革命中。直接民主并不预设共同意志的存在，直接民主完全可以是不同

---

① 1793 年 9 月国民公会在群众冲击下才决定开始施行恐怖，国民公会既很不情愿又无力抵抗。R. R. Palmer, *Twelve Who Ruled*: *The Year of the Terror in the French Revolution*, New Jersey: Princeton University Press, 2005, pp. 44-47.

② D. M. G. Sutherland, *France 1789-1815*: *Revolution and Counterrevolution*, London: Fontana, 1985, p. 208.

③ Patrice Gueniffey, *La Politique de la Terreur*: *Essai Sur la Violence Révolutionnaire*, 1789-1794, Paris: Fayard, 2000, pp. 77-78.

④ Colin Lucas, "The Crowd and Politics", p. 283. 卢卡斯认为，在产生了革命作用之后，群众运动性质往往迅速回复到传统的市场骚乱和团体保护主义。当然，这不代表民众运动完全是旧式的，群众也会在革命中学习新的东西，将传统要求和新的革命政治结合起来，比如喊口号："民族万岁！小麦将减少！"见本书 276 页。但群众并不因此而认为自己应该承担国家的权力，他们只是想要获得一些实质性的好处。

意见的激烈争论；然而即刻民主却要求人们几乎在一瞬间达成普遍共识，并依据这样的普遍共识行动。虽然直接民主和即刻民主都质疑代议民主，但前者批评的是代议制的程序性，指责代表程序是对民意的代替（substitution）；而即刻民主却批评代议民主扭曲了公意的内涵。即刻民主说到底还是对人民主权（或"公意"）的崇拜，而直接民主却没有这层关切。然而，尽管本质上不同，两者却能在革命的情况下共存，即刻民主"借用了一种颇过时的民众表达的概念，而其中集体的声音更多关乎共识，而不是审议选择"①。

　　而在这里雅各宾主义对待群众运动的一个内在矛盾显现出来：一方面起义表明人民行动是正当的；但另一方面秩序也是主权人民的重要标志，这也许就是为什么罗伯斯庇尔等人总会觉得群众运动没有能完全提供他们想要的东西。② 这种民主观念的内在矛盾伴随大革命始终，但在革命者的激情政治中被彻底搁置甚至忽略了。在下一章我们会看到罗伯斯庇尔等激进民主派终于意识到群众并没有办法真正承担起主权，并作出了抉择：以人民之名将暴力的武器纳入国家的组织，把革命推入自由的反面。

三　国王之死——国家理由的第一个真正牺牲品

　　处死路易十六是大革命的一个重要转折点，以罗伯斯庇尔、圣茹斯特为代表的雅各宾主义的胜利，彻底改变了大革命的格局和游戏规则，它最终表明人民主权的绝对性和宪法的相对性，罗伯斯庇尔组织恐怖的根本原则也在这次政治斗争中表现出来。

---

　　① Pierre Rosanvallon, *The Demands of Liberty*, p. 39.
　　② 罗伯斯庇尔对于群众的矛盾态度可以在 1973 年 5 月 31 日到 6 月 2 日的起义看到，一方面在起义的前几天罗伯斯庇尔鼓动让人民去推翻那些腐败的代表，但另一方面就在起义的那三天以及关于如何处理吉伦特派的讨论中，罗伯斯庇尔又保持了沉默。见 Morris Slavin, "Robespierre and the Insurrection of 31 May-2 June 1793", in William Doyle and Colin Haydon, ed., *Robespierre*, pp. 141-154.

早在 1790 年就有眼光敏锐的人看出法国王室正处于灭顶之灾的边缘，路易十六已经被置于一个他无法容忍而又极端危险的新体制中。① 在柏克看来，大革命追求的抽象平等扯下了路易十六的面具，扯下了那些"美妙的帷幕"，把国王降格为一个凡夫俗子。在事物的这种格局中，路易十六也许在某一天会因为某种偶然的情况而被革命者迫害而死；但后来的发展表明，在山岳派看来，路易十六存在于共和国中，简直就是一个原则性的错误。

　　国王的问题从 1791 年 6 月的瓦楞事件就凸现出来了，但它之所以老是困扰着大革命，直接原因是 1791 年宪法的不完善。② 这之间的历史过程包含了极复杂的政治斗争，不是本文的重点。笔者在这里简单地描述一下：1791 年宪法根本问题在于它试图让国王和议会分享主权，然而法国从来没有过英国"王在议会"的传统，"国王、上院、下院"三位一体的政权结构在法国人看来根本不能接受，况且 1791 年宪法赋予国王以暂时否决权，更是加深了法国宪制的矛盾。③ 议会和国王两个权力中心造成了君主立宪制政治结构上的死结。而矛盾的两方在战争问题上达成了一致：路易十六希图发动战争"引狼入室"把他从革命者的控制中解救出来（最后被证明是自杀性的行为）；而吉伦特派对此心知肚明，但却顺水推舟，鼓动战争，试图通过寻找敌人来推进革命。战争的确大大地推动了革命，但发动战争之后的革命进程却是吉伦特派不能控制的，法国军队在前线的接连失败把吉伦特派和国王都抛入了绝境。君主立宪制的死结，通过外国干涉没有解开，吉伦特派自己也没能解开，最后是 8 月 10 日人民的

---

　　① "在事物的这种格局里（指大革命），一个国王只不过是一个男人，一个王后只不过是一个女人；……杀害一个国王或一个王后或一个主教或一个父亲，只不过是通常的家内残杀；而假如人民由于任何机缘或者以任何方式而成为它的赢家，那么一番家庭残杀就更加是极为可宽恕的了。"见[英]柏克：《法国革命论》，何兆武、许振洲、彭刚译，102、103 页，北京，商务印书馆，1998。

　　② 当然，更深层的原因是在一种公意政治中，国王身份尴尬。"专制君主形象的消除只能以把权力直接转让给国民为代价得到实现。英国式的普通的限制王权观点似乎显得过时与不足。"[法]罗桑瓦龙：《公民的加冕礼：法国普选史》，125 页。

　　③ 一院制和国王否决权的设计直接出于人民主权不能分割的原则。其背后的隐忧，参考高毅：《法兰西风格：大革命的政治文化》，56～62 页。

起义快刀斩乱麻，推翻了君主制，国王被送进了唐普尔堡囚禁。9 月 21 日法兰西共和国宣布成立。11 月，"铁柜事件"发生，路易十六密藏的证明他串通内外、从事叛国活动的大量文件被发现，国王罪行昭然于天下。

"第二次革命"之后的法国，会怎么对待它昔日的国王呢？

国王不能不处理，但有一堆问题摆在革命者面前：能不能审判路易十六？谁来审判路易十六？他以什么身份受审判，到底是在审判公民还是审判国王？这里面饱含着非常复杂的宪政与司法问题，首先根据 1791 年宪法，国王是不能被审判的；如果要审判，似乎又不能以某个普通法庭来审判，必须由一个高于国王地位的机构——国民公会来审判，但是严格说来国民公会又没有司法权；那么，能不能够先取消路易十六国王的身份，然后再把他当做一个公民来审判呢？也不行，因为要取消路易十六的身份得先进行一次审判和裁决，而这是宪法不允许的；即便当做公民来审判，国王的废黜与共和国的建立是一致同步的，一个法庭如果能审判国王，那它不就能审判共和国了？[1]

从宪法的原则上讨论问题似乎走进了死胡同，代表们绞尽脑汁也想不来应该怎么处理国王。问题这样拖下去不仅国王问题解决不了，革命本身都会成问题，国王身份不明同样意味着革命者身份的模糊。共和国到底是什么？革命到底是革谁的命？革命不就是要制定宪法吗？怎么到头来革命要反对宪法了？审判国王几乎变成了到底是要宪法还是要革命的问题。于是有人提议上另一个星球去审判。[2] 11 月 7 日，曾奉国民公会指派研究审判路易十六的程序问题的立法委员会推选梅勒向国民公会提出报告。报告认为 1791 年宪法在国民公会成立后就已经失效，可以审判路易十六。[3] 这虽然已经将宪法抛弃，但审判仍然难以证明自身的合法性，因为人们否定了前一部宪法，却并

① 关于国王审判的困境参考 Michael Walzer, "The King's Trail and the Political Culture of the Revolution", in Colin Lucas ed., *The Political Culture of the French Revolution*, pp. 186-187.
② 朱学勤：《道德理想国的覆灭》，213 页。
③ 王养冲、王令愉：《法国大革命史》，289 页。

没有拿出一部新的宪法来解决这个问题，革命与宪政隐约的矛盾依然没有消除。

但在山岳党人看来这个矛盾并不构成严重的问题，人们只需要坚定地站在革命这一边就行了。早在 12 月开始正式审判之前，11 月 13 日年轻的山岳党人圣茹斯特就给所有人上了一课，他说道："让我说，国王必须被当成一个敌人，我们不是要审判他，而是要惩罚他。国王已经破坏了社会契约，他和人民已经处于自然状态之中。……他要么统治，要么死亡。"①这一席话的关键在于：圣茹斯特置换掉了议会争论的基础。在社会契约之内，存在着公正的纽带，某人也许会由于没有遵守之前的约定而受到大家的审判；而在社会契约之外，是蛮荒的自然状态，国王根本就不是社会的一员，我们不必跟他谈社会的规则（宪法）。所以，结果就是他只能在国家的法庭接受国家的惩罚，而且他不能被当成公民，他就是国王而且是君主制的全权代表，不必关心其罪行。只要是国王，他就是一个共和国契约外的陌生人，他就是"一个敌人和反动者，在正常程序之外"②。

12 月 3 日罗伯斯庇尔接续了圣茹斯特的理论，指出路易十六必须被处死：既然已经建立了共和国怎么还能容忍国王的存在呢？讨论宪法问题是"让人脸红的"，国王的罪行要由人民作出审判，国王已经撕毁了社会契约，而司法程序只是用于社会成员的。至于对国王应当处以怎样的刑罚，对于一般的社会犯罪确实不应该处以死刑。但是国王的存在对于共和国是一个巨大的威胁，国内的保王主义会复苏，国外的干预势力不会善罢甘休，所以"真理"就是"路易应当死，因为祖国必须生"。③ 一句话：直接处死，不需要任何审判，路易十六是敌人，不是公民，没有必要讲法律程序。

但吉伦特派对这个问题却有不同的看法。在同一天，孔多塞上台就路易十六问题作了演讲。与圣茹斯特和罗伯斯庇尔不同，孔多塞论证的重心恰恰在于他坚持认为路易十六是一个公民，同时他也一再论证路易十六从

---

① Norman Hampson, *Saint-Just*, Oxford：Basil Blackwell, 1991, pp. 82-84.

② Mona Ozouf, King's Trail, in *A Critical Dictionary of the French Revolution*, p. 98.

③ 参见《罗伯斯庇尔选集》，111～120 页。

未真正认可 1791 年宪法。① 吉伦特派一方面承认路易十六与共和国意志相悖的事实，但另一方面又力图把问题维持在某种法制的框架之中解决，对于吉伦特派来说，路易十六是一个犯下特殊罪行的公民，路易十六的问题是公民集体的内部矛盾。超越宪法审判国王是可以的，但不能超越公民集体的规则来惩罚罪犯。

因此，接下来吉伦特派似乎为山岳派出了个难题：既然公民集体内部出现了问题，就应该把国王问题交给各地方议会由基层表决。罗伯斯庇尔坚决认为路易十六应该被处死，而且不必经过各地方表决，"人民"没有时间，具体的个人要么在忙着工作要么在忙着打仗，而且也没有能力讨论这个问题，反而容易受到保王派的教唆。人民的意义在于发出一种"召唤"。现在是一个议员响应召唤，行使捍卫人民利益的权利的时候了。② 人民并不是要通过代表的声音来表达自己的善良意愿，而只是象征着某个不容置疑的态度，这显示了大革命时期人民主权的不同表达方式，在以罗伯斯庇尔为代表的激进民主派那里，人民直接对应着单一的主权，而代表们是来承认的，不是来创制什么新东西的。就像山岳派著名人物巴累所说的那样："你们不能推卸主权交给你们的担子。"③

罗伯斯庇尔在这件事情上的观点就是这样，并不复杂，但也并不简单。他所做的是用一些正面（人民、共和国、自由平等、美德）和反面（保王党、阴谋、暴君、专制、背叛）概念来表达态度，而不是进行思考。在国王问题上，圣茹斯特和罗伯斯庇尔完美地表现了革命者的语言特点：以毫不妥协

---

① Michael Walzer，*Regicide and Revolution：Speeches at the Trial of Louis XVI*，New York：Columbia University Press，1992，p. 56.

② 罗伯斯庇尔说："庄稼人能够抛弃他们的田地吗？手艺人能够丢掉他们维持生活的活计去翻阅法典，在吵吵闹闹的大会上讨论对路易·卡佩量刑的种类和其他许多或许为他们的思想同样陌生的问题吗？……所有的上流人和共和国的所有阴谋分子都要在大多数国民缺席的初级大会勾结起来。""现在正在为自由而战斗的公民们……他们能够在你们的城市里和会议里参加讨论吗？""一位人民的代表不能听任自己被剥夺掉捍卫人民利益的权利；这个权利只有在夺去他的生命时才能被剥夺。"见《罗伯斯庇尔选集》，127、129、131 页。

③ Mona Ozouf，"King's Trail"，in *A Critical Dictionary of the French Revolution*，p. 102.

的原则面对日渐严峻的现实问题,以抽象的概念来解释革命的实际状况。①
就像罗伯斯庇尔不止一次说的那样,他所说的,并不是他自己要说,而是
大革命要求他说。② 他的原则不是他自己的原则,而是大革命的原则,那
么罗伯斯庇尔所看到的大革命原则到底是什么呢?

事实上,罗伯斯庇尔在革命中对君主政体的态度很有些"矛盾"之处。
革命开始建立君主立宪制时,罗伯斯庇尔明显是支持的,在他看来国王就
是人民的委托人,国王是政府的首脑,行政权力的主导者。③ 在 1791 年 6
月 21 日得知国王出逃后,在雅各宾俱乐部的发言中罗伯斯庇尔将批评的矛
头指向的是国民议会,他认为国民议会没有尽到自己的职责;④ 即便过后
在瓦楞事件上罗伯斯庇尔主张惩办国王,不恢复王位,但他还是维护君主
立宪制;⑤ 而在国王的宝座已经摇摇欲坠的时候,1792 年 7 月 29 日,罗伯
斯庇尔在雅各宾俱乐部的演说中,还认为废黜君主并不能消除法国遭受不
幸的根源;8 月 5 日他又在俱乐部报告说国王可能又要出走,要求大家反对
国王出走,但又要求不要伤害路易十六及其家眷。⑥

但在另一方面,早在 1784 年的论文中,他就表达了自己对共和政体的
热爱。⑦ 而在 1791 年 4 月中旬,王权与革命还相对和谐的时候,英国驻法
国的大使在报告表达了这样看法:有一群人,他们的目的是完全地废除王
权,不论王权受到怎样的限制,这群人的领袖是罗伯斯庇尔。另一个在雅
各宾俱乐部的英国人也报告说:他(罗伯斯庇尔)打心底里是一个共和主义
者。他不顾及别人的看法,而是根据人们应该遵循的政体原则发表意见。⑧

---

① Marie Hélène Huet, *Mourning Glory : The Will of the French Revolution*,
Philadelphia: University of Pennsylvania Press, 1997, p. 2.

② David P. Jordan, "The Robespierre Problem", in William Doyle and Colin
Haydon, ed., *Robespierre*, p. 34.

③ David P. Jordan, *The Revolutionary Career of Maximilien Robespierre*, p. 53.

④ 《罗伯斯庇尔选集》,18 页。

⑤ 端木正编:《法国大革命史词典》,162 页,广州,中山大学出版社,1989。

⑥ 陈崇武:《罗伯斯庇尔评传》,93~95 页,上海,华东师范大学出版社,1989。

⑦ [法]罗伯斯庇尔:《革命法制和审判》,5~6 页。

⑧ William Doyle, *The Oxford History of the French Revolution*, Oxford: Clar-
endon Pr., 1989, p. 150.

最有意思的是，1792 年 5 月在他创办的《宪法保卫者》上他阐明了自己的原则，他明确支持 1791 年宪法所确立的君主立宪政体，同时又说自己是一个共和主义者。①

这一系列的历史事实到底矛不矛盾？笔者认为并不矛盾。罗伯斯庇尔的确是一个共和主义者，但是政体对于他来说是不重要的，关键是政体是否能体现共和主义的精神。罗伯斯庇尔认为自己既不是君主派也不是共和派。"我想指出，对于大多数的人民来说，'共和国'还是'君主国'基本上是没有任何意义的。'共和'这个字眼儿并不能象征任何的政体，它属于任何由拥有祖国（patrie）的自由人组成的政府。"他争论道："难道在'共和政体'或者'君主政体'这些字眼里存在重大社会问题的解决办法吗？……一切政治组织都是为人民创建的；一切不为人民打算的政治组织只是对人类的侵害！"②这才是罗伯斯庇尔心目中的共和主义。他所理解的共和国，是孟德斯鸠和卢梭意义上的共和国。这个共和国是指一个类似古典城邦式的由完全平等的公民依靠美德而组成政治共同体。这样的共和国是最完美的政体，但也由于它太完美，因此孟德斯鸠和卢梭都意识到这样的共和国是不可能在以个人利益为基础的现代社会存在的，都放弃了这样一种政体的现实可能性。③但这个政体所包含的共和主义有一点，和古典共和主义是不一样的，古典城邦中的公民是有明显的身份属性的，也就是说罗马的自由平等只属于罗马的公民，而不属于罗马的奴隶，罗马共和国中公民的自由象征着对奴隶的支配，而大革命中的革命者们却是打算将公民身份与自由扩展到传统精英之外的人群的。同样，当启蒙哲人在谈共和制的时候，其基础是人的自然权利，如果说罗马人平等的公民身份是历史继承或者后天赐予的，现代人的公民身份则是天赋的（准确地说是"自然的，naturel"）。既然所有人都有自然权利，所有人都是原则上平等的，那么就应该实行全民的

---

① 《罗伯斯庇尔选集》，77～78 页。

② Marisa Linton, "Robespierre's Political Principles", in William Doyle and Colin Haydon, ed., *Robespierre*, p. 45；《罗伯斯庇尔选集》，79 页。

③ Marisa Linton, "Robespierre's Political Principles", pp. 43-44.

直接民主，而这在法国根本就不可能，道理很简单，法国人太多了。① 所有的革命者都明白这一点。那些最激进的民主革命者也是接受共和主义的精神，而放弃了共和主义的政体。② 君主制是面对实际状况的一种妥协，但是共和主义的精神是不可丢失的。古典共和国之所以受到法国人崇拜就是因为它似乎提供了一个人们在不可分割的共同体中平等生活的样板。③ 大革命的共和主义也就意味着没有人能够凌驾于人民之上，享有特殊的权利，因为所有人都是平等的，平等的人们组成一个不可分割的人民主权。罗伯斯庇尔看重的也就是这个。这就是他为什么一方面赞成君主立宪制，另一方面又激烈反对国王的否决权④和国王不可侵犯性⑤的原因。卢梭式共和主义的要义便在于此：它和绝对主义一样，相信一个不可分割的主权。⑥ 不同的是，这个主权不再由一个人代表，而是全部公民的意志的表达。共和主义为法国提供着一种政治文化上的想象：国家在抽象的原则上建立一个新的政府，瞬间以人民主权替代了君权，它完全被实现公民平等的热望所驱使。⑦ 君主立

---

① 事实上更深层的原因在于现代人和古代人已经完全不一样了。卢梭就曾经告诫日内瓦人(一个看上去适合于共和政体的小国家)："古人不再是现代人的榜样了；他们在每个方面都太不一样了。你们日内瓦人……既不是斯巴达人也不是罗马人；你们甚至不是雅典人。……你们是商人，工匠，资产者，总是在算计你们自己的私人利益，对于你们来说，自由只是一种不需人批准或不被人阻碍就获取财产，并且能安全地占有财产的手段。"现代资产者的自由观与古人是完全不同的。转引自 Pierre Vidal-Naquet, *Politics Ancient and Modern*，Cambridge：Polity Press，1995，p. 143.

② 关于法国革命者对古典共和政体的崇拜与拒斥参见 Marisa Linton, "Ideas of Future in the French Revolution", in Malcolm Crook, William Doyle, and Alan Forrest ed. , *Enlightenment and Revolution*, pp. 161-163。

③ 或许更准确地说革命者反过来按照自己的需要对古典共和主义进行了改造和发挥。关于古典共和主义在18世纪末的法国如何转变成一种革命理论，参见 K. M. Baker, "Transformations of Classical Republicanism in Eighteenth-Century France", *The Journal of Modern History*，Vol. 73，No. 1，(Mar. , 2001)，pp. 32-53.

④ ［法］瓦尔特：《罗伯斯庇尔》，74 页。

⑤ 参见"关于国王的不可侵犯性"，［法］罗伯斯庇尔：《革命法制和审判》，74～80 页。

⑥ Maurice Cranston, "The Sovereignty of the Nation", in Colin Lucas ed. , *The Political Culture of the French Revolution*, p. 98.

⑦ Pierre Nora, "Republic", in *A Critical Dictionary of the French Revolution* , p. 793.

宪制中国王是不可或缺的，但大革命中的国王一定要符合人民主权的原则，即它的身份不能僭越于人民主权，也不能分割主权，他和其他公民一样，是建立在自然权利的抽象平等原则上的人民主权的一个组成部分，他只不过就是一个公职人员，这并没有为他提供更多的权利，甚至给他带来了更重的义务，因为同样不能忽视的是，共和主义意味着每个公民对于祖国的无私奉献，共和不仅是为每个公民带来了权利，还为公民们带来了义务。罗伯斯庇尔的这种"共和美德"更加像是孟德斯鸠的"美德"。在他们看来，"美德"乃是一个民主社会的基石，是共和政体的指导原则。① 国王当然要遵守这种美德，人民民主规定个人必须效忠人民，这是人民民主的政治共同体中的美德。如罗伯斯庇尔所言："我说的美德，不是别的什么，而只是对祖国的爱和对祖国的法律的爱。"②

如果国王能够始终保证只是发挥一个行政人员的作用，而不影响主权，不背叛人民败坏国家，始终服务于公共利益的话，那么在罗伯斯庇尔看来，国王就是可以容忍的。可以想象，一方面，国王在罗伯斯庇尔眼中必定是一个隐忧，特别是1791年宪法保证了国王的不可侵犯性之后，但另一方面国王在政治斗争中又是某种平衡的力量，他可以保证国家不会落入某些以"共和国"为名盗取权力的阴谋分子手里，如果这些人废黜了君主，篡夺了君主的权力，反过来以共和国的名义镇压人民，那么权力最后落不到人民的手中，革命还是造成了奴役。③ 国王要是能废黜当然好，关键是谁来废

① Pierre Vidal-Naquet, *Politics Ancient and Modern*, p. 153。当然罗伯斯庇尔的美德远不像孟德斯鸠的美德那样温和。

② 《罗伯斯庇尔选集》，231页。在当时的情景下，美德是民主政治的第一标准（不是唯一标准）。"在法国的革命体制中，不道德的东西都是反政治的。"（见《罗伯斯庇尔选集》，232页）这正是大革命意识形态的最根本特征：所有的问题都是政治问题，所有的不幸都可以通过政治解决。（见[法]孚雷：《思考法国大革命》，39页）大革命并非如有些学者所认为是道德越过了边界。（见朱学勤：《道德理想国的覆灭》）而是反过来政治笼罩了一切。国王问题也因此完全是一个政治问题。

③ "我宁愿看到一个人民代表的议会和有一位国王的受尊敬的自由的公民，却不愿看到一个贵族元老院和一名独裁者鞭笞下受奴役的屈辱的人民。我并不以为克伦威尔比查理一世更值得喜欢。"见《罗伯斯庇尔选集》，79页。

黜他，废黜了之后谁来充当新的政权代表。这是罗伯斯庇尔最关心的，也是他一贯怀疑当权者的倾向的体现。

在笔者看来，是 8 月 10 日的革命彻底扭转了罗伯斯庇尔对大革命局势的看法。8 月 10 日的革命冲破了积极公民和消极公民的区别，"人民主权"终于包含法国境内 2500 万"人民"了，"平等的革命取代了资产阶级的自由的革命"①。"人民"成为了革命的最大赢家，罗伯斯庇尔的根本原则成了革命的最大赢家。对于罗伯斯庇尔来说，1792 年 8 月 10 日的"第二次革命"才是真正的革命，是人类历史的新纪元。② 这样的废黜君主制的方式，在罗伯斯庇尔看来才是最合适的，因为是人民夺取了权力，而不是立法议会中某些人。③ 而紧接着立法议会一解散，国民公会进行选举，宣布成立共和国，人民在形式上完全取得了主权，法国似乎已经到了真正民主社会的门口——人民的共和国，而不是吉伦特派的共和国，更不是斐扬派的君主立宪国。当然，真正的人民美德共和国还没有建立起来，革命还是有阴谋的，把自己看成人民利益的忠实守卫者的罗伯斯庇尔再次被选入国民公会，觉得还不能放松警惕，国王问题一定要干净利落地解决了才行。

客观地说，罗伯斯庇尔认为国王可能给法国带来的麻烦都是存在的，国王如果还活着，保王党复辟的希望就会比较大；国王问题也会引起国外

---

① Michel Vovelle，*La Chute de la Monarchie*，1787-1792，Paris，Seuil，1972，p. 263。转引自王养冲、王令愉：《法国大革命史：1789—1794》，244 页。

② Norman Hampson，*Will & Circumstance*，p. 224。罗伯斯庇尔盛赞 8 月 10 日"开始了作为人类光荣的最美好的革命，确切地说，唯一的实现人的价值目标的革命：终于将政治社会建立在'平等，正义和理性'的基础之上。法国人啊，永远不要忘记宇宙的命运就在你手中！"而事实上这次群众起义非常血腥，在杜伊勒宫里的瑞士卫兵已经停火之后，起义者依然继续进攻，俘虏也被杀掉。米涅评价说："这已经不是什么战斗，而是一场屠杀。"见［法］米涅：《法国革命史》，北京编译社译，141 页，北京，商务印书馆，1977。

③ 革命之后，罗伯斯庇尔还很害怕立法议会的人夺取革命果实，当天他在雅各宾俱乐部发言，告诫人们千万不要放下武器。"必须使你们的代表绝对不可能损害你们的自由。"见陈崇武：《罗伯斯庇尔评传》，97 页。

君主国的干预；但事实上，杀了国王，这些问题也是解决不了的，吉伦特派试图推迟国王审判的一个重要考虑就是杀死国王很可能像当年的英国革命一样，刺激并促使王权的复辟，① 弑君者还可能会受极刑处置，最后连君主立宪制都实现不了；处死国王也可能会导致外国势力以惩罚弑君者为理由对法国发动战争。因此，把这些实际的考虑作为处死路易十六的理由其实是站不住脚的。就像前面分析所显示的，要理解了共和国对于罗伯斯庇尔的意义，才能理解他强烈要求处死国王的意图何在。从大的革命形势来说，审判国王的罪行也是自瓦楞事件（国王及其家属出逃）以来的共和革命顺理成章的结果。②

在罗伯斯庇尔看来真正的尴尬在于：现在国王的行动已经表明他不可能属于共和国，而1791年以人民主权为基础的宪法所规定的国王的不可侵犯性恰恰是对人民主权的挑战。③ 在这样一个"人民主权—宪法—共和国"的序列中，国王是一个令人极其不愉快的存在。正像本文前面两部分的分析所显示的，就和革命中其他所有重大问题一样，国王问题不是单纯的罪与罚的问题，而关系到人民主权如何表达。在他的演讲里罗伯斯庇尔一再说共和国已经建立了，还留着国王干什么。在他看来，国王和共和国有着原则性的冲突，他已经表明他只能和革命背道而驰。

总之，国王是一个极端的案例，他的存在，首先挑战了主权，其次他的行为还彻底败坏了民主的基础——对公共利益无私奉献的美德。他的身份本质上就含有反人民的因素，其行为更是令人发指的背叛，对于他的控诉乃是"罪行和美德、自由与暴政之间的巨大诉讼案"④。对于一

---

① Mona Ozouf, "King's Trail", in *A Critical Dictionary of the French Revolution*, p. 96.

② William Doyle, *The Oxford History of the French Revolution*, p. 196.

③ 而反过来说，诉诸1791年宪法来为路易十六辩护，恰恰激起革命派以一种更加激进的方式反对宪法，表达更加极端的人民主权理念。比如马拉就根本不承认人民代表（这里指国王）和人民之间存在什么对等的契约关系，"一个民族把一些权力赋予其代表，并不是订立契约；它不过是出于公益而给他们指派工作而已"。参见 Michael Walzer, Regicide and Revolution, p. 159。

④ 《罗伯斯庇尔选集》，112 页。

个完全背弃人民和美德的人，就应该处死。人民拥有主权，因此它可以不考虑任何的法律约束，"设想旧宪法可以支配国家的这种新秩序，这是一种明显的谬误，……取代这一宪法的是什么法律呢？是自然法，是作为社会本身的基础的法：人民的获救。……人民不像法院那样进行审判；他们并不作出判决，而给以霹雳般的打击"①。法律是一些形式，危害了原则。

"人民"确实完全拥有了主权，但是为什么当吉伦特派要求把审判交给各地方议会，执行最直接的"民主裁决"时，罗伯斯庇尔又要反对呢？

道理很简单，"人民意志"会消解在乱哄哄的群众那里。尽管罗伯斯庇尔没有这么明白地说出来，不过当他以"人民"没有空闲，不懂法条，容易遭受蛊惑等等理由拒绝吉伦特派的建议时，这个"人民"和他所说的"最统一的人民意志"和"最纯洁的人民审判"中的"人民"显然不是同一个"人民"。在罗伯斯庇尔那里存在着作为群众的"人民"，和作为国家主权的"人民"之间的区别，尽管在他的演讲术中这两者是一样的。正如在前面讨论罗伯斯庇尔对民间私刑的看法时所显示的，在像圣茹斯特和罗伯斯庇尔这样的雅各宾派看来，"人民主权"并不意味着群众说什么就给他们什么，而是给他们正确的东西、对他们真正有益的东西。② 民众并不需要表达什么，他们只需要作出正确的选择，或者更准确地说：人，不是作为个人走什么道路的问题存在，而是作为一个制度的一部分存在的。③ 罗伯斯庇尔关注的是"人民的意志"，当群众阻碍了"人民意志"的存在的时候，他会毫不犹豫地抛弃。现在共和国已经建立了，共和国已经从群众手中接过了革命的火炬。

共和国意味着由完全平等的公民组成的不可分割的人民主权。"人民

---

① 同上书，113～114 页。

② Norman Hampson, *Saint-Just*, p.202.

③ ［以］塔尔蒙：《极权主义民主的起源》，110 页。

（peuple）"①已经成为了一个统一的革命意志。罗伯斯庇尔对国王的处理方法对法国完成了一个改造，原来的序列是"人民—宪法—国家"，而当国王问题变成宪法问题，阻碍了罗伯斯庇尔心中的"人民意志"，当他指出"人民"可以直接进行审判，宪法则是"令人脸红"的，路易十六与人民的问题是"国家与国家"的问题时，1789 年人们苦苦追求的在个人和国家之间的宪政设计被一笔勾销，留给法兰西共和国一个最简单的等式："人民意志"等于"国家意志"。"国家"才是"人民"的最后归属，"国家"才是人民主权的最后结论。不是对个人权利的尊重，而是个人在国家意志中的消解。罗伯斯庇尔崇拜的，远非群众，而是"人民"，而"人民"现在就是国家。在罗伯斯庇尔的逻辑中，法国人从旧制度的臣民阴影中走出来时，并未成为自由公民，而是成为了国家公民。② 自然而然的结论就是：如果有一个人被排除在公民共同体之外，他将成为国家的敌人。罗伯斯庇尔说道："社会保护只适合于和平的公民；在共和国里，只有共和主义者才是公民。"③成为公民不仅仅是获得一种法律身份，还是融入一种无可辩驳、不容置疑的共和主义精神。

国王的死宣告了山岳党和罗伯斯庇尔"不可挽回"的胜利。对大革命充满同情的康德毫不留情地评价道：这是一次谋杀，因为它没有法律依据。作为谋杀，这就是犯罪。但单单一次罪行并不包含着把自己上升为原则的要求。一旦对国王审判的貌似合法的原则被广泛地接受，谋杀我们的敌人

---

① 布鲁姆就指出："人民"（peuple）一词在法语中本来就象征着以一个共同意志凝聚所有人，这与英语中的"人民"（people）——由多个个体为基础构成的集体——完全不同。见 Carol Blum, *Rousseau and the Republic of Virtue*, p. 159。

② 关于罗伯斯庇尔和雅各宾派对公民的看法，参考卢西恩·耀宓：《法国大革命中的公民和国家》，载［英］昆廷·斯金纳、博·斯特拉思主编：《国家与公民：历史·理论·展望》，彭利平译，163~179 页，上海，华东师范大学出版社，2005。罗伯斯庇尔所理解的公民是"公民身份是人民的一个部分，公民受道德标准的制约。"而 1789 年原则的公民身份却是指"保护私有个人的一种方式"。

③ 《罗伯斯庇尔选集》，236 页。

必然会成为常规的，而且看上去正义的行为。① 康德的看法没错，在国王被审判和处死之后，大革命出现了一系列政治性的审判和指控，在这些审判和指控中，所有的司法公正的观念统统被废黜了。② "罗伯斯庇尔也许希望国王是最后一个，但历史却表明国王是第一个。"③

处死国王是革命政治恐怖的真正开始，不仅仅是丧失程序正义的问题，暴民的私刑也不讲程序正义，关键在于判决这次死刑的原则一经推出，其政治影响何在？吉伦特派的失败和罗伯斯庇尔的胜利究竟意味着什么？

尽管处死国王经过了国民公会投票，但他被处死的事实却使吉伦特派试图在公民集体内部解决问题的努力宣告失败——他的最终身份只能是全民公敌。④ 国王之死在人们的想象中似乎是排除了最后的权威，使共和国结成的一个平等的公民组成的不可分割的整体，再也不会有压迫和暴政；但事实上反过来也就将法国分裂成了两个世界，一边是共和国的公民，另一边是共和国的敌人，敌人一旦被确认，必要的不是如何证明他们应该依法判罪，处以极刑就够了，无须证明他们的罪行。这才是共和国"博爱"的革命含义：要么选择"博爱"要么选择"死亡"(Fraternity or death)。⑤ 当圣茹斯特和罗伯斯庇尔以国王撕毁了社会契约为由，而将其放逐到共和国之外，也就是"自然"中时，大革命已经进入了由自然法则直接决定的自然状态，大革命的斗争是共和国

① Ferenc Fehér, *The Frozen Revolution*: *An Essay on Jacobinism*, Cambridge：Cambridge University Press，1987，p. 171. Cited in Michael Walzer，"The King's Trail and the Political Culture of the Revolution"，in Colin Lucas ed. ，*The Political Culture of the French Revolution*，p. 188。

② A. Cobban, *Aspects of French Revolution*，New York：Braziller，1986，p. 171.

③ John Hardman, *Robespierre*, p. 74.

④ 公民表决的结果既可能是废除王政，流放国王；也可能是直接处死国王，但不管怎样，公民表决意味着在公民共同体之内按公民集体的规则进行裁决。

⑤ Mona Ozouf，"Fraternity"，in *A Critical Dictionary of the French Revolution*，p. 698。有译者将"Fraternity"翻译成"兄弟情"是有道理的，这更能使人理解大革命中的"博爱"乃是对政治上团结一致的要求，从中能看到法国革命对统一意志的渴求。处死国王即是杀死政治权威，独留兄弟情谊的行为。参考[美]林·亨特：《法国大革命时期的家庭罗曼史》，郑明萱、陈瑛译，17、62 页注③，北京，商务印书馆，2008。

的人民和蛮荒丛林里的国王贵族之间的自然对立。① 宣称有一种原则，它可以无视成文法律，建立人间的直接正义，直接执行自然法则，不问具体个人的罪行，而声称这是以人类自身作为法律，将之施加于人类的对立面，在笔者看来这算是大革命最危险的逻辑。② 汉普森指出，后来一系列的政治恐怖政策，直至牧月法令，都是这一划分方式的逻辑结果：谁把自己从共和国的共同体里分裂出去——"分裂"与否的标准由政府判断——丧失生存的权利。③

在这种典型的罗伯斯庇尔式两分法的背后，我们看到了革命政治的内在动力。山岳派在辩论中的胜利意味着：在面对革命原则时，审判是没有意义的，所有在审判国王一案上产生的宪政问题都是没有意义的，这些事情与革命本身是不相干的。法律的限度被革命政治打破了，在 8 月 10 日的革命中，在革命群众越过立法议会，直接攻击杜伊勒宫，从而挑战宪法规定主权的执行者——国王时，革命与宪法之间的缝隙终于被拉开了，④ 而国王的最终处决把宪法抛到了一边。原来宣称和宪法完美叠合的革命现在已经撤身出来，自成一种合法性。吉伦特派的失败则标志着任何试图终止

① 罗伯斯庇尔在要求废除死刑的时候就运用过自然状态和文明社会的逻辑：自然状态下可以处死别人，而文明社会中不可以。见《罗伯斯庇尔选集》，10～11 页。

② 巴林顿·摩尔将法国大革命视为是西方迫害史的一个关节点，从前宗教迫害的理由——单一神论——被 18 世纪的法国思想世俗化成了一种理性主义和批判宗教理论，其施加迫害的冲动并没有消失，同样是对敌人的非人性化想象。参见 Barrington Moore, Jr. , *Moral Purity and Persecution in History* , Princeton：Princeton University Press，2000，pp. 102-103。在笔者看来，这种世俗化的迫害的新理由在于人们有了新的世俗"上帝"——人民。见［德］卡尔·施米特：《政治的浪漫派》，冯克利、刘峰译，62～68 页，上海，上海人民出版社，2004。

③ Norman Hampson，"The Heavenly City of the French Revolutionary"，in Colin Lucas ed. , *Rewriting the French Revolution* ：*The Andrew Browning Lectures* 1989，Oxford：Clarendon Pr. , 1991，p. 63。他接着分析到，在革命政府那里世界是为"羊"而设计的，所以任何"狼"都要被消灭。应是暗指其为托克维尔式的"牧人政治"。见［法］托克维尔：《论美国的民主》，下卷，董果良译，北京，商务印书馆，1991。以说明，革命政府对内的政治逻辑实质就是中央集权和人民主权相结合的平等专制，国王则是第一只被处死的狼。

④ K. M. Baker，"Consititution"，in *A Critical Dictionary of the French Revolution* , p. 493.

革命的人都是自取灭亡，反倒给自己贴上保王党的标签。① 国王在宪法中地位的完全丧失反过来将革命完全地合法化了，或者我们可以说：在革命的眼中没有法律(legality)，只有合法性(legitimacy)，唯一的合法性就是罗伯斯庇尔口中"人民"与为"人民"献身的"美德"。尽管前面我们一再讨论过"人民"和"美德"在 18 世纪的法国人那里的政治含义；但在革命的激烈进程中，明眼人也应该能看出，"人民"和"美德"都是彻底的"政治的"概念，他们是具有不同生活想象的人都可以加以利用的语词，而且也乐于诱使人们使用。罗伯斯庇尔和雅各宾派之所以成功，就因为他与"人民"和"美德"完成了完美的叠合，抢占了政治意识形态的制高点。

如果说作为意识形态的民主政治主导了大革命的政治话语，那么在审判并处死国王之后，民主政治的化身已经从群众的意志(人民主权的直接行动)转变成了共和国的意志(人民主权的抽象化身)。群众的革命变成了国家的革命。1793 年革命政府的精神已经蕴涵在 1792 年的那场审判中了——只有国家才能掌握革命，国家才能掌握暴力与死亡。共和国在罗伯斯庇尔眼中是一个无暇的完美政体："祖国是什么？如果不是一个人人既是公民、又是最高主权的成员的国家，又是什么呢？"②说到底，身披"共和国"外衣的国家乃是一切人民的最高化身，因此它能够执行人间的终极正义和美德。这个国家对它的权力没有限制，对它的所作所为也没有界限，它要动用整个法国的力量来使人们改邪归正，而人们对这个国家将负有不可推卸的严肃责任。美德与恐怖的联系已经浮出水面。早在 1789 年 8 月，米拉波曾徒劳地警告说：对个人的"种种的限制、防范和前提条件使责任取代了权利的位置……使人为国家所束缚，失去了自由的天性"③。而这个警告在罗伯斯庇尔看来必定是不知所谓，政治不就是为了公共利益献身吗？美德不就是

---

① 事实上吉伦特派无论如何都不可能是保王党，在意识形态上他们和山岳党一样是共和主义者、民主主义者、反教会者，在不能掌权时他们也是群众运动的煽动者，总之在原则上他们和山岳党几乎是一样的。两者的斗争不是阶级斗争，而是由于在权力结构中位置不同，终止革命者和推进革命者的斗争。Patrice L. R. Higonnet, *Goodness beyond Virtue：Jacobins during the French Revolution*，Cambridge：Harvard University Press，1998，pp.40-44.

② 《罗伯斯庇尔选集》，232 页。

③ ［美］苏珊·邓恩：《姊妹革命》，181 页。

像斯巴达人那样爱国主义吗？在此，我们发现了作为法国 18 世纪末的激进民主派——罗伯斯庇尔——的吊诡之处，他已经回到了旧制度下人们对国家的极端崇拜之中；[①] 或者更准确地说，他延续了对国家的崇拜。[②] 孚雷认为他接续的是一个绝对主义的传统，从这个意义上说，罗伯斯庇尔、拿破仑都是路易十四的继承人。[③] 然而不同的是，他赋予这种崇拜一个全新的理由——人民。历史的狡黠之处正在于此：历史的真正意义与历史当事人赋予历史的意义往往背道而驰。要求以断头台了结国王问题的罗伯斯庇尔已经讲出恐怖时期的根本思路："以专制的方式可以确立自由。"[④]

四　罗伯斯庇尔与革命政治

至此梳理了 1793 年之前罗伯斯庇尔对于大革命中死刑的态度，并且作了一些简单的分析和背景介绍。可以说，在罗伯斯庇尔眼中大致有 3 种死刑：司法领域的死刑（一种代表了旧制度君王和独裁者暴虐权力的死亡惩

①　旧制度中的经济学派就是如此理解国家的："它不再叫国王，而叫国家；它不是家族遗产，而是一切人的产物和代表，必须使每个人的权利服从于全体意志。"[法]托克维尔：《旧制度与大革命》，197 页。

②　参考崇明：《民主时代的政治与革命——论托克维尔的新政治科学和政治史》；思想与社会编委会编：《托克维尔：民主的政治科学》，109～149 页，上海，上海三联书店，2006。

③　Francois Furet，"The French Revolution Revisited"，in Gary Kates ed.，*The French Revolution：Recent Debates and New Controversies*，London：Routledge，2006，p.60。不过有趣的是，18 世纪的君主并不认为自己是"绝对主义的"，他们认为自己的权力有限。Nicholas Henshall，*The Myth of Absolutism：Change and Continuity in Early Modern European Monarchy*，London，New York：Longman，1992，pp.143-145。革命政治似乎是建构了一个"绝对的"专制政府，将其推翻，然后又"顺理成章"地再造了一个"绝对的"民主政府。革命精神如何是"绝对主义"的，参考 Alexis de Tocqueville，*The Old Regime and the Revolution*，Vol.2，Book one，"The Outbreak of the Revolution"，Chapter 5："How the Revolution's Real Spirit Suddenly Showed Itself as Soon as Absolutism Had Been Defeated"，pp.55-63。

④　Mark Goldie and Robert Wokler，ed.，*The Cambridge History of Eighteenth-Century Political Thought*，Cambridge：Cambridge University Press，2006，p.656.

罚)、民间私刑(群众运动中发生的私自处决现象和暴力伤害现象)、政治死刑(由于政治问题而直接处死敌人的死刑)。

就罗伯斯庇尔本人来说,这3种死刑是同一种原则在不同情况下的运用:人民享有主权,人民没有把主权完全地交出去,同样人们也没有把处置自己生命的权利交给国家;而宣布死刑之前,社会契约已经变更了,人民和被处死者的关系处在自然状态之中,法律也就无效了。反对死刑是反对人民内部的死刑,赞成死刑是赞成人民对自己的敌人处以死刑。法律无效之处,当然是公民的爱国心和政治直觉更可靠了。①

从大革命本身的实际暴力运作来看,这3种死刑之间有一种递进关系,从罗伯斯庇尔作为一个政治的直接参与者对这3种死刑的不同态度也能看出来:反对死刑是从维护人民的立场出发;辩护私刑则是因为人民拥有惩罚暴政的权利,但对这种私刑有限的辩护则表明纯粹的民众暴力是行不通的,因此需要另一种正当性来组织暴力;② 接着出面的就是国家,在罗伯斯庇尔看来,恐怖时期的暴力便是要确立自上而下的国家的恐怖,由国家来组织暴力,国王问题就可以理解为罗伯斯庇尔对这一种国家暴力正当性的第一次成功的辩护。从这样的一个大致过程中,我们能够看到大革命的内在民主逻辑在死刑问题上逐步展开。但仅仅展示如此的历史过程还不能回答以下问题:大革命的内在民主逻辑到底是怎样的?罗伯斯庇尔和这种革命政治的关系如何?

"革命"在18世纪中后期,逐渐转变成为了一个激进的概念。③ 不仅激

---

① 经罗伯斯庇尔手签署的《牧月法令》这样指导革命法庭的工作:"适应于革命法庭已掌握的的罪行的惩罚,就是死亡。审判所需要的证据,无论是物质的、道德的、口头上的、书面上的,只要能够得到所有正义和有责任心的精神上的自然确证即可……法律只给予那些被诬蔑的爱国者以爱国主义的陪审员为他辩护;法律对所有那些阴谋家不给予任何辩护人。"见 John Hardman, ed., *The French Revolution Source-book*, pp. 229-230。

② 丹东1793年3月说:"要阻止群众使用恐怖手段,我们应当首先使用它。"转引自[法]阿·索布尔:《法国大革命史论选》,203页。

③ "革命(Revolution)"一词的语义流变,"革命"的义涵本来指有规律的循环运动,而逐渐变成了代表不可抗拒的历史潮流。参考[英]雷蒙·威廉斯:《关键词:文化与社会的词汇》,刘建基译,411~417页,北京,生活·读书·新知三联书店,2005。

进，而且神秘，很多睿智的头脑都看到王政注定要倾覆，革命再也不是回到过去或者重复以前的可能性，但是接下来的是什么，没有人知道。① 所以，对于革命者来说，革命像打开了一扇未知的大门，人们抛开了过去，却还不知道未来是什么。按照阿伦特的说法，法国革命像是把人们重新抛入了自然状态。② 尽管一开始的群众运动展示出了新的力量，但就像罗伯斯庇尔对死刑看法转变所表明的，在单纯的民众暴力之外，革命者会逐渐发现自己还要处理权力的问题。革命注定要以全新的东西超越旧制度。不论政治立场的左右，大多数研究者都同意，法国大革命中革命者面临的基本状况是权力的真空，是传统权威的崩溃和碎片化。③ 革命的困境在于试图用其他形式替换某种整体主义的主权形式而产生的对其本质的争执。④ 革命以追求自由开始，但最后还是要以权威结束。就像奥祖夫所说的，革命要找到一种方法，将自由的人再进一步引领到政治共同体中，把绝对的自由和完全的服从结合起来。⑤ 到底谁拥有这样的权力？

和其他人一样，罗伯斯庇尔也在寻找这个问题的答案。而在这个过程中，他被逐渐当成了大革命的化身。这种看法并非没有道理。倒不是说他是大革命中的统治者，⑥ 而是相反，他是革命的完美产物。罗伯斯庇

---

① Reinhart Koselleck, *Futures Past* : *On the Semantics of Historical Time* , Cambridge：MIT Press, 1985, p. 46.

② ［美］汉娜·阿伦特：《论革命》，陈周旺译，166 页，北京，译林出版社，2007。

③ ［法］孚雷：《思考法国大革命》；Martin , *Violence et Révolution*（参见高毅：《一部别开生面的法国革命"暴力史"》）；Timothy Tackett, "Interpreting the Terror", *French Historical Studies*, Vol. 24, No. 4（Autumn, 2001），p. 570；Alexis de Tocqueville, *The Old Regime and the Revolution*，Vol. 2, pp. 50-51.

④ ［法］皮埃尔·莫内：《自由主义思想文化史》，曹海军译，"英文版序言"，9 页，长春，吉林人民出版社，2004。

⑤ Mona Ozouf, "Regeneration", in *A Critical Dictionary of the French Revolution*, p. 790.

⑥ 经罗伯斯庇尔建议或决定，真正付诸实施的政策相当少，Norman Hampson, "Robespierre and the Terror", p. 173. 进入公共安全委员会（Community of Public Safety）之后，罗伯斯庇尔的兴趣仍然只是充当革命意识形态的代表，以及在革命的关键时刻发表演讲。见 John Hardman, *Robespierre*, p. 151. 对于自己的权力被神化，他感到很厌烦，他对那些找到他的请愿者说："怎么不去找委员会？每个人都来找我，好像我无所不能似的。"见 William Doyle, *The Oxford History of the French Revolution*, p. 278.

尔革命生涯的时间表基本上可以和大革命的时间表对上，在瓦楞事件之前他支持君主立宪，瓦楞事件之后他告诉人们有天大的阴谋在威胁革命，在8月10日革命之前，他已经是一个共和主义者，接着他又要求处死国王，要求驱逐吉伦特派，在法国搞起轰轰烈烈的恐怖，接着就是美德共和国、最高主宰和牧月法令。而他的竞争者们，往往停在某个时刻，就不再往前走了，罗伯斯庇尔却从1789年一直走到了1794年。如果要在法国大革命中找出一个伴随革命成长的革命典型，那非罗伯斯庇尔莫属了。几乎所有的罗伯斯庇尔的研究者都同意他是一个"有着不可动摇原则的人"[1]，因此不能把罗伯斯庇尔看成一个革命策略家，在大革命中他对自己有一个更特别的定位，他不断地质疑革命的进程，不断把现实的革命和他心目中的革命进行比照，指出别人都没能理解真正的革命，只有他知道革命将会去向何方。[2]

知道方向并不等于知道终点，所有人都知道大革命的原则是人民主权，但正如罗伯斯庇尔不同时期对死刑不同态度所反映的：即便在一个始终坚持"人民"至高无上的激进民主派那里，人民主权也有很多表达方式。它可以在限制暴君权力的时刻表达出来，可以包含在群众运动中，也能在怀疑党派和私人利益的时刻显示自己，还可以成为直接惩罚反革命的理由，或者是全新国家暴力的根本依据，而这些表达方式之间不无抵牾。[3] 人民主权一方面是最显而易见的原则，但另一方面它又总忽隐忽显，是最让人捉

① George F. E. Rudé, *Robespierre : Portrait of a Revolutionary Democrat*, p. 95.
② 罗伯斯庇尔宣称革命政府乃是一种前所未有的创造："革命政府的理论同导致这种理论的革命一样，都是新鲜的……这个字眼……对多数人来说只是一个谜。"见《罗伯斯庇尔选集》，218页。另参见 Patrice Gueniffey, "Robespierre", in *A Critical Dictionary of the French Revolution*, pp. 298-312。
③ 比如国王可以被认为是人民主权的守护者，转眼又会被认为悖逆了人民主权而被处死；群众运动可以代表人民意志，但也有可能被说成是暴民而又挑战了人民主权；议员本来是在代表人民主权，但又始终被看不见的人民主权监视，不信任任何代表，但又坚信自己是人民的守护者。这些观点都在罗伯斯庇尔那里有所显现。

摸不透的幽灵一样的存在。这个被贝克形象地称为"人民的双重身体"①的政治怪圈纠缠在罗伯斯庇尔的革命历程中：到底谁是主权，谁是代表？哪个代表能代表主权，哪个代表违背了主权？

不过，在这种暧昧不明的状态中，罗伯斯庇尔确实抓住了某种万变不离其宗的东西，这就是一种人民民主的信念，人民民主一方面相信人民主权统一不可分割，具有绝对性；而另一方面则忽视甚至拒斥任何个人和团体的需要。② 人民民主试图将国家塑造成原子化的个人直接组成的共同体，③ 而在革命中它还进一步要求每个人都有同一种热情。④ 人民主权的绝对性和个人的相对性是大革命中人民民主的主要特征，⑤ 而罗伯斯庇尔则是这种观念的重要载体。自由、平等和博爱都应该在这个格局中被理解：生来自由却必须服从，人人平等却要驱逐异己，普世博爱却毫不宽容。人民民主带给大革命的矛盾性格和罗伯斯庇尔自己的矛盾性格如出一辙，"他热爱全人类，却不能同情地理解自己的邻居。"⑥随着革命逐渐发展，对权威的要求会越来越多，新的政治体需要绝对的统一。共和二年的美德共和国是这种信念的充分发挥。伊格内说雅各宾党人既坚

---

① 参考 *The Cambridge History of Eighteenth-Century Political Thought*，pp. 648-653。

② 法国大革命对个人权利和自我治理的怀疑和极端排斥，参见 David Andress，"Liberty and Unanimity: The Paradoxes of Subjectivity and Citizenship in the French Revolution", in Igal Halfin, ed., *Language and Revolution : Making Modern Political Identities* , London: Frank Cass, 2002, pp. 27-46。

③ 参考罗桑瓦龙的分析，Pierre Rosanvallon, *The Demands of Liberty*，pp. 13-16.

④ 典型例证如 1793 年 9 月 17 号颁布的《嫌疑犯法》，如果不是好公民就会被认为是有背叛革命嫌疑的人。R. R. Palmer, *Twelve Who Ruled*, p. 67. 圣茹斯特进一步说："你们不仅要惩罚叛徒，甚至还要惩罚漠不关心的人。你们必须惩罚在共和国中态度消极的人，那些无所作为的人。"见 Bronislaw Baczko, "The Terror before the Terror?", in K. M. Baker, ed., *Terror*, p. 28。

⑤ 借用一种福柯式的分析，我们似乎可以说，法国大革命的人民民主政治试图在国家治理技术和个人自我技术两个层面改造法国。

⑥ R. R. Palmer, *Twelve Who Ruled*, p. 7.

决主张个人主义，又要求公民为公共利益献身，① 似乎把雅各宾说得太美好了，然而现实的革命要求人们必须作出选择，丹东曾说："美德就是每天晚上我和我老婆在床上做的事情。"②而罗伯斯庇尔却说，"我说的美德，不是别的什么，而只是对祖国的爱和对祖国的法律的爱。"③

果然，最后是罗伯斯庇尔成了大革命的化身。

罗伯斯庇尔所代表的法国大革命，是一场人民的僭政。④ 人民民主所主导的法国大革命，其特点就在于：以不可分割的人民主权代替了不可分割的绝对君权，"以纯粹的民主代替了纯粹的君权。"⑤在现代民主社会，人民主权是宪法的合法性来源，因为一个民族的宪法必然以民族的存在为前提，而民族的存在则以主权的形成为基础。当然，这并不意味着人民主权不受限制，人民主权的限制需要通过宪政表现出来，真正拥有主权的，应该是宪法赋予总统或者国王（最高行政首脑）的权力，而非拥有制宪权的国民公会，但最后我们看到恰恰是国民公会砍了路易十六的头。

这是人民民主在大革命中的困境，不可分割的人民主权不断质疑着任何人民代表（国王、议会）的正当性，不断地挑战着宪政秩序。民主的意识形态认定人民主权至高无上，而事实上民主制度本身是通过代议制，通过各方代表、各个团体之间的商谈妥协来展开。大革命中的民主意识形态则不断怀疑和控诉任何私人和团体，导致一种灵活的、富于妥协精神的宪政体制迟迟建立不起来。不管是革命者自己所认为的君政与共和之间的矛盾，还是后来的正统派史学所认为的社会不同阶级之间的矛盾，都不能真正揭

---

① Patrice L. R. Higonnet, *Goodness beyond Virtue*, pp. 132-134.

② Ruth Scurr, *Fatal Purity*, p. 179.

③ 《罗伯斯庇尔选集》，231 页。对丹东和罗伯斯庇尔两种美德观的对比，参见刘小枫：《丹东与妓女》，见《沉重的肉身》，1～33 页。

④ 参考刘小枫：《现代人及其敌人——公法学家施米特引论》，81～88 页，北京，华夏出版社，2005。亦参见[法]邦雅曼·贡斯当：《古代人的自由和现代人的自由》，阎克文、刘满贵译，上海，上海人民出版社，2005。

⑤ Francois Furet，"The French Revolution and Pure Democracy"，in Colin Lucas ed.，*Rewriting the French Revolution*，p. 41.

示法国大革命时期革命内部人民民主与宪政秩序相冲突这一实质性的矛盾。

这种矛盾在罗伯斯庇尔身上展现无遗，最坚信革命理念的人，恰恰也是最怀疑革命进程的人。① 当然罗伯斯庇尔本人可能并没有意识到这个问题，不过他作出的选择在随时向我们暴露着这个问题的严重性。他与死刑的关系都是在这个矛盾的推动下发展的，而在革命理念与革命事态的互动过程中，革命死刑的性质同样在不断地改变着。通过前面的分析我们看到罗伯斯庇尔总是怀疑代议制和宪政的正当性。他反对死刑，是因为他不相信议会；为民间私刑辩护，是因为群众运动显示了人民主权、人民民主的意志；而当他意识到群众不能承担主权时，他又转向了国家，作为人民主权的化身的国家再次突破了宪法的界限。而到了共和二年，这种矛盾就发展得更厉害了，对于雅各宾派来说，共和二年的任务不仅仅是镇压反革命，而是建立一种前所未有的政治认同。② 废除了旧有的合法性之后，革命要找到新的超越性的立法者来整合国家，去基督教化以及建立共和国最高主宰可以看成这样的努力，③ 但是失败了。④ 因为另一方面，共和国是以否定式开始的，立国的困境在于，共和国的第一块基石不是某个宪法文件或者宣言，而是路易十六的人头，是血淋淋的断头台。⑤ 这彻底转变了革命死

---

① 罗伯斯庇尔对革命纯洁性的向往，参考 Barrington Moore, Jr, *Moral Purity*, pp. 68-78。

② 这从罗伯斯庇尔进入公共安全委员会之前的笔记可以看出："必须是一个唯一的共和主义的意志。应当有一整套共和主义的国家机构，对外战争是致命的，而复杂的政治团体会造成革命和意志的分裂。"见王养冲、王令愉：《法国大革命史》，380 页。

③ 如奥拉尔所说："对最高存在的崇拜不只是国家防卫的方法，而且旨在奠定未来城市的根基之一。"转引自［德］施米特：《政治的浪漫派》，63 页，注 87。

④ D. M. G. Sutherland, *France 1789-1815*, pp. 208-217。萨瑟兰认为去基督教化非但没有起到整合社会的作用，反而造成了原有社会纽带的崩解和普遍的不满。

⑤ 阿伦特指出革命陷入了一个马基雅维利式的困境，"困境存在于立国使命之中，它要确立一个新开端，这似乎本身就要求暴力和侵害……。"见［美］阿伦特：《论革命》，27～30 页。处死路易十六给法兰西共和国的合法性带来了极大的困扰。见 Antoine de Baecque, *Glory and Terror : Seven Deaths under the French Revolution*, New York: Routledge, 2001, pp. 96-112。这或许也可以解释为什么在革命日益激进的时候，革命者却越来越绝望。

亡,恐怖不再是一种简单的司法惩戒,而更像是活生生的立法行为。整个共和二年充满了各式各样的阴谋和控诉,① 而这些冲突还在不断反弹到革命者自己身上,最后罗伯斯庇尔几乎要被自己的疑心病给逼疯了。② 在此我们或许可以借用阿伦特的视角来看:③ 恐怖时期的暴力始终没有和权力相协调。尽管罗伯斯庇尔在共和二年一直试图协调两者,但他所相信的阴谋和控诉又在不断拆解两者的可能形成的和谐关系。革命恐怖一边建立国家,一边分裂国家。共和国始终处在极不稳定的建国秩序中,但又没有办法摆脱暴力的阴影,国家不是通过承诺、立约和相互誓愿,而是通过不断地寻找敌人和排除异己才得以建立。④ 可见,将恐怖与美德并列甚至等同,⑤是一种夹杂着复杂心情的立国逻辑。

对于大革命内部的问题,罗伯斯庇尔的回答首先是现代的,因为法兰西共和国首先是相信人民主权的,就像我们前面所分析的逻辑那样,人民主权的最后答案是国家。在罗伯斯庇尔的话语逻辑中,这个国家是以人民主权为由,在一定疆域内,对暴力进行合法垄断的政治体:一个

---

① 共和二年的阴谋论,参见 Marisa Lindon, "Do You Believe that We are Conspirators? Conspiracies Real and Imagined in Jacobin Politics (1793-1794)", in Peter R. Campbell, Thomas E. Kaiser and Marisa Linton, ed., *Conspiracy in the French Revolution*, New York: Manchester University Press, 2007, pp. 127-146。共和二年控诉变成革命的日常行为,参见 Jacques Guilhaumou, "Fragments of a Discourse of Denunciation (1789-1794)", in K. M. Baker, ed., *Terror*, pp. 150-152。

② Ruth Scurr, *Fatal Purity*, p. 344。并参考罗伯斯庇尔 1794 年 7 月 26 号在国民公会要求清洗救国委员会的长篇控诉演讲。见《罗伯斯庇尔选集》,265~276 页。在笔者看来这种控诉与其说是罗伯斯庇尔享有权力的表现,不如说是他极端孤立的表现。

③ [美]汉娜·阿伦特:《权力与暴力》,洪溪译,见贺照田主编:《学术思想评论》,第 6 辑,长春,吉林人民出版社,2002。

④ 摩尔不无夸张地评价道:"'人民'的规模不断缩小,缩到最后只剩罗伯斯庇尔一个人了。"见 Barrington Moore, Jr, *Moral Purity*, p. 71。

⑤ "革命中人民政府的原动力既是美德,又是恐怖:美德,没有美德,恐怖是有害的;恐怖,没有恐怖,美德是软弱无力的。恐怖不是别的什么,而是迅速的、严峻的、不屈不挠的正义。因此,它是美德的一种体现。"见《罗伯斯庇尔选集》,235 页。我们通常认为,在不同的政体中,人们的活法是不同的。而罗伯斯庇尔却似乎是说,不同的政体中人们的死法也不尽相同,死亡对于政体有支撑的作用,这应该是前无古人的。

现代国家(或者换句话说,罗伯斯庇尔达到了一种现代人对国家权力的理解)。① 但他认为这种现代民主的原则也完全可以和前现代的共和理念——公民自由和国家(城邦)自由合二为一②——共存。③ 却没有意识到,现代国家在垄断暴力的时候,还必须要承认国家与社会的分离,承认市民社会的存在。事实上,和罗伯斯庇尔梦想中民主与美德相互激励的关系相反,现代民主社会完全可能是平庸呆板,耗损美德的政体。④ 所以美德共和国不仅没有解决革命的困境,反而以一种现代和古典的双重强力刺激了政治认同的困境。⑤ 雅各宾主义所孕育的,是一个更加无所顾忌的权力怪胎,⑥ 就像福柯所说的,人们逃脱了君主的淫威之后,发现自己面对似乎毫无界限的惩罚。⑦

---

① "近代国家是制度化了的支配团体;对于在其疆域内进行支配的手段,也就是具有正当性的武力,国家已成功地取得了独占垄断;为了达成这个目的,国家业已把经营所用的物质工具,集中到其领导人手中,褫夺了此前自行控制这些工具的身份性的自主行政人员的权力;国家站在最高处,取代了他们的位置。"见[德]马克斯·韦伯:《学术与政治》,钱永祥、林振贤、罗久蓉等译,205 页,桂林,广西师范大学出版社,2004。"国家"作为现代概念的主权内涵和人民权利内涵,参考[英]戴维·米勒、韦农·波格丹诺编:《布莱克维尔政治学百科全书》,邓正来编译,741 页,北京,中国政法大学出版社,1992。

② 参考[英]昆廷·斯金纳:《自由主义之前的自由》,李宏图译,北京,生活·读书·新知三联书店,2003。不过如前文所言,人民民主的政治文化并不允许公民过多运用自己的政治自由,重要的是所有人的同意,革命精英眼中的自由实际上降格为对国家意志的一种服从。

③ 换句话说,在罗伯斯庇尔看来,这样的政体能最完美地体现人民主权的原则。

④ 参考[法]托克维尔:《论美国的民主》,下卷。

⑤ 在法国大革命的革命者处,存在这样的排序:美德先于权利,或者有美德的人才有权利;在古典共和主义者却只有美德,没有权利,城邦政治具有绝对霸权。不同于古代政治家,革命者需要承担和控制现代社会中美德和权利之间的张力。

⑥ 值得指出的是,罗伯斯庇尔并不是不知道要制约权力,事实上他一直试图制约议会和军人的权力,但另一方面,他认为制约权力恰恰必须要保证权力和主权者之间没有任何距离。"政府的腐败,其根源在于过分使用它的权力,也在于对主权者保持其独立性,请你们医治这个双重的弊病。"见《罗伯斯庇尔选集》,172 页。

⑦ [美]福柯:《规训与惩罚》,100 页。

五 结语

罗伯斯庇尔与死刑的关系显示了法国大革命中人民民主政治文化复杂的推进逻辑，而它的实践最终造成了革命的困局。大革命中的人民民主绝不对应一种真实的政治体制，而是一种意识形态政治的核心话语。[①] 这种话语是革命激进进程背后的支配力量。它否定了真实的政治权威，确立了抽象的民主意志。[②]

托克维尔曾热烈地赞扬过 1789 年精神，[③] 在这位最伟大的自由民主思想家那里，革命并未因为超法(Extra-Legal)而被批评，反而因为展现了新时代的政治精神而备受褒扬：重要的是政治人的精神。大革命中的热烈夹杂着亢奋，而革命之后的所谓理性统治却又伴随着冷漠，这让托克维尔痛心不已。民主时代需要的不是伟大的个人，而是每个人的伟大。[④] 而大革命中的罗伯斯庇尔们，并不真心诚意地相信这一点。他们更愿意去寻求一种国家政治，而不是公民政治。激进主义总相信邪恶与苦难并不是人类生

[①] 笔者不希望读者认为本文是一篇讨伐国家主义的檄文，或者是单纯为宪政主义捧场的文章，因为现代民族国家是建构完整统一的政治格局的唯一途径，而限制权力的宪政主张也完全可能释放出激进变革的因素，比如革命前高等法院和绝对王权的宪政斗争。本文仅仅是对法国大革命意识形态政治的分析，或者说是通过对人民主权的话语表达机制的研究来理解革命恐怖的一种努力。况且由于笔者学力有限，也没有对大革命的具体宪政制度进行研究。

[②] 革命要一边反对权威，一边借助权威，这让革命的成果变得真实，革命者似乎应该在现实中通过有广泛制度基础的政治行动去开创一种新的权威。对这种过程的一个描述和解释，参见汪庆华：《费城制宪会议和人民主权：一种合法性解释》，载思想与社会编委会编：《现代政治与道德》，1～57 页，北京，生活·读书·新知三联书店，2006。没有权威，革命会去打击(甚至去寻找)虚假的敌人，并建立幻想的政体。

[③] Alexis de Tocqueville, *The Old Regime and the Revolution*, Vol. 2, Book one, "The Outbreak of the Revolution", Chapter Seven: "How for a Moment, When the National Assembly was about to Meet, Hearts were Joined and Spirit Raised", pp. 66-69.

[④] 参考毛良：《民主时代的英雄观——评爱默生的〈代表人物〉》，"思想与社会编委会"编：《教育与现代社会》，北京，生活·读书·新知三联书店，2009。

活的本质造成的，而是源于不合理的社会结构。① 但大革命的历史恰恰告诉我们仅仅通过政治体制变革和国家力量的强制，不可能塑造出理性成熟，真正具备政治德性的公民，甚至有可能走向其反面。

但法国大革命仍然非常非常的复杂，一方面，革命的限度暴露了现代民主的危险，另一方面，它更展示了传统政治思维的局限，革命者能提供的政治模式是相对贫乏的。这是贡斯当的洞见。不过这并不是一种古代政制或古代自由的复活，而是人民主权与古典精神的粗糙结合。大革命中充满了各种新与旧的不可预知的妥协与互动，从罗伯斯庇尔与死刑的关系我们多少能够看到一些。问题不在于人民主权是否应该被抛弃，或者被隐藏起来，而在于为其找到一个合适的制度表达，这是属于现代人的任务。而在法国大革命这次探索中，很多人失去了自己的生命，包括罗伯斯庇尔自己。也许，对于法国大革命，我们不应该一再地简单批评其民主的暴政，而是要去探究一个看似平实的问题：在从前现代跨向现代社会的门槛上，人们付出了怎样的努力与代价，又产生了一种怎样的自我认识，国家的转变如何与个人的转变发生关系。对于罗伯斯庇尔，或者法国大革命，我们更应该期待一部真正进入了大革命政治，真正具有悲剧意识的历史传记。

（本文作者为 2005 级本科生。指导教师：崇明）

---

① 《布莱克维尔政治学百科全书》，167 页。

努力与无力

——抗战中期蒋介石解决西藏问题的计划与搁浅

毕文静

摘 要 1940 年下半年，中英两国就修建中印公路的问题展开交涉，蒋介石借机解决西藏问题的想法由此萌生。一方面，就中印公路的走向问题，蒋介石竭力使其穿过西藏地方政府的管辖范围，以便中央军借入缅作战之机入藏；另一方面，蒋介石加大了对青、康、滇三省军阀的拉拢与控制，努力使其成为中央军入藏的辅助力量。但是，蒋介石的这一部署首先受到英国政府及其操纵之下的西藏地方当局的反对，因而中印公路入藏的计划一直未能达成，而康、滇两省军阀对于命令的置若罔闻更使得蒋介石出兵西藏计划的胜算大减。鉴于此，蒋介石放弃了原有计划，转而采取出兵威慑的策略。1943 年春，借青海南部边区警备司令部移至玉树之名，蒋介石派出青海军阀马步芳的部队向南进军，西藏一触即发的紧张局势顿时稳定下来。

关键词 中印公路交涉 蒋介石访印 出兵西藏

1942 年下半年至 1943 年春，蒋介石曾下令调集云南、西康和青海三省军阀的部队进军西藏。几个月内，同中央政府开战的阴云曾一度笼罩在拉萨上空。目前，就 1943 年前后中英两国西藏问题交涉的相关研究成果已经很多，但是就蒋介石调兵入藏一事还从未给予过详细说明。① 事实上，不可否认这是蒋介石力图解决西藏问题的一次周密的计划，对于日后西藏问题的进一步解决具有重要作用。不仅如此，通过就此事的考证还可以对发生于同时期的中英两国中印公路交涉以及蒋介石访问印度等重要问题得出新的认识。因此，本文仅拟在前人研究的基础之上对 1943 年蒋介石出兵西藏一事进行更为详细的考证，并力图阐明以下问题：第一，蒋介石于抗战中期为解决西藏问题所设计的方案及其实践过程和效果；第二，中国政府就中印公路的路线问题同英国进行反复交涉的真正意图；第三，蒋介石访问印度与其西藏问题解决方案两者之间的内在联系。

一 三路进兵：以公路为契机力图解决西藏问题

太平洋战争爆发以前，滇缅公路是中国获得援华物资的唯一通道，因此日本竭力对其加以阻断。1940 年，日本趁英军在多佛尔海峡的溃败局势以对英宣战相要挟，要求其封闭滇缅公路。1940 年 7 月 12 日，英国政府决定从 7 月 18 日起封锁滇缅公路。7 月 28 日，蒋介石致电丘吉尔提出交涉："惟有中国战胜并保持独立，英国在远东的利益方能保存，故余迫切的声明，请阁下为贵我两方利益计，从速恢复滇缅路线。"② 就在两国重开滇缅公路问题的交涉过程中，国民政府蒙藏委员会驻藏办事处处长孔庆宗向蒋

---

① 参见［美］梅·戈尔斯坦：《喇嘛王国的覆灭》，杜永彬译，北京，时事出版社，1994；周伟洲：《英国、俄国与中国西藏》，北京，中国藏学出版社，2001；陈谦平：《抗战前后之中英西藏交涉（1935—1947）》，北京，生活·读书·新知三联书店，2003；张永攀：《英帝国与中国西藏（1937—1947）》，北京，中国社会科学出版社，2007；张永攀：《1945 年英国对西藏政策的纷争与合流》，载《西南民族大学学报》（人文社科版），2005(6)；董志勇：《抗日战争期间英国对西藏的侵略》，载《抗日战争研究》，1994(1)；胡岩：《南京国民政府反对帝国主义分裂西藏的历史考察》，载《藏学研究》，2003 年 2 月；张植荣、渠怀重：《抗战前后中美英西藏问题的交涉》，载《抗日战争研究》，2007 (1)等。

② 《中华民国重要史料初编：对日抗战时期》，第 3 编《战时外交》(2)，24 页，台北："中央文物出版社"，1981。

介石提出了经由印度向国内转运军火的建议。8 月 13 日，军委会电称"即遴派熟悉印藏地理并曾经亲经历该地交通路线人员，携同参考资料暨详细地图，径与本会运输统治局核议"①。显然，孔庆宗的建议得到了采纳，此时的国民政府正在开始着手另外开辟一条道路来解决军火转运的难题。9 月 13 日，中国驻印大使郭泰祺造访贾德干，催促其早日重开滇缅公路。贾德干表示，英德交战过程中此处已经受到严重威胁，只有战况稍有缓和的时候滇缅公路才有重开的可能。滇缅公路重开无望，因此，国民政府将主要精力转移到重新开辟新公路上。

国民政府的筑路计划首先得到了英国驻华大使 A·克拉克·克尔（A. Clark Kerr）的肯定。1940 年 10 月，他在与中国交通部副部长彭学沛就此事进行交谈的时候表示："在这个问题上，我们不应该让过时的政治观念成为前进道路上的障碍。"②事实上，英国政府此时所表现出来的积极态度并不意外。英国人库珀（T. T. Cooper）等早在 19 世纪下半叶便已提出修建中印公路的设想。1912—1914 年，英印政府也曾计划修建一条起自洛赫蒂、经萨地亚进入西藏与日玛相连的一条马车路，但终因"一战"的爆发而搁浅。1940 年，英国航空部的飞行官西里科克（A. Silicock）对萨地亚—洛赫蒂河谷—日玛—昌都—巴塘—四川打箭炉一线进行了勘测并提出筑路的计划，但由于"二战"形势的恶化而无暇顾及。因此直至 1941 年 4 月，英国政府对于国民政府的筑路计划未作出任何消极表态。4 月 11 日，宋子文自华盛顿密电蒋介石："康印公路昨已与英大使详谈，文谓国际战事变化莫测，我两国存亡相关，务须开辟不能为敌截断之路线，彼颇以为然。"③

事实上，在中英两国上述良好的外交氛之下，正在筹建中印公路的国

① 中国第二历史档案馆藏蒙藏委员会档案（一四一．2715(1)），转引自蒋耘：《西藏地方政府阻挠修筑康印公路与抗战期间的中英关系》，载《中国藏学》，2006(1)。

② IOR，L/P&S/20/D22，转引自张永攀：《英帝国与中国西藏（1937—1947）》，198 页。

③ 《宋子文 1941 年 4 月 11 日呈蒋介石申电》，见《中华民国重要史料初编·对日抗战时期》，第 3 编《战时外交》(2)，76 页。

民政府除了运送军火方面的考虑以外，还另有打算——借此契机解决西藏问题。早在1935年，国民政府行政院就已经在建设西藏的初步计划中提到了修建从内地通往西藏拉萨的公路的设想，认为如果要建设西藏应该以开发交通和振兴教育为先。在公路线路设计方面，考虑到西北多高原而东南多峻岭，行政院认为如果公路经西康入藏则必途经横断山脉，穿洞架桥，工程浩大，因此决定修筑自西宁至拉萨的公路。线路如下：西宁—湟源—哈城—恰不—沙珠玉—切吉—大河坝—拉尼巴尔—特门库珠—阿拉克撒—拉萨，长约5000华里，沿途地势大致平坦。1938年底，由青海省政府负责修建的西宁至大河坝段公路已经竣工。抗战进入相持阶段后，此项工程基本停滞，而1940年中印公路的筹建则正好为国民政府提供契机。为此，交通部长张嘉璈在日记中写道："此事若成，可为开发边疆，挽回西藏政权之大举。"[1]

1941年初，交通部官员杜镇远向行政院呈递了详细的中印公路计划书，国民政府开始着手修建中印公路的具体工作。1月29日，负责财政、经济事务的美国总统行政助理柯里（Lauchlin Currie），奉命与联邦储备银行理事会调查统计部主任德普雷（Despres）来华访问。国民参议会参议员黄炎培等人就此建议蒋介石邀请居里赴重庆，商讨中美合建中印公路，以解决筑路的经费问题。2月8日，行政院就中印公路的走向问题召开审查会议，外交部、财政部和蒙藏委员会等机构的部分官员参加了会议。当月，中国政府要求英印政府在印度阿萨姆省的萨地亚车站动工，先行修建中印公路的印度段以便尽可能快地缩短筑路工期。4月，国民政府军事委员会制订了基本可行的中印公路线路计划。中印公路的前期规划分为南北两线，经讨论北线更为可行，即"日玛线"，自西昌，经盐源、永宁、中甸、德钦、盐井、察隅（日玛）进入印度，与阿萨姆省铁路的终点站萨地亚车站相连接，总预算约3.75亿元。

随着日玛线线路的公开，英国政府的态度开始发生变化。4月初，英国外交部表示："大英帝国政府和英印政府在原则上对于中国政府所意图修建的中印公路持欢迎态度"，并且"鉴于此公路勘测工作的极端必要性，因此筑路工程宜尽早开工"，但是"英国外交部鉴于国民政府与西藏的传统关系，在现阶段未得到西藏当局任何允准的情况下，国民政府无权在西藏当局所辖范围给予任何筑路规划意见"。① 同月，英国驻美大使也向当时正在华盛顿的中国政府代表宋子文表示了相同的立场："必须事先征得西藏人的同意，然后才能进行有关修建这条公路的工作。"②显然，英国政府并不反对中印公路的修建，但却不希望中国政府对西藏地区有所染指。为此，英国政府强调："英印政府是深谙西藏当局真实意图的。鉴于地形上的巨大阻碍，显而易见目前工程仅能开展至勘测阶段，英印政府建议，航空测量无疑是目前看来最为迅捷可行的方案，并且如果西藏政府同意，那么也是易使其与中国政府达成良好合作。"③

不过，上述来自于英国的"建议"并未得到采纳。1941 年 5 月，国民政府任命叙昆铁路工程局副局长袁梦鸿为中印公路勘察队队长，令其率领队员 13 人、士兵 20 名，并携带仪器与筑路工具百余箱从西康出发进行筑路前的实地勘测工作，并对沿线进行经济调查。7 月 14 日，勘测队即将进入西藏地区之前，蒙藏委员会致电藏方，说明建筑此路的原委以及事关国家前途的重要性，并且请西藏噶厦政府尽量予以协助，又通知昌都之朗琼噶伦转令北线盐井、察隅等地官员对勘测给予便利——"奉行政院院长蒋令，中央现已与英国商妥修筑康印公路。路线自西昌起，经盐源、永宁、中甸、德钦、盐井、察隅入印度，与阿萨密省（按：即阿萨

---

① British Documents on Foreign Affairs，F11222/846/10，Memorandum from the Ministry for Foreign Affairs，Dated April 5，1941，Enlosure in Mr. Eden to Sir A. Clark Kerr(Chungking)，Foreign Office，July 30，1941.

② A. Lamb，*Tibet，China and India*，1914-1950，Hertfordshire，1989，p307。转引自董志勇：《抗日战争期间英国对西藏的侵略》，载《抗日战争研究》，1994(1)。

③ British Documents on Foreign Affairs，F11222/846/10，Memorandum from the Ministry for Foreign Affairs，dated April 5，1941，Enlosure in Mr. Eden to Sir A. Clark Kerr(Chungking)，Foreign Office，July 30，1941.

姆)铁道终点之塞的亚（按：即萨地亚）站相接。……速通知藏方饬属保护，予以便利。等因。奉此，查袁君等不久即到盐井、察隅各地，希速专差令知盐井、察隅一带地方藏官、头人等，切实保护，予以便利，并随时协助为荷。"①，7月18日，交通部长张嘉璈邀请外交次长傅秉常及蒙藏委员会代表讨论如何疏通与西藏噶厦的关系，并通过蒙藏委员会驻藏办事处与之进行交涉。7月22日，张嘉璈出席行政院会议，商议修建中印公路事宜。7月24日，蒙藏委员会委员长吴忠信也致函噶厦，表明"中央为抗战期中便利国际运输起见，拟修筑中印公路，已得英国政府之赞同"，并表示"勘测队刻已出发，其经过察隅等地时，希饬属妥为保护，并在该队工作上予以一切便利为盼"。② 接到训令的西藏地方当局不仅向国民政府明确表示愿意为勘测公路提供便利，并声称"已两度专差通知昌都噶伦，转令各该地藏官，予测量人员以便利"③。西康省遂向中央政府报告："已得昌都确息，中印路勘测，已奉到拉萨保护训令，并有英方照会，请上饬速进各等语。"④于是8月，蒋介石通知张嘉璈等："康印公路现藏方已允中央测量队入藏工作，未知该队有否组织与何时入藏境，希查报。又康印公路之西昌中甸段，应先着手修筑为要。"⑤但是英国政府随即对此表示不满。7月30日，英国外交大臣艾登在给英国驻华大使克尔的电报中说："你应该立即对中国政府明确一点：现阶段西藏政府所允

① 《孔庆宗为修筑中印公路饬属保护勘测队事致噶厦函》(1941年7月14日)，见中国藏学研究中心、中国第一历史档案馆、中国第二历史档案馆、西藏自治区档案馆、四川省档案馆合编：《元以来西藏地方与中央政府关系档案史料汇编》，第7册，2838页，北京，中国藏学出版社，1994。

② 《吴忠信为修筑中印公路饬属保护勘测队事致噶厦电》(1941年7月24日)，见《元以来西藏地方与中央政府关系档案史料汇编》，第7册，2838～2839页。

③ 《孔庆宗为藏官遮梗修筑中印公路事致噶厦函》(1941年9月16日)，见《元以来西藏地方与中央政府关系档案史料汇编》，第7册，2839页。

④ 《张笃伦1941年9月21日自西昌向蒋介石代电原件》，国民政府总统府机要档案，转引自张永攀：《英帝国与中国西藏(1937—1947)》，195页。

⑤ 《蒋介石1941年8月8日致张部长公权彭次长浩然条谕原件》，国民政府档案，转引自张永攀：《英帝国与中国西藏(1937—1947)》，196页。

诺的是航空勘测而非实地勘测。在此情形之下看起来非常遗憾的是中国地面勘测队在得到西藏政府允诺之前便已经采取了行动。自然我们在此项允诺达成以前不会为勘测队提供任何的设备。中国当局的骤然行动将有可能使其与西藏政府之间的良好合作产生偏见，并同时造成英国当局同西藏之间关系的尴尬局面。如果第一段中所提到的勘测队从英国的领土进入西藏的西南部来进行实地勘测，那么印度政府将明确表示不赞同。"①8月中旬，依照英国外交大臣艾登的指示，英国驻华大使克尔声称："陛下政府目前已经得知：西藏政府已经同意了航空勘测的请求，而谢绝了在西藏境内的实地勘测。然而已经得知中国实地勘测队已经开始工作了。"②据此，英国方面通知中国勘测队有关英国政府首席外交大臣的指示："陛下政府和印度政府对此表示非常遗憾——中国勘测队应该是抢在了西藏政府的许可之前开始行动的，因此在得到许可之前此对将得不到任何的设备支持。"③这是英国政府对于中印公路日玛线问题的首次公开干涉。

中国政府立即向英国驻华大使克尔提出交涉。显然，克尔对于中国政府所提出的理由表示赞同。他在给英国外交大臣艾登的电报中称："鉴于通道沿途布满高山灌木、山脉阴影遮蔽广泛以及经常性的恶劣天气使得主管当局（按：中国）认为航空勘测有待于进一步测试。这一地区根本不适合航空勘测，而实地勘测则最为妥当。因此中国政府将为其勘测队员以及测量仪器重新申请到印度和缅甸的入境资格以及设施保障。"④不过很显然，克尔向英国外交部所传达的建议并未被采纳。不仅如此，英国政府在公开表态无效之后很快便开始着手对西藏地方当局施加影响，

---

① British Documents on Foreign Affairs，F6966/846/10，Mr. Eden to Sir A. Clark Kerr(Chungking)，Foreign Office，July 30，1941.

② British Documents on Foreign Affairs，F11222/846/10，Sir A. Clark Kerr to Mr. Eden，Chungking，August 16，1941.

③ Ibid.

④ British Documents on Foreign Affairs，F7968/846/10，Sir A. Clark Kerr to Mr. Eden，Chungking，August 19，1941.

并很快产生了效果。9月上旬，西藏地方当局以"测堪人员所携测量仪器为修路机件"①为理由开始制造事端——"中印公路勘测队长袁梦鸿等，在帕郴、门工、掘罗瓦、察隅等地，被藏官拆桥毁路，并调兵撅梗"。② 因此，9月16日，蒙藏委员会驻藏办事处处长孔庆宗就上述事件致函噶厦予以质问："查此案经本处与贵噶厦接洽妥善，并据贵噶厦称，已两度专差通知昌都噶伦，转令各该地藏官，予测量人员以便利在案。今边区藏官乃如此违令，擅敢调兵撅梗，不知是何用意？"③9月25日，西藏噶厦政府作出阻碍中央政府筑路的决议，并电呈蒙藏委员会告知中央不要派公路勘测队进入噶厦控制区以作为对孔庆宗质问的回复。于此近乎同时，艾登于9月30日致电克尔，要求其"代表大英帝国政府向中国政府表示：大英帝国政府已经同意中国国家民航公司，或其他获得大英帝国政府批准的华人企业进行从四川南部的西康到印度阿萨姆邦东北部的萨地亚进行空中运输服务，只能运输货物和邮件以及从云南西部的云南驿到缅甸的密支那的货物运输，以及从西康到萨地亚的临时服务。改为这种方式以避免穿越西藏的领土，除非达成协议得到西藏政府的允许飞机定期飞往西藏各地。您应该保留权利的充分互惠原则，即英国在此路线也可以提供相应服务，并邀请中国政府予以同意"。④ 上述言论表面上是让步，但实质上就是英国政府对西藏地方当局行为的变相呼应，二者所表达的意思完全相同：禁止中央政府踏上西藏当局管辖范围半步。

对此事备感蹊跷的蒙藏委员会驻藏办事处处长孔庆宗随即向国民政府中央作出汇报："职昨赴擦绒（按：指噶厦扎萨擦绒·达桑占东）寓所宴会，英官饶伊巴多（Norbu Dhondup）在座。噶厦忽派差约饶前往谈话，历两小时。嗣析噶厦时约饶氏商谈勘量中印公路事。今日噶厦约职面告民

---

① 《孔庆宗就勘测中印公路勿加阻拦事致噶厦函》(1941 年 10 月 15 日)，见《元以来西藏地方与中央政府关系档案史料汇编》，第 7 册，2839～2840 页。

② 同上书，2839 页。

③ 同上书，2839 页。

④ British Documents on Foreign Affairs，F8895/73/10，Mr. Eden to Sir A. Clark Kerr，Foreign Office，September 30，1941.

众大会已决议，绝对不赞成勘量队入境。又探知此案中变，因英官饶伊巴多曾对噶厦云：中英原商共派员航空测量，现中国单独派员由陆地来测，英未参加，西藏允否及其利害，应请自决。惟对抵境测量人员，要和平劝回，不必打杀等语。西藏遂乘机发对。"①孔庆宗的意思很明确——噶厦之所以改变态度，完全是由于英国的从中挑唆。得知了上述情况之后，国民政府迅速召开会议，并召集西藏驻京办事处代处长岑珠到会。会上确认了此事确系英国人从中作梗，但由于目前不便于向英国政府提出直接交涉，因此作出如下决议："1. 予西藏以若干利益；2. 在甘孜、巴安等处略作军事部署；3. 英国方面由外交部相机解决。"②与此同时，国民政府要求驻藏办事处对噶厦进行说服工作——"以勘测中印公路事，初经藏方许诺，电呈中央在案。嗣以勘测人员到达甲朗，误认测堪人员所携测量仪器为修路机件，遂拆桥拒绝，加以撅梗。查测堪人员所携行李，确是测路仪器，并非修路机件"。"中央除饬令梁代队长率领勘测队继续前进勘测外，请促藏方践诺前言，弗加阻难。等因。奉此，相应函达噶厦查照，请速转饬昌都朗琼噶伦，飞令沿途官吏、头目，弗加阻难。"③然而西藏地方政府仍不放行。1942 年 1 月 12 日，噶厦告知驻藏办事处，"此次修路调查路线一案，对于汉藏有无关碍，佛示不准，是以势难从命"，并威胁如果中央政府强行用军队护送测量队，则"不但藏方有碍，而且对于中央政治恐怕也妨害"。④ 中英两国就中印公路所引起的矛盾走向公开化。11 月 12 日，蒋介石指示："如藏方再不允许，我可派队护送测量，不必待其允准也，并希望以此意警告藏方。"1941 年 11 月 17 日，孔庆宗致电噶厦政府，加以警告："奉蒋委员长侍文参电开：中央派员勘测中印公路一事，如藏方再不允许，我可派队护送测量，不必待其

---

① 中国社会科学院近代史所等编：《西藏地方历史资料选辑》，349 页，北京，生活·读书·新知三联书店，北京，1963。

② 张永攀：《英帝国与中国西藏（1937—1947）》，197 页。

③ 《孔庆宗就勘测中印公路勿加阻拦事致噶厦函》（1941 年 10 月 15 日），见《元以来西藏地方与中央政府关系档案史料汇编》，第 7 册，2839～2840 页。

④ 张永攀：《英帝国与中国西藏（1937—1947）》，197 页。

允准也。"①至此，中英两国就中印公路走向的交涉所引发的西藏问题升级为此阶段双方进行角逐较量的焦点。

西藏问题的凸显使蒋介石由此萌生了以军事手段来解决西藏问题的方案，此方案包括3个部分。

其一，利用这条穿越西藏的中印公路使中央军借机经缅甸取道印度进入西藏地区。

从地理位置上看，西藏地区处于新疆、青海、西康、云南四省军阀的包围之下，中央军从上述四路军阀的控制区域借道入藏是根本不可能的。因此，行政院副院长孔祥熙于1941年11月10日向蒋介石提出了继续修建北线的建议："英方之不愿路线经过西藏，已属显然。窃思为经营边疆起见，当以经过西藏之北线为宜，惟西藏为我国之一部分，倘请英人转令就范，于我主权不免受损，纵令藏方同意勘测，并能于明年雨季前勘测完竣即速兴工，亦需二年半后方可打通。"②孔祥熙认为，如果改走南线，纵然没有西藏噶厦的阻拦，也可缩短200公里，时间缩短6个月左右，但印度和缅甸境内的路段却长达500公里长，而英国是否同意修建此段公路还是难以解决的重大问题。而此时中英两国之间早在1941年初便已经开始为筹建中国远征军入缅作战一事而积极接触了。这样一来，避开了新、青、康、滇四省军阀控制区域的中央军，经缅甸取道印度可以借助这条公路进入西藏，顺势将其转变为中国抗战的大后方，并利用军事力量直接对噶厦进行控制。

其二，利用马步芳在藏北地区的军事力量对中央军进行配合。

1941年秋，蒋介石曾一度意图撤换时任青海省政府主席的马步芳而将其调往绥远。这一消息的传来引起了马步芳的极度恐惧。马步芳立即展开了多方活动。其间，吴忠信曾力陈"调换马步芳还不是时机，玉树和西藏治安重要，目前没有马步芳，青海局面难以维持"③。太平洋战争爆发后，蒋

① 《孔庆宗就西藏再不允许勘测中印公路中央拟派队护送事致噶厦函》（1941年11月17日），见《元以来西藏地方与中央政府关系档案史料汇编》，第7册，2840页。

② 张永攀：《英帝国与中国西藏（1937—1947）》，197页。

③ 同上书，33页。

介石又打消了撤换马步芳的念头转而对其加以笼络。8月12日，蒋介石在兰州召开甘肃、宁夏、青海、新疆四省军事会议，饬令马步芳先后勘测修建青康、青新公路以及玉树、巴塘、竹节寺、称多、大河坝、都兰、茫崖等处飞机场，以打通青海、西康和新疆之间的交通线。会后，蒋介石随即向马步青和马步芳表示要到青海进行巡视的意图。马步芳认定蒋介石此次青海之行的主要意图在于拉拢而非为难，因此"卑躬顺从，百般殷勤"①，给蒋介石留下了极为恭顺的印象。巡视期间，蒋介石拨给马步芳部队犒赏费10万元，并向马步芳及其高级部属们馈送了丝绸、陶瓷器等，还一起照相，以示荣宠。行前，蒋介石当众对马步芳进行一再嘉奖，称誉马家军为岳家军，并以岳飞加以期许，鼓励其"精忠报国"。8月28日，蒋介石离开西宁飞抵酒泉。

因此，1941年12月3日，至少对日玛线事件有所耳闻的马步芳给与达赖家族关系极其密切的人士拍发电报称："中央现拟修筑之中印路，对于西藏殊为有利。西藏既已允之于前，又拒绝于后，此与西藏信用殊多损害。给事[对]中央与西藏之关系特有莫大影响，青藏密迩，故特时忠告，盼向噶厦一言，俾中印路之测勘得顺利完成为要。"②很明显，马步芳的此种姿态无疑是与国民政府保持一致的，此举正中蒋介石下怀。1942年2月14日，蒋介石出访印度之时给马步芳拍发电报："青藏系国防重镇，又为陪都大后方，据报该省玉树边区情况复杂，危机四伏，望即采取妥善措施，加强防务。"③马步芳随即召集幕僚会议进行部署。

其三，使中央军借机深入云南、西康两省，康、滇两省分别为刘文辉、龙云所控制，国民政府中央军一直无从插足。因而，蒋介石希望利用修路之机使中央军渗入上述两省。

---

① 陈秉渊：《马步芳家族统治青海四十年》，33页，西宁，青海人民出版社，1981。

② 《马步芳为请向西藏当局进言勿阻修筑中印公路事致马杰臣电》（1941年12月3日），见《元以来西藏地方与中央政府关系档案史料汇编》，第7册，2840页。

③ 中国人民政治协商会议青海省委员会文史资料研究委员会编：《青海文史资料选辑》，第7辑，50页，西宁，青海人民出版社，1980。

事实上，在英国政府内部就日玛线问题也是存在着不同声音的。时任英国驻华大使的克尔曾经"从国民政府外交部那里了解到，亲自过问此事的蒋介石正下决心不顾反对以成全其明确表示更好的北线。国民政府外交系人员称西藏政府曾一度表示将接受此线，并且他们提醒我们说印度政府也已经在原则上同意了，他们暗示道：最近由西藏政府所提出的反对意见是受到印度政府的冷淡态度所致，并且这在事实上也不能代表全部的不积极态势。他们对此有所抱怨，并且说眼下他们与我们之间是盟国关系，他们急切盼望印度政府的更多援助"。① 因此他认为："目前缅甸及南线的大概位置正在受到威胁，因而对这条建在中国国境之外的公路，在军事重要性上提出了更高的要求，因此我斗胆力劝：我们应该慎重考虑劝说西藏改变主意的可能性，我个人对我方默许西藏在此情境之下提出反对意见的态度表示质疑。"②这遭到了英国外交大臣艾登的拒绝："我们同意你所说的，但是却并不打算向中国作出任何与西藏政府进行交涉的承诺，以免造成与后者关系的疏远却未达成任何有价值的成果。我们已经非常审慎地考虑了你在第744号电报第二段中所提出的建议，但遗憾的是鉴于以下所简述的原因，我们不准备采纳你的建议。"③显然，英国政府认为日玛线将大大损害英国在西藏的既得利益——"1. 我们假设，如果北线的筑路工程能够在两年之内竣工，并且我们乐观地估计它的投入使用将会对中国的军事实力产生极大的促进作用，进而提升这一盟国（按：中国）在东方的地位。到那时我们将无以承受（中国的）政治抗议了；2. 据此看来蒋介石还并未意识到由印度政府所描述的路线那种令人生畏的恶劣地理状况。此外，正如印度政府所指出的那样，北部盟国也并未为我们提供任何有效的免于受到攻击的安全保障。"因此，他指示克尔："对于眼下你就蒋介石所高度坚持的计划加

① British Documents on Foreign Affairs，F78/78/10，Sir A. Clark Kerr to Mr. Eden，Chungking，January 2，1942.

② Ibid.

③ British Documents on Foreign Affairs，F78/78/10，Mr. Eden to Sir A. Clark Kerr(Chungking)，Foreign Office，January 22，1942.

以反对所面临的勉为其难的处境我深为理解，但也许印度政府电报第二段所提出的建议可以帮助你使他转变到友好而富于同情的态度上来，从而放弃并不可行的北线而采取看起来更为可行的南线。"①

显然，英国政府不希望国民政府中央军踏上西藏半步，因为日玛线已经触及了英国政府在西藏的既得利益——它恰好穿过麦克马洪线的东段。而中英两国早在1941年初就已经酝酿成立军事同盟以保卫缅甸，因此日玛线的通车，将使其苦心经营的麦克马洪线被国民政府中央军轻而易举地突破。因此，英国政府无论如何也不会准许中央军与日玛线同时出现在西藏领土的西南东南境，尽管国民政府早已为入缅作战做好了准备，但是直至1941年12月23日，英国代表才在重庆签署了《中英共同防御滇缅路协定》。不仅如此，英国政府对于入缅作战的具体时间也是一拖再拖，中国远征军只好滞留在中缅边境。1942年1月初英缅军一路溃败，急忙请求中国军队入缅参战，而此时的英国又"恰巧"获悉了蒋介石准备放弃日玛线的消息。因此，直至1942年3月，中国远征军才最终得以进入缅甸。

二 双管齐下：利用外交与军事双重手段向英国施压

面对来自于英国的反对，蒋介石最终他采纳了"心腹"唐纵的意见，采取"双线战略"以实现其解决西藏问题的战略计划：一方面，在外交上向英国施加强大压力，以减少军事行动的阻力；一方面，紧锣密鼓地对上述军事计划加以切实准备，并等待对藏用兵的最佳时机。

（一）同英国进行直接交涉，向其施压。为此蒋介石采取了3项措施

第一，利用印度问题向英国施压。

1942年2月4日，蒋介石偕夫人宋美龄由昆明飞越"驼峰"抵达印度加尔各答，开始了他自1927年掌握中国政权以来的首次出国访问。蒋介石此

---

① British Documents on Foreign Affairs，F78/78/10，Mr. Eden to Sir A. Clark Kerr(Chungking)，Foreign Office，January 22，1942.

行"系因英国政府要求委座对印度首领劝其帮助英国共拒敌人"，蒋对此"应允，并愿亲赴印度一行，英方旋即表示欢迎，故有此行"。① 英国人希望蒋介石赴印度后，可使印度国内政治势力认清共同之危机，"英人希望蒋委员长能说服印度领袖与人民为防卫与自由而努力，英人并谓苟印人暂时不提宪政问题而与英方合作，则英国政府允许印度代表出席同盟国会议"②。事实上，蒋介石附有其他重要目的——"在新德里与林里资哥总督、英军司令哈特莱及东方供应会顾问讨论供应品及运输问题，中缅、中印交通问题。"③因此"行前戴院长④与陈主任⑤均劝阻，俟战争好转后再去"⑥，而蒋介石却说："汝等只知其一不知其二，世界上苟能四亿五千万民族与三亿五千万民族联合一致，岂非大佳事，如果战争结束，英政府还愿我去吗?"⑦如英所请，蒋介石在印度确实对尼赫鲁和甘地进行了苦苦劝说。此次访印期间，蒋介石曾同尼赫鲁举行了 3 次会晤。第一次在新德里，碍于政治气氛，仅仅是听取了尼赫鲁谈国民大会党的斗争情况。后两次均在加尔各答，第二次会晤最有意义，显示出了双方的分歧所在。蒋介石在新德里逗留一周后，刚刚回到加尔各答的第二天，便约请尼赫鲁共进晚餐。当晚 9 时许，两人开始正式面谈，由宋美龄亲自担任翻译，张道藩做记录。⑧ 蒋介石极力劝说尼赫鲁"与同盟国积极合作"，并强调"我在这里所说的合作，不是仅指同英国方面的合作，而是指同整个反法西斯民主阵线的合作"。⑨ 但尼赫

---

① 公安部档案馆编：《在蒋介石身边八年：侍从室高级幕僚唐纵日记》，254～255 页。

② 同上书，256 页。

③ 同上书，256 页。

④ 戴季陶，时任考试院院长。

⑤ 陈布雷，1936 年至 1945 年任国民党中央政治会议副秘书长、蒋介石侍从室第二处主任、中央宣部副部长、国民党中央委员。

⑥ 公安部档案馆编：《在蒋介石身边八年：侍从室高级幕僚唐纵日记》，254～255 页。

⑦ 同上书，254～255 页。

⑧ 张令澳：《侍从室回梦录》，134 页，上海，上海书店出版社，1998。

⑨ 张令澳：《侍从室回梦录》，135 页，上海，上海书店出版社，1998。

鲁的观点却完全相左。持续了近 3 个小时的谈话并未取得任何实质性的结果，蒋介石惆怅地感慨道："中印两大民族的心理差距，为何竟有如此之大？"①2 月 18 日，蒋介石与甘地的会晤则更是徒劳，甘地的态度非常坚决——"不合作！绝对的不合作。"②

不过，蒋介石此行另有收获——他清楚地申明自己对于印度自治问题的支持立场，这与其对尼、甘二人的劝说行为是完全相左的，但是却正好击中了英国政府的软肋而使其大为头疼。唐纵在其 3 月 5 日的日记中写道："委座之赴印度，为沟通中、印两大民族在历史上的伟绩，在抗战时交通资源之利用。英人希望委座替英帝国作工具，以说服印人之归附，及觉委座不能为其所利用时，便阻止委座与甘地之会见（印总督林里资哥谓委座为彼之高宾，何以必须欲见彼所不愿见之客人，无乃使之难堪，后委座于归途加尔各答会见甘地，倾数小时之谈话即别）。委座于途中发表告印人书，相信英人能授印人以实权宣言后，英人至感惶恐！"③2 月 24 日蒋介石回国之后，《中央日报》刊载重要文章——《蒋委员长赠言：印可获得完全自治领地》，再次表明了中国政府对印度问题的立场。蒋介石回国之后，也曾多次对印度的自治问题发表意见，并一贯坚持支持尼赫鲁与甘地所争取印度自治的立场。果然，正在进行内阁调整的英国政府一时焦头烂额，招架困难，就印度问题受到下院质询的英国内阁不得不立即着手对印度问题加以解决。而于此形成鲜明对比的是自从蒋介石访问印度以来，中印之间关系的持续升温。3 月 9 日，印度庆祝中国日。3 月 10 日，中国举行印度日的庆典。不仅如此，宋美龄还在当日发表对印播讲，以示对印度人民的怀念之情。此外，《中央日报》大量转述欧美报纸中对于英印关系的评论，为蒋介石所提倡的印度自治观点大造舆论。当然这一切都是在蒋介石的授意之下进行

---

① 同上书，137 页。
② 同上书，140 页。
③ 公安部档案馆编：《在蒋介石身边八年：侍从室高级幕僚唐纵日记》，260～261 页。

的——蒋介石"关照宣传部对印度问题不必批评，但英美舆论可以介绍。"①蒋介石的用意在于："实际上，中国对印度问题并不想采取干涉或干预的政策。中国在印度争取自由与独立的问题上所采取的政策，完全是基于希望看到各民族都获得独立与自由地位的愿望。从这一基本原则出发，中国不能采取其他态度。然而，从一开始中国政府就从未采取过任何行动来支持印度人民实现其目标。中国的政策是同情和道义上的支持。实际上，我们自知无力帮助印度人民恢复独立。因此，英国没有理由怀疑我们的动机。"②蒋介石冠冕堂皇的说辞确实找不到任何理由加以反对，英国政府无可奈何。与此同时，蒋介石继续在舆论上对印度自治运动加以推动，给英国施压。9月10日，"印度逮捕甘地、尼赫鲁等，中国表示关切。丘吉尔致书委座，表示印度为英国内政问题，希望中国政府不必干预"③。对此，蒋介石的回应是："丘之见解错误，认为印度系彼内政问题，而不知系同盟国共同利害问题。丘之内心原以我国向彼要求无以作答而出此，如我不再向彼有所要求，便无问题了。"④

归根结底，蒋介石的目的依然在于解决西藏问题，他说："如果英国放弃在西藏的全部秘密活动，并尊重中国对它的主权，我们当然要克制任何有损于英国在印度利益的言行。他说，国大党始终同中国保持着联系，但中国政府一贯敦促该党放弃它对英国战争努力所采取的非暴力不合作政策，并帮助盟国赢得战争胜利。"⑤秉持着上述立场，蒋介石无心与英国就印度问题作过多纠缠，所以对于英国方面的抗议一般都是以重复立场加以搪塞——"印度驻华代表萨福来向委座辞行时，委座语其转达印督，对印度应该予其独立，这事关系同盟国非常之大。萨以丘吉尔演说为言，委座谓英国议会应予考虑之。委座此言，无异答复丘吉尔致委座之照会也。"⑥

　①　公安部档案馆编：《在蒋介石身边八年：侍从室高级幕僚唐纵日记》，303 页。
　②　顾维钧：《顾维钧回忆录》，第 5 册，231～232 页。
　③　公安部档案馆编：《在蒋介石身边八年：侍从室高级幕僚唐纵日记》，302 页。
　④　同上书，303 页。
　⑤　顾维钧：《顾维钧回忆录》，第 5 册，231～232 页。
　⑥　公安部档案馆编：《在蒋介石身边八年：侍从室高级幕僚唐纵日记》，310 页。

第二，制造舆论压力。

1942 年 1 月 9 日，蒋介石"对英缅征用我由美运来租借法案之兵器，提出严正抗议"。① 4 月，宋美龄在海内外有关大报上发表了《如是我观——西洋人对中的观念是否如此》一文，"该文首先指出西洋人对中国歧视观念与优越感的错误，到了抗日战争发生之后，西洋人才认识中国精神的伟大。上海没有设防，我们战斗了三个月，新加坡设防十四年，两个星期为敌人占领了，谁优谁劣，不言而喻。对于讽刺英国人，大快人心。"② 这是抗战以来国民政府第一次公开对于盟国尤其是英国的正式批评。与之相呼应的是，中国国内此时还就九龙租借权问题掀起了一股反对英国殖民政策的热潮。

当然，英国政府对此也不是没有察觉。1943 年初，英国外交大臣艾登一再表示希望宋美龄能够访问英国，但宋美龄迟迟不予响应。顾维钧于 1942 年底至 1943 年初回国期间曾与蒋介石探讨中英关系，他回忆："委员长说，克利普斯最近写信给他，询问蒋夫人身体怎样，希望她能成行。委员已经复信说，一俟她身体健康，或可如愿访英。"③ 蒋介石还"解释说，他故意回答得有些含糊其辞"④。显然，蒋介石在以这种不温不火的态度来发泄对英国的不满。4 月 26 日和 27 日，《中央日报》分别发表了题为《亚洲各民族自决之路》和《中国与英国》的社论，就英国政府对印殖民政策进行立场鲜明的公开抨击。

第三，利用美国牵制英国。

1942 年 2 月 4 日上午，蒋介石"乘飞机赴印度往晤罗斯福总统。此事外间绝对秘密，即待从室亦未宣布，高级人员知者极少"⑤。2 月 6 日，"美国会通过贷华五万万美元，以加强中国对敌作战所必须之经济财政与生产措置"⑥中美双方在此期间的密切接触引起了英国的注意。5 月 20

---

①　公安部档案馆编：《在蒋介石身边八年：侍从室高级幕僚唐纵日记》，249 页。

②　同上书，272 页。

③　顾维钧：《顾维钧回忆录》，第 5 册，212 页，北京，中华书局，1987。

④　同上书，212 页。

⑤　公安部档案馆编：《在蒋介石身边八年：侍从室高级幕僚唐纵日记》，254 页。

⑥　同上书，254～255 页。

日，新上任的英国驻华大使薛穆向英国外交大臣艾登报告说："我们最近得知盟友救护会与中国政府进行了接触。中国政府请求其使西藏政府转而允许他们在穿过西藏的路上通行。我们告诫盟友救护会停止此项活动，但诸如此类的小事却越来越多，很可能是美国在支持，他们一直对我们的西藏政策怀疑态度。"①美国的介入使得英国政府感受到了切实的压力，他们推断，"美国政府已经充分通知了此处大使以及军事使团来着手开辟穿越西藏的通道。近几天来自于美国的压力加强了，甚至远超过了中国在战略格局中的重要性"②。征询美国政府的对藏态度是英国政府调整对藏政策所必须参考的重要因素之一，因此英国政府曾极力试探并拉拢美国在西藏问题上与之合作，但均未成功。蒋介石的顾问拉铁摩尔指出："美国关于中国完整的观念是，西藏、蒙古和新疆都是中国的一部分。"③而这正是战时美国对西藏问题所坚持的一贯立场。1942 年 4 月，美国政府收到英国政府关于取消"中国对西藏拥有主权"的承认的文件，但是他们并未对此进行表态。因此 1942 年 7 月，英国外交部将英国驻华大使薛穆的电报转送给美国国务卿赫尔，以试探美国政府对"西藏独立"的态度。赫尔首先非常谨慎地指示美国驻华大使高斯(C. E. Gauss)对"西藏独立"与"西藏自治"两种措辞在中文文本中的含义加以考察和区分，而后便明白无误地申明了美国的对藏立场："中国政府长期以来宣称在西藏具有宗主权，中国的宪法也将西藏归入了中华民国的领土范围之内，本政府对此从未有任何异议。"④

不仅仅是针对于西藏问题，美国政府还对英国的殖民政策进行了公

① British Documents on Foreign Affairs，F3820/1289/G，Sir H. Seymour to Mr. Eden，Chungking，May 20，1942.

② Ibid.

③ 矶野富士子整理，吴心伯译：《蒋介石的美国顾问——欧文·拉铁摩尔回忆录》，198 页，上海，复旦大学出版社，1996。

④ Foreign Relations of the United State，China，Secretary of State to the Ambassador in China，July 3，1942.

开批评。1942年10月2日下午，威尔基（Wendell Lewis Willkie）①代表罗斯福来到重庆进行访问。26日，威尔基在华盛顿广播对英国的批评："印度问题，实乃吾人之问题，应扩大联合国代替殖民制度，并痛诋帝国主义之可怖！"②甚至称："在世界广大地区，将不复有大英帝国，英国之殖民地，仅为帝国遗物，大家应努力减少此遗物。"③1942年12月，美国总统罗斯福也曾指出英国对华的"典型的帝国主义立场"④。显然，美国政府并不支持英国这种分裂中国领土的行为，并一贯坚持"中国完整"原则。当然，在顾维钧看来对威尔基的这种做法显然是另有目的——"威尔基志在下次选举，故多唱高调"⑤，但是至少在官方舆论上来看确实存在着这样的效果——"威尔基与丘吉尔议论时相对立。"⑥此外，美国的大众舆论也对中国收回英国在华利权给予了特别的支持。1942年10月，美国国民公开宣称："我们并非为保持大英帝国之完整而战。"⑦

（二）蒋介石一直没有放弃同英国就中印公路的走向问题进行交涉

蒋介石之所以一直没有放弃对中印公路走向的努力，是因为这条公路实质上是其为达成中央军入藏这一目的的重要保证——这条公路的走向直接关系到入缅作战的中央军未来深入西藏的程度。他强调："此路不筑通，西藏将永为化外。"⑧1942年3月，"我远征军先头部队已到达缅境之同古前线"⑨。5月中旬，由于日军由缅甸窜入我国滇西的龙陵、腾冲一带，因此

---

① 1942年，威尔基以"总统代表"的身份来华访问并发表了该言论。

② Foreign Relations of the United State，China，Secretary of State to the Ambassador in China，July 3，1942.

③ Ibid.

④ Christopher G. Thorne, *Allies of a Kind：The United States，Britain and the War against Japan，1941-1945*，Lodon，1978，p.132；转引自李世安：《太平洋时期的中英关系》，30页，北京，中国社会科学出版社，1994；转引自胡岩：《抗日战争时期国民政府反对英国分裂西藏的一场斗争》，载《西藏研究》，1999（1）。

⑤ 公安部档案馆编：《在蒋介石身边八年：侍从室高级幕僚唐纵日记》，327页。

⑥ 同上书，327页。

⑦ 转引自蒋孟引：《英国史》，757页，北京，中国社会科学出版社，1988。

⑧ 公安部档案馆编：《在蒋介石身边八年：侍从室高级幕僚唐纵日记》，250页。

⑨ 陈诚、吴淑凤：《陈诚先生回忆录：抗日战争》，195页，台北，2005。

"我入缅部队除一部辗转撤入印境外，大部均转进怒江东岸，隔江与敌成对峙之势。"①在最终放弃了日玛线之后，蒋介石积极寻求各种其他途径以达到开辟西藏交通的目的。

1941年11月19日，勘测队队长袁梦鸿赴印度中甸一带勘测地形，并对丁江机场、康印气候等状况进行了详细测量，但在康地由于藏方的坚决阻挠，勘测计划毫无进展，中印公路的勘测计划最终被迫终止。访问印度期间，蒋介石所"最为急于解决的是达成中印新公路的设想。看起来大元帅已经准备好放弃那条穿过西藏的不太实际的路线了，而准备接受另外两条路线：英帕尔—葛礼瓦—曼德勒—腊戌和利多的赫兹堡—密支那—腾越"②。"随后中英双方代表在密支那召开代表会议，对于上述后一种方案进行修改并最终确定下来：从利多取道胡冈谷地到莫冈，再到密支那。然而，中国并未放弃其原始方案——一条从利多直接通行赫兹堡的公路，并由那里向东取道云南中甸再到四川西昌，这样就将其与中国的公路网联系起来。建设这条公路所将遇到的客观阻碍将是巨大的，或者说是难以逾越的——南北笔直分布的巨大山脉将其拦腰切断，此处正是伊洛瓦底江、萨尔温江（按：流经中国的河段称怒江）、湄公河以及长江的分水岭。但是战时中国拥有卓越的筑路者，他们确实已经在中国西部的崇山峻岭之间那些被大家认为不可能筑路之处修建了多条实用的公路。"③从路线上来看，蒋介石依然千方百计使线路向西藏靠拢。对此立场鲜明的英国政府极力反对蒋介石修建北线，而要求他去选择困难重重的南线。12月11日，艾登在给克尔的电报中说："虽然我们并不希望在这样一个时刻挑战中国的敏感度，看起来蒋介石对于我们就北部线路的态度并不知晓。可能是相关的官员在完整通知其此事时有所保留。我们认为保持他对此事的不知晓状态会引发更大的误解并使此事旁生支脉。依据我们对西藏的义务之所在最好尽快使

---

① 陈诚、吴淑凤：《陈诚先生回忆录：抗日战争》，195页，台北，2005。

② British Documents on Foreign Affairs，F3751/1689/10，Sir H. Seymour to Mr. Eden，Chungking，April 1，1942。

③ Ibid。

蒋介石清楚知晓我们的立场。我将非常乐于看到你能在最近找到一个与蒋介石谈话的机会并委婉地告知他，在西藏方面如此坚定的反对之下，我们无法同意合作修建这条公路，并同时试探一条更靠南的路线的可能性。"①其实英国政府明白，他们所建议的这条南线在实践起来要比北线难度更大。1942年1月2日，克尔致电艾登："我们已经从国民政府外交部那里了解到：亲自过问此事的蒋介石正下决心不顾反对以成全其明确表示更好的北线。国民政府外交系人员宣称西藏政府曾一度表示将接受此线，并且他们提醒我们说印度政府也已经在原则上同意了，他们暗示道：最近由西藏政府所提出的反对意见是受到印度政府的冷淡态度所致，并且这在事实上也不能代表全部的不积极态势。他们对此有所抱怨，并且说眼下他们与我们之间是盟国关系，他们急切盼望印度政府的更多援助。目前缅甸及南线的大概位置正在受到威胁，因而对这条建在中国国境之外的公路在军事重要性上提出了更高的要求，因此我斗胆力劝：我们应该慎重考虑劝说西藏改变主意的可能性，我个人对我方默许西藏在此情境之下提出反对意见的态度表示质疑。"②但此项建议并未得到英国外交部的认可。

此外，由英国方面所提议的一条现有的入藏驮运线计划也开始被列入了考虑范围，"以加强对中国战略物资的供给以及维持目前看来十分可能的中国进出口贸易。这条重要的驮运路线进入缅甸之后取道滚弄并且连接腾越和八莫以及密支那。"③为了协助促成此处交通，接替克尔的英国驻华大使薛穆"安排大英帝国政府在腾越由于缺少职员而关闭的领事馆重新开放，并设置大英帝国政府领事以尽全力为此驮运线的畅通和开拓提供设施保障，并在开辟新路线上与中、缅当局进行合作。""与此同时，印度政府正在通过在锡金政治官员调查开辟一条由车马商队沿着古老的运茶路线穿过青藏高原到

① British Documents on Foreign Affairs，F13151/846/10，Mr. Eden to Sir. Clark Kerr，Foreign Office，December 11，1941.

② British Documents on Foreign Affairs ，F78/78/10，Sir A. Clark Kerr to Mr. Eden，Chungking，January 2，1942.

③ British Documents on Foreign Affairs，F3751/1689/10，Sir H. Seymour to Mr. Eden，Chungking，April，1942.

达中国的路线的可行性。"①但是，问题的焦点依然集中于西藏问题上。"除了长途跋涉以及分布于此路沿途的客观障碍，政治阻力也需要被克服——积极秉承其传统鼓励政策的西藏当局将拒绝这条运输中国战略物资的运输线穿越西藏领土。"②此外，英国政府还为中国的对外沟通设计了另一种方法——航空运输。"由于仰光的丢失所造成的缅甸公路南段的关闭，以及对开辟从阿萨姆穿越上缅甸的等待过程中，中印双方进行沟通的焦点主要集中于空运方面。3 月 27 日，大英帝国政府与中国政府之间就重庆—腊戍—仰光和腊戍—加尔各答两线就空运事宜交换了记录，并给予英国进行反向空运的互惠权利，并附带有向香港和上海延伸的选择自由。这项协商是在中国政府勉为其难的情况下进行的，因为面临一个有待解决的难题：没有西藏政府的同意，飞机不能飞越西藏境内。"③很显然，由于西藏地方当局进行强烈反对，无论是哪一种方案最终都无法实现——"如果战争物资穿过了西藏，其他政权势力也将尝试趁此方便，而后毁灭将被带到这片和平的乐土。中国政府被告知了此次交涉，并且被告诫不要对此抱太多的期望，但是西藏政府的拒绝则没有被告知。"④

对此中国政府从两个方面入手与英国进行交涉。其一，"蒋介石的秘书说建设通藏公路也许需要很久的时间，但是在士气上是对中国军队的一个极大地鼓励，因为他们将会对源源而来的援助物资加以期待，而西藏政府正是解决此问题的症结之所在。中国人相信西藏政府将逐渐认识到这条通道将为其带来巨大的经济利益，并且如果两国联合派出代表来

① British Documents on Foreign Affairs，F3751/1689/10，Sir H. Seymour to Mr. Eden，Chungking，April，1942.

② Ibid.

③ British Documents on Foreign Affairs，F3751/1689/10，Sir H. Seymour to Mr. Eden，Chungking，April，1942.

④ British Documents on Foreign Affairs，F3470/G. Mr. Eden to Viscount Halifax Foreign Office，May 15，1942.

对此事进行提出协商将使西藏政府同意。"①其二，此次中国政府还以军事解决手段相威胁，这使得英国政府认为"中国政府认为这种拖延不能再被容忍了，并且他们愿意与我们一起与西藏政府进行交涉。我们认为如果我们不对他们的合作进行响应，那么将会发生危险：他们所采取的独立行动可能会让我们的战时同盟关系产生令人震惊的反响。"②中国政府的交涉使英国政府看到，"中国政府从未承认过我们有处理西藏相关问题的权利，他们认为这是其独有的权利"③。因此他们相信："不考虑这条公路我所认为的在很长时间内收效甚微的实际重要性，在中国人眼中，它的重要性是与日俱增的。我同意李博士所谈到的中国人对于援助公路的开通所寄予的希望，从我们的立场上来看与中国人进行合作对其加以争取是十分必要的。(1)有80％经过缅甸公路进行运输的货物在缅甸的溃败中损失了。(2)中国所最不愿看到的便是与西藏发生军事冲突。"④英国方面因此犹豫，是否"应该采取行动促使西藏政府同意对可取的穿越西藏的陆空线路的探索及开发。"⑤不过他们坚持认为："在没有得到西藏政府的完全同意之前仅能同意已经得到西藏政府首肯的航空勘测，况且气候状况也为其提供了基础，因此可以首先开展航空勘测。也就是说，中国地面勘测队介此还不应该进入西藏的领土。"⑥

(三)蒋介石为直接出兵西藏而加紧进行军事部署

接到蒋介石指示的马步芳立即召开军事会议，商讨处理玉树军政的实

---

① British Documents on Foreign Affairs，F3872/1289/G，Sir H. Seymour to Mr. Eden，Chungking，May 22，1942.

② British Documents on Foreign Affairs，F3820/1289/G，Sir H. Seymour to Mr. Eden，Chungking，May 20，1942.

③ Ibid.

④ British Documents on Foreign Affairs，F3872/1289/G，Sir H. Seymour to Mr. Eden，Chungking，May 22，1942.

⑤ British Documents on Foreign Affairs，F3820/1289/G，Sir H. Seymour to Mr. Eden，Chungking，May 20，1942.

⑥ British Documents on Foreign Affairs，F6031/1689/10，Sir H. Seymour to Mr. Eden，Chungking，August 4，1942.

际措施。出席会议的有青海省秘书长陈显荣，青海南部边区警备司令马步銮等。会议方案如下：

(一)建立和健全玉树区军政机构：1. 青海南部边区警备司令部为玉树区党政军最高领导机构；2. 设立玉树区国民党党务指导员办事处，加强党务领导；3. 设立玉树区行政督察专员公署(注：即第六区行政督察专员公署)，领导全区行政工作；4. 设立玉树财务处，主管全区财政、商务等业务。"

(二)加强军事建设、配备战斗实力：1. 正规部队陆军骑兵独立旅和独立骑兵团，归司令部指挥；2. 征调民团。在玉树、称多、昂谦三县，编组二千五百人至三千人的一支民团队伍，随时适应侦察、作战以及军需运输的需要。"

(三)剔除积弊，开明政治：1. 彻底整顿各级行政组织，兴利除弊、减轻捐税，废除不合理的规章制度，裁撤不称职的人员；2. 提高工作效率，随时处理，不得积压；3. 严禁受贿受礼，提倡洁己奉公；4. 尊重寺院喇嘛，保护寺院一切财产不受侵犯；5. 整顿'沙薮'制度，逐步做到废除；① 6. 减轻群众替丁、军马、草头税。

(四)联康防藏，争取难民：1. 对西藏保持高度警惕，凡藏方驻有兵力的地区，派部队防御，相应地构筑工事，严密侦察、监视藏军行动；2. 密切联系西康省政府和康定驻军第二十四军，协同一体，巩固青、康联防，共同对藏；3. 争取逃往西藏地区的玉树拉秀等部落的难民，归回玉树原有牧地，以免为藏方利用；4. 对果洛藏族，保持若即若离的状态，力求西宁至玉树的交通，不受阻碍。②

方案确定之后，马步芳又对玉树区的人事作出如下安排："1. 任命韩世荣为青海南部边区警备司令部副司令，马雄武为参谋长，李庆芬为秘书

---

① "沙薮"是一种非法的经常性无偿劳役，是强加给玉树地区县与县、族与族之间交通线上的特有的一种劳役。有"人沙薮"和"牲畜沙薮"两种。凡公家运输物资或出差人员到站，必须由站招待、派出应差的群众和马匹驮牛，按站转运。

② 《青海文史资料选辑》，第 7 辑，51～52 页。

长，马从仁为副官长；2. 任命吴均为玉树区国民党党务指导员兼司令部中校藏文秘书；3. 任命马峻为玉树区行政督察专员，兼玉树县县长；4. 任命马志荣为玉树财政处处长。马步銮接受任务时，马步芳还针对联合西康和争取逃藏难民的工作，着重指出：西康派驻邓柯、石渠、德格、甘孜等县的第二十四军部队，与青海联防，应严饬我军官兵以友好相处的态度，力求感情融洽，绝不许干预康军内部事务。尽管他们风纪堕落，吸烟聚赌，不得非议，引起反感；争取难民，也是安定玉树地区各部落的必要措施。为了贯彻这个方案，并摘要印成小册子，发给团级以上官佐，严格执行。"①不过此时蒋介石对于出兵西藏的具体时间还并给出明确指示。

事实上，英国方面对蒋介石的军事部署早已获悉。"意想不到的是，大英帝国政府大使先生被一则谣传震惊了，这则传说来自于我方以及西藏方面，中国政府计划采取军事行动以打通西藏公路。"②此外英方还得到了更为详细的报告——据说白崇禧将军身负特殊任务赴甘肃来布置调军入藏事宜，与此同时西康省主席已经赴重庆并接到大元帅的命令准备派军入藏。不过由于"这两则谣言至今还未得到任何证实"，并且有相关人士暗示"中国政府对藏用兵一事根本不可能。试想中国人在'战时'采取这样的行动该是多么荒谬！"③因此英国政府猜想："藏身于西藏寺庙中的许多日本间谍大量散布就日本所进行的宣传以及盟国战败的消息。这些人在蒙古喇嘛庙的掩护下进入西藏，很难识别。为此中国正采取措施试图在藏北边境对其加以遏制。"④不过，此时的英国还是有所顾虑的。1943年2月，宋子文参加了太平洋作战委员会。开会期间，丘吉尔还在公开宣称西藏"独立"的言论。他与丘吉尔发生了一次"尖锐冲突"。"宋子

① 《青海文史资料选辑》，第7辑，51～52页。
② British Documents on Foreign Affairs，F5220/78/1，Tibetan Supply Routes—Minute of Interview at Waichiaopu，July 9，between Sir Eric Teichman and Dr. Lorne Liang（Head of the European Department of the Ministry）—Enclosure 1 in Sir H. Seymour to Mr. Eden，Chungking，July 9，1942.
③ Ibid.
④ Ibid.

文说丘吉尔就西藏问题所讲的话，尤其不堪入耳，令人愤慨。丘吉尔说，他希望中国人不要浪费精力去进攻独立的西藏。这马上引起宋的反驳。宋说中国虽然在西藏边境驻有很多士兵，但他可以向首相保证这些部队不会进攻这块土地，但应指出，这块土地是中华民国领土的一部分，而不是什么独立国家。随后丘吉尔吞吞吐吐说到中国对这个偏僻荒凉国家的宗主权，又说英国对之不感兴趣。宋反驳说，如果西藏不那么偏僻荒凉，说不定英国早已对它感兴趣得多了。"①

三 矛盾升级：英国竭力阻挠蒋介石的部署和行动

1942年底顾维钧回国时曾说："英政府有两个不同方案在考虑中，一是假定中国对英亲善，则与中国为友；一是假定中国战后强大威胁英国殖民地时，则必阴谋对付。"②很明显，蒋介石为解决西藏问题进行军事部署的姿态使得英国政府毫不犹豫地选择了后者——对中国政府施加报复性举动。为此，英国采取了两项措施：

其一，破坏中国目前所意图达成的解决西藏问题的军事部署，其手段是在中印公路和新疆问题中作梗。

对此时的英国政府而言，"就运输线问题向西藏政府施加压力是我们所采取的措施的底线"③。1942年7月初，英国外交大臣艾登指示英国驻华大使薛穆："西藏人对于物资运输线工程进行反对是因为他们不仅仅害怕将被卷入对日的战争中，而且害怕这将为中国侵犯其独立而提供设施便利。西藏在其独立的问题上拥有道义上的优势，此前他们曾为之斗争过并成功了。我们承诺将支持他们来对其进行捍卫。"④因此，英国政府此时并不准备直

---

① 顾维钧：《顾维钧回忆录》，第5册，315页。

② 公安部档案馆编：《在蒋介石身边八年：侍从室高级幕僚唐纵日记》，327页。

③ British Documents on Foreign Affairs，F4095/78/10，Mr. Eden to Sir H. Seymour (Chungking)，Foreign Office，June 7，1942.

④ Ibid.

接出来反对，而依然计划继续披着中立的外衣躲在西藏地方当局的背后大行阴谋——"我们认为让中国先去尽其所能来寻求与西藏政府的合作吧，这样就自然会澄清我们对这一国家的态度了"①。他们自信："我们不知道中国政府将会以何种方式向西藏政府传递类似的信息，不过无论怎样，后者都仅会在口头上予以含糊的无任何有效性的许诺。"②换句话说，就公路问题与中国进行交涉也是英国对于中国政府解决西藏问题的一种拖延手段。鉴于已经对蒋介石的军事部署有所察觉，"大英帝国政府和英印政府担心中国当局的骤然行动将有可能使其与西藏政府之间的良好合作产生偏见，并同时造成英国当局同西藏之间关系的尴尬局面。"③因此，英国政府极力表示"英印政府也建议进行航空勘测"来缓和在中印公路问题上对中国断然拒绝态度的一种缓和的姿态。不过即使这样，也并不能掩盖其本质面目——"在上述情形之下大英帝国政府大使馆接到指示向中国政府表明在没有得到西藏政府的完全同意之前仅能同意已经得到西藏政府首肯的航空勘测，况且气候状况也为其提供了基础，因此可以首先开展航空勘测。也就是说，中国地面勘测队介此还不应该进入西藏的领土。"④并且英国方面还乐观地估计："我们明白我们的意图并不怎么合中国人的意，但是如果中国仅仅是看中此运输线在心理上的重要性的话（没有任何实质意义），那么他们就等着以妥协来求得西藏的同意吧。"⑤

7月5日国民政府在听到"据藏电有似俄似英兵五六千开入阿里盐池"，并发现"此盐池在西藏西北之阿里境内"⑥以后，确实在研究从西北开辟路

① British Documents on Foreign Affairs，F4095/78/10，Mr. Eden to Sir H. Seymour (Chungking)，Foreign Office，June 7，1942.

② Ibid.

③ British Documents on Foreign Affairs，F6031/1689/10，Sir H. Seymour to Mr. Eden，Chungking，August 4，1942.

④ British Documents on Foreign Affairs，F6031/1689/10，Sir H. Seymour to Mr. Eden，Chungking，August 4，1942.

⑤ British Documents on Foreign Affairs，F4095/78/10，Mr. Eden to Sir H. Seymour(Chungking)，Foreign Office，June 7，1942.

⑥ 公安部档案馆编：《在蒋介石身边八年：侍从室高级幕僚唐纵日记》，288页。

线运送军用物资的事项。因此，一方面为了防止中国从西北部寻求到解决西藏问题的便利，另一方面，也是借此分散精力来削弱国民政府解决西藏问题的力度。英国政府立即开始了各种形式的破坏行动。英国首先隐蔽在极其不容易被发现的经济问题之后大做文章，新疆独山子油矿事件便是典型事件之一。不过国民政府对此早有警惕。7 月 6 日，唐纵在日记中感慨道："因近世政治问题，都是从经济问题上下手。"①此外，英国还采取了相对激烈的政治手段。9 月 23 日，国民政府得到消息："盛世才归附中央后，新疆麦斯武德、艾沙等上书中央，要求新疆独立，由新疆人自治。"②国民政府料想"此种要求，形同割裂中国领土，背后必有人支持"③，并得知英国"代表曾赴兰州与麦斯武德、艾沙等会晤，其中必有文章"④，因而立即提起高度警觉。唐纵分析道："为新疆民族独立要求一案，我认为麦斯武德、艾沙受英国人之主使，贺主任⑤谓麦斯武德、艾沙等，十年前就要求新疆独立，且公然指中国为帝国主义者，故此项要求为彼等一向之主张。……嘱将签呈修改。"⑥而"贺主任谓利用租借法案，为我建军之基础之主张，今日当面报告委座，已蒙赞可，嘱拟方案呈核。贺主任并谓，敌人现经营张家口西山嘴公路，显有进窥甘宁新之企图。……如敌人控制甘宁新以与土耳其、阿富汗相呼应，则大局影响甚大！因此更有置重兵于新疆必要"⑦。因此国民政府迅速作出反应，为之制定了解决方案——首先"将艾沙、麦斯武德调回重庆，并准备对新事宣传要领，同时从速完成部队进出新疆之各项准备"⑧。从此后的发展状况来看，英国在新疆所进行的破坏活动并未产生明显的效果。

---

① 公安部档案馆编：《在蒋介石身边八年：侍从室高级幕僚唐纵日记》，306 页。
② 同上书，306 页。
③ 同上书，306 页。
④ 同上书，306 页。
⑤ 贺耀祖，1940 年秋任军事委员会委员长侍从室主任兼国民政府行政院经济委员会秘书长和国家总动员会议常委兼秘书长。
⑥ 公安部档案馆编：《在蒋介石身边八年：侍从室高级幕僚唐纵日记》，307 页。
⑦ 公安部档案馆编：《在蒋介石身边八年：侍从室高级幕僚唐纵日记》，306 页。
⑧ 同上书，306 页。

其二，对中国正在着手解决的西藏问题一事进行釜底抽薪的阻挠，其手段是在外交和军事两方面支持西藏地方当局独立以分裂中国。

1942 年 7 月 6 日，噶厦突然宣布成立"外交局"，任命"扎萨索康及贡觉仲尼大喇嘛主管其事"，并通知英国和尼泊尔驻藏机构以及蒙藏委员会驻藏办事处处长："自本日起一切事件请处长向该局接洽，勿直接与噶厦提说"。① 这一举动立即引起了驻藏办事处的警觉。就在"外交局"成立的当天，孔庆宗向蒙藏委员会拍发电报："查外交局性质系与外国洽办事件之机关，今噶厦告职须向该局洽办一切事件，是视中央为外国，示西藏为独立国。如我予以承认，则前此国际条约所订西藏为中国领土之文无形失消，而西藏与外国所订明密各约未为中央所承认者无形有效。事关重大，中央似宜明电噶厦不承认该局，中央驻藏官员仍须照旧与噶厦接洽一切事件，一面速定以实力解决藏事之大计。届时并可以西藏阻挠抗战、擅设外交局、破坏中国对藏主权等理由备答英国之询问。"②正如孔庆宗所料，事实上噶厦设所谓"外交局"正是英国政府导演分裂中国的一场丑剧，其目的就是要把国民政府驻藏代表机构同英国、尼泊尔等国代表机构一样列为外国代表机关，以强调西藏的独立地位。孔庆宗强调："惟藏人自反抗中印公路自认成功以来，日益轻视中央，今更设立外务局，对中外表示其独立自主。"③他提醒蒙藏委员会道："事关我国对藏之领土主权，敬祈速决大计，指示应付方针为祷。"④而就在"外交局"成立的当天，英国驻藏人员立即表示遵从这一通知，以示对于此非法"外交局"的承认。⑤ 英国政府的狡猾之处在于，他们表面上并未对中国政府加以过多干涉，而是在等待中方和认"外交局"之后再大做文章。正如其后英国驻拉萨代表团团长黎吉生 1945 年

① 西藏社会科学院等编：《西藏地方是中国不可分割的一部分》（史料选辑），530～531 页，拉萨，西藏人民出版社，1986。
② 《孔庆宗为报西藏设立外交局事致蒙藏委员会电》（1942 年 7 月 6 日），见《元以来西藏地方与中央政府关系档案史料汇编》，第 7 册，2841～2842 页。
③ 《孔庆宗为西藏设立外交局请示速示应付方针事致蒙藏委员会电》（1942 年 7 月 7 日），见《元以来西藏地方与中央政府关系档案史料汇编》，第 7 册，2842 页。
④ 同上书，2842 页。
⑤ ［美］梅·戈尔斯坦：《喇嘛王国的覆灭》，382 页。

给英国政府的报告中所说，英印政府当时认为噶厦设立了"外交局"，"西藏的地位就可以随之得到升格和提高"。① 7月7日，艾登在给薛穆的电报中表示："我们所希望看到的是中国政府应该排除国内当局的干涉而公开清晰表态对西藏政府予以尊重。我们知道要达成此事困难重重，对此我们将不会进行表态以施压，但是此声明应该符合西藏政府维护其独立的意愿并予以公开发布。如果中国政府按照上述去做了，那么我们将会与中国政府进行合作，按照英印政府所指出的那样向西藏政府施压。而后你再据此与中国当局去进行讨论，到那时制裁与约束力就将发挥效力了。自然，我们将尽量避免使用威胁。"②因此，在英国的鼓动之下，噶厦采取种种方式试图诱迫中央驻藏办事处与"外交局"发生联系。孔庆宗认为此事非同小可，"现噶厦将事实要案悉归外交局，强我屈就，自动放弃对藏固有主权，而间接承认其独立，否则一切要案无从解决。设计险毒，较拒修公路尤甚。中央似应坚决反对，打消该外交局以站地步。"③为此，国民政府行政院立即召开会议进行讨论。"蒙藏委员会呈为西藏成立外务局请示应付机宜一案，奉院、会交下研究方案，遵经详加商计，佥以中央对藏一面固应竭力保持主权，一面亦应体念地方特殊困难，从宽处置。"④解决此事的具体方案制定如下："此案酌拟应付方案如下：（1）由蒙藏委员会径电西藏当局，告以藏方为处理地方涉外事务而有设置机构之必要，应注意遵守下列两事：（甲）有关国家利益问题即政治问题必须秉承中央意旨处理；（乙）中央与西藏间一切往还接洽方式，仍应照旧，不得经由上述外务机构。（2）中央与西藏间一切接洽，如藏方坚持须经由上述外务机构承办，即令蒙藏委员会驻藏办

① ［美］梅·戈尔斯坦：《喇嘛王国的覆灭》，382页。

② British Documents on Foreign Affairs，F4095/78/10，Mr. Eden to Sir H. Seymour(Chungking)，Foreign Office，June 7，1942.

③ 《孔庆宗为噶厦拒绝接见凡事须向外交局接洽等情致蒙藏委员会电》(1942年7月11日)，见《元以来西藏地方与中央政府关系档案史料汇编》，第7册，2843页。

④ 《孔庆宗为噶厦拒绝接见凡事须向外交局接洽等情致蒙藏委员会电》(1942年7月11日)，见《元以来西藏地方与中央政府关系档案史料汇编》，第7册，2845～2846页。

事处暂停对藏间一切接洽，……改由蒙藏委员会与噶厦或西藏驻渝代表办理。"①8月5日,蒙藏委员会向噶厦拍发电报,正式转达行政院对西藏设立外事机构的训令。29日,噶厦回复了蒙藏委员会的电报,表示对行政院的训令"毫不让步"②。

噶厦的种种行径引起了蒙藏委员会对英国政府的怀疑和警觉。8月29日,孔庆宗在给蒙藏委员会的电报中称:"西藏对尼、印及各外国人皆不管辖,近年汉人亦由本处管理,独于外交局成立后,拘打汉人,无非迫我屈就,表现独立事实。顷具世界眼光某藏人告职云,西藏虽欲独立,但无资格能力,终必依一大国,中央对藏向有主属关系,不比外国,不能归入外交局,中央如欲保藏,须及时设法加以处理,免依他邦;而汉人向由汉官管理,理由正大,尤应由中央严电坚持根本解决,免滋纠纷。"但是他还并未看到英国此举是对于蒋介石访问印度以牙还牙的报复。艾登在给薛穆的电报中说:"尽管我并不想对此进行过分的类比,但你将看到:我们在中国与西藏的关系上所施加的影响并不比中国在我们与印度关系上所做的多多少,更精确的说是以牙还牙。与要求自由的人民所进行的合作已经严重影响了我们对侵略的艰难抵抗。我们已经给予了印度实质上的独立,该是中国给予西藏同等分量的时候了。"③英国的居心也引起了国民政府外交部的怀疑,其于11月26日电报蒋介石本人,请他对此事予以特别关注——"兹据驻加尔各答总领事馆电称,据密报,藏方近在拉萨设立所谓外交局,专理我中央与西藏间之接洽事宜。其内容复杂,有人把持,且令噶厦不得与我方人员直接接洽。等语。查此种设施,难免不受唆使,且影响整个西藏问题及中印公路之进行,似堪注意。等情。除分呈委座外,相应

① 《孔庆宗为噶厦拒绝接见凡事须向外交局接洽等情致蒙藏委员会电》(1942年7月11日),见《元以来西藏地方与中央政府关系档案史料汇编》,第7册,2845~2846页。

② 《孔庆宗为噶厦拒绝院议应严予驳责事致蒙藏委员会电》(1942年8月29日),见《元以来西藏地方与中央政府关系档案史料汇编》,第7册,2847~2848页。

③ British Documents on Foreign Affairs, F4095/78/10, Mr. Eden to Sir H. Seymour(Chungking), Foreign Office, June 7, 1942.

电请查照为荷。"①常驻欧洲的"桂永清来电称，据职在欧洲二年所得感想，请秘密向英国声明，保证不干涉印度，以改善中英关系。并谓中国外交偏重美国，固属紧要，惟英人不无嫉妒。如对英国关系不能改善，美国援助，亦将因英人掣肘而减少。委座批示，电悉，甚慰！"②并且在此之前，蒋介石就已看穿了英国人的企图——"对中国在印度问题上所采取的政策进行报复。"③不过，英国此次导演的"外交局"事件的确非常棘手。孔庆宗分析："院议办法两项，如第一项办不到，则以后难关重重，藏焰日高。钧会对噶厦电似应严予驳责，坚持原议。可否告以西藏向为中国领土，绝非外国，以明中央所提办法之理由，亦乞钧裁。钧座再电噶厦时，似宜酌施压力，以助交涉，并窥西藏真意。"④所以，他也提出了对藏用兵的建议——"酌拟二法：（1）派飞机赴昌都一带侦察，藉词习飞山地，通知藏方不得开枪，以免自卫投弹；同时令青、康、滇军越境，为地方性之煽动。（2）密令青、康、滇军以地方冲突形式一举攻占昌都，扼守待命，以留中央转圜余地。查假道运物，英以断绝商务迫藏而得结果，今大敌迫近，印度、西藏为我国军事交通要区，后事日多，长任作梗，终无了局。特陈管见，敬备参考。"⑤

与此同时，中国方面获悉了英国鼓动西藏进行独立的行动。1942 年"西藏地方政府的上层统治集团，继青藏战役之后，又在康、青边境积极备战，以求一逞。当时，他们利用玉树逃往西藏黑河一带的难民，发给枪支，作为进攻玉树的臂助。"⑥当然这些枪支均来自于英国。"同时，出兵西康重

① 《外交部为西藏设立外交局有人把持似堪注意事致蒙藏委员会代电》（1942 年 11 月 26 日），见《元以来西藏地方与中央政府关系档案史料汇编》，第 7 册，2849 页。

② 公安部档案馆编：《在蒋介石身边八年：侍从室高级幕僚唐纵日记》，352 页。

③ 同上书，231～232 页。

④ 《孔庆宗为噶厦拒绝院议应严予驳责事致蒙藏委员会电》（1942 年 8 月 29 日），见《元以来西藏地方与中央政府关系档案史料汇编》，第 7 册，2847～2848 页。

⑤ 《孔庆宗为噶厦拒绝院议应严予驳责事致蒙藏委员会电》（1942 年 8 月 29 日），见《元以来西藏地方与中央政府关系档案史料汇编》，第 7 册，2847～2848 页。

⑥ 李庆芬：《青海南部边区警备司令部移驻玉树的原委及其措施》，见《青海文史资料选辑》，第 7 辑，50 页。

地昌都，设置了'西藏边防督办公署'，委任三王禹图为督办，集结用美式装备的 3 个大板①的兵力，沿着昂谦的边缘构筑工事，设卡放哨，如箭在弦，一触即发。这时抗战已进入紧张阶段，日本帝国主义者又攻陷了缅甸的八莫、密之那及腊戌，滇缅国际运输线已被截断，凶锋指向印度边境。拉萨和昌都等处，已发现日本特务及朝鲜浪人的活动，这些复杂而又紧急的内外趋势，威胁着青、康边区的安全。可是玉树的防驻部队，只有骑兵三四百人，特别是马步芳历年对玉树藏族的多次血腥镇压，以致人心背离，危机四伏，一旦藏方发动战事，将不堪收拾。"②1942 年顾维钧回国时，蒋介石对其谈到西藏问题："英国应该停止它的阴谋诡计。"③虽然还未获得英国在西藏活动的确切情报，但蒋介石表示据他已经收到的一些秘密报告来看，至少有一点非常清楚——"派到西藏的各路的英国人马正在从事的活动显然旨在挑起藏民仇汉情绪。这些人马不是投机冒险，就是惹是生非。"④蒋介石同时指出："英国是打算用这种手段来牵制中国，并对中国在印度问题上所采取的政策进行报复。"⑤

外交局事件以及西藏在英国所策动之下所进行的独立活动使得蒋介石认为这是对中国主权的直接挑衅。他的态度很明确："西藏为中国领土，我国内政决不受任何国家预问。英国如为希望增进中英友义[谊]，则勿可再干涉我西藏之事。如其不再提时，则我方亦可不提；如其再提此事，应请其勿遭干预我国内政之嫌，以保全中英友义[谊]，并此事决不能向政府报告之意拒之可也。"⑥此时，蒋介石终于下决心使用军事手段解决西藏问题。一方面，蒋介石运用各种外交手段以使英国获悉其不满情绪。8 月 15 日，"陈主任谓，委座有一电托英大使转致甘地、尼赫鲁慰问，印总督复电婉

---

① 大板是西藏当时的兵制，等于 1 个团。3 个大板等于 1 个师。
② 公安部档案馆编：《在蒋介石身边八年：侍从室高级幕僚唐纵日记》，352 页。
③ 顾维钧：《顾维钧回忆录》，第 5 册，231～232 页。
④ 同上书，231～232 页。
⑤ 顾维钧：《顾维钧回忆录》，第 5 册，231～232 页。
⑥ 《外交部为英国干涉中国军队调动事呈文及蒋介石批示》(1943 年 5 月 10 日)，见《元以来西藏地方与中央政府关系档案史料汇编》，第 7 册，2850 页。

拒。陈主任恐委座因林里资哥此种处置而震怒！为之担忧！余曰否，此乃委座之政治运用。"①另一方面，蒋介石加紧了军事部署。8 月 20 日，"兰州电话，委座令罗卓英、毛邦初、吴泽湘等即日飞兰州，并令将冬季衣服带去。"唐纵猜测，"罗卓英去，或为西藏问题，取冬季衣服，或将准备青海之行。余乃立刻分别电话传知。"②8 月 26 日，蒋介石乘飞机巡视青藏边地区，决定"对藏暂时隐忍，以冀其自觉"③。与此同时，宋美龄赶赴新疆，而后两人一起于 9 月 1 日去往宁夏。"为巩固西南国防，安定青、康、藏局势，及修筑一条通向印度的国际通道"，蒋介石"一再与当时的西康、青海省政府主席刘文辉和马步芳会商，以加强康藏、青藏边疆的防务"。④

　　蒋介石的举动使嗅到了火药味的英国人开始有所担忧。9 月 5 日，薛穆在给艾登的电报中说："退一步说我们不应该就西藏问题发表太多的看法。依我看来最好的方式是尽可能审慎地远离争端，将其留给边务官并与中国人及西藏商人进行不显山露水的处理。很显然在当下挑起西藏问题的争论时不合时宜的，除非我们已经做好修改前政策的准备。30 年来，西藏一直是我们与中国关系的症结点。现在重庆和打箭炉，以及基于英国对西藏图谋不轨的一贯谣言而引发的中国方面的剑拔弩张态势。"⑤此时，西藏地方当局与国民政府的关系已经非常微妙，"他们已了解到国民党政府的企图，相应地作出加强它的藏康、藏青边境一带防务的活动，作为抵制的表示"。⑥"同时，出兵西康重地的昌都，设置了'西藏边防督办公署'，……集结用美式武器装备的三个大板的兵力，沿着昂谦的边缘构筑工事，设卡

---

　　①　公安部档案馆编：《在蒋介石身边八年：侍从室高级幕僚唐纵日记》，298～299 页。

　　②　同上书，300 页。

　　③　张永攀：《英帝国与中国西藏(1937—1947)》，211 页。

　　④　吴均：《回忆青藏纠纷和招抚玉树拉秀等部的经过》，见《青海文史资料选辑》，第 7 辑，40 页。

　　⑤　British Documents on Foreign Affairs，F6301/78/10，Sir H. Seymour to Mr. Eden，Chungking，September 5，1942.

　　⑥　吴均：《回忆青藏纠纷和招抚玉树拉秀等部的经过》，见《青海文史资料选辑》，第 7 辑，40 页。

放哨。"①西藏地方当局"除在丁青以东的藏青边境沿线部署大批藏军外,并利用逃至西藏黑河一带的玉树区拉秀、总举、休玛、麦玛等部藏民的反马情绪,发给一部分枪支弹药,作为藏军的辅翼力量"②。

9月14日晚,蒋介石自西安乘飞机回到重庆之后,国民政府高层内部立即就西藏问题进行了一场小型的讨论,参与者主要有唐纵、翁文灏等人。追溯历史,唐纵认为:"西藏问题产生于光绪三十年,西藏私与英国订约,致造成国际上之因素。民国二年,蒙古西藏协定声明与中国分离,如是列于行省之外。民国三年,政府派陈贻苑与英藏代表会议于印度之西谟拉,协议以金沙江为界,分为外藏、内藏二部,但袁政府并未批准,而西藏即以此为据,殊属不法。"③与会者在中国对西藏地方拥有主权这一问题上不存在丝毫的疑问。因此,翁文灏建议否认上述各项条约。唐纵以为"极有见地",但认为"惟主张议定西藏政教治理规程,声明不设省县,尊重宗教势力一节,则未免近于迂阔"④。他主张对藏用兵,理由是:"如果我国军力能伸入藏地,何用此规程!否则,白纸黑字形同具文而已。"⑤不久,形势进一步恶化。10月初,噶厦借故停止了对中央驻藏办事处的柴草供应,撤走了噶厦派到中央驻藏办事处的联络员和藏族服务人员,并放纵军警冲入驻藏办事处进行骚扰,逼迫办事处与"外交局"发生联系,但遭到了拒绝。噶厦的种种行径使得政府外交部开始将目光聚焦在噶厦的"后台"身上,并请蒋介石本人对此予以关注。"兹据驻加尔各答总领事馆电称,据密报,藏方近在拉萨设所谓外交局,专理我中央与西藏间之接洽事宜。其内容复杂,有人把持,且令噶厦不得与我方人员直接接洽。……查此种设施,难免不受唆使,且影响整个西藏问题及中

① 李庆芬:《青海南部边区警备司令部移驻玉树的原委及其措施》,见《青海文史资料选辑》,第7辑,50页。

② 吴均:《回忆青藏纠纷和招抚玉树拉秀等部的经过》,见《青海文史资料选辑》,第7辑,41页。

③ 公安部档案馆编:《在蒋介石身边八年:侍从室高级幕僚唐纵日记》,308~309页。

④ 同上书,308~309页。

⑤ 同上书,308~309页。

印公路之进行，似堪注意。……除分呈委座外，相应电请查照为荷。"①恰在此时，白崇禧的计划又因为难以实现而落空。10 月 15 日，白崇禧告知第八战区司令长官朱绍良与交通部张嘉璈说："似此兵力压迫西藏就范之计划，已无希望。"②因此，蒋介石终于下决心出兵解决西藏问题。10 月 21 日，"西藏用兵计划草案已奉批下"，蒋介石的计划是："在明年开始行动，预定于明年十月前，进驻昌都，再用政治方法解决西藏问题。"③

四　双方妥协：蒋介石无力从根本上解决西藏问题

"西藏用兵计划草案"被批准之后，蒋介石即通电西康和云南两省要求其调军入藏，理由是"西藏地方的亲英势力拒绝修筑康藏公路"④。蒋介石命令刘文辉派出第二十四军对西藏进行讨伐，而"另派两师中央军进康接防"⑤。这引起了刘文辉的警惕，他认为这"是借图藏以图康"⑥，企图"以对藏用兵为名，要把我的部队消灭于康藏高原"⑦。于是他决心对此予以搪塞——他"立即慨然表示接受这个任务，并拟定了一个对藏军事计划，提出了对藏用兵的三易三难：前方作战易，后方勤务难；速战速决易，苦战求胜难；军事解决易，政治收拾难。依据这个计划开列了一个账单，向蒋要枪械，要装备，要经费，要物资，要扩大编制，要补充实力；并派当时二十四军的参谋长伍培英住在重庆坐催，以促其实现"⑧。刘文辉"为此和蒋纠缠了大半年，最后由何应钦出面，说'中央财政困难，负担不了这笔庞大的经费，对藏用兵暂缓进

---

① 《外交部为西藏设立外交局有人把持似堪注意事致蒙藏委员会代电》(1942 年 11 月 26 日)，见《元以来西藏地方与中央政府关系档案史料汇编》，第 7 册，2849 页。

② 姚崧菱：《张公权先生年谱初稿》(上)，290 页。

③ 公安部档案馆编：《在蒋介石身边八年：侍从室高级幕僚唐纵日记》，314 页。

④ 刘文辉：《走到人民阵营的历史道路》，16 页，北京，生活·读书·新知三联书店，1979。

⑤ 同上书，16 页。

⑥ 同上书，16 页。

⑦ 同上书，9 页。

⑧ 同上书，16 页。

行’，此事才收场。但刘文辉并非完全没有执行蒋介石的命令，他对国民政府的布置还是进行了表面的敷衍的。刘文辉"躲在雅安，对其康属的康北甘孜及康南巴安两处，只各派不满员的一个旅的兵力"①。1943 年 3 月，英国方面也探听到"西康省政府主席兼二十四军军长刘文辉也准备以 15000 人之兵力进发昌都"②，不过"害怕削弱了自己的势力而拒绝了"③。刘文辉最终并没有奉命出兵，而蒋介石借"图藏以图康"的计谋也就最终没有实现了。

云南的情形更为复杂——"大量蒋军麇集云南，军统中统特务密布全省大肆活动"④。这些使得龙云对蒋介石长期处于戒备状态。太平洋战争爆发以后，"云南大军云集，交通、运输、补给等任务极其繁重"⑤，而"这时云南在龙云控制下，不仅行政效率极低，而且每件事都经过讨价还价，如果钱少，不能满足龙云及其所属的欲望，任何事也行不通"⑥。"国民党的中央政令在云南无法推行"⑦。很明显，龙云不仅没有执行命令，而且也没有表现出将要服从蒋介石命令的姿态。根据黎吉生于 1943 年 5 月所提供的信息显示："中国政府指示云南、西康和青海的军阀调军入藏。由于害怕削弱自己个人的实力，前两位谁也不愿意遵从命令。"⑧可见，龙云未派出任何军队，而这也正是蒋介石在抗战一结束便派杜聿明入滇以意图"吃掉"龙云的重要原因之一。不过，在武力开通穿越西藏的运输线这一问题上，龙云

---

① 《青海文史资料选辑》，第 7 辑，40～41 页。

② 张永攀：《英帝国与中国西藏(1937—1947)》，115 页。

③ British Documents on Foreign Affairs：Reports and Papers from the Foreign Office Confidential Print. F2132/1955/10，Sir H. Seymour to Government of India(Received in Foreign Office，22 nd April)，Chungking，22nd April，1943.

④ 中国人民政治协商会议云南省委员会文史资料委员会编：《云南文史资料选辑》第 47 辑《滇军出滇抗战记》，9 页，昆明，云南人民出版社，1995。

⑤ 杜聿明：《蒋介石解决龙云的经过》，见中国人民政治协商会议云南省委员会文史资料委员会编：《云南文史资料选辑》第 54 辑《滇军起义与云南解放》，77 页。

⑥ 同上书，77 页。

⑦ 同上书，77 页。

⑧ British Documents on Foreign Affairs：Reports and Papers from the Foreign Office Confidential Print. F2385/40/10，Sir H. Seymour to Mr. Eden(Received 9th May)，Chungking，8th May，1943.

还是与蒋介石保持一致的。

在西康和云南两省军阀对于命令的消极执行使蒋介石有所犹豫而迟迟没有调动青海军阀马步芳的军队入藏。12月25日，国防最高委员会根据蒋介石的旨意拟定了《西藏之政治制度及其对于中国之关系》。该文件指出："中国一向认西藏为本国领土之一部分，对西藏有主权。康乾盛世，对西藏曾积极统治。民国以来，屡欲恢复前清强盛时代与西藏之关系。只因国力不充，处境困难，未能贯彻。"①而关于就西藏应采取的方针问题，该文件认为："中央对西藏不外采取两种可能之关系：甲，恢复藩属之地位（准备兵力，行使统治权）；乙，中央给予西藏以自治权，除国防、外交及一部分交通、经济、财政与教育由中央主持外，余皆允许其高度自治。"②该文件建议中央政府"似宜采取乙种关系较为切合西藏环境，适应世界潮流"③。该文件还认为："惟欲恢复中央在藏之主权，必先树立中央在藏之威信"，采取"重实不重名"、"划分步骤，不求急进"④等方法，以实现西藏问题的解决。很显然，这份报告"把军事解决与政治解决对立起来"⑤。蒋介石并没有完全采纳文件中所提出的意见，更没有将军事解决与政治解决相对立，而是将上述文件中的建议进行了综合运用。此外，1943年2月28日，蒋介石又从顾维钧那里了解到，英国"的目标是通过和平手段并努力实现英帝国的发展。换言之，英国仅仅希望保持和发展既得利益，以便在世界各国中继续维持其财富和威望。这也是英国人当真厌恶战争的根本原因"⑥。吸取了康、滇两省教训的蒋介石认识到，仅仅一次军事行动是不可能从根本上解决西藏问题的。鉴于此，蒋介石制定出了新计划：利用青海军阀对藏用兵，树立中央在西藏的威信，并尽量向西藏渗透从而为进一步解决西藏问题打好基础。此时的蒋介石在对待出兵问题上显得格外谨慎，甚至连唐纵

---

① 转引自张永攀：《英帝国与中国西藏(1937—1947)》，212 页。
② 同上书，212 页。
③ 同上书，212 页。
④ 同上书，212 页。
⑤ 同上书，212 页。
⑥ 顾维钧：《顾维钧回忆录》，第 5 册，230 页。

都揣测不清，他在 1943 年 4 月 1 日的日记中写道："驻藏办事处长孔庆宗调回。当签中央派驻大员，甚有必要，惟以军事大员为宜。林主任加注贺市长似颇相宜。奉批，似以方觉慧为宜，军事大员切不可派。可知委座目前对藏尚不愿过于刺激，且不愿急于用兵。"①蒋介石于 1942 年冬"批准马步芳把设在西宁的青海南部边区警备司令部（以下简称青南警备部），移驻玉树，并加强党政设施；成立青海省第六（即玉树区）行政督察专员公署，和国民党青海玉树专区党务指导员办事处，增设国民党称多、昂谦两个县党部，由青南警备部按抗战时期的体制，统一指挥。马步芳当即把他自兼的青海南部边区警备司令的职务，改由独立骑兵旅旅长马步銮充任，进驻玉树。与此同时，派马峻为第六行政督察专员，我为国民党青海玉树专区党务指导员，统受马步銮的节制。"②1943 年春，青海军阀马步芳又得到来自于国民政府的军事物资——马枪 200 支、轻机枪 50 挺、子弹数万发以及一笔军费。

马步銮于 1943 年 2 月 23 日，率全体人马出发时，马步芳统率省垣党政机关和各民众团体在西郊举行了盛大的欢送仪式。3 月 25 日，司令马步銮宣誓就职，正式宣布青海南部边区警备司令部移至玉树，原玉防司令部同时撤销。紧接着马步銮对防务进行了布置："（1）第一团马登云部驻昂谦，构筑工事，布置防务；（2）旅直属部队驻防玉树结古；（3）第二团韩有禄部，驻防称多待命；（4）独立骑兵团马英部，暂驻大河坝，听候调遣。"③马步銮的就职情况，除电报马步芳转国民党中央有关部门备案外，还分别通报"西藏边防督办公署"，西康省政府及西康的第二十四军，甘孜警备司令部，以及邓柯、石渠、德格县政府。先后又派参谋马生福、商务处长马志荣，到康会晤西康省政府秘书长兼代主席张为炯，康定警备司令部司令兼军方负

①　公安部档案馆编：《在蒋介石身边八年：侍从室高级幕僚唐纵日记》，348 页。

②　吴均：《回忆青藏纠纷和招抚玉树拉秀等部的经过》，见《青海文史资料选辑》，第 7 辑，41 页。

③　李庆芬：《青海南部边区警备司令部移驻玉树的原委及其措施》，见《青海文史资料选辑》，第 7 辑，52～53 页。

责人邹善成，甘孜警备司令龚耕云，密切联系。那时西康方面对西藏方面占领昌都，设立边防督办公署，派驻重兵，感到压力很大，因此对玉树加强防务、青康联合对藏的措施十分欢迎，并表示要站在一起并肩战斗。与此同时，青海的军事行动很快就传到藏方，这引起了昌都三王禹图的不安。拉萨方面即派增援部队1000多人，连前共约有3000多人，分布在玉树边境。情势顿时趋于紧急。马步銮即电令驻在大河坝的马英团，星夜开抵玉树，韩有禄团的全部人马，调抵结古，准备随时迎战。同时积极组织民团，加强后备力量："（1）派李庆芬、马峻负责组训玉树民团一千名；（2）派指导员吴均会同称多县县长马福奎，组训称多民团八百名；（3）派第一团团长马登云，会同昂谦县县长李廷祥组训昂谦民团一千名。"①1943年3月，国民政府接到马步芳玉防情况报告，即派出空军飞机两架，降落玉树巴塘机场，几度飞向昌都上空及前沿阵地侦察。

西藏噶厦政府在得知国民政府出兵的消息之后感觉事态严重，立即令噶厦官员申辩："因英国人作梗，致使西藏拒绝（中印运输），得罪中央，故向中央报告探明真相。"②4月初，国民政府派军令部少将处长唐井然乘飞机到玉树慰问部队，带有蒋介石的信件和慰劳品，对驻在玉树的部队生活、训练、劳动、纪律，也作了详细视察。③ 昌都三王禹图面临玉树部队的部署，和空军飞机的侦察威胁，以及藏军侵占昌都后，引起康藏当局的不满情况，都使他有些顾虑，但还装模作样地送来一件抗议文件。马步銮的复信是：青海、西藏的任何地方，都是国家领土，国军驻防守卫，是军队的神圣天职，要求你们深思熟虑，慎重自己的行为，事态不致扩大。马步銮为了深入了解藏方的态度以及其他有关情况，特派参谋马生寿持信道到昌都会见有关人员。藏方表示："青藏是友好邻居，目前边境上出现的紧张形

---

① 李庆芬：《青海南部边区警备司令部移驻玉树的原委及其措施》，见《青海文史资料选辑》，第7辑，53～54页。

② 公安部档案馆编：《在蒋介石身边八年：侍从室高级幕僚唐纵日记》，314页。

③ 李庆芬：《青海南部边区警备司令部移驻玉树的原委及其措施》，见《青海文史资料选辑》，第7辑，53～54页。

势，愿在平等的基础上会商解决。马生寿并带回三王禹图表示友好的复信，马步銮即去信赞同"①。5月，蒙藏委员会委员长吴忠信致信交通部长张嘉璈称："青海有三千马队入藏境后，藏方来电要求政府勿再增遣部队。"②1943年7月间，"三王禹图派出代表孜仲某（名字记不清，曾出国留学，懂汉语、英语）一行数十人，携带三王禹图的信件和礼品，到达玉树，协商双方边境问题。马步銮接见后，招待在党务指导员办事处，责成李庆芬、马峻、吴均，同藏方代表孜仲协商，达成了协议。主要内容是：当前国难严重，抗战进入紧急阶段，应即缓和青藏边境的紧张局势；双方在边境对峙的部队，应即撤退，撤到各自防线内10华里处，形成一个中间真空地带，避免冲突。撤退后，由双方派人会同检察，限8月底完成。青方认为玉树难民到藏境，得到安置，表示谢意，但对藏方发给枪支，组织训练，表示怀疑和遗憾。藏方对玉树难民采取自愿原则，藏方不加阻扰，离藏时，全数收回所发枪支。边境居民，来往探访亲友和贸易，双方保证其安全，并给予便利。撤军协议实现后，各自边境的驻军，必须逐步减少，保持永久和平。这项协议经马步芳和西藏政府分别批准生效，一场暴风雨般的紧张局势，就从此缓和下来。"③此外，在国民政府强大的军事压力之下，西藏地方当局为商讨公路以及驿运问题召开民众大会，并在会上作出决定——对于中印公路问题，"仍以神意反对测修"④，但是在驿运问题上则表示让步，"假道运输原系英方接洽，与中国无关，如经玉树运物，则道路破坏者，由西藏自修"⑤。此外，噶厦政府还示好："西藏应与中

---

① 李庆芬：《青海南部边区警备司令部移驻玉树的原委及其措施》，见《青海文史资料选辑》，第7辑，55页。

② 张永攀：《英帝国与中国西藏（1937—1947）》，213页。

③ 李庆芬：《青海南部边区警备司令部移驻玉树的原委及其措施》，见《青海文史资料选辑》，第7辑，55～56页。

④ 《蒙藏委员会为转送西藏民众大会关于外交局及修筑中印公路等事决议要点致军事委员会电》（1942年6月14日），见《元以来西藏地方与中央政府关系档案史料汇编》，第7册，2851页。

⑤ 同上书，2851页。

央保持感情，不应与中央西藏办事处断绝联系。"①与此同时，噶厦政府还致函英国对其上述举动加以告知，并请求英印政府为之提供便利。

另一方面，英国政府在蒋介石发出调军入藏命令约两个月后才得知这一消息，这对于英国政府而言打击非常大。因为在 1943 年 4 月 10 日，英国外交部向英国内阁提交了一份名为《西藏与中国的宗主权问题》的报告，建议英国政府"为了彻底有效支持西藏独立，我们应当放弃从前承认中国的宗主权"，因为"它妨碍了我们同西藏直接签订条约的自由"②。此时的英国急于了解青藏边界的最新动态，但是却没有获得相关情报的渠道。4 月 14 日，英国外交部对其驻成都领事馆表示："没有手段获知汉藏边界上详细的情报"③，因此只好向领事馆询问情况。同时，他们希望成都领事馆通过曾赴西藏的托尔斯泰来获取第一手情报。另外，外交部还联络英国驻华保险董事会的吴汉黎进行私人征询。1943 年 4 月，薛穆在发给英印政府的信中提到，据其获悉："两个月以前马步芳将军接到蒋介石的命令要他准备进攻西藏，马步芳将军声称他已经派 10000 名士兵进发到青海边境。"④此外，"据西藏当局告知英国驻藏代表，4 月 3 日有中国骑兵七百名抵达青海结古以南之某地，又步兵二百名到达离昌都约三日行程之某处，中国军队现在结古集中，已有三千步队由西宁开至青海南边，西藏当局深感不安。"⑤这条消息随即得到了验证——"印度政府已经收到来自西藏的消息，西藏方面声称这绝对可靠，即：在玉树的中国军队人数为 3000，比去年大大增长；

---

① 《蒙藏委员会为转送西藏民众大会关于外交局及修筑中印公路等事决议要点致军事委员会电》(1942 年 6 月 14 日)，见《元以来西藏地方与中央政府关系档案史料汇编》，第 7 册，2851 页。

② IOR. Fo 375/35755，Tibet and the Question of Chinese Suzerainty，Dated 10 April 1943。转引自张永攀：《英帝国与中国西藏(1937—1947)》，118～119 页。

③ 转引自张永攀：《英帝国与中国西藏(1937—1947)》，215 页。

④ British Documents on Foreign Affairs，F2132/1955/10，Sir H. Seymour to Government of India(Received in Foreign Office，22 nd April)，Chungking，22nd April，1943.

⑤ 《外交部为英国干涉中国军队调动事呈文及蒋介石批示》(1943 年 5 月 10 日)，见《元以来西藏地方与中央政府关系档案史料汇编》，第 7 册，2850 页。

并且中国已经招募了更多的军队；增援部队正在到来的途中"①。

　　1943 年 4 月 29 日，在还未对中国是否对西藏进行了军事活动的情况下，英国外交部正式向印度事务部发来了一份建议书，建议取消中国对西藏享有宗主权的承认。从内容上来看，英国外交部的这份"4·29 建议书"是英国外交部对藏政策的转折点。英国政府此时已经彻底承认实现西姆拉协议的梦想已经处于无望境地这一现实。出于英印利益的考虑，在这份文件中认为一旦放弃对中国宗主权的承认则将给印度带来两方面的好处：可以与西藏单方面签订条约并抵制战后中国向南亚次大陆的渗透。鉴于此英国政府的第一反应是对这调兵一事进行确认，当然他们非常希望得到否定的回答。4 月 30 日，英国外交部指示薛穆尽快对此事予以确认。薛穆在给英印政府的信中提到："无论传闻是否属实，看起来第一步应该询问中国外长。但是最好不要像印度方面所建议的那样，将从西藏运输供给的问题直接与中国军事行动直接联系起来，因为这将牵涉到西藏此前所表明的不妥协态度从而将对以后产生影响。因此，我建议如果没有反对意见你就告知中国政府，西藏政府已经与我们接触，就像在前次时在两句中提到军事行动一样。你可以说我们希望这些报告是没有根据的，并让他们对我们的此种假设给予证实。"②5 月 7 日，英国驻华大使薛穆专程拜访了宋子文并就此事进行咨询。薛穆告知宋子文"军队活动的报告已经抵达西藏政府，指出如果此地区发生骚乱将产生的可悲影响"，并且询问宋能否证实其"所坚信的中国政府并非存心与西藏发生对抗"。③ 对此，宋子文"认为中英各自利益均需要两国之关系日益增强"，而表示对于"军队之调遣不甚明了"，此外还补充道"一国之内部队之调遣，实与另一国无关。至于一国之中央与地方接洽事件，无论其友国如何友好，亦无友国代为转达之

---

① British Documents on Foreign Affairs，F4322/40/10，Mr. Eden to Viscount Halifax(Washington)，Foreign Office，29th August，1943.

② British Documents on Foreign Affairs，F2245/40/10，Mr. Eden to Sir H. Seymour (Chungking)，Foreign Office，4th May，1943.

③ British Documents on Foreign Affairs，Sir H. Seymour to Mr. Eden(Received 8th May)，Chungking，8th May，1943.

必要"。① 此时的英国政府不得不承认"备受关注的军队的调动由于国内原因确实发生了",此外还有中国政府对西藏的主权立场——"外国政府无论如何对待西藏,在中国人的眼中它都是中国的一部分"。②

正如1943年5月7日印度事务部的皮尔在给驻华公使克拉克的一封信中所提到的:"中国必然会在战争结束后收复西藏,如果我们不抢先行动,那就不能够进行有效的制止……取消对中国宗主权的承认可能会使中国提前向西藏发动进攻。"③显然,最使英国政府害怕的莫过于中国政府直接出兵来解决西藏问题。而"将西藏变为中国的一个行省"④。如果上述情况真的发生,那么无论英国此前是否承认西藏为中国领土的一部分都将没有任何权利再插手西藏事务。5月中旬,英国通过各种渠道的信息搜集已经确定了中国军队的动向。5月14日,"英国大使向我外交部送到备忘录,谓西藏对我中央将向藏用兵,表示惊骇,希望我国否定其事。"⑤蒋介石"甚为不悦,嘱吴次长将备忘录退回,西藏为我国内地,为何英国出面干涉?"⑥认识到"中国对西藏采取军事行动的境况的严重性"的英国政府了解到了"中国政府首脑对于西藏十分恼火。这尤其体现在蒋介石身上"⑦。因此他们非常不希望再有什么举动"会招致愤恨"⑧,尤其

① 《外交部为英国干涉中国军队调动事呈文及蒋介石批示》(1943年5月10日),见《元以来西藏地方与中央政府关系档案史料汇编》,第7册,2850~2851页。

② British Documents on Foreign Affairs, Sir H. Seymour to Mr. Eden(Received 8th May), Chungking, 8th May, 1943.

③ IOR. Draft Letter Ext 2252/43. May 1943. Peel to H. Ashley Clarke, Esp. Foreign Office. S. W. L. 转引自张永攀:《英帝国与中国西藏:1937—1947》,121页。

④ PRO,FO371/41589,B. Gould to the Government of India,30 October 1944。转引自陈谦平:《抗战前后之中英西藏交涉(1935—1947)》,187页,北京,生活·读书·新知三联书店,2003。

⑤ PRO,FO371/41589,B. Gould to the Government of India,30 October 1944。转引自陈谦平:《抗战前后之中英西藏交涉(1935—1947)》,356页。

⑥ 公安部档案馆编:《在蒋介石身边八年:侍从室高级幕僚唐纵日记》,356页。

⑦ British Documents on Foreign Affairs, F2245/40/10, Sir H. Seymour to Mr. Eden(Received 8th May), Chungking, 8th May, 1943.

⑧ British Documents on Foreign Affairs, F2245/40/10, Sir H. Seymour to Mr. Eden(Received 8th May), Chungking, 8th May, 1943.

"增加蒋介石的愤恨"①。艾登在给驻华大使薛穆的信中明确表示："我们不希望你将此问题演变为与蒋介石的争论，我们准备以更好的方式取得没有入侵西藏的意图的保证。"②随后他说："如果美国政府问起我们关于西藏地位的态度时，你表示说我们承认中国的宗主权同时以中国承认西藏自治为条件。"③5月18日，英国外交部、印度事务部以及英印政府为了统一英国内部对于西藏问题的态度而召开会议，决定"大英帝国决不无条件承认中国对西藏的宗主权"——此即为上文中英国所谓的"更好的方式"。他们认为："事实上，宗主权一词具有认识中的优点。它在某种程度上为汉人统治西藏而保留了中国人的面子。"④7月15日，英国政府正式"收到西藏方面关于进攻意图的明确否认"⑤。迫于中国政府的军事压力以及强硬的外交立场，审时度势的英国内阁于1943年7月23日作出"有条件地"承认中国对西藏的宗主权、放弃直接支持西藏"独立"的决定，即"七·二三决议"。1943年8月5日，在艾登提交中国驻英国大使顾维钧的《艾登机密备忘录》中正式向中国表明了英国政府西藏政策的这一新立场。

总而言之，蒋介石最终没能按照1940年下半年至1941年所谋划的方案实现西藏问题的根本性解决。但需要指出的是，此次军事行动为其后西藏问题的解决奠定了重要基础——政治上，受英国操纵的西藏地方当局也不敢进行公开的分裂活动了，并且开始在一定程度上执行国民政府的指示。可以说这是继吴忠信1940年入藏之后国民政府在解决西藏问题方面所取得的一次巨大成就。

（本文作者为2006级本科生。指导教师：张皓）

---

① British Documents on Foreign Affairs，F2418/40/10，Sir H. Seymour to Mr. Eden(Received 11th May)，Chungking，11th May，1943.

② British Documents on Foreign Affairs，F2486/40/10，Mr. Eden to Sir H. Seymour，Foreign Office，19th May，1943.

③ Ibid.

④ IOR. 1944/1. 20/EXT245/44Peel to Caroe。转引自张永攀《英帝国与中国西藏（1937—1947）》，131页。

⑤ British Documents on Foreign Affairs，F3029/40/10，Mr. Eden to Viscount Halifax(Washington). Foreign Office，15th June，1943.